Bernard Rappaz

DER PIONIER

Le Matin

LM KIOSK VS - 30.01.2013

RAPPAZ

Presque libre, ruiné, il continue son combat

Rappaz – Fast frei und ruiniert, führt er seinen Kampf weiter

Bernard Rappaz

DER PIONIER

Die abenteuerliche Lebensgeschichte
eines Hanfrebellen

NACHTSCHATTEN VERLAG

Ich widme dieses Werk drei verstorbenen Persönlichkeiten, die in meinem Leben wichtig waren:

Sylvain Goujon, Geschichtsprofessor, ehemaliger Präsident des Comité helvétique pour l'introduction du THC (CHIT), der mich sehr in meinem Kampf unterstützt hat;

meiner Grossmutter Céline, Ex-Hanfbäuerin, die mir über ein idiotisches Verbot die Augen geöffnet hat;

meinem Sohn Dorian, der bei einem schrecklichen Unfall verstorben ist. Die leuchtende Erinnerung an ihn bleibt für immer in meinem Herzen.

Verlegt durch:
Nachtschatten Verlag AG
Kronengasse 11
CH-4500 Solothurn
T +41 32 621 89 49
F +41 32 621 89 47

info@nachtschatten.ch
www.nachtschatten.ch

Titel der französischen Originalausgabe:
PIONNIER!

Übersetzung aus dem Französischen: Heidi Cervantes, Faoug
Mitarbeit: Pat Wermuth
Gestaltungskonzept, Lektorat und Korrektur: Nina Seiler, Zürich
Layout: Janine Warmbier, Hamburg
Umschlaggestaltung: Sven Sannwald, Lüterkofen

Abbildungen: Aus dem Archiv des Autors (sofern nicht anders angegeben)

Gedruckt auf 100% Recycling-Papier (CircleMatt white); leider kann sich der Verlag das von der Papierhändlermafia künstlich verteuerte Hanfpapier nicht leisten.

Druck: Druckerei & Verlag Steinmeier GmbH, Deiningen
Printed in Germany
ISBN 978-3-03788-397-6

Der Verlag dankt Bernard Rappaz (Saxon), Ruth Zwahlen (Hanfmuseum, Tägerig) und Swiss-Cannabis (Härkingen) für die Übersetzungsbeiträge.

Inhalt

Geleitwort des Verlegers

Mit Bernard Rappaz verbindet mich neben seinem Autorenstatus auch Kriminelles. Zumindest in den Augen der umtriebigen Walliser Behörden. Denn in die politische Hetzjagd der Walliser Justiz gegen Rappaz wurde ich unverhofft und willkürlich involviert. An einem Frühlingstag im Jahr 2006 standen drei Walliser Inspektoren vor meiner Haustür, begleitet von Solothurner Kantonspolizisten, die von Gesetzes wegen ausserkantonale Ermittlungen begleiten müssen. Verdacht: Ich sei der Grossabnehmer von Rappaz in der deutschen Schweiz ...

Sogar den Solothurner Freunden und Helfern war dieses Vorgehen ihrer Kollegen leicht suspekt. So konnten sie dem Eifer der Walliser nicht viel abgewinnen und beteiligten sich auch nicht gross an der Hausdurchsuchung. Es war ein weiterer Versuch, aus jeder Mücke einen Elefanten zu machen – der krankhafte Versuch, immer mehr Anklagepunkte zu finden, um Rappaz ein für allemal fertigzumachen. Im Gegensatz zu den Walliser «Bullen», die sich wie Sheriffs aufführten (unter anderem versuchten sie, mir mein Handy ohne Rapport zu entwenden), verhielten sich die Solothurner Polizisten korrekt und respektvoll.

Bernard Rappaz, der trotz der massiven Repression gegen seine Person ein positiv denkender und überzeugter Kämpfer für mehr Gerechtigkeit geblieben ist, sich immer noch für Ökologie und menschenwürdige Lebensumstände einsetzt und sich immer wieder gewerkschaftlich organisiert, ob im Knast oder ausserhalb, ist trotz all dieser Ungerechtigkeiten erstaunlich entspannt geblieben und ist das Gegenteil eines frustrierten oder gar hasserfüllten Menschen.

Der Hanf wurde zunehmend eine willkommene Gelegenheit, um diesen Störenfried und aufmüpfigen Rebellen zum Schweigen zu bringen. Wer sich derart in Szene setzt und sich auch gern in Szene setzen lässt, schafft Polaritäten. Rappaz hatte viele Mitstreiter, forderte aber ebenso viele streitlustige Gegenspieler heraus, in seinem Fall auch Untersuchungsrichter und Politiker.

Sie wollten ihn zerstören – doch Rappaz liess sich nicht zerstören. Das Motto «Was mich nicht umbringt, macht mich stärker» trifft jedenfalls voll auf ihn zu, wenn auch gespickt mit einem gewissen Zynismus nach seinen vielen Hungerstreiks. Sein unermüdlicher Einsatz insbesondere für den Hanf verdient den allergrössten Respekt. Hoffen wir, dass diese mühevolle Arbeit trotzdem bald einmal Früchte trägt und der Hanf rehabilitiert wird – und mit ihm tapfere Leute wie Bernard Rappaz.

Übrigens wurden die Anklagen gegen mich im Zusammenhang mit Rappaz allesamt wieder fallengelassen. Eines der Hauptindizien für den Vorwurf, dass ich mit Valchanvre Geschäfte gemacht hätte, basierte auf legalen Geschäften mit Büchern und einer DVD zum Thema Hanfanbau! Der betreffende Geldverkehr war für die Walliser Behörden Verdacht genug, an Schwarzhandel mit Hanf zu glauben; ebenso, dass Rappaz einmal auf dem Weg in die Deutschschweiz mit Haschisch im Auto erwischt worden war – eine seiner Stationen war der Verlag, um die Produktion der DVD zu besprechen. Für die Walliser war es ganz einfach: Er war zu mir gekommen, also musste ich ebenfalls damit zu tun haben. Obwohl die Anschuldigungen unhaltbar waren, wurde ich nach einer nächtlichen U-Haft in Solothurn wie ein Schwerverbrecher im Knastzug via Bern und Lausanne nach Martigny gefahren – und nach weiteren drei Tagen U-Haft in Martigny auf dem Bahnhof ausgesetzt.

Der Verdacht hat sich weder erhärtet noch wurden illegale Handlungen zwischen Rappaz und mir nachgewiesen – alles basierte auf fadenscheinigen, willkürlichen Verdächtigungen. Um solche Vorgehensweisen der Behörden aufzudecken und damit diese Ungerechtigkeiten nicht vergessen gehen, braucht es Leute, die nicht aufgeben und ihre Erfahrungen veröffentlichen – so wie Bernard Rappaz im diesem Buch.

Roger Liggenstorfer, im August 2016

LE MATIN

AVANT SON PROCÈS

Rappaz: «Je suis militant, pas dealer»

Vor seinem Prozess – Rappaz:«Ich bin ein Kämpfer, nicht ein Dealer»

Vorwort

Jeder Mensch, der an einem beliebigen Moment in seinem Leben wie auf einem Foto erfasst wird, zeigt seine Persönlichkeit, seine eigene Identität. Dieses Konzentrat widerspiegelt, abgesehen vom Faktor der Vererbung, das verdichtete Ergebnis all dessen, was er erlebt hat, und aller Konditionierungen, die er erfahren hat. Bedeutet Freiheit nicht, seine eigenen Konditionierungen zu wählen – durch Religion, eine Kultur, ein Buch, einen Film, Freunde?

Diese Konditionierung wird uns ebenso sicher formen wie Baumaterialien. Wir sind das Ergebnis all dieser Einflüsse. Daher erscheint es mir interessant, meine Entwicklung zu verfolgen, mein Leben und meine Kämpfe, damit man versteht, wie der Boden beschaffen ist, der mich genährt und zu dem gemacht hat, was ich heute bin.

Ich habe mich entschieden, zuerst meinen Lebensweg als Aktivist aufzuzeigen, um dann zum Kern des Themas zu kommen: Schweizer Hanf, ohne Grenzen. Diese Vorgehensweise erscheint mir sehr hilfreich, denn wenn ich eine Bresche in den Wall der Cannabis-Unterdrückung habe schlagen können, dann hauptsächlich dank meiner Vergangenheit, meinen Erfahrungen im Feld, während ich voranrückte wie ein Pilger, der nach Gerechtigkeit dürstet.

Diese Schulung, die ich vor Ort durchlief, war absolut notwendig, um das grosse Abenteuer des Schweizer Hanfs zu wagen.

Als engagierter Aktivist, leidenschaftlicher Bauer, erfahrener Gewerkschafter, Amateurjournalist, überzeugter Gewaltgegner mit Erfahrung im politischen Kampf und Knastbruder habe ich viele entscheidende Kontakte im Wallis, in der Schweiz und in der ganzen Welt geknüpft; diese Erfahrungen haben mir geholfen, das zu versuchen, was niemand wagte: öffentlich und offen Hanf anzubauen.

Mit der Zeit habe ich gelernt, dass jeden Tag Geschichte geschrieben wird und dass ein einziger entschlossener Mann mit seiner Überzeugung ihren Lauf verändern kann. Das Beispiel der Militärverweigerer aus Gewissensgründen, die unserer Gesellschaft Jahrhunderte im Gefängnis geopfert haben, um zuletzt endlich einen Zivildienst in der Schweiz durchzusetzen, zeigt, dass man nie verzweifeln soll und dass man einen Nagel langsam und mit mehreren Hammerschlägen einschlägt.

Als ökologischer Aktivist der ersten Stunde geniesse ich heute die in allen Bereichen erreichten Siege.

Als Pionier der Biolandwirtschaft sehe ich diese naturnahe und gesunde Landwirtschaft einen bedeutenden Aufschwung erleben: Mit 100 Betrieben im Wallis Ende 2013 sind wir eine wichtige Kraft geworden.

Ebenso habe ich gelernt, dass die Fähigkeit der Menschen oder der Gesellschaft zur Resignation leider viel stärker ist als die zur Revolte. Dass man dazu fähig ist, sich selbst ständig zu hinterfragen, bleibt das entscheidende Rezept für eine nachhaltige Gesellschaft, beim Einzelnen wie in der Gemeinschaft.

Mein Wunsch ist es, dass meine Lebensgeschichte, die im ersten Teil aufgezeigt wird, Ihre Aufmerksamkeit erregt. Wenn sie Sie dazu bringt, über Ihr eigenes Leben und Ihre Handlungen nachzudenken, habe ich meine Wette gewonnen.

Ich habe fast das gesamte Buch ab 1997 im Gefängnis geschrieben; damals war ich in Martigny eingesperrt. Ich befand mich im Hungerstreik, um gegen meine Gefängnisstrafe zu protestieren, die ich ungerechtfertigt fand. Nach meiner Freilassung nahmen meine Aktivitäten als Gewerkschafter und Hanfbauer meine Zeit in Anspruch, und diese Aufzeichnungen blieben in einer Ecke des Schreibtisches liegen. Und dann nahm ich das Schreiben wieder auf, in den folgenden Jahren der Einkerkerung und neuer Haft. Jedes Mal musste ich Erinnerungsarbeit leisten, da ich nur leere Blätter erhielt, ohne lesen zu können, was ich zuvor schon geschrieben hatte.

Gewisse Namen in diesem Werk sind erfunden, aber alle erzählten Ereignisse haben sich wirklich zugetragen.

Anmerkung des Herausgebers der französischsprachigen Originalausgabe: Wir wollten die Spontaneität der im Gefängnis geschriebenen Seiten beibehalten; dies erklärt die chronologische Freiheit und die Wiederholung gewisser Erinnerungen.

LE TEMPS

Général_1_21.07.2010

Pourquoi le Valais veut laisser mourir Rappaz

Warum das Wallis Rappaz sterben lassen will

Chronologie der Inhaftierungen und Hungerstreiks von Bernard Rappaz

7. Mai 1985	Erste Inhaftierung in der alten Untersuchungsanstalt von Martigny, nach dem Überfall auf die Walliser Kantonalbank im Januar 1985. Erster Hungerstreik (20 Tage) und Entlassung unmittelbar danach. Grund: siehe Anwalt.
7. August 1993	Zweite Inhaftierung im Gefängnis von Saint-Gingolph wegen Verkaufs von Hanftee. Zweiter Hungerstreik (10 Tage) und anschliessende Entlassung. Grund: Entlassung.
10. Dezember 1996	Dritte Verhaftung wegen Verkaufs von Duftkissen, Inhaftierung in der neuen Untersuchungsanstalt von Martigny. Hungerstreik von 42 Tagen und anschliessende Entlassung. Grund: Entlassung.
14. November 2001	Vierte Inhaftierung im Prison Des Îles in Sion wegen Verstoss gegen das Bundesgesetz über Betäubungsmittel (BetmG). Hungerstreik von 72 Tagen und anschliessende Entlassung. Grund: Hausarrest.
14. März 2006	Vorbeugehaft im Prison Des Îles in Sion wegen Hanfanbau. Nach 73 Tagen Fasten entlassen mit Hausarrest von 37 Tagen. Grund: Hausarrest.
November 2008	Das Walliser Kantonsgericht verurteilt ihn, in Berufung, zu 5 Jahren und 8 Monaten der Verwahrung wegen schwerem Verstoss gegen das BetmG und wegen schwerer ungetreuer Geschäftsführung.

20. März 2010	Verhaftet zwecks Vollzug einer Strafe von 5 Jahren und 8 Monaten, unter anderem wegen schwerem Verstoss gegen das BetmG, im Gefängnis Des Îles und anschliessend in Crêtelongue. Beginnt einen ersten 50-tägigen Hungerstreik, wird eingesperrt im Unispital und anschliessend wieder im Gefängnis in Sion, nach zwei Wochen zu Hause, in denen er wieder Nahrung zu sich genommen hatte.
22. Mai 2010	Zweiter Hungerstreik, begleitet von einem Durststreik von 3 Tagen im Prison Des Îles in Sion. Überführung in die Haftabteilung im Inselspital in Bern und dann zurück nach Hause nach 61 Tagen des Fastens. Grund: Androhung einer massiven Strafe.
August 2010	Beginnt seinen dritten Hungerstreik, der 120 Tage dauern wird. Hat bei den Ärzten die Verweigerung der Zwangsernährung erreicht. Beginn des Vollzugs der Strafe von 5 Jahren und 8 Monaten. Grund: Androhung einer massiven Strafe.
10. Mai 2011	Das Bezirksgericht von Martigny verurteilt den Hanfbauern zu einer Gefängnisstrafe von 12 Monaten, eine Sanktion, die zu der vom Walliser Kantonsgericht im Jahre 2008 gefällten Strafe hinzukommt. Grund: Androhung einer massiven Strafe.
10. Juli 2012	Das Walliser Kantonsgericht bestätigt die Strafe von 12 zusätzlichen Monaten, die dem Walliser Hanfbauern in erster Instanz auferlegt wurden.
25. August 2012	Erreichen der Hälfte der Haftstrafe und Übergang zu Halbfreiheit im Prison Des Îles in Sion.
Februar 2014	Bewährung.

Le Nouvelliste

BERNARD RAPPAZ

Fin de la grève de la soif

www.lenouvelliste.ch

Bernard Rappaz – Ende des Durststreiks

Le Nouvelliste

AFFAIRE RAPPAZ

Polémique jusqu'au Gouvernement

www.lenouvelliste.ch

Rappaz-Affäre – Die Polemik reicht bis in die Regierung

ERSTER TEIL

MEIN LEBEN VOR DEM HANF

KAPITEL I

Geburt und Familie

Es ist vier Uhr morgens. Trotz eines vor zehn Tagen begonnenen Hungerstreiks bin ich in Topform, fange wieder an zu schreiben und beginne die erste Seite dieses Buches. In der Beugehaft ist die Zelle ein idealer Ort, um in Frieden zu schreiben. Zuunterst im Loch spornt mich meine Gewissensfreiheit – die man mir nicht wegnehmen kann – dazu an, mich zu äussern, das tut gut!

Zurück zum Beginn meines jetzigen Lebens. Es ist der 18. Februar 1953. Saxon, mein Heimatdorf, befindet sich in Aufruhr: Die Fasnacht beginnt! Mein Onkel Raymond, ein grosser Witzbold, macht sich das zunutze, um meine Mutter zu überraschen und sie zu erschrecken ... Ein voller Erfolg! Sie wird am selben Tag zu Hause ihr einziges Kind gebären: mich. Und so werde ich einige Wochen zu früh in das grosse Abenteuer des Lebens geworfen.

Ich entstamme einer Familie von Schwergewichten – mit meinem Vater Raoul, 130 Kilo, seinem Bruder Raymond, 172 Kilo, meinem Grossvater Oscar, 145 Kilo, und meiner Grossmutter Céline, 115 Kilo, was 562 Kilo für Vater, Mutter und zwei Kinder entspricht! Der Dorfarzt hatte ein grosses Kind vorhergesagt ... falsch, er ist sehr klein, kaum zweieinhalb Kilo, fast eine Schande! Die Nachkriegszeit liegt gerade hinter uns, und damals sind Gesundheit und Reichtum die Reserven. In der Tat bedeutet Übergewicht, dass man genug zu essen hat und folglich der Armut entkommen ist ... Ein Pin-Up-Girl von heute hätte im damaligen Umfeld kaum einen Ehemann gefunden.

Bei meiner Geburt ist meine Mutter 21 Jahre alt, Verlobung mit 15, Heirat mit 18. Mein Vater, sieben Jahre älter, Bauer, arbeitet mit seinem Bruder Raymond zusammen, der auch Bauer ist. Zu jener Zeit ist Landwirtschaft die Hauptbeschäftigung im Dorf. Mein Grossvater Oscar hat sich daraus befreien können, seit er als Briefträger der Gemeinde amtet. Er leitet ausserdem verschiedene Blaskapellen, unter anderem die von Saxon und Saillon. Als Musikdirektor schätzt man ihn wegen seines Gehörs und seiner Fähigkeiten, bewundert wird er aber auch für seinen unstillbaren Appetit.

Von Seiten meiner Mutter setzt sich die Familie Gaillard aus dem Vater Denis, der Mutter Lydia und ihren drei Töchtern zusammen: Dora, Denise und die jüngste, Marcelle. Wie alle anderen bewirtschafteten sie ein kleines Landgut; mein Grossvater Denis arbeitete in der Konservenfabrik für Früchte in Saxon.

Der kleine Bernard wird von allen verwöhnt. Ist er denn nicht das erste Kind, das geboren wird? Zu meinem Leidwesen und obwohl meine Mutter Kinder liebt, bleibe ich ein Einzelkind, was mein Leben und meine Beziehung zu den Menschen sicherlich beeinflussen wird.

Kommen wir zurück zur Geburt, die im Haus der Familie stattfindet. Madame Lina Plant, die Hebamme des Dorfes, kümmert sich um die Geburt, wie es sich zu dieser Zeit gehört. Der kleine Bernard findet sich in einem Schuhkarton wieder und ist etwas beschämt angesichts dieser Riesen und Schwergewichte.

KAPITEL II

Kindheitserinnerungen

Meine Mutter arbeitet hart und hilft meinem Vater bei der Feldarbeit, daneben kocht sie für fünf Personen. Zu dieser Zeit öffnet sich die Rhone-Ebene, die von Weiden bedeckt ist, rasch für den Anbau verschiedener Kulturen.

Papa, ein hartnäckiger Arbeiter, pflanzt Spargeln, Erdbeeren, Tomaten und Fruchtbäume. Er erntet gelegentlich, aber hauptsächlich spekuliert er. In der Tat erweisen sich der Kauf und Wiederverkauf der Ländereien als besonders rentabel. Dieses System wird laufend praktiziert. So beginnt er häufig mit dem Anbau – beispielsweise Spargeln – und verkauft das Land, ohne je geerntet zu haben.

Der Preis der Grundstücke liegt zu Beginn bei weniger als 50 Rappen pro Quadratmeter, um sich dann zu verdoppeln und wieder zu verdoppeln – bis zu dem Tag, an dem die Spekulation die Preise für Landwirtschaftsland auf einen unglaublichen Höchstbetrag von 30 Franken pro Quadratmeter hochgetrieben hat. Eine Generation spekuliert, und die nächste muss es ausbaden. Schliesslich wird das Gesetz geändert, um den Prozess zu stoppen, damit die Schweizer Landwirtschaft weiterhin überleben kann, und nach den Neunzigerjahren wird der Boden wieder zu landwirtschaftlichen Preisen zugänglich, zum Ertragswert.

Und doch! Wie viele Bauern meiner Generation oder der folgenden mussten sich verschulden, nur um unseren edlen Beruf ausüben zu können! Heute ist es für einen jungen Bauern möglich, sein Arbeitsgerät wieder zu finden: die Erde. Und dies zu einem vernünftigen Preis, vorausgesetzt, er besitzt ein Startkapital.

Leider hat sich eine ganze Generation verschuldet, und die Konkurse sind nicht mehr zu zählen. Für einige bedeutet das Selbstmord, denn es gibt da einen hartnäckigen Stolz, wenn er auch nicht angebracht ist. Es ist besser, einen Konkurs als Möglichkeit für einen Neustart im Leben zu sehen. Die Banken beharren unnachgiebig auf den Schulden und zerstören Situationen, die unhaltbar geworden sind. Sie als Einzige holen ihre Kastanien aus dem Feuer.

Früher zahlten die Leibeigenen (Bauern) den Zehnten (10 Prozent) an die Herren oder an die Kirche. Heutzutage zahlen sie dasselbe in Form von Bankzinsen. Der Fortschritt geht weiter, nicht wahr?

Meine erste Erinnnerung spielt ungefähr im Alter von drei Jahren in einem Erdbeerfeld in der Ebene von Riddes, als ich einen ganzen Nachmittag lang einer Schneckenmutter dabei zusah, wie sie sorgfältig ein Ei nach dem anderen legte. Später, als die kleinen Kanäle in der Ebene vor Leben wimmelten und von wunderschönen Forellen, als ich ungefähr sieben Jahre alt war, erinnere ich mich an einen Tag, an dem ich beim Angeln ein Wunder erlebte; ich hatte fast zwanzig grosse Forellen von Hand gefangen. Grosse Enttäuschung, die diesen einfachen Fang erklärt: Sie sind vergiftet! In der Tat beginnen chemische Produkte die Landwirtschaft zu überschwemmen. Oft leert der Bauer die Reste in den Tanks direkt am Ufer der Kanäle. Eine allzu frühe ökologische Katastrophe; ein ausgeglichenes Ökosystem wird innert weniger Minuten zerstört. Es wird noch viel brauchen, bis sich die Fischer zusammentun, die Kläranlagen aufkommen und sich endlich eine Bewegung und ein ökologisches Bewusstsein entwickelt.

In der Ebene von Saillon pflanzt mein Vater Reben an einem Ort, der Tobrouk genannt wird, nach einem polnischen Gefangenenlager, das sich während des letzten Krieges dort befand. Mehrere von ihnen waren geflohen und hatten versucht, nach Italien zu gelangen, einige liessen dabei ihr Leben.

In der Nähe der Reben ein kleiner Teich: die Brêche. Dort hat mein Vater schwimmen gelernt. Und dort hat er mich auch ins Fischen eingeführt. Ich werde ihm nie genug dafür danken können. In der Tat hat mich dieser Virus nie verlassen, im Gegenteil, denn diese Leidenschaft entwickelt sich weiter bis zu dem Tag, an dem ich zum «Moucheur» werde, zum Fliegenfischer.

Ein wiedergeborenes Kind?

Während einiger Jahre lebe ich im Kanton Waadt, da mein Vater dort Reben kauft. Eines Sonntags, als wir an der Riviera dem Rebberg entlang mit Blick hinunter auf den Genfersee spazieren gehen, setze ich mir in den Kopf, in eine andere Richtung zu gehen als meine Eltern. Sie lassen mich gehen, überzeugt, dass ich schnell zurückkommen werde. Doch nein! Schliesslich müssen sie mehrere Kilometer zurückgehen, um mich zu finden. Ich bin acht Jahre alt.

Ab 10 Jahren beschäftigt mich etwas ... In diesem Alter mache ich häufig Dinge zum ersten Mal. Und doch habe ich das Gefühl, eben diese Dinge schon oft gemacht zu haben. Im Rückblick handelt es sich für mich um Erinnerungen an ein oder mehrere frühere Leben. Dies an einem Punkt, wo ich mir vorstelle, ohne Einfluss durch Erwachsene immer gelebt zu haben und irgendwie ewig zu sein!

Mein Vater, ein eingefleischter Kommunist, entwickelt innerhalb der Familie einen starken Antiklerikalismus, von seinem Vater geerbt oder mit seinem Bruder geteilt. Ausserdem habe ich das Glück, seine pazifistischen und antimilitaristischen Ideen kennenzulernen. Meine Eltern gewöhnen mich auch an den Nudismus. Dieses Bildungsumfeld, das aussergewöhnlich war für diese Zeit und Region – der Kanton Wallis ist besonders konservativ und verschlossen –, wird gewiss meine Zukunft bestimmen. Damit hatte ich viel Glück im Vergleich mit meinen kleinen Kameraden, denn im Alter von zwölf Jahren öffnet sich dank meiner grossen Sensibilität mein Geist, und ich werfe einen neuen Blick auf die Gesellschaft, die mich umgibt, in aller Objektivität und ohne voreingenommen zu sein. Dass mein Vater anders ist als die Mehrheit, zeigt mir, dass ein Unterschied besteht. Ich werde einige seiner Ideen übernehmen, aber ich schliesse aus seiner Haltung, dass sich zu jeder Wahrheit eine Gegenwahrheit öffnet. Dies beschert mir einen neuen und offenen Geist.

Plötzlich, im Alter von zwölf Jahren, treffe ich eine bedeutsame Entscheidung: Kriegsdienstverweigerer aus Gewissensgründen zu werden und den Dienst in der Armee zu verweigern. Ich notiere mir dazu aus einer Zeitung, die mein Vater erhält – *Le Résistant à la guerre* –, dass sich in Sion der Vertreter für das Wallis aufhält, der Abt Clovis Lugon. Ohne viel nachzudenken, setze ich mich in den Zug und steige in der Hauptstadt aus, um ihn ein erstes Mal kennenzulernen. Etwas überrascht über mein jugendliches Alter, begleitet mich der Abt Lugon zurück zum Bahnhof, nicht ohne die Unschuld meines Vorhabens bemerkt zu haben. Er sagt mir noch: «Du hast genug Zeit, deine Verweigerung reifen zu lassen. Während du auf deine Rekrutierung wartest, kann ich dir dieses Buch empfehlen.» So komme ich mit einem Buch zurück, das meine gesamte Existenz über den Haufen werfen wird: die Autobiographie von Mahatma Gandhi. Noch heute kommt es vor, dass ich darauf zurückgreife, um daraus unzählige Kräfte zu schöpfen, die meine Kämpfe entwickeln und unterstützen. Ich entdecke die aktive Gewaltlosigkeit und werde mein ganzes Leben versuchen, sie bei jeder Situation anzuwenden. Einstein sagte über Gandhi: «Kommende Generationen werden kaum glauben können, dass ein solcher Mann je in Fleisch und Blut auf dieser Erde gelebt hat.» Anscheinend haben sie ihn immer noch nicht entdeckt!

Mein Onkel Raymond vergöttert mich und lädt mich oft ins Café des Vergers ein, das sich nahe beim Elternhaus befindet. Dort lese ich mit Leidenschaft *Le Canard Enchaîné*. Dies entwickelt meinen Geist weiter, und ich entdecke die Welt und ihre Probleme. Dieser Onkel, der dickste Rekrut seines Jahrgangs, hat einen feinen Geist und einen ausgeprägten Humor. Ein Lebemann, der unverheiratet bleiben wird und in bestmöglicher Weise vom Leben profitiert, bevor er frühzeitig stirbt, ein Opfer seines Übergewichts.

In der Primarschule fällt mir das Lernen leicht, und ich bin fast bis zum Schluss Klassenbester – dies, ich muss es zugeben, hauptsächlich aus einem Konkurrenzdenken heraus, das zu jener Zeit durch das Schulsystem sehr gefördert wurde.

Spirituelles Leben

Meine peinlichen Fragen an den Pfarrer ersparen mir seinen obligatorischen Unterricht. Manchmal mit väterlicher Hilfe, das macht mir mächtig Spass. Es hat mich jedoch nicht daran gehindert, grundlegende Fragen zur Existenz zu erahnen. Ich erinnere mich daran, an einer Retraite in der Kirche Notre-Dame du Silence in Sion teilgenommen zu haben, nur um zu sehen und mir eine Meinung zu bilden. Dabei leben die Teilnehmer zurückgezogen und dürfen während einer Woche kein einziges Wort sprechen. Die Pfarrer hingegen reden täglich stundenlang über Religion. Ich verschlinge alles, was ich über Religion und Philosophie finden kann. Mit dreizehn Jahren festigt sich meine Meinung. Sie hat sich bis heute kaum geändert. Kurz gesagt, ich werde niemals Christ sein, obwohl ich zahlreiche praktizierende Christen als Freunde hatte, seien sie nun Bürger, Pfarrer, Kapuziner oder Pastoren; die Suche nach Gerechtigkeit ist der Zement, der uns verbindet. Eines Nachts gegen zwei Uhr treffe ich in einem kleinen Strässchen den Abt Clovis Lugon, der eine Matratze für Flüchtlinge transportiert. Dieser Mann, den das Lokalblatt *Le Nouvelliste* kritisiert und der als Umstürzler und roter Abt beschimpft wird, verhielt sich wie ein Heiliger.

Ich glaube an das Abenteuer von Christus und respektiere es. Dagegen kann ich die 2000 Jahre an Dummheiten, die folgten, nur zurückweisen, mit ihren heiligen Kreuzzügen, dem Töten der Ungläubigen, den Kolonisationen, den wirtschaftlichen Gewalttaten und der Entwicklung einer oligarchischen Kirche, die alles tat, um das Volk in Unwissen und Elend zu halten. Der weisse Mann vertritt eine Rasse, die viele Massaker begangen hat. Diese Rasse beutet mit ihren multinationalen Konzernen weiterhin die Ressourcen der Völker und des Planeten aus. Oft schäme ich mich, ein Teil davon zu sein ...

Ich öffne mich den östlichen Religionen und lese im Besonderen den Koran, die Bhagavad Gita und das Tibetische Totenbuch.

Wenn ich unbedingt einen existierenden Weg wählen müsste, würde ich mich für den tibetischen tantrischen Buddhismus entscheiden; soviel mir bekannt ist, hat kein anderes Volk eine vergleichbare Ebene des Wissens erreicht. Diese Art von Zivilisation könnte Jahrtausende lang existieren, ohne andere Völker oder die Natur anzugreifen.

Heute noch, 2013, stirbt Tibet, ermordet durch China.

Die Mädchen ... jetzt schon!

Ich bin sehr frühreif; ich erinnere mich noch an einen Tag, an dem meine Mutter mit meiner Grosstante eine Spezialität zu Ehren des Dorfheiligen Saint-Félix zubereitet hat: Merveilles. Schmackhaft süsse Köstlichkeiten. Währenddessen spiele ich mit Eliane, einer Cousine, und obwohl wir erst zwölf Jahre alt sind, gehen wir vom Mama-Papa-Spiel zum kompletten sexuellen Akt über. Ohne zu wissen, was geschehen ist, haben wir uns zum ersten Mal Liebe gemacht, uns gegenseitig entjungfert ... Unschuldige Liebe, Dorfliebe. Wir sind im selben Alter.

KAPITEL III

Jugendjahre

Die Leichtathletik

Im Alter von 14 bis 17 Jahren engagiere ich mich voll in der Leichtathletik, einem Sport, der im Wallis gerade aufkommt. All dies wurde möglich dank Walter Fink, meinem Trainer, ehemaliger Vertreter der Schweiz bei den Olympischen Spielen in Rom. Er war Zehnkämpfer.

Ich übe diese Disziplin sowie einige andere aus und gewinne einige Titel auf kantonalem Niveau. Rekordhalter bei den B-Junioren über 300 Meter Hürden, erinnere ich mich an ein Rennen in Martigny, das ich über 600 Meter in 1' 29" 00 gewinne. Diese Zeit, in der ich täglich trainiere, meistens mit meinem Freund Lambiel, bringt mir viel Freude. Sie hat vor allem meinen Charakter geschmiedet und meine aussergewöhnliche Willenskraft entwickelt. Das wird mir mein ganzes Leben lang eine Hilfe sein.

Obwohl ich für die Schweizermeisterschaften qualifiziert bin, drehe ich dem Wettkampfsport brüsk den Rücken zu. Meine politische Seite übernimmt wieder die Oberhand. Ich will nicht die Fahne des Nationalismus tragen; ich glaube, dass dieser schlussendlich Gewalt und Krieg verursacht.

Später übernimmt mein Sohn John, wird Teil der Schweizer Leichtathletikhoffnungen und landet bei den besten drei Läufern seiner Kategorie. Leider zwingt ihn ein Muskelproblem zum Rückzug in die Zuschauerränge.

Ferner trägt mein Cousin Stéphane Schweikardt sein Talent bis über die Landesgrenzen. Er gewinnt Rennen auf internationaler Ebene. Als Kind hatte er mich bewundert, heute sind wir es, die ihn bewundern. Seine Tochter führt jetzt die Tradition weiter.

Politik, Einstellung und Kämpfe

Schon sehr früh werde ich mir gewisser politischer Herausforderungen bewusst. Aus meiner Sicht heisst Politik nicht, irgendeiner Partei anzugehören; Sozialist, Bürgerlicher oder Freisinniger zu sein ist nichts anderes als sich Apache, Sioux oder Cheyenne zu nennen, wo wir doch schlussendlich alle Indianer sind! Politik zu betreiben geht aus vom Engagement, für eine Sache, eine Idee oder eine Bewegung einzustehen. Sie ist untrennbar mit dem Alltag jedes einzelnen verbunden. Konsum ist ein rein politischer Akt; wenn Sie ein europäisches oder japanisches Auto kaufen, eine Frucht aus der Region oder eine importierte, einen Max-Havelaar-Kaffee oder einen anderen, unterstützen Sie wirtschaftlich das eine oder andere System.

Die Motivation wächst in mir auf dem Kompost der Ungerechtigkeit, dieser Keim ist für mich unentbehrlich, damit ich mich engagiere.

Die Studienzeit

Nach Abschluss der Primarschule komme ich in die Sekundarschule in Martigny. Wie immer frühreif – ich bin zwei Jahre jünger als der zweitjüngste in der Klasse – verliere ich das Interesse an guten Noten und begnüge mich mit den durchschnittlichen, damals eine 4 von 6. In dieser Zeit gibt mein Vater Blumenkohl, Erdbeeren, Tomaten, Spargeln und Äpfel auf, um sich auf Reben und Williamsbirnen zu spezialisieren. Er hatte lange vor seinen Kollegen verstanden, dass Reben und Williamsbirnen als Rohstoff dienen, dies ohne Sortierung, Kalibrieren und Auswahl I, II, III. Wie viele wurden durch diese belanglosen Kriterien, die grössere Gewinne für die Händler und geringere Erträge für die Bauern erzeugen, von den Händlern ausgeblutet? So gründet er ein schönes Weingut mit 7 Hektaren. Er ist innovativ in seinem Beruf, da er als erster im Wallis mit einem Stelzentraktor arbeitet, der speziell für Rebberge konzipiert ist.

Als mein Vater und sein Bruder erfahren, dass ein Grundbuch für Weinbau erstellt werden soll, bebauen sie umgehend eine Parzelle mit 3 Hektaren Fläche. Da sie keine Zeit mehr haben, pflanzen sie die Reben nur in jeder dritten Reihe. Das folgende Jahr erhält der Rest die fehlenden Rebstöcke. Dank diesem Trick profitieren sie von 2 zusätzlichen Hektaren. Seither verbietet es das Grundbuch, den Weinberg ausserhalb der Zone zu vergrössern.

Zu jener Zeit hegen die Leute meiner Gegend keine Sympathien für Hermann Geiger, den genialen Gletscherpiloten. Der Flieger stellt nämlich dank seiner Fähigkeiten sein Talent der Walliser Regierung zur Verfügung, um einige verbotene kleine Rebberge in Saillon und Saxon mit starken Entlaubungsmitteln zu besprühen. Bei dieser Gelegenheit wird er von den aufgebrachten Landwirten beschossen, glücklicherweise ohne Folgen. Das war unser kleines Vietnam.

Später benutzt die Regierung Gefangene aus Crêtelongue, um eine «vermaledeite» Rebe in Conthey auszulöschen, und lässt die unerlaubten Rebstöcke abschneiden – eine ökologische Methode, wenn auch sozial nicht vertretbar.

Mein Vater, immer achtsam und gut informiert, wendet eine Verarbeitung mit niedriger Literzahl an (150 Liter pro Hektar), wodurch er sich Kritik von den agronomischen Forschungsinstituten einhandelt. Tatsächlich schätzen diese «Doktoren der Wissenschaft», dass man nicht unter 2000 Liter pro Hektar gehen kann. Heute befürworten sie die niedrige Literzahl. Nebenbei bemerkt sind es fast immer Privatpersonen, die in der Landwirtschaft Innovationen vorantreiben, wo doch logischerweise die Forscher mit ihren Mitteln und dem garantierten Lohn immer wieder neue Wege ebnen sollten.

Meine Mutter liebte Kinder … und spielte auf unvergleichliche Weise mit ihnen. Dennoch hatte sie nur ein einziges, auf Wunsch meines Vaters. In der Tat wollte er keine Tochter, die übergewichtig war wie er selber. Ausserdem wollte er, dass sein Sohn über das gesamte Familienerbe verfügte. Als Einzelkind geplant und seit meiner Geburt daran gewöhnt, alleine zu sein, war ich der Mittelpunkt, und alles schien mir zuzustehen. Resultat: ein egoistischer Jugendlicher, der in der Lehre des Lebens das Teilen lernen muss – dafür brauchte ich einige Jahre.

Papa träumte wie die meisten Eltern von heute davon, dass sein Sohn das Familienerbe antreten würde. Dieses Vorgehen ist riskant, wenn nicht sogar verheerend. Man kann die Zukunft seiner Nachkommen nicht auf Grund eigener Träume planen. Das Leben hat mich gelehrt, dass die Kinder zwar durch uns kommen, uns aber nicht gehören. Wir dürfen sie begleiten, sie lieben bis zu dem Tag, an dem sie mit eigenen Flügeln fliegen wollen. Mit dieser Philosophie verhindert man Enttäuschungen und bleibt für alles offen, mit Respekt vor der Freiheit. So steckte man mich also, obwohl ich Arzt oder Sozialarbeiter werden wollte, in eine Schule für Weinbau/Önologie in Beaune, im Herzen der grossen Weinberge des Burgunds. Dort konnte ich der Schulung zum höheren Techniker entkommen, die mich sieben Jahre gekostet hätte – zum Leidwesen des Schuldirektors, der diesen brillanten Schweizer Schüler schon sein Spektrum an begabten Ausländern verbessern sah. Und so weiche ich auf eine praktischere Schulung zum Weinbauern-Önologen aus, die zwei Jahre dauert.

Der Mai 68 bricht an … Ich erlebe unvergessliche Momente mit dem Ausbruch dieser revolutionären Unruhe, die sich bis in die Provinz erstreckt. Der sozialistische Vizedirektor übernimmt den Platz des gaullistischen Direktors.

Eines Tages kehre ich für ein Wochenende in die Schweiz zurück. Die Züge fahren nicht mehr, der Strom ist abgestellt und ebenso die Tankstellen ... Ich mache also Autostopp. Ein Bauer nimmt mich in seinem Deux-Chevaux mit und bringt mich zur Strasse bei Vallorbe; hinten im Wagen eine Sau, da haben wir den Gestank! Kaum habe ich den Daumen wieder gehoben, hält ein Rolls-Royce an, der Chauffeur ganz alleine mit seinen weissen Handschuhen. Ich setze mich hin, mitsamt meinen schweinischen Düften ... Wir gelangen problemlos über die Grenze, und ich beende die Reise im Zug. Heute stelle ich mir vor, dass der Rolls mit französischem Geld vollgeladen war und dass es sich um Kapitalflucht handelte. Her mit eurem Geld, die Schweizer Banker kennen das Lied und lassen sich nicht von Skrupeln stören. Das haben wir beim Gold der Juden gesehen, das die Nazis gebracht haben.

Der Mai 68 hat mir bestätigt, dass eine Revolution fast gewaltfrei ablaufen kann und dass 10 Prozent der Bevölkerung ausreichen, um sie zu führen.

Bruch

Meine Studien gehen zu Ende. Ich kehre ins Land zurück, um mit meinem Vater zu arbeiten. Meine normale Pubertätskrise, die in jeder Generation vorkommt, verdoppelt sich durch eine Kulturkrise. Elektrisiert von der aufblühenden Gegenkultur höre ich neue Musik: Jimi Hendrix, Pink Floyd, Bob Dylan, John Mayall, Jethro Tull, Janis Joplin, Johnny Winter, Ange, Jacques Higelin, John McLaughlin, Simon & Garfunkel, Joan Baez, Genesis, Miles Davis, Magma, Supertramp usw.

Die Hippie-Bewegung rollt an. Ich bin sofort beeindruckt, mein Herz fliegt ihr zu. Unser Leitmotiv – *Make Love, Not War* – betört mich, meine Haare wachsen … Ich kaufe ein Blumenhemd. Als sie von einem Aufenthalt bei unserer Familie in der Nähe von Paris zurückkehren, entdecken mich meine Eltern mit diesem ungewohnten Kleidungsstück! Ich werde nie das Bild meines Vaters vergessen, wie er mein neues Blumenhemd zerriss und mich oben ohne zurückliess … er schämte sich.

Als wir gemeinsam mit dem Beschneiden der Reben beginnen, haben wir einen kleinen Kassettenrekorder dabei. Eine Reihe mit Edith Piaf oder den Chören der Roten Armee, die nächste mit Jimi Hendrix oder Pink Floyd. Das Beschneiden geht schnell voran, da bei jeder Reihe einer von uns seinen Rhythmus erhöht, um seine Musik bei der nächsten wiederzufinden – und um die des anderen nicht zu lange zu hören. Es gab damals keine Kopfhörer.

Das Missverständnis zwischen Vater und Sohn zwingt mich, meine Studien eine Saison lang weiterzuführen. Also setze ich meine Ausbildung zum Önologen an der École de Montagibert in Lausanne fort, sie ist zu jener Zeit das nationale Ausbildungszentrum. Mit dem Diplom in der Tasche kehre ich nach Saxon zurück und bin zufrieden, dass ich mit den Schulen abgeschlossen habe. Heute bedaure ich es, dass meine Eltern mich entgegen meinen Wünschen keine Sprachpraktika in Deutschland und England machen liessen. In der Tat frustriert es mich jeden Tag, weder deutsch noch englisch zu sprechen. Dieses Können würde mir sehr bei meinen heutigen Beziehungen helfen, die geradezu weltweit ausgeprägt sind.

Man hatte versucht, mich in eine Blaskapelle zu stecken, aber diese Art Musik schlug mich in die Flucht. Ich habe also nie ein Instrument spielen gelernt.

Zu diesem Zeitpunkt, im Alter von 18 Jahren, als die Studien abgeschlossen waren, schien mein Leben komplett vorgegeben. Es hätte gereicht, Wein herzustellen in der zukünftigen Kellerei Rappaz, deren Pläne bereit lagen. Doch ich hatte nicht mit der Liebe gerechnet …

Frauen und Eroberungen

Man sollte sich niemals über die Überzeugungen oder die Liebschaften von Kindern lustig machen oder darüber lachen. Ab dem jugendlichen Alter von zehn Jahren kann ein Kind dauerhaft von einer Idee überzeugt sein. Auch kann es sich im gleichen Alter verlieben, und das hat nichts mit Spass zu tun. Ich erinnere mich an einen Jungen aus Saint-Maurice, der sich mit dreizehn einen Strick kaufte – die Rechnung dafür liess er seiner unerreichbaren Herzensdame zukommen –, und sich dann damit erhängte, zerfressen von Liebeskummer! Enttäuschungen in der Liebe müssen in diesem Alter sehr ernst genommen werden.

Ich erinnere mich daran, dass ich, als ich eine Freundin verlassen musste, die ich beim Camping in Frankreich kennengelernt hatte, so sehr weinte, dass meine Eltern darüber lachten … Damals gingen sie jedes Jahr campen, zuerst im Zelt, später mit einem Wohnwagen.

Ab 13 sammelte ich unbekümmert Blüte um Blüte, um dann im Alter von 18 bis 20 Jahren bei älteren Freundinnen Halt zu machen. Aber meine erste grosse Liebe offenbarte sich mit 17, mit einem Mädchen aus dem Dorf, Josiane. Wir gingen barfuss überall hin, Hand in Hand. Ein Jahr lang war unsere Beziehung platonisch und unser Übergang zur körperlichen Liebe gestaltete sich nicht ohne Schwierigkeiten, da es damals keine Sexualkunde gab; dieses Thema war sogar in unseren Familien tabu.

Ich werde nie ihre Entjungferung vergessen, bei der Leiden an die Stelle des Vergnügens trat. Auf der einen Seite sie, Jungfrau, auf der anderen ich, unerfahren. Wir zelteten in den Bergen der Gemeinde und brauchten mehrere Nächte, um ans Ziel zu gelangen. Mit etwas Erziehung wäre dieses Leiden unnötig gewesen. Aber als der Blutfleck erschien, erfüllte uns dies mit Wonne. Die Freuden der körperlichen Liebe folgten.

Durch den Kontakt mit ihr entdecke ich den Alkoholismus ihres Vaters und die täglichen Dramen in ihrer Familie. Das brachte mich in eine unbehagliche Situation. War ich nicht in der Tat dabei, ein Wein- und Alkoholproduzent zu werden? Ich fühlte mich unwohl in meiner Haut, zumal ich erfuhr, dass mein Grossvater mütterlicherseits auch Alkoholiker war.

Ich beschliesse also, dass ich kein Händler einer legalen Droge sein will. Das mag erstaunen, zumal in einem Kanton, der so viel Alkohol produziert. Und doch! Wegen meiner Sensibilität und der Entdeckung der Probleme, die mit dieser legalen Droge verbunden sind (4000 Tote jedes Jahr in der Schweiz), setze ich es mir in den Kopf, meine Familie zu verlassen.

Mein Vater schlägt mir ein schönes Auto vor und weigert sich, mir einen ordinären Deux-Chevaux zu kaufen. Ich mache mich daran, Kreuzanhänger zu fabrizieren, unter Zuhilfenahme von dreizehn Hufnägeln. Nachdem ich davon genug verkauft habe, kann ich mir mein Traumauto leisten: meinen ersten 2CV (meine «Deuche») aus zweiter Hand.

Der Morgen meiner Abreise bricht an. Ich werde nie den schrecklichen Moment vergessen, als ich den Hof der Familie am

Steuer meines Autos verlasse, unter dem traurigen Blick meines Vaters. Ein neues Kapitel beginnt, und durstig nach Freiheit verlasse ich mit meiner ersten Freundin einige Kilometer weit mein Geburtshaus. Wir ziehen zuerst in ein alleinstehendes Haus auf der linken Uferseite von Sion. Dort arbeite ich zu 50 Prozent in einem Gut, das aus Weiden und Aprikosen besteht, das Gut Bösch. Dann mieten wir eine kleine Wohnung im Herzen von Saint-Léonard. Wir lebten fünf Jahre im Guten und im Schlechten zusammen, aber Josiane ertrug meinen masslosen Aktivismus nicht mehr, der mich zu weit von ihr entfernte.

Später komme ich in mein Dorf zurück und miete ein kleines blaues Haus, das sich an einen Hügel bei Écône anschmiegt. Gisèle, eine Freundin aus der Deutschschweiz, schlägt mir vor, ihre Freundin aus Basel, Anna, bei mir wohnen zu lassen. Diese hat einen Autounfall erlebt, der sie am Sprechen hindert. Sie erscheint mit ihrem Schweigen, wie eine Raupe, die dabei ist, sich zu verpuppen. Nach zwei Wochen ist die Umwandlung vollzogen, und wir entdecken einen Schmetterling. Anna spricht, singt, spielt Flöte und tanzt. Ihr Vater, Medizinprofessor an der Universität Basel, fragt mich: «Was haben Sie getan, damit Anna ihre Sprache wiederfindet?» Ich weiss nicht, was ich ihm antworten soll!

Rückblickend bin ich überzeugt, dass es sich bei dem natürlichen Medikament, das dazu beigetragen hat, Anna zu heilen, schlicht und einfach um Hanf handelt, den wir ab und zu konsumierten. Zu jener Zeit kannte ich die verschiedenen therapeutischen Wirkungen dieser Medizinalpflanze noch nicht.

Zusammen mit Anna kaufen wir den Hof Oasis und erwerben ein Feld mit Williamsbirnen von meinem Vater. Sie hält mich fünf Jahre lang aus, dann verlässt sie unser Zuhause mit unserem Sohn, ohne mich zu benachrichtigen. Das ist ein schrecklicher Schock für mich, und ich muss darum kämpfen, ein Besuchsrecht zu erlangen, das sie mir die meiste Zeit verweigert.

Dann gab es Isabelle, die Pariserin, die immer noch in Saxon wohnt und mit der ich noch heute Kontakt habe, wie auch mit meiner nächsten Beziehung, Fabienne.

Aus der Verbindung mit einer Bäuerin aus dem Oberwallis, Maggie, geht Sarah hervor. Und wie üblich wird sie mich fünf Jahre lang aushalten …

Schliesslich habe ich mit Sophie gelebt, die einen Sohn gebar, Dorian.

Nach dieser Beziehung teile ich einige Jahre meines Lebens mit Sofia, ab 2006. Seitdem habe ich mich entschieden, von nun an alleine zu leben und unverheiratet zu bleiben. Ehrlich gesagt, ist ein Zusammenleben nicht einfach, wenn einer der Partner eine lange Strafe absitzen muss. Da ich nicht will, dass meine letzte Partnerin dieses Leid erfährt, gehe ich weg von ihr. Diese einsame Periode beginnt 2008. Eine neue Lebenserfahrung, von der ich überzeugt bin, dass sie mir eine neue Reife bringen wird, die mir in den nächsten Jahren nützlich sein wird.

Immerhin hat mich jede von ihnen fünf Jahre lang ausgehalten, was mir eine lange Erfahrung im Eheleben verleiht. Mehr als die Vergangenheit oder die Zukunft ist die Gegenwart die wichtige Zeit.

Le Matin Dimanche

Avec les magazines Télé Top Matin FEMINA

Un docteur antidrogue devient partisan de B. Rappaz

Ein Anti-Drogen-Arzt stellt sich auf Bernard Rappaz' Seite

KAPITEL IV

Mein Sohn wird zum Mann

Aus diesen Verbindungen wurden drei Kinder geboren. Zuerst mit Anna, der Baslerin, ein Wunschkind im Jahr 1977. Als fortschrittlicher junger Vater nehme ich am Vorbereitungskurs für eine Geburt ohne Schmerzen teil, aus Solidarität und Teilnahme. Meine Anwesenheit als einziger Mann in diesem Kurs wird geschätzt, ich werde schnell zum Maskottchen der Damen. Meine gewaltfreien Überzeugungen hatten uns dazu gebracht, die Ideen von Leboyer über eine gewaltfreie Geburt zu übernehmen, eine Praxis, die er in Indien entdeckt hatte. In der Tat lebt der Fötus in einer geschlossenen Welt, in der Licht und Ton durch den Bauch der Mutter gedämpft zu ihm gelangen. Bei der Geburt ist der Schock heftig und kann zu Traumatisierungen führen, die bis ins Erwachsenenalter andauern. Das normale Vorgehen damals bestand darin, das Neugeborene bei hellem Licht und Lärm zu holen, mit Schlägen auf den Hintern des Babys, während man es an den Füssen hochhielt, damit es schrie. So stark, dass der Arzt über ein ruhiges und schweigsames Kind beunruhigt war!

Wir suchten einen Ort und einen Geburtshelfer, der bereit war, Neuerungen einzuführen, mit einer sanften Geburt ohne Gewalt. Der grosse Tag kommt und findet im Spital von Monthey statt, Mitte Juli 1978. Als das Fruchtwasser abgeht, beginnt meine Freundin mit der Vorbereitung, sie lehnt den Kaiserschnitt ab, der mehr aus Gewohnheit als aus Notwendigkeit ausgeführt wird. Ich schliesse die Storen und dämpfe das Licht. John kommt allmählich zum Vorschein. Wir flüstern. Ich nehme ihn vorsichtig und lege ihn auf den Bauch seiner Mutter, während wir ruhig warten, dass er von selber zu atmen beginnt. Bei seinem ersten Atemzug spüre ich, wie sein Charakter und seine Persönlichkeit verschmelzen. Dann wasche ich ihn oberflächlich, wobei ich darauf achte, die schützende Schmiere nicht zu entfernen. Kein Schrei, kein Weinen. Er scheint mich mit seinen grossen Augen zu beobachten und plappert. Seine Mutter stillte ihn mehrere Monate, obwohl man damals riet, diese uralte Praxis zugunsten von Milchpulver aufzugeben. Meine Grossmutter Céline erzählte mir, dass sie meinen Vater mehr als drei Jahre lang stillte.

Wir behalten die Plazenta. In der Tat enthält diese viele schützende Elemente, die durch die Muttermilch zum Kind zurückkehren, nachdem sie von der Mutter aufgenommen wurden. Dieser Prozess ist Teil der Natur und schützt Mutter und Kind gegen Krankheiten. Alle Tiere nutzen das aus Instinkt, sogar Pflanzenfresser. Wir brechen ein Tabu. Um dieses Prinzip zu unterstreichen, beschliessen wir, sie roh zu essen. Ich bereite sie zu wie ein Tartar, mit vielen Gewürzen. Aus Solidarität werde ich ein wenig davon mit meiner Partnerin essen. Abgesehen vom psychologischen Problem schmeckt es ausgezeichnet.

Wir wohnen in einem kleinen blauen Haus, das sich an den Hügel von Écône bei Saxon schmiegt.

Später ergibt sich die Gelegenheit, einen schönen und ebenfalls abgelegenen Bauernhof zu kaufen, und wir ziehen um ins Oasis. Einige Jahre vergehen, dann verschlechtert sich unsere Beziehung. Schliesslich nutzt meine Freundin meine Abwesenheit während einer Live-TV-Sendung aus und verlässt endgültig unser Heim mit John.

Dieser Bruch ist schrecklich. Nach vielen Rückschlägen erhalte ich ein Besuchsrecht. Leider, und das muss ich auf meine Kosten lernen, hat dieses Recht keinerlei Wert, wenn die Mutter sich darauf versteift, dessen Anwendung zu verweigern. So kommt es, dass mein Sohn und ich auf schreckliche Weise den Kontakt verlieren. Ich verweile bei dieser schweren Zeit, um alle, die eine solche Zerrüttung erleben, daran zu erinnern, dass ein Kind eine regelmässige Beziehung zu seinem Vater und zu seiner Mutter braucht und ein Recht darauf hat. Kein Erwachsener kann diesen Kontakt unterbinden; er riskiert, die Zukunft des Kindes nachhaltig zu stören. Meine Bindung zu meinem Sohn war sehr stark. Wir haben beide einen Teil seiner Kindheit verloren, und das kann uns niemand je zurückgeben.

Offensichtlich wogen die wirtschaftliche und politische Macht der Familie mütterlicherseits schwerer als die Entscheidungen einer Vormundschaftsbehörde, die keine Mittel hatte, mein Recht anzuwenden. Übrigens hat mir der Präsident der Basler Behörde bei einem Protest seine Unfähigkeit, das Gesetz anzuwenden, offen eingestanden! Heute beginnt man, das elterliche Sorgerecht den Vätern zu geben, und vor allem können die Behörden einem von beiden Elternteilen geteilten Sorgerecht den Vorzug geben. Eine positive Entwicklung, von der die Kinder nur profitieren können.

Aus meiner Liebe zu Maggie wird 1998 die kleine Sarah geboren. Am Tag nach ihrer Geburt treffe ich zwei ältere Frauen, die von diesem glücklichen Ereignis wie von einem grossen Tag sprechen. Sie bringen mir einen Rosenstrauch mit prächtigen roten Rosen mit, den ich sogleich vors Haus pflanze. Noch heute habe ich die unwirkliche Erinnerung an diese beiden Feen – ohne zu wissen, wer sie waren! Meine Tochter wird die ersten fünf Jahre ihres Lebens Muttermilch trinken. Und glücklicherweise wird diese Mutter es trotz unserer Trennung zulassen, dass die Vater-Tochter-Beziehung sich frei entfaltet.

Im Jahr 2000 bringt Sophie in einer Wassergeburt den kleinen Dorian zur Welt. Diese dritte Entbindung ist ebenfalls ein aussergewöhnlicher und unvergesslicher Augenblick. Und wieder habe ich die Ehre, die Nabelschnur zu durchtrennen. Als er drei Jahre alt ist, stirbt Dorian bei einem furchtbaren Unfall zwischen mir und einem Traktor. Ich finde keine Worte, um diesen Albtraum zu beschreiben. Dorian ist tot, und all meine Tränen werden nichts daran ändern. Das Leben hat mich gelehrt, dass gewisse Arten von Trauer ein Leben lang ertragen werden müssen und erst mit unserem eigenen Tod enden. Dorian, ich liebe dich!

Mit Michka, März 1999

KAPITEL V

Saxon, ein anderer Planet

Mein Geburtsdorf, im Herzen des Wallis gelegen, ist bis vor kurzem ein Ort geblieben, wo die Freiheit und der Aufstand sich oft ausgedrückt haben. Am 7. August 1953, als die Aprikosen verfaulen, macht die Schreckensnachricht des öffentlichen Ausrufers mit seiner Trommel die Runde in den Obstgärten: «Stoppt die Ernte!» Wir können die Aprikosen nicht mehr verkaufen, da italienische Aprikosen, die früher reif sind, das Land überschwemmt haben. Einige Lastwagen made in Italy stehen sogar mitten im Dorf. Die Gerüchteküche brodelt. Gérard Perraudin, ein junger Anwalt, übernimmt die Verteidigung der Bauern, organisiert mit einigen Freunden aus Saxon ein Treffen und zögert dabei nicht, auf den Tischen der Bistros stehend zu sprechen. Tausende kommen, es ist ein Aufruhr! Eisenbahnwagen brennen, Pappeln am Rand der Kantonsstrasse werden abgesägt und isolieren Saxon ... Bern steht kurz davor, militärische Truppen zu entsenden. Mein Vater sowie 39 Landwirte werden wegen Anstiftung zum Verbrechen verurteilt.

Aus diesem revolutionären Akt entsteht eine neue politische Partei im Wallis, das Mouvement Social Indépendant (MSI), dann die Florescat, eine Kooperative für Früchte und Gemüse, und schliesslich mit Unterstützung durch jurassische Freunde die Union des producteurs suisses (UPS). Das MSI besteht noch heute, in einer liberalen Form, die sich nicht mehr wirklich von den traditionellen Parteien abgrenzt. Mit der Zeit hat sich die ursprüngliche Identität der Bewegung verwässert. Dadurch gingen die Angriffslust und die revolutionären Ideen verloren, die

Landwirte wurden ihrem traurigen Schicksal überlassen. Der Verschleiss durch die Macht hat gewisse Abgeordnete betäubt, die viel zu beschäftigt damit waren, ihr Vermögen anzuhäufen, anstatt sich den Problemen der Bürger zu stellen.

Die Westschweizer UPS, die heute Uniterre genannt wird, ist sehr aktiv und noch heute die einzig wirklich dynamische Bauerngewerkschaft der Schweiz. Die Affäre hat politische Auswirkungen und bewirkt protektionistische Massnahmen an der Grenze, und zwar das Drei-Phasen-System. Es umfasst in der ersten Phase die freie Einfuhr, da die einheimische Ernte noch nicht reif ist; in der zweiten Phase kommen die Früchte aus dem Inland, und die Importeure haben das Recht auf Kontingente, um die Nachfrage zu befriedigen, ohne jedoch Reserven zu machen; zuletzt, in der dritten Phase, ist die einheimische Ernte in vollem Gange, die Grenzen bleiben geschlossen. Dieses System hat bis heute einigermassen überlebt. Beiläufig können wir festhalten, dass die Regierung in Bern, die durch diesen Bauernaufstand traumatisiert war, selber soweit geht, jedes Jahr den Preis für die Walliser Aprikose für Produktion und Verkauf festzulegen, ein Einzelfall in der Gemüse- und Obstwirtschaft des Landes. Tatsächlich bleibt der Frucht- und Gemüsemarkt frei und hauptsächlich abhängig von Angebot und Nachfrage.

Einer meiner Onkel, der jüngste je im Wallis gewählte Präsident, hat 25 Jahre lang das Schicksal von Saxon geleitet. Im Respekt vor der Glaubensfreiheit hat er Écône und Monseigneur Lefebvre innerhalb der Gemeindegrenzen Fuss fassen lassen. Von Saxon sind zahlreiche Bauern- und Volkskämpfe ausgegangen, wie die Pfirsich-Affäre, der Kampf gegen das Fluor, das Projekt Hydro-Rhône oder die Sprengung der Hochspannungsmasten und – als krönender Abschluss – das Attentat ohne Opfer, das die Aluminiumfabrik in Martigny explodieren liess. Sie hatte die ganze Region 60 Jahre lang mit Fluor verschmutzt.

Diese Dynamik und diese Offenheit haben Saxon eine Aura verliehen, die weit über die Kantonsgrenzen bekannt war. In vierzig Jahren hat sich die Bevölkerung verdreifacht. Ein Lebenskünstler, der Saxonnain, er profitiert von 25 Cafés, beliebten Etablissements, wo man trinkt und sich trifft.

In den letzten Jahren ist Le Falot weit herum bekannt geworden, wegen seiner Atmosphäre und der späten Schliessungszeiten. Die Bewohner der umliegenden Gemeinden lieben es, in unserem Dorf zu feiern ... Es muss auch noch erwähnt werden, dass in den Jahren von 1960 bis 1980 mehrere Bewohner sich zu Hammer und Sichel bekannten, bis hin zu roten Fahnen, die auf den Dächern der Häuser wehten ... Man fand damals sogar verschiedene Tendenzen wie maoistische, russische oder kubanische. Einer meiner Onkel hört noch heute auf den Spitznamen Fidel, wie Castro.

Die Genfer Partei der Arbeit hielt in Saxon Konferenzen ab, und Jean Ziegler, Nationalrat und Autor von *Eine Schweiz, über jeden Verdacht erhaben,* wurde mit offenen Armen empfangen ... Es ging so weit, dass Saxon im verschlossenen und konservativen Umfeld des Wallis praktisch ein anderer Planet war. Wird nicht die Walliser Regierung seit 80 Jahren ohne Unterbruch durch die Christlich-Demokratische Volkspartei (CVP) dominiert? Bis endlich im Jahr 2000 der sehnlichst erwartete sozialistische Ständerat eintrifft, der grossartige Peter Bodenmann!

Die Landwirte von Saxon haben als erste eine Kooperative für landwirtschaftliche Maschinen entwickelt, die CEMA, die bis heute ein unverzichtbares Werkzeug ist. In der Tat ist es unmöglich, dass jeder die unzähligen Spezialmaschinen kauft, die man für die verschiedenen Gemüse und Früchte benötigt. Also kauft man sie gemeinsam, und jeder kann sie benutzen. Ausserdem haben sie das Konzept der integrierten Schädlingsbekämpfung willkommen geheissen und mit Hilfe ihrer Gewerkschaft zur Erneuerung des Walliser Verbandes der Frucht- und Gemüseproduzenten beigetragen.

Aber warum all das ausgerechnet in Saxon und nicht in einer anderen Gemeinde? In Nachbardorf Fully zählt man dreimal mehr Landwirte; und dennoch gibt es dort kaum einen Bewohner, der irgendwann auf die Strasse gegangen wäre ... Man kann sich die Frage stellen. Meiner Meinung nach findet sich die Antwort in der Geschichte der Gemeinde. Tatsächlich enstand in Saxon dank der Thermalbäder, die über einer Heisswasserquelle gebaut wurden, ein Casino, bekannt und von den Grossen aus ganz Europa besucht. Berühmte Persönlichkeiten haben sich dort aufgehalten. Die Bevölkerung hat durch den Kontakt mit diesen Fremden andere Kulturen entdeckt, andere Arten zu denken und zu leben. Die Römer haben die Aprikose mitgebracht, und Saxon verfügt immer noch über den grössten Aprikosenhain des Kantons. Die Elsässer haben die Spargeln mitgebracht und sie haben sich in den umliegenden Gemeinden verbreitet. Farinet, der berühmte Falschmünzer und Störenfried, hat sich oft im Dorf aufgehalten, besonders im Casino und in den Bistros.

Die mächtige und respektierte Familie Fama besass einen Teil des Dorfes und leitete aktiv die Geschicke des Kantons mit, durch ihren Ständerat Albano Fama. Später erfuhr Bernard Comby, auch von hier, dasselbe Schicksal und gelangte ebenfalls in die Walliser Regierung.

All diese Elemente haben den Bewohnern von Saxon neue Arten des Denkens eröffnet und erklären den etwas rebellischen Geist meiner Mitbürger. Ebenfalls zu erwähnen sind die zahlreichen Attentate aus bäuerlichen Kreisen gegen die Starkstrommasten, die das Gebiet der Gemeinde durchqueren. In fünfundzwanzig Jahren wurden sechs davon zerschmettert, ohne dass sich deswegen je jemand Sorgen gemacht hätte. Die *Omertà*, das Gesetz des Schweigens, funktioniert sehr gut. Fragen Sie nur die Bundespolizisten, die nie das kleinste Indiz gefunden haben! Man spazierte mit ihnen von Keller zu Keller, und sie haben mehr Wein und Fragen als Antworten erhalten.

Wenn ein Sprengsatz einen Mast fällte, lautete unsere Devise, dass man sich unverzüglich dorthin zu begeben hatte, um Spuren und Abdrücke zu vervielfachen. Wir kamen immer vor der Polizei an und feierten das Ereignis durch Herumtrampeln ... Aber diese Epoche ist längst vorbei. Die Bauern sind Unternehmer geworden, eine schweigende Minderheit.

KAPITEL VI

Die Walliser Bewegung der Gewaltfreiheit

Unser Kampf beginnt

Ich liebe die Gerechtigkeit und will die Welt verändern. Damals stand ich in engem Kontakt mit Abbé Clovis Lugon und gründete 1971 mit einigen Freunden, darunter Jacky Lagger, Albert Roserens, Jean-Bernard Jacquod, Carl Hunenwadel und Richard Robyr, die Walliser Bewegung für Gewaltfreiheit. Unser Ziel ist, dieses Konzept mit seinen Kampf- und Widerstandstechniken bekannt zu machen. Wir verteilen zahllose Schriften und Bücher, engagieren uns in antimilitaristischen Bewegungen, veranstalten Gesprächsrunden, sammeln Unterschriften für Petitionen und Initiativen. Gandhi, Martin Luther King, César Chávez oder Danilo Dolci sind unsere Vorbilder, sie beweisen durch ihr Beispiel, dass Gewaltlosigkeit eine effektive Lösung sein kann, selbst gegen Waffen, denn die politische Macht kann nicht aus den Gewehrläufen kommen, wenn ihr fast alle Gewehre gehören!

Im Alter von 17 Jahren hatte ich bereits eine Fiche, und mein Telefon wurde regelmässig abgehört. Ich entdeckte das, als ich 1990 Einblick in meine «Staatsschutz-Fiche» erhielt. Da wurde mir bewusst, dass diese abscheulichen Praktiken während der ganzen Zeit im Gange gewesen waren. Noch heute wird mein Telefon abgehört, denn der Hanf ist ja das Böse, nicht wahr? In der Gemeinde gab es eine Telefonzentrale, in der meine Grossmutter mütterlicherseits arbeitete, und so wussten wir immer Bescheid über die Nummern, die gerade abgehört wurden ...

Dienstverweigerung aus Gewissengründen

Eine unserer anfänglichen Aktionen bestand darin, einen der ersten Dienstverweigerer des Kantons zu unterstützen: Richard Seiler aus Sion. Man hatte ihm eine neunmonatige Gefängnisstrafe aufgebrummt. Mit einer Spendenaktion konnten wir seinen vielen Geschwistern helfen, die er normalerweise unterstützte. Wir waren überzeugt, dass Gewalt zu gewaltsamen Reaktionen führt und dass ein anderes Konzept nötig ist, um diesen Teufelskreis zu durchbrechen: die gewaltfreie Aktion. Wir wollten Alternativen aufzeigen. Alle unsere Aktionen verliefen friedlich. Als überzeugte Militärgegner vertraten wir die Idee eines Friedenskorps, das unser Land im Fall eines – eher unwahrscheinlichen – Angriffs von aussen verteidigen würde. Die Kraft der Liebe rechtfertigt es, dem Angreifer Hilfe und Zusammenarbeit zu verweigern und sogar Material und Bauten wie Munitionsdepots, Brücken und Strassen zu zerstören. Unsere Überzeugungen wurden von zahlreichen historischen Begebenheiten gestützt: Indien, das sich vom Joch der Engländer befreit; die Tschechen, welche die russische Invasion aufhalten, indem sie sich vor die Panzer legen und den russischen Soldaten Blumen schenken; Danilo Dolci, der gegen den Widerstand der sizilianischen Mafia den Bauern das Wasser zurückgibt; César Chávez, der das Los der mexikanischen Arbeiter in den grossen US-amerikanischen Betrieben verbessert; die Geschichte von Christus – nicht zu vergessen Martin Luther King und viele andere ...

1974 organisierten wir eine Gesprächsrunde, die viel Aufsehen erregte und vom Westschweizer Fernsehen übertragen wurde. Die Teilnehmer waren Oberst Mabillard von der Schweizer Armee, General Bollardière aus Frankreich, der unter der Massu-Regierung in Algerien zum Dienstverweigerer aus Gewissensgründen wurde; Jean-Marie Müller, ein ehemaliger Offizier der französischen Armee und überzeugter Pazifist. Ich möchte hier nicht alle unsere Aktionen aufzählen und beschränke mich auf die Volksinitiative gegen den Waffenexport. Damals exportierte die Schweiz viele Waffen, und die Bührle-Industrie machte riesige Profite. Wir organisierten eine Plakatkampagne, die bis in die abgelegensten Täler und Dörfer reichte. Am Ende wurde die Initiative mit einer Differenz von 12 000 Nein-Stimmen haarscharf abgelehnt.

Noch heute, nach etlichen Skandalen – zu denen die Irak-Superkanonen-Affäre zählt, in welche die Schweiz verwickelt war – werden in einigen Ländern diese Tretminen hergestellt, die so viele unschuldige Opfer gefordert haben. Dies veranlasst mich zu einem Kommentar über die Schweizer Demokratie. Wenn eine Gruppe von Bürgern eine Volksinitiative lanciert, um die notwendigen 100 000 Unterschriften zu sammeln, ist dies meist ein Kampf gegen eine Ungerechtigkeit. Dieser Kampf ist teuer, eine Unterschrift kostet einen Franken oder mehr. Dann kommt die Kampagne für die Volksabstimmung. An diesem Punkt gerät die Demokratie ins Stocken, da die Initianten, die oft wenig Geld besitzen, gegen finanzkräftige Gegner antreten müssen, die alles daran setzen, ihre Interessen zu verteidigen. So kann derjenige, der mehr Geld hat, die Wähler besser beeinflussen! Am Ende läuft das Volk immer denen nach, die am lautesten schreien, und die Initiative geht bachab … Es ist immer möglich, die öffentliche Meinung zu manipulieren. Daher denke ich, dass es ein Gesetz braucht, das die involvierten Parteien verpflichtet, eine gleich hohe Summe für den Wahlkampf einzusetzen, sonst wird die Demokratie nie für alle da sein. Es kommt selten vor, dass eine Volksinitiative angenommen wird. Die Erfolgsquote beträgt etwa 10 Prozent.

Zurück zu meiner eigenen Dienstverweigerung aus Gewissensgründen, die ich im Alter von 12 Jahren beschlossen habe. Ich freue mich ebenso sehr, dass ich Dienstverweigerer bin, wie andere sich auf das Einrücken freuen. Gestützt auf meine Überzeugung nehme ich aus reiner Höflichkeit an der Rekrutierung teil. In den Sporttests übertreffe ich alle, denn ich war ja ein Athletik-Champion. Dann sollen wir eine Übung machen, die an der Olympiade nicht vorkommt: Granaten werfen. Der Instruktor stellt mich als Beispiel hin, ich soll als erster antreten, um die Gruppe anzuspornen – doch ich bleibe sitzen. Er fragt mich, was los sei. Ich erkläre ihm, dass dies keine Sportart sei und dass ich mich weigere, dieses Metallstück zu werfen, wegen dem, was es darstellt. Er brüllt mich an, versucht mich einzuschüchtern, ohne Erfolg. Um sein Gesicht zu wahren, lässt er mich schliesslich von zwei Polizisten abführen. Man führt mich vor den Platzkommandanten von Sion, der mich als Spinner und Anhänger von Abbé Lugon bezeichnet und mich zur einer medizinischen Untersuchung schickt. Auf seinem Bürotisch sehe ich einen Fragebogen, den alle vor dem Sporttest ausfüllen mussten. Das Thema «Bauer Hans entdeckt einen Landstreicher in seiner Scheune (mit der Geschichte weiterfahren)». Ich selbst sehe den Landstreicher als einen Deserteur, Hans nimmt ihn bei sich auf und versteckt ihn …

Einige Freunde aus Sion versuchen, sich aus medizinischen Gründen dienstuntauglich erklären zu lassen. Eine vergebliche Mühe. Als ich auf meine Untersuchung bei den Militärärzten warte, kommt der Kommandant vorbei und sagt etwas zu ihnen. Dann komme ich an die Reihe. Bei der Untersuchung schlägt man mir einen Posten bei den Sanitätern vor, was ich sogleich ablehne. Daraufhin werde ich für dienstuntauglich erklärt. Ich bin etwas beunruhigt und frage nach. Man sagt mir, dass ich Plattfüsse habe. Das stimmt natürlich nicht! Bedrückt gehe ich nach Hause, es tut mir in der Seele weh, dass ich nicht Dienstverweigerer sein kann. Ich werde also nicht ins Gefängnis kommen. Damals wusste ich noch nicht, dass ich noch viele Gelegenheiten haben würde, das Gefängnis von innen zu sehen. Ich weigerte mich, die Militärersatzsteuer zu zahlen, und wurde jedes Jahr für zehn Tage eingebuchtet. Dieser regelmässige Gefängnisaufenthalt hatte den Vorteil, mich an ein Leben als Gefangener zu gewöhnen.

Westschweiz und Frankreich

Neben dem Engagement in unserer Walliser Bewegung knüpfe ich freundschaftliche Kontakte in der Westschweiz. Ich lerne das Centre Martin Luther King in Lausanne kennen, die Freiburger Bewegung Gewaltlose Aktion und viele andere Gleichgesinnte aus Genf, Neuchâtel und dem Jura. Ich erinnere mich vor allem an Pfarrer Grenier, den Leiter des Centre Martin Luther King, und an Ferdinand Python, einen Aktivisten aus Freiburg. Wir organisieren einige gemeinsame Aktionen. Zu dieser Zeit bin ich oft in meinem 2CV im Freiburgerland unterwegs; die Autobahn ist noch nicht gebaut.

Unsere Ideen alarmieren die Walliser Zeitung *Le Nouvelliste*; sie beauftragt ihren Korrespondenten Maurice Zermatten, Schriftsteller und Oberst in der Schweizer Armee, einige Artikel gegen uns zu schreiben. Ich sehe das als Herausforderung und veröffentliche selbst einige Artikel in der Walliser Tageszeitung, in denen ich aufzeige, dass Aggression nicht in Gewalt ausarten muss. Sie ist ein natürlicher Überlebensinstinkt, und es ist möglich, sie in Liebe und Gewaltlosigkeit umzuleiten. Wir sind keine redseligen Pazifisten, sondern tatkräftige Aktivisten. Sagte nicht Gandhis Sekretär, dass das Leben an der Seite des heiligen Mannes sei, wie im Rachen eines Löwen zu leben? Entartete Aggression wird zu Gewalt; in die richtigen Kanäle geleitet, wird sie Kampf, Widerstand und Tat.

Im Sommer fuhren Josiane und ich im 2CV nach Sizilien. Dort lernten wir Danilo Dolci kennen. Er hatte eine Schule aufgebaut, in der die Mäeutik (Gewaltlosigkeit und Respekt in der Kindererziehung) sich frei entfalten konnte. Er setzte sich auch dafür ein, dass die Bauern das Wasser benutzen dürfen, ohne sich der Mafia unterwerfen zu müssen. Schliesslich konnten sie einen Staudamm bauen. Dolci war ein humorvoller Mensch, ein Künstler und Dichter, der sein Leben dem Kampf gegen das Elend und die Unwissenheit gewidmet hatte. Ich machte eine Reportage für unsere Monatsschrift *Combat Non Violent,* die später zu *Rebrousse-Poil* wurde.

Danach ging ich nach Frankreich, um unter anderem an einem antimilitaristischen Festival in Besançon teilzunehmen. Auf der Hochebene des Larzac, wo ich campierte, entspann sich ein heftiger Kampf mit der Armee, die vorhatte, ein Militärcamp um 12 000 Hektar zu vergrössern. Bauern und militante Jugendliche taten sich im Namen der Gewaltfreiheit zusammen, um das

Projekt aufzuhalten. Es waren unvergessliche und in gewissem Sinne historische Momente, denn die Armee musste weichen. Später war es ein Landwirt aus dem Larzac, José Bové, der den Kampf gegen die Globalisierung auf seine unvergleichliche Weise anführte.

Ich nehme auch an einem Workshop unserer französischen Freunde teil, in dem es um gewaltfreie Aktionsmethoden geht. Ich entdecke die Gruppendynamik und weitere Methoden wie Brainstorming, Gruppenspiele, improvisiertes Theaters, Sprechen vor Publikum, u.v.m. In diesem Workshop werden Moderatoren ausgebildet, die erfolgreich mit nicht-direktiven Methoden arbeiten. Später entdeckten die grossen US-Konzerne diese Methode; sie kamen schnell darauf, dass bessere Beziehungen unter den Angestellten zu höherer Produktivität führen.

Bei dieser Gelegenheit lerne ich zwei sehr sympathische Menschen voller Tatendrang kennen, Jean Fabre und Marco Pannella. Letzter wurde später Sekretär der Radikalen Partei Italiens, einer ungewöhnlichen Partei, die sich sehr aktiv für den Hanf zu Freizeitzwecken einsetzt.

Die Gemeinschaften

Mit viel Liebe erinnere ich mich an einen Workshop mit Josiane in der Arche-Gemeinschaft. Ihr spiritueller Mentor Lanzo del Vasto, ein Anhänger Gandhis, strahlte eine starke Energie aus. Die Arche-Gemeinschaft lebte autark und beschäftigt sich mit Landwirtschaft und Handwerk. Die Mitglieder wirkten glücklich und harmonisch. In dieser Zeit gingen junge Städter oft aufs Land, um Gebiete neu zu besiedeln, deren Bevölkerung abgewandert war.

Von diesen Ideen inspiriert, liess ich mich alsbald in Saint-Séverin VS nieder und wollte auch so leben. Unsere Gemeinschaft bestand aus vier bis sechs Erwachsenen und zwei kleinen Mädchen. Der eine war Lehrer für höhere Mathematik am Gymnasium von Sion, die anderen werkelten vor sich hin, kultivierten einen grossen Gemüsegarten und waren unter den ersten, die auf dem Markt Bio-Produkte verkauften. Wir nahmen an allen möglichen Aktionen teil. Unser Mikrokosmos war eine Alternative zum bürgerlichen Leben und bot Raum für Lebenserfahrungen.

Rückblickend scheint mir, dass ein Gemeinschaftsleben ohne entsprechende Erziehung fast unmöglich ist und dass das Problem vor allem darin besteht, langfristige Gemeinschaften von Menschen unterschiedlicher Generationen aufzubauen.

Gewaltfreiheit ist immer noch aktuell

Heute, in einer hektischen Welt, die sich fast im Kriegszustand befindet, in der sich alles ums Geld zu drehen scheint, sehen wir täglich Bilder von Gewalt, Konflikten und Terrorismus. Trotzdem gibt es manchmal Gewaltfreiheit dort, wo man sie nicht erwartet, nämlich im Herzen der Gewalt. Serbien, ein neuer Staat, der nach ethnischen Konflikten mit unvorstellbaren Gräueln entstanden ist, findet zur Demokratie zurück – dies dank gewaltfreien Aktionen, nicht zuletzt dank denjenigen von Vuk Draskovic. Die Gewaltfreiheit wurde bewusst als Widerstand- und Kampftechnik gewählt. Zu den täglichen Demonstrationen mit Schweigemärschen, lautstarken Parolen oder originellen Umzügen kam aktive Nicht-Zusammenarbeit mittels verschiedener Aktionen: Streiks, Überschwemmung der Behörden mit Telefonanrufen, Lächerlichmachen des Diktators Slobodan Milosevic. Man sympathisierte mit den Ordnungskräften. Jegliche Konfrontation wurde vermieden. Die Demonstranten suchten die Unterstützung der örtlichen Autoritäten: Polizei, Armee, Kirche, Universitäten. Mit viel Geduld und ohne Gewalt gewann die Volksbewegung schliesslich ihre Rechte zurück und freute sich über ihren Sieg.

Auch im arabischen Frühling zeigte sich die Macht der Gewaltfreiheit: einige Länder wie Tunesien oder Ägypten konnten sich ohne kriegerische Auseinandersetzungen ihrer Diktatoren entledigen. In Libyen, Syrien und leider auch wieder in Ägypten herrscht jetzt leider wieder Gewalt.

Die Geschichte zeigt uns, wie wirksam Gewaltfreiheit sein kann. Ich träume von einer Welt, in der Konflikte in Zukunft ohne Krieg ausgetragen werden. Die aktuelle Lage mit Kriegen zwischen christlichen und muslimischen Ländern lässt die Befürchtung aufkommen, dass ein reales Risiko für einen dritten Weltkrieg besteht, der sich zu einem Flächenbrand entwickeln könnte. Die Religion muss sich vollständig aus der Politik heraushalten. Es sind zwei verschiedene Dimensionen. Wir müssen Brücken bauen zwischen den beiden Kulturen, Bestrebungen nach Offenheit und Toleranz fördern und den Extremisten beider Seiten entgegenwirken.

Der Sieg der Intelligenz über die rohe Muskelkraft ist nur zu begrüssen. Das Volk erringt seine Rechte ohne Blutvergiessen, und die Angst vor einem neuen Krieg löst sich in Luft auf.

Es lohnt sich, diese historischen Fakten hervorzuheben und darüber nachzudenken. Die Gewaltfreiheit ist aktueller denn je. Sie ist ein aktiver Teil des geschichtlichen Prozesses und führt auch dort zu nachhaltigen Erfolgen, wo Gewalt die einzige Lösung zu sein scheint.

Es ist eine Tatsache, dass Terrorismus auf einem Nährboden von Ungerechtigkeit, Armut, Ausbeutung, Zensur, Krankheit und Hunger entsteht. Die einzige Möglichkeit, diesen Nährboden auszutrocknen, ist, die Ausbeutung der Ressourcen und der Rohstoffe durch die Reichen und die multinationalen Konzerne zu stoppen und an ihre Stelle eine Verteilung des Reichtums zu setzen, medizinische Hilfe zu bieten und die betreffenden Länder und Völker in ihrer Kultur, Sprache und Religion zu respektieren. Das braucht viel Zeit, aber es ist die einzige konstruktive und gewaltfreie Antwort, die Frieden verspricht. Das Prinzip der nachhaltigen Entwicklung ist ein wesentlicher Bestandteil für das Entstehen einer gerechteren und gewaltfreien Gesellschaft.

KAPITEL VII

Dritte-Welt-Aktionen

Während die westlichen Länder in ihrer Entwicklung vorankommen, sterben jedes Jahr Millionen Menschen an Hunger. Was ist los auf diesem Planeten? Aus der Geschichte wissen wir, dass der weisse Mann die armen Länder kolonisiert hat und ihnen noch heute ihren natürlichen Reichtum an Rohstoffen wegnimmt. Dies geschieht, seit wir dank dem Hanf über die Ozeane segeln; denn jedes Segelschiff umfasst 50 bis 100 Tonnen Tauwerk, Werg, Segel; selbst das Öl für die Lampen wurde aus Hanf hergestellt. Dieser ungleiche Handel hält die Länder der Dritten Welt seit Jahrhunderten in einem Zustand der Mangelernährung und des Elends.

Es ist nur natürlich, dass Menschen guten Willens das ändern möchten und Vorschläge erarbeiten, um das Problem zu lösen. Es gibt zwei Modelle. Da sind zunächst die dringlichsten Probleme, die mit Lebensmittelspenden, Alphabetisierung, neuen Anbaumethoden, erneuerbaren Energiequellen, Wiederaufforstung gelöst werden können. Dieses Modell ist aber nicht geeignet, das chronische Elend zu lindern, da die Armut nicht behoben wird. Das andere Modell besteht darin, einen fairen Handel mit gerechten Preisen aufzubauen. Dieser Weg scheint mir langfristig bessere Resultate zu bringen. In Tat und Wahrheit sind wir es ja, die diese Länder dem Elend aussetzen, indem wir ihren Reichtum plündern. Es würde schon genügen, eine nachhaltige ökologische Entwicklung zu fördern, um das Gleichgewicht wiederherzustellen.

In den 1970er-Jahren lerne ich die Schweizer Drittweltbewegung kennen, vor allem die Erklärung von Bern, die über zahlreiche Aspekte des Problems informiert und neben Bewusstwerdungsarbeit auch direkte Aktionen in der Schweiz durchführt. Es ist richtig, dass man zuerst die Probleme der Mangelernährung untersuchen muss und sich nicht kopfvoran in irgendwelche Aktionen stürzen soll. So engagiere ich mich in den Drittweltläden, die als erste einen bescheidenen Handel mit einigen armen Ländern aufziehen. Man importiert unverderbliche Waren: Handwerk, Honig, Tee, Kaffee und so weiter. Die Produzenten erhalten faire Preise, ihre Produkte werden auf den Märkten und in den vielen Drittweltläden der Schweiz feilgeboten. Der Konsument erhält Informationen über die Produzenten und die langfristigen Projekte und Kooperativen, die sich aufgrund dieses Handels entwickeln. Es ist ein hervorragendes Modell und hat die Grundlage für die Max-Havelaar-Stiftung geschaffen, die heute in ungleich grösserem Rahmen tätig ist. Selbst unsere Grossverteiler bieten diese Produkte vermehrt an. Wenn dieses Modell sich weiterentwickelt, besteht die Hoffnung, dass der ungleiche Handel zwischen Ausgebeuteten und Ausbeutern ein Ende findet. Konsumieren ist ein politischer Akt. Die Wahl eines bestimmten Produktes unterstützt immer das entsprechende Modell, was letztlich ausschlaggebend ist.

1978 gründen wir in Sion eine Gruppe von Drittweltaktivisten, Walliser Bioproduzenten und lokalen Handwerkern, auch Künstler aus der früheren Hippie-Bewegung und der neu entstehenden Gegenbewegung sind dabei. Wir eröffnen die *Boutique Ouverte,* einen alternativen Laden, dessen Schaufenster viel Wirbel verursachen. Ich erinnere mich an eine Zeichnung von Martial Leiter, die zwei kopulierende Kathedralen darstellt. Nach Beschwerden aus katholischen Kreisen mussten wir die blasphemische Zeichnung entfernen. Später musste das Gebäude, in dem sich unser Laden befand, einem Parkhaus weichen, und das Abenteuer war zu Ende. Aber das spielt keine Rolle, denn um zu ernten, muss man säen – und wir säten, säten …

Heute sehen wir die Früchte unter anderem in Gestalt der Produkte von Max Havelaar. Die Drittweltbewegung wurde von Attac abgelöst, die jetzt für globalisierungskritische Aktionen sorgt.

Muss man Rappaz gegen seinen Willen ernähren?
T-Shirt Rappaz: Legalisiert den Selbstmord!
Arzt: Dieser Fall ist weniger hoffnungslos als der Hanf.

24 heures

ES

Grève de la faim

Rappaz propose un marché

Notre supplément

Les petites annonces du lundi

24 Express

545 OFFRES!

Hungerstreik – Rappaz will verhandeln

KAPITEL VIII

Die Gegenkultur

Bis in die 1970er Jahre drückte sich die Kultur in traditionellen Formen aus: Volksmusik, klassische Musik oder populärer Jazz. Bemerkenswert ist, dass das Wallis wegen seiner Parteipolitik aus Clans und Interessengruppen über eine schier unglaubliche Zahl von Blaskapellen verfügt.

Als die Popmusik aufkommt, wird sie von der Mehrheit als Kulturschock wahrgenommen. Aber unsere jungen Ohren nahmen diese neuen Töne schnell auf, wir empfanden sie als originell, voller Gefühl und revolutionärer Botschaften. Mit der aufkommenden Hippie-Bewegung war der Popmusik ein sofortiger Erfolg beschieden, sehr zum Leidwesen unserer Eltern, die nicht recht verstanden, dass diese seltsamen, wirren Töne Musik sein sollten. Im Rückblick verstehe ich besser, wie ein Werk wie *Ummagumma* von Pink Floyd auf meinen Vater gewirkt haben muss.

Mit unseren einfachen, farbenfrohen Kleidern, den langen Haaren, unserem Leitmotiv «Make love, not war», unseren revolutionären Ideen und unserer Popmusik hatten wir alles, um eine neue Kultur der Gemeinschaft zu entwickeln, die einen Gegenpol zu dieser verkrusteten Gesellschaft setzte. So sprachen wir denn auch von der Gegenkultur, im Gegensatz zur Leitkultur.

Es war die Zeit des Woodstock-Festivals, wo sich zum ersten Mal in der Welt eine halbe Million junge Menschen im Zeichen der Liebe und des Friedens versammelten. Das Festival fand in den USA statt und verlief ohne jegliche Gewalt, obwohl es keinen Ordnungsdienst gab. Das ist wirklich erstaunlich, denn bei uns gibt es kaum ein Dorffest, das ohne Streit verläuft. Ich denke, das ist hauptsächlich darauf zurückzuführen, dass man sich hierzulande betrinkt, während man in Woodstock Hanf rauchte.

So wurde der Traum geboren, im Wallis ein Mini-Woodstock zu veranstalten. Wir gründen ein selbstverwaltetes Komitee mit Boris Ryser, Richard Robyr, Daniel Forclaz und mir selbst. Ohne Geld beginnen wir mit den Vorbereitungen; ich bin für die Koordination und den Kontakt mit den Behörden zuständig. Mein Onkel ist Präsident der Gemeinde Saxon und stellt uns das mitten im Wald gelegene Gelände Sapinhaut oberhalb des Dorfes zur Verfügung. Der Event soll gratis sein, und die Kosten sollen durch den Verkauf von Getränken und Verpflegung gedeckt werden.

Das erste Festival findet 1972 statt. Es kommen 2000 Besucher, ein voller Erfolg. Über uns ist eine Felswand, die das Echo der Musik bis ins Rhonetal von Martigny bis nach Leytron hinunterschallen lässt. Selbst die Natur scheint an diesem Fest teilzunehmen.

Von diesem Erfolg beflügelt, wollen wir im nächsten Jahr weitermachen. Ich reise ans Festival von Avignon, um Maxime Le Forestier zu überzeugen, gratis bei uns mitzumachen. Er ist einverstanden, obwohl seine gewerkschaftlich organisierten Musiker den Mindestlohn fordern. Das Sapinhaut-Festival findet noch vier Mal statt, wobei die letzte Ausgabe mit einem Defizit endet. Wegen des kühlen und regnerischen Wetters verkaufen wir weniger Getränke und die Fixkosten sind zu hoch. Besonders gerne erinnere ich mich an die Stände mit Gegeninformation und politischen Diskussionen, die auf einer Lichtung stattfanden. Jean Ziegler und Gabrielle Nanchen (Nationalrätin VS) waren mit von der Partie. In gewisser Weise glich die Veranstaltung einer neuen Landsgemeinde, der Urform der direkten Demokratie, wo Mehrheitsbeschlüsse durch das Heben der Hand gefällt werden. Noch heute wird dies in einigen Kantonen wie Appenzell Innerrhoden und Glarus so gehandhabt.

Was die Show betrifft, ist die aussergewöhnliche Performance der deutschen Gruppe Release Music Orchestra hervorzuheben.

Der Drummer zeigte sein fabelhaftes Können, indem er als Gorilla verkleidet ein langes Solo spielte und die Menge mit einer Einlage begeisterte, bei der er oben auf einer Tanne Tam-Tam spielte. Die Mitglieder der Band verliebten sich in unsere Gegend und liessen sich während der Aufnahmen für eine neue Platte im Studio von Jo Perrier in Saxon nieder. Wenn die Sängerin ins Mikrophon schrie, verdrehte sie die Augen so zum Himmel, dass man nur noch das Weisse sah.

Claude Nobs, Direktor des Jazzfestivals von Montreux, stiess ebenfalls dazu und und geriet regelrecht in Ekstase angesichts der Magic des Waldes. Auch ein damals noch unbekannter junger Mann aus der Menge, Daniel Rossellat, war hingerissen. Sapinhaut vergeht, Nyon kommt. Rossellat, heute unbestrittener Chef des Festivals von Nyon, übernimmt und stürzt sich in das Abenteuer. Heute ist Nyon eines der bekanntesten und erfolgreichsten Festivals der Schweiz. Aber der frühere Idealismus ist vorbei, die Festivalbesucher zahlen jetzt hohe Eintrittspreise. Bedauerlich ist auch, dass politische Diskussionen als unangebracht gelten und vermieden werden.

Die Presse reagierte anfangs kritisch; *Le Nouvelliste* bezeichnete uns als sittenlose, rauschgiftsüchtige Kommunisten. Ich erinnere mich, dass ihr Korrespondent Gilles Berreau einen positiven Artikel vorbereitet hatte, den ich lesen durfte. Auf Geheiss des zuständigen Redaktors Luisier musste er diesen verwerfen und einen Bericht verfassen, der vor Lügen nur so strotzte. Angesichts der Beliebtheit und des Erfolgs der Veranstaltung musste *Le Nouvelliste* schliesslich kapitulieren. Die Berichterstattung wurde objektiver, und man lobte unsere effiziente Organisation.

In einem gemieteten Bauernhaus, das Freunden gehörte und in der Nähe meines kleinen blauen Hauses lag, lebte eine sehr spezielle Gemeinschaft, die nach den Prinzipien von Wilhelm Reich lebte. Diese Lebensweise gründet auf der Transaktionsanalyse und bedeutet einen radikalen Bruch mit der etablierten Gesellschaft. Die AAO (Aktionsanalytische Organisation) genannten Gemeinschaften wollten die Gleichheit von Mann und

Frau verwirklichen. Um die Unterschiede abzuschaffen, rasierten sich alle die Haare. Dazu wurde freie Liebe praktiziert, Paarbildung war ungern gesehen. Glücklicherweise war HIV damals noch unbekannt, sonst wären alle schon längst gestorben. Denn auch die libertäre Jugend lebte ihre Sexualität damals frei und zwanglos aus, ohne ausdrücklich zur AAO zu gehören.

In dieser Gemeinschaft bildet sich eine Hardrock-Gruppe, die sich *La Faune* nennt. Ich werde ihr Manager und organisiere die Konzerte. Ich notiere meine Arbeitsstunden, und meine Freunde kompensieren diese mit Arbeit auf meinen Feldern. Es ist eine unglaubliche Erfahrung für Paul, Norbert, Camille, Blaise, Gisèle, Titeuf und die anderen. Später trennen sie sich und bilden verschiedene Paare. Ihre Musik kam zu früh und war nicht sehr erfolgreich.

KAPITEL IX

Nachhaltige Energie

Malville

Zusammen mit anderen überzeugten Atomkraftgegnern versuchen wir, das Gelände von Creys-Malville zu besetzen. Man will dort einen noch nie dagewesenen Brutreaktor bauen.

Wir sind 20 000 Demonstranten. Es ist ein unvergesslicher Moment, als Lanza del Vasto, der Anführer der Gewaltfreien, mit seinem grossen weissen Prophetenbart allein gegen Tausende von CRS marschiert. An diesem Tag bleibt die Demo friedlich, der Präfekt wird mit dem Helikopter eingeflogen, es wird verhandelt. Aber am nächsten Tag kommt es zu Ausschreitungen, die CRS schlagen mit blinder Gewalt zu. Ich sehe, wie Polizisten einen Verletzten an den Füssen durchs Fenster einer Ambulanz ziehen – kein Kommentar. Ich sehe, wie scharfe Granaten geworfen werden, ein Junge neben mir wird getroffen – er stirbt!

Als ich im Citroën DS meines Vaters wegfahre, gelange ich an eine Strassensperre. Die Polizisten sehen meine langen Haare und nähern sich mit strenger Miene. Plötzlich beschleunige ich, überfahre die Sperre, sie hauen aufs Heck des Wagens. Zu Hause angekommen, beschliesse ich zu handeln. Protestieren um des Protests willen scheint mir unbefriedigend – Protestieren und Alternativen aufzeigen ist der richtige und glaubwürdige Weg.

Heute wird Creys-Malville mit Milliardenaufwand abgewrackt. Letztlich vergrössert man so bloss das Finanzloch weiter und gefährdet die gesamte Genfer Region.

Die Oase

1975 ergibt sich die Gelegenheit, einen abgelegenen, verlassenen Bauernhof zu kaufen. Mein Vater ermutigt mich, und ich stürze mich mit Anna in dieses Abenteuer. Mein ökologisches Bewusstsein ist sicherlich von meiner grenzenlosen Bewunderung für die Natur inspiriert. Als ich für *Combat Non Violent* schrieb, war ich der Erste, der von Umwelt redete, in einer Zeit, die das Wort Ökologie noch nicht einmal kannte. Ich schrieb einige Zeilen, um die Arbeit von Auguste Piccard zu unterstützen, dem Vater von Jacques, der sich als erster besorgt über das langsame Sterben des Genfersees geäussert hatte.

Wir nannten den Bauernhof Oasis, die Oase, um uns von den umliegenden, konventionell mit chemischen Mitteln bewirtschafteten Kulturen abzugrenzen und einen Ort zu schaffen, der ohne Anbindung ans Stromnetz funktionieren würde. Wir wollten zeigen, dass es Orte des Friedens und der Bewusstheit gibt – Oasen in der Wüste.

Weil das Wohngebäude nicht ans Stromnetz angeschlossen ist, beschliessen wir, autonom zu bleiben und nachhaltige, erneuerbare und lokale Energiequellen wie Wind, Holz und Sonne zu verwenden. Das Projekt wird konkret, ich installiere ein Windrad für die Stromerzeugung sowie Sonnenkollektoren für Heizung und Warmwasser. Ein französischer Kamin mit Wärmerückgewinnung unterstützt die Heizung. Die mit der Installation beauftragte Firma hat keine Erfahrung, so dass nichts richtig funktioniert. Das hausgemachte, zusammengebastelte Windrad wird durch ein französisches Gerät mit 4 kW ersetzt. Die Trocknungsanlage für die Früchte funktioniert auch nicht. Das ist halt das Kreuz der Pionierarbeit, man bereitet den Boden für die Zukunft – und für die anderen. Der Warmwasserbehälter fasst 25 000 Liter, er ist überdimensioniert und kommt kaum auf die gewünschte Temperatur. Das Glas der 40-Quadratmeter-Sonnenkollektoren geht kaputt. Ein mit Batterien ausgerüstetes Photovoltaik-System verstärkt die elektrischen Anlagen. Die Isolation der Innenräume muss auch verbessert werden, und die hohen Kosten sind eine schwere Belastung.

Nach den zahllosen Misserfolgen, mit denen die Arbeit eines Pioniers naturgemäss verbunden ist, wird meine Frau aktiv und hält mehr oder weniger durch bis zu jenem unglücklichen Tag, an dem die Repression sie mir wegnimmt. Philippe Roch, der Präsident des Schweizer WWF, gibt mir einen Zustupf an die Finanzierung des Windrades. Der WWF gründet einen Unterstützungsfonds und gewährt mir einen Beitrag von 20 000 Franken.

Das französische Windrad geht während eines Sturms kaputt. Den einen Flügel findet man in 200 Meter Entfernung vom Hof; er hat sich einen Meter tief in den Boden gebohrt, obwohl dieser bis auf eine Tiefe von 40 Zentimeter gefroren war. Ich muss ihn ersetzen.

Von staatlicher Seite gibt es keine Unterstützung für unser Pilotprojekt. Im Gegenteil, die kantonale Baukommission verbietet mir die Installation von Sonnenkollektoren, da sie diese als unästhetisch erachtet. Es braucht einen Rechtsanwalt und eine Pressekonferenz, bis ich endlich die Erlaubnis habe.

Die Affäre erregte grosse öffentliche Aufmerksamkeit, die Leute empörten sich. Umso mehr, als man sich damals gerade in der ersten Ölkrise befand und allenthalben Sonntagsfahrverbote angeordnet wurden. Trotz dieser Rückschläge wurde das Oasis immer bekannter, und sein Ruf förderte die Entwicklung von nachhaltigen Energien in der ganzen Gegend.

In einer Zeit, in der wir immer noch viel Erdöl verbrauchen – eine fossile, nicht erneuerbare Energie mit hoher Umweltverschmutzung –, ist es mehr denn je nötig, nachhaltige, erneuerbare, nicht verschmutzende Energiequellen zu erschliessen. Der übermässige Kohlendioxidausstoss führt zu Erderwärmung und Klimaveränderung, die mit Wüstenbildung, einem Anstieg des Meeresspiegels und der Veränderung der Biotope einhergehen. Wir sollten unsere letzten Ölreserven bewahren, für die wirklich notwendigen Dinge, die zukünftige Generationen brauchen und entwickeln werden! Das grösste Problem ist die Verwendung des Erdöls als Treibstoff. Ich bin überzeugt, dass man in Zukunft grüne Treibstoffe nutzen wird, die zwar teurer sind, dafür aber eine nachhaltige Entwicklung garantieren. In der Zukunft werden die Landwirte den grünen Treibstoff produzieren. Dank seiner aussergewöhnlichen Eigenschaft, in kurzer Zeit eine grosse Biomasse zu entwickeln, gehört der Hanf zu den Energien der Zukunft. Im Jahr 2012 erfülle ich mir einen Traum und fahre seither ein kleines, erdgasbetriebenes Auto, das über einen zusätzlichen Benzintank verfügt.

Ein unvergessliches psychedelisches Experiment

Im Jahr 1975 lebte ich in einem abgelegenen kleinen Haus an einem Hügel in der Nähe der Ortschaft Ecône, bekannt durch die fundamentalistische Pius-Bruderschaft, vom Vatikan abgefallene Dissidenten, die von konservativen Kreisen des Kantons unterstützt werden.

Eines Abends wollten Thierry und ich die als psychedelisch bekannte Pflanze *Datura* ausprobieren. Ein Freund, der in einer Drogerie arbeitete, brachte uns ein wenig davon mit. Wir bereiteten uns geistig auf den Versuch vor und drehten einige Zigaretten. Wir zündeten sie ruhig an und nahmen ein paar Züge. Als sich nach ein, zwei Stunden keine Wirkung zeigt, nahmen wir an, dass es sich nicht um *Datura* handelte.

Am nächsten Morgen kam mir die Idee, einen Tee zuzubereiten, weil mir am Vorabend der spezielle Geruch dieser unbekannten Pflanze aufgefallen war. Ohne lange zu überlegen, tranken wir das Gebräu. Sofort zeigte sich eine unglaubliche Wirkung. Wir gerieten in eine andere Dimension, es war, als ob wir bisher auf der einen Seite einer Münze gelebt hätten und nun plötzlich auf die bisher unbekannte Seite geraten wären. Ein unvorstellbares Abenteuer begann. Unser Geist verliess den Körper und schwebte unter der Decke der Küche im Erdgeschoss. Leider waren unsere Körper in Bewegung, sie hoben und verlagerten sich, ohne dass wir etwas sahen, wir stiessen uns am Tisch, an den Stühlen, der Anrichte, im Garten, an den Mauern. Wir verspürten heftige Schmerzen und verloren die Kontrolle. Auf Momente der Panik folgte eine derartige Heiterkeit, dass wir uns vor Lachen in die Hose machten.

Irgendwann besuchte uns ein Freund aus Genf, ein kartesianischer Marxist, der sich in der Gruppe *Nouvelle Commune* engagierte. Gemäss seinen Aussagen waren wir in einem unbeschreiblichen Verwirrungszustand und zeigten ihm vom Fenster aus die Rebsteinmauer, die in unseren Visionen aus Totenköpfen bestand. Er lachte, da er annahm, dass wir einen zu starken Joint geraucht hatten oder uns einen Spass erlaubten. Dann ging er wieder und überliess uns den Schrecken dieser aussergewöhnlichen Reise. Unser rationales Bewusstsein war ausgeschaltet; wir merkten nicht, dass wir unter der Wirkung von Datura standen, und mussten sie weiter ertragen. Später konnten wir den Verlauf der Ereignisse aus unserer Erinnerung und den Erzählungen von Personen, die uns während der 72 Stunden dieses Trips erlebt hatten, einigermassen rekonstruieren.

Dann waren wir im oberen Zimmer, und als wir hinausgingen, rutschten wir auf dem Rücken die harte Holztreppe hinunter. Unten angekommen, blieben wir wie tot liegen. Der Beweis, dass wir das alles wirklich erlebt hatten, zeigte sich an den vielen Blutergüssen an Hüften und Schienbein.

Plötzlich hatte ich Lust, meine Freundin Anna anzurufen. Ich konnte die Zahlen der Wählscheibe nicht erkennen und musste zählen, brachte es aber schliesslich fertig, sie anzurufen. Anna erzählte mir später, dass sie mich nicht verstand und meine Stimme eher dem Knurren eines Löwen glich …

Ein weiterer Anruf ging an meinen Freund Boris, einen Sozialarbeiter, der in Sion bei der Walliser Liga gegen Suchtgefahren arbeitet. Er sagte mir später, dass diesmal die Unterhaltung seltsamerweise völlig verständlich war. Während ich mit ihm rede, werfe ich einen Blick aus dem Fenster des Büros und erzähle ihm, was ich sehe. Vor meinen Augen spazieren verschiedene Tiere übers Land, ich sehe Elefanten, Giraffen, Bären, Zebras und noch viele andere. Boris bleibt am Draht, alle seine Kollegen hören gespannt zu. Er bringt mich zum Reden. Meine Aufmerksamkeit richtet sich auf eine verschlossene Tür. Plötzlich sehe ich einen Tunnel und gehe hindurch. Während einiger Minuten ist es still am Telefon; dann komme ich zurück, oder vielmehr ist es mein Geist, der in den Körper zurückkehrt. In Wirklichkeit war der Tunnel ein Schlüsselloch, das ich buchstäblich von einem Ende zum anderen durchquert hatte.

In einem anderen Moment studiere ich eine Gitarre und nehme die Materie wahr wie noch nie zuvor. Elektronen wirbeln durcheinander, und ich staune über diese Realität. In diesem Zustand wird die Realität zu dem, was man sieht, hört oder fühlt. Dann richtet sich die Aufmerksamkeit auf meine Hand, und ich kann durch sie hindurchsehen, wenn ich damit über verschiedene Gegenstände fahre. Es ist, als ob meine Hand aus Glas wäre.

Später machen wir uns mit dem 2CV auf den Weg, und so unglaublich es erscheinen mag, ich bin imstande, in diesem Zustand zu fahren. Wir wollen Romaine, die Freundin von Thierry treffen, die in Sion als Verkäuferin arbeitet. Sie ahnt, dass etwas nicht in Ordnung ist, verlässt ihre Arbeit und kommt zu uns ins Auto.

Ich stehe in einem ständigen telepathischen Kontakt mit meinem Freund; wir brauchen uns unsere Visionen nicht mitzuteilen, sie sind identisch.

Als Romaine merkt, in welchem Zustand wir sind, gerät sie in Panik und fängt an zu weinen. Auf dem Rückweg sehen wir einige Personen am Strassenrand. Seltsamerweise haben sie anstelle ihrer Beine eine Art weissen Wirbel. Manchmal laufen sie über 20, 30 Meter mit uns, begleiten uns. Romaine kann unsere dantesken Visionen nicht sehen. Am Eingang von Saxon blicke ich auf und sehe ein derart surrealistisches Schauspiel, dass ich am Strassenrand anhalte. Wir steigen aus, um das Phänomen zu beobachten: Im Talgrund, Richtung Martigny, sehen wir Millionen schwarze Vögel, die weisse Wolken auffangen und sie zu rosa Wolken bringen, von denen sie verschluckt werden. In diesem Augenblick sind wir nur erstaunt darüber, dass wir dieses Phänomen noch nie zuvor gesehen haben …

Kurz darauf kommen wir ins Canasta, unser Stammcafé. Die Kellnerin erzählte uns später, dass wir Platz genommen hätten und sie uns gefragt habe, was wir trinken wollen. Nach zehn Minuten hätten wir beide gleichzeitig geantwortet, ohne vorher ein Wort miteinander gewechselt zu haben: «Einen Kaffee!» Ich ging in Richtung der Toiletten und stiess mich heftig an der Ölheizung. Thierry passierte dasselbe. Dann hätten wir die Zeitung genommen und jeder habe abwechselnd ein und dieselbe Seite angestarrt. Danach seien wir gegangen, ohne zu zahlen!

Eine andere Szene erleben wir in der Nähe unseres Hauses, an einem *Les Frasses* genannten Ort. Wir laufen über Felder, auf denen zahlreiche Hochspannungsmasten stehen, die wir als riesige wilde Krieger wahrnehmen. Sie beobachten uns, haben gewaltige Hörner auf den Seiten ihrer Helme. Schlotternd vor Angst machen wir uns ganz klein, laufen mit gesenktem Kopf ... Zuletzt kommen wir an einen Fluss und sehen einen Mann, der an einer Ertrunkenen eine Mund-zu-Mund-Beatmung durchführt! Wir machen uns davon und sind glücklich, nach Hause zu kommen. Dort entdecken wir in einem Nebengebäude einen schwarzen Körper, der noch nicht richtig tot ist, da er sich noch bewegt. Sofort will ich die Polizei holen. Der Diensthabende ist allein auf dem Polizeiposten und mit dem Funkgerät beschäftigt, er will seinen Posten nicht verlassen. Auf meine Aussage hin fährt er aber sofort in meinem 2CV mit und verständigt den Notfallarzt. Wir verabreden uns auf der Strasse nach Écône. Während wir warten, sehe ich, dass der Gendarm eine Zigarre raucht, und will auch eine. Irrtum, es ist ein Lederband, das an seinem Schlüsselbund hängt! Ich beobachte, was draussen vor sich geht. Es ist eine Winternacht, etwa gegen 18 Uhr. Plötzlich erscheint ein Mann in einem Umhang mit schwarzem Hut, er geht mit einem grossen weissen Stock. Als er bei einer Strassenlampe ankommt, schlägt er dreimal auf den Boden. Da spriesst eine riesige Bohnenranke aus dem Boden und windet sich in wenigen Sekunden bis an die Spitze der Lampe. Dies geschieht mehrmals hintereinander. Zum Glück teile ich nicht alle meine Visionen mit meinem Mitfahrer. Dann kommt Frau Doktor de Riddes in ihrem Auto. Ich fahre voraus, sie folgt uns. Da ich Flüsse oder Seen auf der

Strasse sehe, schliesse ich die Augen und brause los. Ich bin erleichtert, als die Fata Morgana verschwindet. Plötzlich rennt ein Hase neben uns her und wirft sich vor das Fahrzeug. Ich bremse abrupt, und mein Mitfahrer fragt mich nach dem Grund.

Endlich sind wir da, der Polizist und ich nähern uns furchtsam dem Unterstand. Die Ärztin geht mit entschlossener Miene voran, wir folgen ihr ängstlich. Keiner zweifelt an meinen Aussagen. Bei der «Leiche» angekommen, zeigt die Ärztin auf eine zerknitterte, faltige Zeltplane. Sie durchsucht sie sorgfältig und stellt fest, dass da nichts ist. Der Polizist leiht mir seine Taschenlampe und sagt mir, ich solle das Haus durchsuchen. Er bleibt draussen. Die Ärztin geht nach Hause. Ich fahre den Gendarmen in sein Büro zurück.

Einige Tage später wage ich es, die Ärztin anzurufen, und frage sie, ob sie sich an den Vorfall erinnert. Sie meint, ich sei wohl einer optischen Täuschung zum Opfer gefallen!

Während einiger Jahre sahen mich die Polizisten des Polizeipostens Saxon etwas schief an, weil sie glaubten, ihr Kollege sei das Opfer eines schlechten Scherzes oder einer dummen Wette geworden – dabei war ich durchaus ehrlich gewesen, aber eben völlig zugedröhnt.

Nach 48 Stunden flaute die Wirkung langsam ab, und wir konnten in beide Dimensionen reisen: die der Realität und diejenige der Datura. Nach 72 Stunden fanden wir endlich auf den Boden der Realität zurück und konnten nach einigen Tagen auch wieder lesen. Die Menge Datura, die wir eingenommen hatten – eine Handvoll pro Tasse – erwies sich als viel zu hoch. Wir hatten Glück, dass wir ohne Nachwirkungen aus diesem schamanischen Abenteuer herauskamen. Wir hatten nie den Wunsch nach einer Wiederholung. Dennoch hat diese Erfahrung mich geprägt und mich für eine andere Wahrnehmung der Welt geöffnet.

Ich warne die Leser davor, dieses Abenteuer selbst zu versuchen, denn diese Pflanze kann zu Blindheit oder sogar zum Tod führen.

KAPITEL X

1982: Gründung der Walliser WWF-Sektion

Philippe Roch, ein langjähriger Freund von mir, war Präsident des WWF Schweiz und kümmerte sich um die Westschweizer Sektionen. 1982 unterstützte ich ihn bei der Bildung des ersten Walliser WWF-Komitees. Seine Kompetenz war weit herum anerkannt; der Bund ernannte ihn zum Direktor des Bundesamtes für Umwelt, Wald und Landwirtschaft [A.d.Ü.: heute Bundesamt für Umwelt, BAFU] – eine Position, die in anderen Ländern dem Rang eines Ministers entspricht –, die er während 10 Jahren innehatte.

Nach einigen Sitzungen im Hotel Kluser in Martigny konnte ich ein provisorisches Komitee aufstellen. Es gibt viele Menschen guten Willens, man muss sie bloss zusammenbringen. Als das Komitee definitiv stand, stellte ich meinen Platz zur Verfügung. Der hervorragende Jurist Raphaël Dallèves half bei der offiziellen, rechtskräftigen Gründung der kantonalen Sektion. Heute ist der WWF Wallis eine tatkräftige und effektive Sektion. Es gibt eine Menge Arbeit in diesem Kanton mit seinem einzigartigen Naturreichtum. Die Zuhälter des ewigen Schnees und andere Spekulanten hatten die Landschaft schon derart verändert und zubetoniert, dass ein Stopp dieses Missbrauchs zur vordringlichen Angelegenheit wurde. Gewisse Baustellen schossen wie Pilze aus dem Boden, um Auflagen und Gesetze scherte man sich nicht im Geringsten. Ich erinnere mich an die *Piste de l'Ours* (Bärenpiste) oberhalb von Sion, für die ein ganzer Wald weichen musste. Obwohl das Projekt illegal war, stoppten die Kreissägen erst, als das Massaker vollbracht war – dann wurde eine kleine Busse verhängt, und schon konnte es losgehen mit dem bequemen Massen-Skisport. Die Walliser Wintersportindustrie war bereits so gut entwickelt, dass dieses erneute Massaker nicht nötig gewesen wäre. Später hatte der Walliser WWF einen energischen Sekretär: Pascal Ruedin aus Sierre, der bei einem niederträchtigen Anschlag fast zu Tode geprügelt wurde. Schwer traumatisiert, lebt er jetzt in einem anderen Kanton. [A.d.Ü.: Der Fall wurde nie aufgeklärt.] Die Gewalt ist die Waffe der Schwachen und macht den Gewalttätigen nie besser oder grösser. Der WWF kämpfte erfolgreich gegen einige Projekte für Golfplätze, stets auf legale und gewaltfreie Weise.

Man kann von Glück reden, dass das Wallis zur Schweiz gehört, denn oft wird unser Kantonsgericht vom Bundesgericht in die Schranken gewiesen. Der WWF geht nie illegal vor. Es wäre an der Zeit, eine nachhaltige Entwicklung ins Auge zu fassen, bei der es nicht nur um leicht verdientes Geld auf Kosten künftiger Generationen geht. Die Touristen suchen ohnehin mehr und mehr die Natur und einen sanften Tourismus mit intakten Landschaften, in denen man freilebende Wölfe sehen kann.

KAPITEL XI

Pionier der biologischen Landwirtschaft

Als Enkel von Bauern und Sohn eines Obst- und Weinbauern und Önologen wuchs ich in einer zutiefst mit der Erde verbundenen Umgebung auf. Ich ging zwar mit 18 Jahren aus dem Elternhaus weg, um mich in der Gegend von Sion während einiger Jahre als Aktivist zu betätigen, wohnte aber zunächst an den Hängen des linken Rhoneufers oberhalb von Sion und arbeitete halbtags auf dem Hof von Kurt Bösch. Danach wohnte ich in Saint-Léonard und war einige Zeit in der Bäckerei Delacombaz in Sierre als Auslieferer tätig. Dann lebte ich in der Kommune von Saint-Séverin, inmitten der Weinberge, bestellte einen Garten und schnitt die Reben des Weinbauern Michel Clavien. Als ich in das kleine, abgelegene Haus in der Nähe von Écône zurückkehrte, half ich meinem Vater halbtags bei der Landarbeit. Enttäuscht über meinen damaligen Weggang, hatte er das Weingut überstürzt verkauft. Er beschäftigte sich jetzt nur noch mit dem Anbau von Birnen und der Herstellung von Williams-Schnaps. Die Leidenschaft für die Landwirtschaft liess mich nicht los, und ich hatte schon damals vor, die konventionelle Landwirtschaft zu erneuern. Da ich mir der Probleme bewusst war, die durch den zunehmenden Einsatz von synthetischen Chemieprodukten entstehen, träumte ich von einer sauberen Landwirtschaft ohne Chemie. Als ich mit der Mutter meines Sohnes das Oasis mit Birnbäumen auf einer Fläche von 33 000 Quadratmetern kaufte, stürzte ich mich in die biodynamische Landwirtschaft.

Die Biodynamik

In den Anfangszeiten der ökologischen Landwirtschaft entwickelten nur die Biodynamiker unter Rudolf Steiner ganzheitliche Produktionsverfahren. Ich informierte mich und nahm an Fortbildungskursen bei Claude Monziès in Frankreich teil. Die biologisch-dynamische Landwirtschaft ist eine umfassende Wissenschaft und unterscheidet sich dadurch von der biologischen Landwirtschaft, dass sie weiter geht und ganzheitlicher ist. Die Erde wird mit einem reifen Kompost aus frischem, organischem Material versorgt (Mist, Ernte- und Haushaltsabfälle, dürres Laub, Holzspäne und verschiedene organische Produkte). Dieser Kompost ist mit sechs Präparaten dynamisiert, die ihn mit den kosmischen Kräften und den sechs inneren Planeten des Sonnensystems verbinden: Kamille, Brennnessel, Schafgarbe, Baldrian, Eichenrinde und Schachtelhalm.

Dieser natürliche Dünger fördert die der Erde innewohnende Fruchtbarkeit. Die Bodenlebewesen verwandeln den Kompost in Substanzen, welche die wachsenden Pflanzen vor Schädlingen schützen. Es ist eine regelrechte Pflanzenküche. Umgekehrt werden in der Agrochemie synthetische Produkte unbesorgt direkt auf die Pflanzen gespritzt, der Boden dient nur noch als Unterlage. Es ist ein System, das mich an künstlich ernährte Patienten erinnert. Interessant in diesem Zusammenhang ist, dass die Nitratlager, die sich während des letzten Krieges für die Herstellung von Explosionswaffen angesammelt hatten, den Bauern nun als Nitratdünger verkauft wurden und so eine chemieabhängige, umweltverschmutzende Landwirtschaft entstand.

Hält man sich an einen kosmischen Kalender, der den Einfluss der Planeten berücksichtigt, arbeitet man im Einklang mit den Gestirnen (Aussaat, Vorbereitung des Bodens, Auspflanzung, Behandlungen und Ernte). Zwei weitere häufig verwendete Zutaten sind Silizium und Kuhmist.

Ich möchte noch auf zwei Dinge eingehen. Zuerst auf die wissenschaftlichen Experimente, die Maria Thun in Deutschland durchgeführt hat, bei denen beispielsweise Kartoffeln auf derselben Parzelle an verschiedenen Tagen und zu unterschiedlichen Stunden gepflanzt wurden. Man weiss, dass es Tage gibt, die für Wurzeln, Blätter, Blüten oder Früchte besonders günstig sind. Die biologisch-dynamisch bewirtschaftete Parzelle ergab einen höheren Ertrag, die Kartoffeln waren gesünder und blieben länger haltbar.

Ich habe selbst erlebt, wie kraftvoll ein Präparat aus Hornkiesel wirkt. Wie soll man sich erklären, dass ein mit Silizium gefülltes, ein Jahr lang in der Erde vergrabenes Kuhhorn – nach der Dynamisierung und Mischung mit 100 Litern Wasser – Tomaten auf einer Fläche von 2500 Quadratmeter zum Wachsen bringt? Solche Erfahrungen mögen einem kartesianischen Geist fremd sein, aber für mich ist es der Beweis, dass diese an weisse Magie erinnernde Methode wohlbegründet ist.

Zur Zeit, als ich mich mit der biodynamischen Landwirtschaft beschäftige, sind im Wallis bereits zwei andere Pioniere am Werk: Yvonne Gatti, die in der Gegend von Basse-Nendaz Arikosen und Kleinfrüchte anbaut, sowie Jean-Jacques Schor aus Illarsaz mit Grosskulturen und Milchkühen. Ich möchte diese beiden Pioniere, von denen heute niemand mehr spricht und die nicht einmal in Artikeln über die Walliser Biolandwirtschaft erwähnt werden, hier ehrenvoll erwähnen.

Das Oasis ist der erste Hof im Wallis, auf dem im Obst- und Gemüsebau nach den Prinzipien der biologischen Landwirtschaft gearbeitet wird. Neben Äpfeln, Birnen, Aprikosen, Tomaten, Blumenkohl und Sellerie baue ich auch die im Wallis seltenen Pfirsiche und Nektarinen an. Das Klima ist ideal für diese Früchte, und ich habe sie neu eingeführt. Dazu kamen jedes Jahr einige Hanfpflanzen, die den Hof schmückten.

Getrocknete Früchte

Unsere Deutschschweizer Freunde trocknen ihre Früchte nach einem traditionellen Verfahren, das sich vor allem in den Kantonen Luzern, St. Gallen und Graubünden entwickelt hat, denn in diesen Gebieten wachsen Sorten, die sich gut zum Trocknen eignen.

Jedes Jahr werden fast 1000 Tonnen frische Williams- und Guyotbirnen aus dem Wallis in weit entfernte Trocknungsanlagen transportiert, deren Öfen mit Holz, Strom, Gas oder Heizöl betrieben werden. Es wird sozusagen das in den Birnen enthaltene Wasser herumgefahren.

Im Wallis hatte noch niemand daran gedacht, ein Verfahren zu entwickeln, das die Trocknung vor Ort ermöglichen und die hohen Transportkosten einsparen würde. Ich kaufe also eine Trocknungsanlage und installiere sie in Sion, wo ich Kirschen, Äpfel, Birnen, Tomaten, Aprikosen, Blumenkohl, Zwiebeln … und Hanf trocknen kann. Die Anlage kann auch für die Edelfäulnis einiger Walliser Lokal- und Weinspezialitäten wie Pinot, Amigne, Arvin oder Mall benutzt werden, zur Freude einiger Weingüter und Kellereien, die sich freuten, eine Spätlese ansetzen zu können, ohne das Risiko von Diebstahl, Vogelfrass oder schlechter Fäulnis in Kauf nehmen zu müssen.

In den 1980er Jahren lancierte ich das Projekt einer Aktiengesellschaft namens Valséchage 2000, das den Verkauf von Aktien für den Bau einer Trocknungsfabrik vorsah. Das Interesse war sozusagen gleich null – ein weiterer Beweis, dass Innovationen in diesem Kanton einen schweren Stand haben. Ich bin immer noch überzeugt, dass ein solches Projekt durchaus umsetzbar wäre, denn wir werfen jede Saison Tausende Tonnen von Früchten und Gemüsen weg. Getrocknete Früchte und Gemüse sind ein schnell wachsender Markt, die Nachfrage der Konsumenten nach gesunden Lebensmitteln nimmt ständig zu, und Trockenfrüchte sind eines der besten Produkte dieses Sektors.

Die *Fondation pour la vocation des jeunes*

Eines Tages lese ich mit einer Pariser Freundin die Tageszeitungen und stosse auf einen Artikel über die *Fondation pour la vocation des jeunes*, die jedes Jahr einen Preis an junge Menschen verleiht, die in ihrem Beruf Herausragendes vorzuweisen haben. Baronin Nadine de Rothschild ist die Präsidentin der Stiftung und veranstaltet jedes Jahr einen Gala-Abend mit Kollekte. Mit dem Ertrag wird ein Stipendium von je 10 000 Franken an so viele Preisanwärter ausbezahlt, wie es das eingenommene Geld erlaubt.

Im Jahr 1982 gab es sechs Gewinner, darunter – oh Wunder – einen Walliser Bauern. Die Tomaten zu trocknen, statt sie in die Rhone zu werfen, fand grossen Anklang bei den Genfer Honoratioren. Tatsächlich ist es vorgekommen, dass meine Kollegen ihre Tomaten, weil sie sie nicht verkaufen konnten, aus Ärger in die Rhone kippten. Obwohl das heute nicht mehr vorkommt, bleiben doch die Bilder haften …

Die anderen Preisträger waren ein Sozialarbeiter, der sich in der Strassenarbeit engagierte, ein Mathematiker, eine Glasbläserin, ein Zirkusartist und ein Tierfotograf. Ich ging sogleich zur Bank, um den beeindruckenden Scheck einzulösen – ich glaubte nämlich immer noch, dass ich mich irrte!

Das fürstliche Festessen fand im Genfer Familiensitz der Familie Rothschild statt, dem grössten Privatgrundstück der Stadt. Die Residenz ist so weitläufig, dass wir mit einem Bus zum Schloss gefahren wurden. Im Park lebt ein freilaufendes Wolfspärchen.

Beim Essen konnte ich in Gesellschaft von Baron Edmond einige der grossen Mouton-Rothschild-Weine verkosten, und der Baron interessierte sich sehr für mein Urteil als diplomierter Önologe. Ich nahm die Gelegenheit wahr, um ihm das Projekt der Trocknungsfabrik vorzustellen. Er fand es interessant, meinte aber, dass die Investitionssumme für ihn zu klein sei …

Der biologische Obstbau

Die Anfänge der Agrobiologie in unserem Kanton liegen also im Jahr 1972. Ich konnte einige Informationen zusammentragen, aber die Biolandwirtschaft beschränkte sich hauptsächlich auf Grosskulturen, Gemüsegärten und die Tierhaltung. In der Schweiz gab es keinen einzigen Obstbauern, der mir etwas hätte beibringen können. Als Mitglied der französischen Vereins *Nature et Progrès* wurde ich in die Landesgruppe der Obstbauern aufgenommen und fand schliesslich in Monsieur Lecomte jemanden, mit dem ich mich austauschen konnte. In der Schweiz existierte keine offizielle Kontrolle, und ich musste mich für mein erstes Label in Frankreich umsehen: Es war dasjenige von *Nature et Progrès*. Der Obstbau war ein neuer Zweig der Biolandwirtschaft und erforderte aufwendige Nachforschungen und Arbeiten, um ans Ziel zu gelangen. In diesem Stadium verstand ich die grosse Bedeutung der Insekten und konnte diese Materie dank den laufenden Arbeiten von Dr. Mario Baggiolini, dem Vater der integrierten Schädlingsbekämpfung, eingehend studieren. Ausser Pilzkrankheiten wie Schorf und Falschem Mehltau, die durch mikroskopisch kleine Pilze verursacht werden, gibt es noch einen weiteren Feind, der zu bekämpfen ist: die Insekten. Mit Baggiolini gab es damals einen Forscher, der aufgrund zahlreicher Beobachtungen eine Methode entwickelte – die integrierte Schädlingsbekämpfung –, die für die erfolgreiche, heute von der Mehrheit der Obstbauern angewandte integrierte Bekämpfung das Terrain bereitete.

Damals sprach man fälschlicherweise von Parasiten. Die Obstbauern folgten dem Rat der Chemieverkäufer und behandelten die Bäume in regelmässigen, immer kürzeren Abständen. Statt «gesunder» Früchte bescherte ihnen dieses System zunehmend resistente Schädlinge. Ich erinnere mich an Fälle von Birnblattsaugern, welche die Landwirte mit selbstgebrauten Cocktails bekämpften, in der Hoffnung, so zum Ziel zu gelangen.

Wird eine Million Blattläuse mit einem bestimmten Gift behandelt, braucht es nur ein Promille Überlebende, die dann eine neue, gegen das Mittel resistente Generation bilden. Das Phänomen der Resistenz betrifft sämtliche Schädlinge. Der Kampf schien aussichtslos, bis Baggiolini sein neues Konzept entwickelte. Dieser grosse Forscher aus dem Tessin soll hier ehrenvoll erwähnt werden: Er hat sein Labor verlassen und sich aufs Terrain begeben, zu den Obstbauern. Er war mir eine grosse Hilfe, war immer freundlich und verfügbar. Mein Biokonzept gefiel ihm, und wir hatten eine gute Zusammenarbeit.

Die Baggiolini-Methode beruht auf folgenden Annahmen: Es kommen drei Sorten von Insekten auf einem Baum vor – erstens die neutralen, die gelegentlich vorkommen, sie richten keine Schäden an und lassen die anderen Insekten in Ruhe; dann die nützlichen, fleischfressenden Insekten, die sich von den Schädlingen ernähren und diese manchmal als Wirt benutzen, was sie in dieser Hinsicht zu Nützlingen macht; drittens die Schädlinge, die an Blättern, Stielen, Früchten oder sogar den holzigen Teilen oder Wurzeln Schaden anrichten. Baggiolini hat den Lebenszyklus jedes einzelnen Schädlings untersucht und herausgefunden, zu welchem Zeitpunkt eine Behandlung erfolgen muss, um das bestmögliche Resultat zu erzielen. Dazu hat er eine andere Regel aufgestellt, die als Toleranzschwelle bezeichnet wird. Es nützt nichts, zu behandeln, wenn ein bestimmtes Insekt noch keine Schäden anrichten kann. Eine Bekämpfung ist erst angezeigt, wenn die Toleranzschwelle erreicht ist.

Ich gehörte zum ersten Jahrgang von Obstbauern, die auf den Agrarforschungsstationen von den Kursen dieses herausragenden Wissenschaftlers profitieren konnten. Heute haben fast alle Obstbauern die konventionelle Methode aufgegeben und wenden die integrierte Bekämpfung an.

Ich habe dieses Konzept beibehalten und behandle, wenn es nötig ist. Ich benutze natürliche und pflanzliche Insektizide gemäss den Normen von BioSuisse. In der Praxis müssen regelmässige Kontrollen der Insektenpopulation durchgeführt werden. Es handelt sich um eine Sichtkontrolle auf hundert Pflanzenteilen. Eine andere Methode besteht darin, mit einem Stock auf die Bäume zu schlagen und mittels eines Trichters alles, was herunterfällt, in einem Gefäss zu sammeln. Die Insekten müssen nur noch gezählt und identifiziert werden, dann entscheidet man über eine Behandlung.

Für die Falter werden Pheromonfallen aufgestellt: die männlichen Insekten folgen den Lockstoffen, die normalerweise vom Weibchen abgegeben werden, und bleiben am Klebstoff hängen. Entsprechend der Zahl gefangener Insekten weiss man, wann der Flug seinen Höhepunkt erreicht – und hat damit den optimalen Zeitpunkt für eine Bekämpfung der jungen Raupen.

Ich habe dieses Wissen an meine Freunde aus der Westschweizer Bio-Szene weitergegeben. Nach einigem Widerstreben haben sie das Konzept akzeptiert und waren erstaunt, dass die offizielle wissenschaftliche Forschung zum ersten Mal etwas in Richtung Ökologie entwickelt hat. Als Komitee-Sekretär des *Syndicat des producteurs de fruits et légumes de Saxon,* der Früchte- und Gemüseproduzenten-Genossenschaft von Saxon, schlug ich dem Präsidenten Jean-Jacques Mermoud vor, eine Informationsveranstaltung abzuhalten, in deren Nachgang eine Gruppe für die integrierte Bekämpfung gegründet wird. Danach hat sich das Konzept im ganzen Kanton verbreitet. Einmal mehr war Saxon die Speerspitze!

Dazu muss man wissen, dass die innovative Bio-Landwirtschaft keine einfache Sache war. Mein Vater, die Familie, die anderen Landwirte, die Medien, die landwirtschaftlichen Forschungsstationen, ja, selbst die Bevölkerung kritisierte meine Methoden. Aber ich hielt durch, überzeugt, dass mein Weg der richtige war.

Heute gibt mir die Geschichte Recht. Aus Bern erhalten wir mehr Unterstützung, wenn wir biologisch bewirtschaften. Das Blatt hat sich gewendet, und mit dem Hanf wird es dasselbe sein.

Zurzeit erlebe ich wieder dasselbe Szenario. Ich habe gelernt, es zu ertragen, und bin bereit, wieder zu fasten, falls mich ein Richter ins Gefängnis wirft ... Aber die Hunde bellen, die Karawane zieht vorbei ... Ein wirklich freier Mensch macht sich stets eine Menge Feinde und zögert doch nicht, vorwärts zu gehen – wenn nötig auch allein. Eines Tages wird die Masse ihm zustimmen.

In den Jahren von 1985 bis 1990 entstanden im französischsprachigen Wallis neue Bio-Obstplantagen. Endlich! Es entstand eine zweite Welle von Pionieren, darunter Patrice Bruchez, Gérard Constantin oder Jacques Granges, langjährige Freunde und überzeugte Umweltschützer. Man gründete den Verein Bio-Valais. Gérard vertritt uns in der Walliser Landwirtschaftskammer. An der Generalversammlung von 1996 zählte man 130

Bio-Betriebe. Inzwischen hat sich die Genossenschaft Valplante angeschlossen, mit Bergbauern, die medizinische und aromatische Kräuter anbauen. Es wird ein Komitee aus neun Landwirten ernannt, somit sind alle Produktionszweige und Regionen vertreten. Ich bin für den Sektor Hanf zuständig. Der Markt hat sich sehr gut entwickelt, vor allem seit der Grossverteiler Coop eingestiegen ist. Die Verkäufe sind beständig gestiegen. Die Migros, ein anderer Grossverteiler, ist ebenfalls dazugekommen. 2013 werden 10 Prozent des Walliser Agrarlandes ohne Chemie bewirtschaftet.

Bio wird populär, und das ist gut so, für die Gesundheit von Mensch und Tier ebenso wie für die Natur. Ich bin überzeugt, dass die biologische Landwirtschaft hervorragende Möglichkeiten für unser Land bietet. Unsere Produktionskosten sind hoch, der Franken ist teuer, aber die Schweiz ist international bekannt für die Qualität ihrer Produkte. Wenn die ganze Schweizer Landwirtschaft auf Bio umsteigt, können wir von diesem Vorteil profitieren, indem wir hochwertige Lebensmittel in die ganze Welt exportieren und gleichzeitig mehr Ökotouristen anziehen. 2013 wurden im Kanton Graubünden mit 53 Prozent erstmals mehr Flächen biologisch bewirtschaftetet als mit konventioneller Landwirtschaft.

Die Gründung von BioSuisse

Als ausgemachter Gewerkschafter arbeite ich mit einigen Kollegen aus dem Waadtland daran, die verschiedenen Strömungen und Methoden der Bio-Produktion unter einem Dach zu vereinigen.

Biodynamik, Lemaire-Boucher, Müller, jeder hat seine Methode, seine Wahrheit, seinen Wertekatalog. Es war wichtig, diese Leute, die ohnehin schon in der Minderheit waren, unter dem gemeinsamen Dach der Agrobiologie zu vereinigen. So wurde Progana geschaffen. In der Romandie arbeitete dieser Verein während zehn Jahren im Alleingang. Später entwickelten sich Kontakte über den Röstigraben. Dasselbe Bestreben nach Vereinigung und Vereinheitlichung führte zur Gründung des Vereins Schweizerischer Biologischer Landbauorganisationen *VSBLO,* heute BioSuisse. Ein Anliegen war, ein genaues, regelmässig auf den neuesten Stand gebrachtes Pflichtenheft zu erstellen. Darin wird festgelegt, was ein Landwirt machen oder nicht machen darf. Weiter gehört eine Liste mit den erlaubten natürlichen Produkten dazu. Ein Kontrollorgan wird ins Leben gerufen, das die Betriebe einmal im Jahr ohne vorherige Anmeldung und auf glaubhafte Weise überprüft. Fälschlicherweise als Bio etikettierte Produkte sollen verschwinden. Die Zeiten, als skrupellose Händler fleckige oder wurmstichige Früchte mit dem Bio-Etikett versahen, sind längst vorbei ...

Das Bio-Label wird vergeben, der Konsument ist gut geschützt. Nach jahrzehntelanger Nichtbeachtung erkennt das Bundesamt für Landwirtschaft am Ende die Richtigkeit unserer Arbeit und arbeitet mit uns zusammen. Es werden Direktzahlungen gewährt, die Agrobiologie erhält mehr als die Anhänger des integrierten Pflanzenschutzes. Jeder Vollzeit arbeitende Schweizer Landwirt, der über eine minimale Fläche verfügt, erhält jährlich einen staatlichen Beitrag, der seine Tätigkeit als Landschaftsgärtner honoriert. Die ökologischen Bedingungen sind festgelegt, und die Bio-Kulturen müssen den Anforderungen rigoros entsprechen. Wir sind jetzt voll anerkannt. Magistraten wie Josef Schmid zeigten sich offen und guten Willens.

Natürlich tauchen neue Probleme auf, insbesondere was die Bürokratie und den Papierkrieg betrifft. Die Bauern müssen sich mit einem ständig wachsenden Berg von Formularen herumschlagen, der ihnen die Arbeit verleidet. Es muss ein Weg gefunden werden, die Verfahren zu vereinfachen, so dass die Inspekteure und Bauern weniger Aufwand haben. Zu viele Kontrollen finden bloss im Büro statt. So verliert man den notwendigen Kontakt zum Terrain und zur Wirklichkeit. Ich kenne einen Tierhalter aus der Walliser Bergregion, der sein Bio-Label verloren hat, weil die Tür seines 200 Jahre alten Stalles 15 Zentimeter zu eng war. So etwas schlägt dem Fass den Boden aus!

Auf der anderen Seite fühlen sich die Romands häufig als Minderheit. Sie müssen zusammenstehen, damit man sie auf der anderen Seite des Röstigrabens wahrnimmt. Zu diesem Zweck wurde die *Coordination romande de BioSuisse* gegründet, die Genf, Neuchâtel, Jura, Waadt, Freiburg und das Wallis umfasst.

Les Romands champions suisses de la déprime. Pour une fois qu'on est les meilleurs...

Vigousse

Le petit satirique romand

JAA CH-1025 Saint-Sulpice PP/Journal

VENDREDI 12 NOVEMBRE 2010 | N° 38 Fr. 3.– / Abonnement annuel Fr. 140.– | www.vigousse.ch

Le seul canard à deux balles qui ne coûte que 3 francs !

« Celui qui vit d'espérance court le risque de mourir de faim. »
[Benjamin Franklin]

CHE GUERAPPAZ

Vincent

LE POSTER DE LA SEMAINE

ISSN 1664-0004
38
9 771664 000002

KAPITEL XII

Gewerkschafts- und Bauernkämpfe

Familiäres Erbe

Bevor mein Grossvater Briefträger wurde, pflanzte er unter anderem Blumenkohl an. Wenn er Absatzschwierigkeiten hatte, fuhr er ohne viel Federlesens mit seinem Kleinlaster auf den Bundesplatz in Bern und verteilte seinen Blumenkohl gratis. Damals wog dieses Gemüse etwa 2 Kilogramm, was für eine Schweizer Durchschnittsfamilie mit fünf Personen mehr als genug war. Heute wird ein Blumenkohl, der mehr als 600 Gramm wiegt, weggeworfen, weil er als zu gross gilt. Die Familien bestehen ja nur noch aus 2,2 Personen!

Mein Vater wurde nach den Vorfällen von 1953, bei denen SBB-Waggons voller Aprikosen aus Italien verbrannt wurden, wegen Unruhestiftung verurteilt. Als Mitglied der Union des Producteurs Suisses (UPS) und der Union des Producteurs Valaisans (UPV) nahm er an zahlreichen Demonstrationen im ganzen Land teil.

Dieser Geist der Solidarität hatte seine Wurzeln in Saxon, entwickelte sich aber an vielen Orten. Ist das Leben nicht auch ein Kampf? Wie kann man ruhig bleiben angesichts von Ungerechtigkeit? Immer muss man kämpfen, um nicht von Stärkeren gefressen zu werden. Stehen bleiben heisst zurückweichen. Ich habe grosse Achtung vor meinem Vater, diesem einfachen Kämpfer an der Basis, der aus bäuerlicher Solidarität immer bereit war, einen Arbeitstag zu opfern, um den Milchpreis zu verteidigen.

Die *Union des producteurs suisses*

Meine Ausbildung zum Gewerkschafter geht zurück bis ins Säuglingsalter, als meine Mutter mich 1953 im Alter von sechs Monaten im Kinderwagen zu den brennenden Aprikosen-Waggons aus Italien mitnahm. Viel später trete ich dem dörflichen Komitee der UPV bei, wo ich mit «harten Kerlen» wie Roland Juilland und François Neury in Berührung komme. Dann werde ich Mitglied des Komitees der UPS und werde, nachdem ich die Stelle des Präsidenten abgelehnt habe, Vizepräsident des Vereins. Ich erinnere mich an unsere Freunde aus dem Jura, vor allem an den verstorbenen Sekretär Raymond Chapatte aus Vicques. Als stolze und streitlustige Gesellen hatten die Jurassier und die Walliser zu allen Zeiten gemeinsame Berührungspunkte.

Die krisengeschüttelte Landwirtschaft braucht mehr denn je eine starke und mutige Gewerkschaft. Glücklicherweise hat die UPS – die heute Uniterre heisst – Anführer wie Fernand Cuche oder Gérard Vuffray. Eine neue Generation ist am Werk, und ich bin voll des Lobes über diese Gewerkschaft und die Handvoll Verteidiger der Bauernschaft, die dort arbeiten. Ohne sie wäre heute die Lage um einiges schlimmer.

Die Geschichte wird jeden Tag neu geschrieben, und die Schweizer Bauerngewerkschaften sind in vollem Umbruch. Wie immer erwachen die Leute erst, wenn es brennt. Mit ziemlicher Sicherheit wird sich Uniterre in der Zukunft mit den Kräften aus der deutschen Schweiz zusammenschliessen. Einheit ist Stärke, mehr denn je.

Der Schweinefrass

Es hat keinen Sinn, all die Kämpfe, die wir führten, aufzuzählen. Ich möchte bloss noch eine Aktion erwähnen: den Schweinefrass. 1985 kreuzt eine überaus mutige Unbekannte mit zwei Ferkeln auf dem Bundesplatz auf. Diese Bäuerin versucht im Alleingang, die Öffentlichkeit wachzurütteln, und wird rasch zum landesweiten Medienstar. Als Kleinviehzüchterin arbeitet sie zusammen mit ihrem Mann Louis; sie liebt ihre Tiere, kann aber von ihrer Arbeit nicht mehr leben. Der Preis für Schweinefleisch ist bis auf 3.80 Franken pro Kilo Lebendgewicht gesunken und hat damit das Preisniveau der 1950er-Jahre erreicht. Warum? Der Markt wird überschwemmt mit Fleisch aus riesigen Mastbetrieben, die billiger produzieren. Nochmals ein Hoch auf Denise Grandjean, die «Frau mit den Ferkeln»!

Innerhalb der UPS ergreife ich sofort ihre Verteidigung, und wir laden sie oft ein. Denise hat inzwischen ein Buch veröffentlicht, in dem sie von ihrem heutigen Leben und dem früheren traditionellen Leben einer Freiburger Bäuerin erzählt.

Wir beschliessen, eine Aktion durchzuführen, in einem grossen, industriellen Schweinemastbetrieb in Gümmenen, vor den Toren Berns. Dort treffen wir auf den reinsten Horror! In einem riesigen Kochkessel werden die Leichen von kranken und toten Schweinen und verschiedenen anderen Tieren, Fleischabfälle und verfaulte Fische gesammelt. Laut dem Angestellten sind Pferdeleichen problematisch, weil man ihnen die Hufeisen abnehmen muss ... Aus dem Kessel rinnt eine widerliche schwarze Brühe: der Schweinefrass. Der Besitzer dieser Fabrik ist Arzt!

Seit diesem Tag esse ich kein Schweinefleisch mehr, und 2010 werde ich schliesslich Vegetarier.

Die Pfirsich-Aktion

Auch in der Gewerkschaft der Früchte- und Gemüseproduzenten von Saxon bin ich aktiv und schätze die Arbeit von Bernard Milhit, einem Freund und eifrigen Verfechter unserer Sache. Er übernimmt die Leitung des Verbandes der Früchte- und Gemüseproduzenten, dessen Angelpunkt Saxon bleibt. Bernard, ein grosser, sportlicher Ringer, hat sich bis zu seinem unglücklichen Tod unermüdlich für die Bauern eingesetzt.

Gehen wir zurück in die Vergangenheit, ins Jahr 1976. Die Frühbirnen verkaufen sich schlecht. Was ist los? Wir forschen nach und entdecken, dass viele Importeure in der zweiten Phase grosse Lager angelegt haben, was ganz und gar illegal ist. Eine Klage ist nutzlos, sie werden von den Behörden geschützt! Hinzu kommt, dass der Durchmesser für Frühbirnen auf 52,5 Millimeter festgelegt wird, obwohl man in den Auslagen die gleiche Art von Früchten aus dem Ausland mit 50 Millimetern sieht.

Unter strengster Geheimhaltung bildet sich ein Team aus Landwirten mehrerer Gemeinden: Saxon, Riddes, Charrat und Saillon. Ich soll mich um die Slogans und Schilder kümmern. Am 2. September kommt der grosse Tag. Wir sind 60 Leute und gehen auf der Nationalstrasse zum Pont des Vaux, wo die Sattelschlepper langsamer fahren müssen. Die Aktion erfolgt im Minutentakt. Ein Spion, Michel Perraudin, LKW-Fahrer und Bauer, bringt es fertig, in die Kabine des angepeilten Lasters zu gelangen. Sobald er auf unserer Höhe ist, tauchen wir auf und werfen uns buchstäblich auf den Lastwagen. Der Fahrer wird beruhigt, er soll sich sicher fühlen, da wir ihm nichts vorzuwerfen haben; wir bezahlen ihm sogar das Hotel und das Abendessen. Die Wut richtet sich auf die Waren: Pfirsiche aus Italien. Es tut nichts zur Sache, dass das Wallis keine Pfirsiche produziert. Es geht darum, die öffentliche Meinung wachzurütteln und Druck auf die Behörden auszuüben. Hier kann nur eine solche Aktion eine Reaktion hervorrufen und die Anwendung des Gesetzes erzwingen. An der Energie, mit der meine Kollegen das Ladegut auf die Strasse werfen, sehe ich, wie verzweifelt sie sind. Dann kommt ein zweiter Lastwagen, der im Programm nicht vorgesehen ist. Macht nichts, wir machen weiter! Nachdem auch der dritte Lastwagen entleert ist, beschliessen wir aufzuhören. 35 Tonnen Pfirsiche liegen auf der Strasse!

Inzwischen macht sich unser Landwirtschaftsminister, Ständerat Guy Genoud, in seinem Mercedes gemächlich auf den Heimweg und trifft direkt auf uns. Die Männer sind empört! Sie heben seinen Wagen an und drohen, ihn samt Inhalt in den Fluss zu werfen. Da greife ich ein, spreche von Gewaltfreiheit und kann die Aufrührer mit der Hilfe von Bernard Milhit zur Vernunft bringen.

Das Westschweizer Fernsehen, das von der Sache Wind bekommen hat, filmt die Szene. Eine lebhafte Diskussion entbrennt.

Guy Genoud hat mir viel zu verdanken, denn sein Leben hing damals an einem seidenen Faden. (Dazu eine kleine Anekdote: Einige Wochen später werde ich in Vétroz wegen Geschwindigkeitsüberschreitung angehalten. Als der Polizist die Busse verhängen will, erkennt er mich und lässt mich laufen ... er ist froh, «einem von den Pfirsichen» helfen zu können. Diese verdammten Walliser! Konservativ in der Praxis, aber im Herzen stets Rebellen!)

Wir benachrichtigen die Polizei, sie soll eingreifen und den Verkehr regeln. Es vergehen Stunden, bis die Gendarmen sich zeigen – man könnte glauben, sie hätten Angst! Wegen Unruhestiftung und Störung der öffentlichen Ordnung finden wir uns zu sechzigst auf der Anklagebank wieder. Unter uns sind Landwirte aus den drei örtlichen politischen Parteien: Konservative, Radikale und Unabhängige. Das Komitee der Sechzig beschliesst, unsere Verteidigung drei Anwälten zu übergeben, welche die drei Zugehörigkeiten repräsentieren – das heisst, dass die Schlussabrechnung dreimal so teuer sein wird! In dieser Hinsicht hebe ich mich von meinen Kollegen ab, denn ich finde es unnötig und viel zu teuer, diese drei Rechtsanwälte beizuziehen. Sie verstehen sich gut darauf, Honorare in der Höhe von 60 000 Franken auszuhandeln. Es werden mehrere Sammlungen nötig sein, um diese «Verteidiger» der Bauernschaft zu bezahlen; wir müssen sogar ein Lotto veranstalten! Ich weigere mich, vor allem als ich mit der Hilfe eines befreundeten Anwalts aus Sion herausfinde, dass der vorsitzende Richter Chastellain ein Verwaltungsrat der Migros Wallis ist, für welche die Pfirsiche bestimmt waren. Chastellain war also Richter und Partei in einem. Aus Ehrlichkeit und Respekt vor dem Gesetz hätte er die Sache einem neutralen Kollegen übergeben müssen, was er jedoch nicht getan hat.

Leider beschliesst das Verteidigungskomitee, dem man geringe Bewährungsstrafen in Aussicht gestellt hat, die Augen zu verschliessen und die Sache abzuwürgen. Doch sie haben die Rechnung ohne einen Rebellen wie mich gemacht. Der öffentliche Prozess findet in Sembrancher in einer umfunktionierten Sägerei statt; der Raum ist gerappelt voll und die Medien sehr präsent. Mein Anwalt Jean-Bernard Pitteloud verteidigt mich, leider alleine. Für seine Arbeit wird er nie einen Rappen von mir verlangen. Ehrenamtliche Arbeit, damals als Zeichen der Brüderlichkeit und Solidarität gang und gäbe, geht langsam verloren. Alles hat seinen Preis, das Geld ist vom König zum Kaiser geworden.

Jean-Bernard verlangt den Rücktritt von Richter Chastellain. Dieser lässt ihn, eskortiert von zwei Polizisten, aus dem Saal werfen. Skandal! Ich rufe: «Teilen, um zu herrschen – diese Methode ist nicht neu!» Daraufhin werde ich ebenfalls hinausgeworfen. Einen Moment lang hoffe ich, dass meine Kollegen mir folgen werden … Einige zögern. Vergebliche Hoffnung, sie bleiben sitzen, aus Angst vor dem Urteil, das sie erwartet. Am Ende werden wir alle zu einem Tag Gefängnis auf Bewährung verurteilt, eine Strafe, die der Grossrat uns schnell erlässt. Ich wusste, dass wir eine starke Kraft darstellten und dass man uns für diese Aktion nicht verurteilen konnte.

Kurz darauf wurden 17 Importfirmen gebüsst, ihre Genehmigungen wurden gekürzt oder ganz entzogen, aufgrund illegaler Importe in der zweiten Phase. Es ist uns nie gelungen, die Namen dieser betrügerischen Firmen zu erfahren … Unsere Aktion, die vollkommen gerechtfertigt gewesen war, hatte «Früchte getragen». Jean-Daniel Colomb, der grösste Pfirsichproduzent der Schweiz, ging als Gewinner aus dieser Sache hervor. Dieser Waadtländer, sehr erfreut über unseren Coup, lud uns zu einem fürstlichen Essen ein. Die Schweiz produziert nur gerade 1 Prozent ihres Pfirsichkonsums selbst, und dennoch hatte Colomb Mühe, seine Ernte zu verkaufen.

Unbezahlte Früchte

Damals lieferten die Landwirte ihre Früchte an die lokalen Händler, die sie sortierten und nur für die erste Wahl bezahlten. Diese Praxis ist ein reiner Betrug, denn die zweite Wahl wird auch verkauft. Im Fall der Äpfel und der Gute-Luise-Birnen verkauft ein lokaler Grosshändler, Felley Frères, unsere zweite

Wahl an eine grosse Mosterei in der Deutschschweiz, denn diese benötigt unsere sehr süssen Äpfel, um sie mit den eigenen, eher sauren Früchten zu mischen. Der Händler erhält zwischen 15 und 25 Rappen pro Kilo, der Produzent keinen Rappen! Bei den Gute-Luise-Birnen ist es das Gleiche: Die zweite Wahl kommt in die Deutschschweiz zum Trocknen oder als Zusatz für Apfelsaft. Weil sie ausschliesslich für die erste Wahl bezahlt werden, erzielen die Landwirte nur ein mickriges Einkommen.

Unser Präsident Bernard Milhit beschliesst mit unserer Unterstützung, dass es jetzt genug ist. Wir wenden uns an eine grosse Mosterei und unterzeichnen einen Vertrag. Gegenüber der Fabrik von Felley Frères beladen wir die SBB-Waggons mit unseren eigenen Früchten zweiter Wahl. Der Händler von gegenüber regt sich auf, es kommt zu einer Auseinandersetzung. Aber wir haben gewonnen, und zum Schluss kommt dieses neue Einkommen allen Walliser Produzenten zugute.

Im Namen der Gewerkschaft kümmere ich mich um die Birnen. Ich trockne sie und verkaufe sie an die Trocknereibetriebe in der Deutschschweiz, was ein neues kleines Einkommen für die Landwirte bedeutet. Es gibt Jahre, in denen wir mehr als 500 Tonnen Äpfel und 40 Tonnen Birnen absetzen.

Die Autobahn kommt ...

Als 1977 bekannt wird, dass im Rhonetal der Bau der Autobahn N9 geplant ist, bildet sich ein Oppositionskomitee. Dazu gehören: Jacques Granges, Präsident; Bernard Rappaz als Sekretär; Gérard Constantin, François Neury, der Tierarzt Georges Barras, Arthur Darbellay; Albert Matthier, Ingenieur und Dichter; Michel Valtério und Claude Rouiller, Abel Carrupt, Sekretär des Walliser Produzentenverbands, und der Biologe Pierre-Alain Oggier.

Zunöchst studieren wir das Problem und veröffentlichen *Le Livre blanc* («Das Weissbuch»), in dem wir die Entwicklung einer Alternative vorschlagen. Zum Zeitpunkt, als diese grossen Bauarbeiten in Angriff genommen werden sollten, hatte der Staat Wallis bereits Millionen investiert, vor allem in das imposante

Viadukt der Riddes-Umfahrung, das erst 1976 gebaut worden war und 1996 schon renoviert werden musste. Unser Komitee nennt sich «Komitee gegen die Autobahn N9 Martigny – Brig». Weil die internationale Achse des Grossen Sankt Bernhard durch Martigny führt, war es logisch, dass die N9 in dieser Stadt enden würde. Das Problem in Saint-Maurice, wo der sehr enge Talgrund bereits von der Kantonsstrasse, der Bahnlinie und der Rhone besetzt ist, blieb trotzdem bestehen. Am Ende mussten die Bevölkerung und die Behörden auf die Strasse gehen und ein Gesuch einreichen, um zu erreichen, dass die Autobahn durch einen Tunnel geführt wird.

Unser Manifest bot eine plausible Alternative, indem wir eine Verbreiterung der Kantonsstrasse und für die Dörfer eine Umfahrungsstrasse vorschlugen. Die Regierung stützte sich in ihrer Argumentation auf die Simplon-Achse, um die Weiterführung der N9 bis nach Brig zu rechtfertigen. Es wurden riesige Summen für den Ausbau des Simplonpasses ausgegeben. Jedoch ist dieser Pass wegen des Schnees für Lastwagen oft unpassierbar, da die Passhöhe auf 2005 Metern über Meer liegt.

Wir lancieren eine Petition. Ich koordiniere die Unterschriftensammlung. Wir erhalten viel Unterstützung aus dem Oberwallis; unter vielen anderen ist uns Peter Bodenmann eine grosse Hilfe. Am Ende erreicht die Zahl der Unterschriften nicht weniger als 33 000, eine Rekordzahl für das Wallis jener Zeit. Trotz der grossen Unterstützung aus dem Volk gibt die Regierung nicht auf. Unter der Federführung von Staatsrat Steiner, dem Vorsteher des Tiefbaudepartements, wird da und dort eine Baustelle eröffnet, man spielt auf Zeit und kleine Schritte, um den Widerstand zu brechen.

Ich erinnere mich an eine Demo, die wir mit einigen Bauern und ihren Traktoren organisiert hatten. Ziel der Operation war, das Nationalstrassenbüro in der Ferme des Îles in Martigny zu blockieren. Nach der Besetzung, die während einer wichtigen Sitzung der Ingenieure und Behörden stattfindet, löse ich die Kolonne auf, um den Protestzug in Richtung Stadt zu führen. Ich stoppe meinen Traktor, damit die Kolonne sich neu bilden kann. Als ich aussteige, verfängt sich mein linkes Knie am Schalthebel. Der Traktor rollt mir über den Fuss und quetscht ihn. Das Profil des Pneus zeichnet sich auf meinem Fuss ab! Obwohl der Fuss grauenhaft schmerzt, gebe ich wenig später dem Westschweizer Radio ein Interview und verlange lauthals und mit schmerzverzerrtem Gesicht den Rücktritt von Betonkönig Steiner.

Schlussendlich wird die Betonwalze unaufhaltsam weiter ausgerollt. Im Komitee gibt es Meinungsverschiedenheiten wegen der friedlichen Besetzung der Baustellen. Ich nehme meinen Abschied. Gérard Constantin übernimmt den Posten des Sekretärs und baut den Verein in ein Komitee für eine integrierte N9 um. Er kann verhindern, dass die Autobahn über einen aufgeschütteten Damm führt, ein Vorhaben, das den Unternehmern Millionen Kubikmeter Transportvolumen beschert hätte. Seltsamerweise macht die N9 einen Bogen um Saxon …

Das neue Komitee erreicht Lärmschutzwände und verhindert den Bau einer zu grossen Zahl Ausfahrten. Obwohl es im Durchschnitt alle 9 Kilometer (!) eine Ausfahrt gibt, hätte man sonst alle 4 Kilometer eine Ausfahrt gebaut, weil jeder Gemeindepräsident seine eigene haben wollte.

Heute verläuft die N9 bis Siders und wird bald einmal durch den grössten Pinienwald Europas, den Finges-Wald, führen. Nach zahllosen Rekursen haben die Oberwalliser die definitive Linienführung akzeptiert, die immerhin das Biotop von Finges am ehesten schont, indem sie in einem Tunnel unter dem Wald durchführt.

Das Fluor

Im Wallis bliesen drei Aluminiumwerke ihre schädlichen Abgase in die Luft. Sie lagen in Martigny, Chippis und Steg und zerstörten allmählich die Gesundheit der Arbeiter und die umliegenden Wälder. Die Pinien, die ihre Nadeln alle vier oder sogar fünf Jahre wechselten, starben langsam ab. Laubbäume, die jedes Jahr die Blätter wechseln, ersetzten die Nadelbäume und veränderten die Biotope. Vielen war das Problem nicht bewusst, sie sahen einfach einen Wald, der stets mehr oder weniger grün war. Die Aprikosen, die sehr empfindlich auf Fluor reagieren, wuchsen zwar weiterhin, aber die Früchte entwickelten sich nicht richtig. Ich erinnere mich an den Obstbauern François Piot aus Saxon, der mehrere Ernten hintereinander verlor. Die Früchte fielen kurz vor der Ernte zu Boden. Dieser wehrhafte Mann setzte Himmel und Hölle in Bewegung, um den Widerstand zu organisieren. Man erstellte jede Menge Expertisen und Gegenexpertisen ... und plötzlich explodierten die Sockel der Hochspannungsleitungen!

Die Spezialisten und Wissenschaftler der landwirtschaftlichen Forschungsstationen führten alle möglichen Gründe für das Problem mit den Aprikosen an und behaupteten weiterhin, dass es nicht am Fluor, sondern am Dünger oder gar an einem unsachgemässen Baumschnitt liege. Es war aber offensichtlich, dass nur dem Wind ausgesetzte Parzellen betroffen waren. Nun ja, wenn finanzielle Interessen von Konzernen im Spiel sind, drückt man gerne beide Augen zu und öffnet die Hand für Schmiergelder! ...

Die Gemeindepräsidenten, verschiedene Vereine wie der Walliser Bund für Naturschutz (heute Pro Natura) und der kantonale Walliser Sportfischerverband sahen sich in der Pflicht, einen Verein gegen diese schädlichen Abgase zu gründen. Auch für die Fische war das Fluor im Wasser sehr giftig, unsere Forellen verschwanden auf mysteriöse Weise. In diesem Verein vertrete ich den Walliser Produzentenverband.

Dieser Kampf Davids gegen Goliath kostete eine Menge Kraft. Alusuisse, ein multinationaler Konzern, tischte eine Lüge nach der anderen auf. Die Fabrik in Martigny, die sich im Besitz einer italienischen Gräfin befand, behandelte uns jahrzehntelang von oben herab. Früher hatten wir diese Fabrik mit unseren Traktoren besetzt. Als wir mit unserem Traktorenkonvoi in Martigny ankamen, war der Ausgang des Gebäudes von der Polizei gesperrt. Wir gaben ihnen fünf Minuten, um den Weg freizumachen, andernfalls hätten wir unsere Maschinen in Gang gesetzt.

Nach drei Minuten war der Weg frei! Als wir dann drin waren, verbrannten wir Autoreifen, um die Fabrik einzuräuchern und ein Zeichen zu setzen. Der Fabrikdirektor riet uns, Bananenbäume anzupflanzen! Nachdem wir die Sache bis vor Bundesgericht gebracht und Experten wie den hervorragenden Gérard Vuffray bestellt hatten, liessen die Fabriken endlich mit sich reden und waren bereit, das Fluor auszufiltern.

Einige fast ruinierte Landwirte, die es satt hatten, ohne Einkommen dazustehen, beschlossen, eine grosse Sache aufzuziehen und die Aluminiumfabrik von Martigny in die Luft zu sprengen! In Analogie zum korsischen Widerstand wurde die Nacht vom 19. März zur *Nuit bleue*, zur blauen Nacht. Eine starke Explosion mit Plastiksprengstoff zerstörte die Stromversorgung der Behälter mit dem heissen, flüssigen Aluminium. Menschen kamen nicht zu Schaden, aber die Fabrik stand still. Es dauerte Monate, bis alles repariert war und der Betrieb wiederaufgenommen werden konnte. Der Schaden betrug 15 Millionen Franken. Die Walliser Regierung kam endlich zur Besinnung und setzte den Einbau von Fluorfiltern durch – ein Erfolg! Das nächste Jahr brachte eine reiche Aprikosenernte. Diese explosive Aktion hatte das Problem in weniger als einer Sekunde geregelt!

Heute wachsen die Pinien und die Aprikosen wieder normal, und die Fische gedeihen. Doch was für ein Kampf es war, dorthin zu gelangen! François Piot hatte einige Aktien der Alusuisse-Gruppe gekauft, um an den Aktionärsversammlungen teilnehmen und so den Kampf in die Mitte des Konzerns tragen zu können. Nachdem er dem Ruin nahe gewesen war, konnte er sein schönes Gut verkaufen und zog für einen wohlverdienten Ruhestand nach Spanien. Sein Nachfolger, die Firma Morand, erzielt gute Ernten und entwickelte eine Reihe von Qualitätsprodukten auf der Basis von Aprikosen. In einem Buch[1] erzählt François Piot von diesem langen Kampf.

[1] François Piot: Baroud de survie: les abricots au fluor. Éditions d'en bas, 2010.

Hydro-Rhône

1982 wurde bekannt, dass ein gewaltiges Projekt zum Bau von zwölf Rhone-Staudämmen in Planung war. Die Genossenschaft der Walliser Früchte- und Gemüseproduzenten war alarmiert und organisierte eine Reise ins französische Rhonetal. Wir wollten wissen, welche Auswirkungen ein Staudamm auf diesen Fluss haben würde. Dort erklärten uns die Kollegen, welches Ungemach sie mit den Überschwemmungen erlebten. Wieder zuhause, bildete sich Widerstand vonseiten der Naturschutzbewegungen, Fischer, Anrainer und Landwirte: Einig ziehen wir in den neuen Kampf. Wir Bauern wissen, dass das Flussbett der Rhone undurchlässig ist. Wenn ein Bagger nach zahllosen Versuchen das Flussbett durchdringen kann, kommt es nicht selten vor, dass das Wasser einige 100 Meter weiter herausquillt und kleine Überschwemmungen verursacht. Im Bewusstsein dieser Tatsache verlangen wir von den Walliser Elektrizitätswerken *Forces motrices valaisannes* (FMV), der Initiatorin des Projekts, finanzielle Garantien in Gestalt einer Versicherung eventueller Schäden. Da wir diese Garantie nicht erhalten, werden wir misstrauisch und stellen uns geschlossen gegen dieses Projekt. Mit seinen zahlreichen Alpen-Staudämmen trägt das Wallis bereits sehr viel zur Stromproduktion des Landes bei. Zudem konnten die Ökologen nachweisen, dass die Rhone-Staudämme bei Hochwasser nicht standhalten würden.

Im Oktober 2000 hatten sintflutartige Regenfälle die Rhone so stark anschwellen lassen, dass das Wasser an mehreren Stellen durchbrach. Zahlreiche Felder wurden überschwemmt. Die Bäume eines befreundeten Agrobiologen standen unter Wasser, der Boden war von zwei Meter Schlamm bedeckt! Wären die Staudämme bereits vorhanden gewesen, wäre die ganze Rhone-Ebene überschwemmt worden. In einem unserer Hanffelder in Saillon standen 50 Zentimeter Wasser. Nach dem Rückzug des Wassers konnten wir ernten und stellten einmal mehr fest, wie gross die Widerstandskraft von Hanf ist, denn die Pflanzen waren immer noch grün. Keine andere Kultur hätte das überstanden!

In Kampf gegen das Staudammprojekt geht es hauptsächlich um juristische Fragen. Ich agiere im Komitee, das den Walliser Produzentenverband UPV vertritt. Unser Anliegen ist logisch und nachvollziehbar: garantierter Schadenersatz bei Schäden.

Die FMV haben schon so viel Geld in dieses unsinnige Projekt investiert, dass der Preis einer Kilowattstunde letztlich viel zu hoch gewesen wäre und die Sache der Mühe nicht wert war. Zudem steht in Chavalon ein Wärmekraftwerk, das nur zu 20 Prozent ausgelastet ist. Würde man dieses Werk auf 100 Prozent Leistung hochfahren, könnte man damit genau so viel Strom produzieren wie mit den projektierten Dämmen, und auch die Abluft wäre gereinigt.

Wegen der Krise wird das Projekt auf Eis gelegt. Aber die Gefahr ist nicht gebannt, es könnte plötzlich reaktiviert werden! Die Unterstützung der Ökologen ist uns sicher, denn Hydro-Rhone würde einmal mehr massiv in die Natur eingreifen: Der Wasserlauf und die Uferböschungen sind die einzigen noch unberührten Gebiete der Ebene. Die Fischer sind ebenfalls dagegen, weil die Forellen verschwinden und Weissfische ihren Platz einnehmen würden. Wir hoffen, dass diese Argumente bewirken, dass dieses grössenwahnsinnige Projekt, das uns bloss noch teureren Strom bescheren würde, endgültig begraben wird. Die Konsumenten sollen nicht für die Fehlplanungen der Stromindustrie bezahlen müssen! Ich konnte den riesigen Assuan-Staudamm in Ägypten besuchen, der von den Russen erbaut worden war und von dem man sich für die Zukunft viel versprach. Mit der Stauung des Nils verschwand jedoch eine blühende Fischereiindustrie. Die Hoffnung, das Wasser des Sees zur Bewässerung von Wüstenland nutzen zu können, erwies sich als trügerisch, denn man hatte nicht daran gedacht, dass das Salz an die Oberfläche gespült würde, was landwirtschaftliche Kulturen verunmöglicht. Hinzu kommt, dass der See sich so schnell mit Schlamm füllt, dass er unter hohen Kosten ständig ausgebaggert werden muss.

Wir sollten uns vor grandiosen Projekten hüten, da sich oft das Gegenteil dessen einstellt, was man sich erhofft – vor allem dann, wenn man keine Studien über die Auswirkungen unternimmt und Prestige und politische Erwägungen im Vordergrund stehen. Zurück in der Schweiz, veröffentliche ich einen Artikel über den Assuan-Damm im *Rebrousse-Poil.*

Im Jahr 2013 beginnt der Kanton Wallis, die Rhone zu renaturieren; es ist die dritte Korrektion des Flusses. Das Staudammprojekt wird begraben, umso mehr, als jetzt überall Windräder und Sonnenkollektoren zum Einsatz kommen.

Demonstration für eine objektive Presse

Im welschen Teil des Kantons Wallis existiert eine einzige Tageszeitung, *Le Nouvelliste.* Früher, vor der Fusion, gab es mehrere kleine Zeitungen. Als der allmächtige Chefredakteur André Luisier noch am Ruder war, herrschte in den Zeitungsspalten ein ungesunder Geist. Als konservativer Extremist unterstützte er sämtliche rechtsextremen Diktaturen der Welt. Unter der Mitwirkung handverlesener, nach ihrer politischen Ausrichtung ausgewählter Korrespondenten verfehlte unsere Lokalzeitung ihre Aufgabe einer objektiven Berichterstattung in jeder Hinsicht. Die innenpolitische Lage litt sehr darunter. Fundamentalistisch, auf eine beschränkte Art antikommunistisch, sehr konservativ, wenn nicht royalistisch, bestimmte diese Zeitung jahrzehntelang die Walliser Politik. Luisier hatte mehr Macht als ein Staatsrat. Nachdem so viele Minderheiten so lange Zeit zum Schweigen gebracht worden waren, kam es eines Tages zum Aufruhr.

Wir veranstalteten eine Demonstration für eine objektive Presse. Die Zahl der Teilnehmer – es waren mehrere tausend – bewies klar, dass die Frustration ihren Höhepunkt erreicht hatte. Während des Demonstrationszuges wurde die Menge systematisch von der Polizei fotografiert. Die Redaktion des *Nouvelliste* stand mit schussbereiten Gewehren am Fenster. Aber unsere Demo war nicht auf Gewalt aus und endete in einer festlichen Runde mit Gesang. Immerhin hatten wir etwas in Bewegung gebracht, denn im folgenden Jahr wurde das *Journal du Valais* gegründet. Diese Zeitung brachte uns endlich regionale Informationen ohne

Zensur und Verzerrungen. Das Abenteuer dauerte zwei Jahre, dann gelang es dem *Nouvelliste*, in einem Rundumschlag, bei dem es vor allem um die für Zeitungen lebenswichtige Inseratewerbung ging, das *Journal du Valais* zu versenken.

Während der faschistischen Phase des «Poubelliste» (Abfalleimer), wie der Übername lautete, boten die Walliser Korrespondenten der Westschweizer Presse eine andere Sicht der Dinge. Hierbei denke ich an Pascal Thurre und vor allem an Liliane Varone, die Korrespondentin von *Le Matin*, die sich traute, die Savro-Affäre aufzugreifen, bei der es um einen windigen Grossunternehmer ging, der in einen Skandal mit falschen Rechnungen an den Staat verwickelt war. Trotz Morddrohungen blieb sie standhaft und liess sich nicht einschüchtern.

Später führte *Le Nouvelliste* eine einseitige und unehrliche Kampagne gegen den Hanf und mich selbst. Wegen meines Gefängnisaufenthalts von 2002 versuchte man, mich zu zerstören. Mein Recht auf Gegendarstellung wurde mit Füssen getreten. Ich wandte mich an den Schweizer Presserat und habe verloren, ohne in der Sache Recht zu bekommen. Wieder einmal David gegen Goliath!

Demonstration der Weinbauern

Der Weinbausektor, der in den Jahren von 1960 bis 1980 floriert hat, bricht plötzlich ein. Was ist passiert?

Am Anfang steht die unrühmliche Episode mit den Händlern, die auf nicht immer legale Weise grosse Mengen billigen Weisswein aus Österreich importieren. Durch die riesigen Lager geriet der Markt durcheinander. Es kam zu Skandalen, unter denen die Affäre um die Kellnerei Bonvin mit ihren gepanschten Weinen besonders hervorstach. Die Schweizer Kunden verloren das Vertrauen in die Walliser Weine, und die Verkäufe brachen zugunsten von Gewächsen aus anderen Regionen ein.

In dieser Zeit erreichte die Bodenspekulation unerreichte Höhen, die Preise pro Quadratmeter Rebland lagen manchmal bei 100 Franken! Bei solchen Preisen hätte man selbst mit modernster

Mathematik keine Rendite erwirtschaften können. Einige Weinbauern verschuldeten sich schwer. Zudem brach der Konsum unserer Weine ein, die Grenzen wurden für den Import ausländischer Weine geöffnet, und zu guter Letzt erwiesen sich die Walliser auch als schlechte Verkäufer.

Der geschäftliche Erfolg der Waadtländer ist durchaus anerkennenswert. Aber in keiner Region der Welt werden so viele verschiedene Weine mit einer fast unglaublich hohen Anzahl von Traubensorten produziert. Hatten die Weinbauern bis jetzt immer alles geerntet, was die Reben hergaben, so mussten sie jetzt regelrecht Frevel betreiben: Ein Teil der Ernte wurde vor der Reife abgeschnitten, die entfernten Trauben liess man auf dem Boden verfaulen. Unsere Vorväter hätten sich im Grab umgedreht, wenn sie das gesehen hätten! Es gab auch Misswirtschaft. Nur um die Gemüter zu beruhigen, liess man die Bauern auf der linken Uferseite Reben pflanzen, obwohl das Fluor die Aprikosenbäume zerfrass. Zwar vertragen die Reben das Fluor, aber es war eine sehr kurzsichtige Politik. Desgleichen wurde eine Ausdehnung der dritten Zone in Höhen, die den Reben abträglich sind, zugelassen, wobei zahlreiche Biotope zerstört wurden. Der minderwertige Wein aus diesen Zonen war der Tropfen, der das Fass zum Überlaufen brachte. Letztlich stellte man fest, dass man den Ast, auf dem man sass, abgesägt hatte.

Ein weiteres Problem sehe ich darin, dass bei der Auswahl der Traubensorten auf Quantität statt auf Qualität geachtet wurde. Während im Burgund ein Höchstlimit von 35 Hektoliter pro Hektar gilt, erreichte man hier auf der gleichen Fläche mehr als 200 Hektoliter.

Dies sind die Faktoren, die zum Absturz eines ganzen Sektors der Walliser Landwirtschaft führten. Die Krise brachte die Walliser Weinbauern endlich dazu, aufgeschreckt aus ihren Kellern zu steigen. Zum ersten Mal organisieren sich diese erdverbundenen Menschen und gehen auf die Strasse. Ein provisorisches Komitee bildet sich; es lädt den Produzentenverband UPV zu einer Demonstration in Sion ein, die in einem Café stattfindet. Der

Raum füllt sich schnell, draussen stehen noch Tausende. Eilig werden Aussenlautsprecher angebracht. Einige Redner ergreifen das Wort. Arthur Bender, Weinbauer aus Fully und ehemaliger Präsident der Walliser Regierung, hält eine energische Rede. Ich ergreife ebenfalls das Mikrofon. Der Techniker sagt, ich solle lauter reden als mein Vorgänger. Ich halte eine kurze Rede, spreche das Publikum in einfachen Worten an und erhebe die Stimme. Ich habe so laut gesprochen, dass ich nicht bemerkt habe, dass die Sicherungen durchgebrannt sind und die Menge draussen mich nicht hören kann. Es ist ein voller Erfolg, der riesige Applaus lässt mich erröten.

Nach diesem Beitrag baten mich einige der Anführer, die Präsidentschaft der zukünftigen Walliser Weinbauernvereinigung zu übernehmen. Ich lehnte ab, gab aber viele Ratschläge. Nach meiner Einschätzung gab es genug Willige für die Bildung und den Weiterbestand dieser neuen Gewerkschaft. François Cordonier übernahm die Präsidentschaft und bewies in der Folge, dass er der Sache gewachsen war, auch als das Schiff am Sinken war und die Hilfe erst spät kam.

1996 wurde ich von einigen Weinbauern kontaktiert, die daran interessiert waren, auf ihren Rebbergen in der dritten Zone Hanf anzubauen. Das war eine gute Idee, denn in dieser Höhe wächst Hanf besser als Reben. Dazu kommt, dass die Parzellen gut gelegen, nährstoffreich und bewässerbar sind. Wenn die Justiz unsere Arbeit nicht behindern würde, wäre der Bedarf von Valchanvre für das Jahr 2000 schätzungsweise 10 Hektar. Würde der Hanf zum Freizeitgebrauch endlich freigegeben, könnten mehrere 100 Hektar Hanf in diesen Weinbergen angebaut werden und so zum Aufschwung des Weinsektors führen. Als Vizepräsident der Schweizer Hanfkoordination liess ich den Walliser Abgeordneten ein Dossier zukommen, in dem ich ihnen erklärte, dass nach der (für 2003 erwarteten) Legalisierung des Hanfs für den Freizeitgebrauch 1000 Hektar von den insgesamt 5500 Hektar Walliser Weinbergen für den Hanfanbau benötigt würden. Man hatte grosse Hoffnungen … Tatsächlich hat sich bis

2013 aber fast nichts bewegt, ausser einer leichten Öffnung beim Medizinalhanf und einer etwas abgeschwächten Repression gegen die Konsumenten, die, wenn sie mit einem Joint erwischt werden, nur noch eine einfache Ordnungsbusse von 100 Franken bezahlen müssen und nicht mehr angezeigt werden – wobei der Besitz von mehr als 10 Gramm immer noch zu einer Anzeige führt.

Der Landwirtschaftskredit

Um seinen Beruf auszuüben, benötigt ein Arzt oder ein Anwalt ein Startkapital von rund 200 000 Franken. Ein Landwirt muss jedoch eine viel grössere Summe investieren. Es kommt einer Berufung gleich, heute noch Landwirt werden zu wollen. Der Staat hilft mit einem bescheidenen, zinslosen Kredit in der Höhe von maximal 75 000 Franken, rückzahlbar während zehn Jahren. Bis zur Vergabe der Direktzahlungen war dies die einzige Hilfe, welche Obst- und Gemüsebauern erhielten.

Als Vizepräsident der UPS unternehme ich mit meinem Freund Fernand Cuche im Rahmen der *Coordination paysanne européenne* (Europäische Bauern-Koordination) eine Gewerkschaftsreise nach Spanien. Bei dieser Gelegenheit werden wir vom spanischen Landwirtschafsminister empfangen. Ich erfahre viel über die Lage der europäischen Landwirtschaft, in unserer Delegation sind Vertreter aus ganz Europa. So höre ich, dass Europa höhere Subventionen an die Landwirte ausschüttet als die Schweiz. Ein junger Obst- oder Gemüsebauer erhält den für die Anschaffung von Maschinen und Infrastrukturen wie Hangars notwendigen Betrag ohne Rückzahlungsverpflichtung, während man bei uns bloss zinslose Kredite gewährt.

Ab 1975 habe ich insgesamt zwei Kredite zu je 75 000 Franken erhalten, die ich bereits zurückgezahlt habe. 1996 stelle ich beim Landwirtschaftsamt einen Antrag für eine weitere Tranche. Zu meiner Überraschung wird mir diese verweigert. Aus welchen Grund? Meine Schulden sind zwar kleiner geworden, aber auch mein Besitz ist weniger wert, denn die Preise für Agrarland und

Immobilien sind allgemein gesunken. Kurz gesagt, ich bin nicht mehr kreditwürdig. Josy Bessard, der für die Region zuständig ist, sagte mir rundheraus, dass Kredite jetzt nur noch an Reiche gewährt würden. Ich benötigte einen neuen Traktor, eine neue Maschine und ein neues Treibhaus – und musste mir nun allein weiterhelfen!

Fliegenfischer © Janter / CC BY-SA 3.0

KAPITEL XIII

Fliegenfischen

Seit meiner Kindheit faszinieren mich das Wasser und die Fische. Als Sechsjähriger verbrachte ich meine Ferien am Ufer des Genfersees. Mit Hilfe gesammelter Flaschen ohne Boden fing ich Kaulquappen und kleine Fische. Stundenlang beobachtete ich, wie die kleinen Tierchen sich eins nach dem anderen in die Flasche hineinbewegten. Ein andermal fing ich in den Ferien in Bouveret einen Spiegelkarpfen, und meine geliebte Grossmutter Céline scheute weder Aufwand noch Mühe, uns mit viel Leidenschaft und Liebe ein herrschaftliches Mahl zu bereiten.

Die Fischerei – anfangs nur ein Zeitvertreib – hat mir schon immer gefallen. Sie hat mich gelehrt, auf die Natur zu hören und mich in Geduld zu üben. Wenn ich fische, kehrt in mir Stille ein bis zum Erreichen eines Zustands ähnlich wie bei der Transzendentalen Meditation. Erst mit fast 40 Jahren entdeckte ich das Fliegenfischen, eine ausgefeilte Technik, die fast schon an wahre Kunst grenzt und ihre Anhänger in wahre Artisten und Sportler verwandelt. Es bereitet mir grosses Vergnügen und ermöglicht mir, dem täglichen Stress standzuhalten.

Praktiziert wird das Fliegenfischen mit einer weniger als 100 Gramm leichten, flexiblen Stange. Wir benutzen Hauptschnüre aus einer Art dickem Faden, der in ein Vorfach (die Schnur vom Köder bis zur Hauptschnur) aus Nylon mündet, dessen Durchmesser bis zu einer Dicke von 12 oder sogar 8 Hundertstelmillimetern Stück für Stück kontinuierlich abnimmt. Dieses 3 bis 6 Meter lange Vorfach aus Nylon lässt sich leicht auf dem Wasser ablegen. An der Spitze platziert man einen Haken, der als Insekt im oder auf dem Wasser verkleidet ist, je nach dem aktuellen Stadium und der Ernährungsweise der Forelle. Es wird kein Blei verwendet, die Hauptschnur schlägt auf und erlaubt Würfe von über 30 Metern. Wenn die gewählte Fliege dem entspricht, was die Forelle im Moment frisst, wird diese geködert, schnappt sie sich und taucht wieder unter. In diesem magischen Moment zieht man schnell ganz sanft an der Leine, und die Schöne ist gefangen.

Die Fliegen werden mithilfe verschiedener Fäden in allen Farben angefertigt, aus Federn von Hähnen, Fasanen oder anderen Vögeln ebenso wie aus Tierhaaren, vor allem von Rehen, Hirschen und Kamelen. Diese Technik ermöglicht zahlreiche Fänge, fordert jedoch eine totale Selbstbeherrschung. Heutzutage fischt man nicht mehr, um sich zu ernähren, sondern einfach zum Vergnügen. Ich betrachte das Fischen als Sport und praktiziere oft das sogenannte «No-Kill» (Nicht-Töten), das heisst, ich gebe die Fische nach dem Fang wieder ins Wasser. Denn dieser Fisch hat mir Freude bereitet, und so kann er es ein weiteres Mal tun. Er ist zu wertvoll, um nur einmal gefangen zu werden; als Spielgefährte wird er zu wichtig, um systematisch gemordet zu werden.

Diese Philosophie scheint sich allmählich unter den Fliegenfischern auszubreiten; nur ihnen gebührt das Recht, ihren Fang wieder ins Wasser zurückzugeben. Hier möchte ich präzisieren, dass diese Fangtechnik – im Gegensatz zu anderen – die Fische in keiner Weise verletzt. Die Fliege bleibt im Knorpel des Mauls hängen; wenn man dagegen einen Regenwurm oder eine Elritze verwendet, wird der Fisch sie verschlucken und muss getötet werden, um zu vermeiden, dass er im Fluss oder See stirbt.

Entwickelt von den amerikanischen Indianern und vom englischen Adel und den Spaniern wieder eingeführt, wird das Fliegenfischen nun auch bei uns üblich. Die Vereinigung in unserer Region zählt über 200 Mitglieder. Im Winter organisieren wir kostenlose Kurse und zeigen Interessierten, wie sie ihre Fliegen selber machen können. Wenn ich einem Kind meine Schachtel mit den Fliegen zeige, kommt es vor, dass es ruft: «Mach sie zu, sonst fliegen sie weg!» Das Fliegenfischen breitet sich in unserem Kanton aus; das ist gut so. Denn Fliegenfischer zu werden, bringt automatisch ein Studium der Umwelt mit sich. Man lernt, die Wasserinsekten zu erkennen, sie zu identifizieren und zu imitieren. Diese Ausbildung verwandelt uns langsam, aber sicher in Wasser-Ökologen. So gibt es eine neue Welle von Fischern, die wissen, wie sie den Reichtum unserer Gewässer bewahren können. Die Natur wie auch die Fische werden es ihnen danken.

Wir sind weit entfernt von der alten Mentalität, für die der einzige Wert die Menge an gefangenen Fischen war; diese Denkweise von Jägern widerspricht unseren ureigenen Interessen.

Fully

Oft gehe ich an den Kanal von Fully, der einen Kilometer vom Oasis entfernt liegt. Ein Teil meines Lebens spielt sich an seinem Ufer ab. Richtig ist, dass dieser Kanal eigentlich gar keiner ist, vielmehr handelt es sich um einen Fluss, der am Fusse des mittelalterlichen Burgwalls von Saillon einer Quelle aus reinstem Wasser entspringt. Hier lebt eine sehr schöne lokale Forellenart, sie ist braun und manchmal gestreift. An diesem Juwel von einem Gewässer ist das Fischen von seinem Ursprung bis zur Kreuzung mit der Strasse von Saillon nach Fully nun seit ein paar Jahren verboten, ausser für Fliegenfischer, welche die Fische wieder in den Fluss zurückgeben und mit ihren Booten eine Distanz von mehr als 50 Zentimetern einhalten können. Diese Distanz dient als Naturschutzzone und zur Förderung der natürlichen Entwicklung.

Die einheimische Forelle benötigt ein insektenreiches Laichgebiet, wo reinstes Wasser fliesst, Kieselsteine im richtigen Durchmesser vorhanden sind und ein niedriger Wasserstand es erlaubt, Eier auszubrüten – und die kleinen Fische entwickeln sich prächtig. (Danke an die freiwilligen Fischer, die den Kanal mit Kies aufgefüllt haben, wo nötig!). In diesem stets kristallklaren Wasser gestaltet es sich äusserst schwierig, Fische mit einer anderen Technik als dem Fliegenfischens zu fangen. Hierher kommen sogar Fliegenfischer aus anderen Kantonen und gar aus dem Ausland. Dieser Angeltourismus sollte zur Bereicherung der kantonalen Wirtschaft gefördert werden.

Im Kanal von Fully gibt es ausserdem einige sehr schöne Äschen, die hier angemessene Lebensbedingungen vorfinden; sie sind jedoch so selten, dass ihr Fang für die kommenden Jahre verboten werden sollte.

Anlässlich einer Versammlung der Fischervereinigung von Martigny hatte ich vorgeschlagen, die Grösse der Forellen von 22 auf 25 Zentimeter in allen Kantonen zu erhöhen. Durch diese neue Regelung, die anderswo in der Schweiz schon eingeführt worden ist, würde man grössere Fische für alle erhalten, mit mehr Fortpflanzungspotenzial.

Im Jahr 2000 wurde schliesslich das offizielle Mass im ganzen Kanton von 22 auf 24 Zentimeter erhöht. Ein guter Entscheid, der einen Nutzen für alle bringt. Der Fisch wirkt weniger lächerlich auf dem Teller, und wir erhöhen seine Chancen zum Laichen. Wann kommen wir wohl auf Masse von 26, 28 oder 30 Zentimeter wie in anderen Regionen?

Ich kann unseren Freund Fully nicht verlassen, ohne eine unerträgliche Tatsache aufzuzeigen. Sobald das saubere Wasser die Wohngebiete durchquert, die sich am Fuss des Chavalard ausbreiten, ist man gegen die Verunreinigung des Kanals durch Abwasserüberläufe machtlos. Das ist zu Beginn des Jahres 2014 kaum zu glauben!

Fully bleibt die einzige Gemeinde in der Gegend ohne vollständige Kläranlage. Wenn man auf diesem Abschnitt fischt, sieht man Toilettenpapier und alle anderen Arten von Abfällen, inklusive Damenbinden und Kondome! Das ist ungesund und katastrophal, nicht nur für das Image der Gemeinde als Tourismusdestination, sondern auch in Bezug auf die nationale Gesetzgebung, die klar in Richtung Abwasseraufbereitung weist. Auch wenn die Forellen diese Art von organischen Verunreinigungen aushalten, hinterlassen jährlich kleinere Unfälle oder Unachtsamkeiten Spuren von Öl oder anderen Schadstoffen. Wir hoffen auf einen schnellen Anschluss, wenn auch provisorisch, an eine Kläranlage.

Warum liegt Fully als einzige Gemeinde des Bezirks in seiner Entwicklung eine Generation zurück? Die Antwort ist, dass sich lokale Politiker und Parteien unnötige und haltlose Machtkämpfe liefern und sich gegenseitig ausbremsen, zum grossen Nachteil der Bürger. Hoffen wir, dass sie bald lernen, im Interesse der Allgemeinheit Wahlpolitik nicht mehr mit zivilen Aufgaben zu vermischen. Es ist nie zu spät, das Richtige zu tun!

Die verhinderte Migration

In Évionnaz zieht sich ein Staudamm durch die Rhône. Vor fünfzig Jahren gebaut, verhindert er die Fischwanderung. Andernfalls würden die Forellen vom Genfersee im Flusslauf bis ins Oberwallis zurückwandern und in allen Flüssen laichen, die in die Rhône münden. Diese jährliche Migration würde wie beim Aussetzen das ganze Flussbett mit Jungfischen bereichern. Einige der jungen Fische würden sich im Genfersee wiederfinden, die anderen würden sich vor Ort ansiedeln. Seit der Staudamm gebaut wurde, kann die Wanderung nicht mehr stattfinden, und jedes Jahr kann man Zeuge des Spektakels werden, wie die schönen Forellen vom Genfersee verzweifelt versuchen, die Betonmauer zu überwinden. Die Natur wird immer mehr eingeengt, und immer zahlreicher wehren sich Naturfreunde gegen die humanitären Ungerechtigkeiten.

Der Staudamm gehört der Stadt Lausanne, die jährliche Zahlungen als Entschädigung an den Kanton Wallis leistet. Diese ungute Lösung ermöglicht es den Fischern, künstlich aufgezogene Jungfische im Becken auszusetzen. Deren Qualität kommt jedoch nicht an die einer natürlichen Fischbrut heran, welche mit einer Fischtreppe gewährleistet wäre. Kurz und gut: Es ist die einzige vorstellbare Lösung. Heutzutage stellt ein Staudamm ohne Fischtreppe in einem europäischen Flussgewässer eine wirkliche Ausnahmesituation dar. Bleibt zu hoffen, dass der amtierende Stadtpräsident von Lausanne, Daniel Brélaz, seines Zeichens Ökologe, schnellstmöglich die nötigen Arbeiten in Auftrag geben wird, um die für die Natur notwendige Fischtreppe zu erstellen – eine Massnahme des gesunden Menschenverstands, von der Fischer, Naturfreunde und Touristen profitieren könnten.

KAPITEL XIV

Der Banküberfall

1985 war ich mehr schlecht als recht am Überleben, mit ständigen Liquiditätsproblemen, nachdem ich zuvor mit dem Bau des Oasis das Pferd am Schwanz aufgezäumt hatte. Damals hatte ich einen Freund, Hervé Berner. Nach seiner Rückkehr von der Hochseefischer-Ausbildung in der Bretagne übernahm er mit seiner Frau Anne die Baumschule der Familie – oder besser gesagt, was davon noch übrig blieb, seit ein Teil der Autobahn weichen musste.

Wir wohnten also auf zwei abgeschiedenen Höfen im Abstand von einem Kilometer, hatten einiges gemeinsam und begannen eine Zusammenarbeit. Hervé führte seine Obstgärten wieder zum biologischen Landbau zurück. Im Winter schnitten wir gemeinsam unsere Bäume. Dabei sprachen wir viel vom Kino. Hervé war ebenso abgebrannt wie ich. Dies führte dazu, dass wir spasseshalber einen imaginären Bankraub planten. Eines Tages präsentierte er mir ein stichhaltiges Szenario. Die Vorstellungen begannen, sich in die Realität umzusetzen …

Hier möchte ich präzisieren, dass ich kein Dieb bin, im Gegenteil. Ich könnte niemandem etwas wegnehmen, was mir nicht gehört. Bei mir als leidenschaftlichem Leser der Bücher von Jean Ziegler, insbesondere von *Eine Schweiz – über jeden Verdacht erhaben,* hinterliessen die Banken den allerschwärzesten Eindruck. Sie wickeln die verlogensten Operationen ab. Sie manipulieren Milliarden, immer zum Vorteil von Unternehmen, internationalen Verbrechen und Menschenhandel, auf Kosten der Armen der dritten Welt. Aufgrund dieser Tatsachen und meiner politischen Haltung führte der Gedanke, einer Schweizer Bank Geld zu stehlen, bei mir überhaupt nicht zu einem Gewissenskonflikt – im Gegenteil!

Ich hätte keine Bank überfallen können, bei der die Kleinsparer ihr Geld anlegen – wie zum Beispiel Raiffeisen oder die Alternative Bank. Bei letzterer gibt es kein Bankgeheimnis, und sie informiert vollumfänglich darüber, was mit dem angelegten Geld geschieht: Es wird ausschliesslich für ökologische und alternative Projekte eingesetzt, die eine nachhaltige Entwicklung garantieren und nicht zu noch mehr Armut und Hilflosigkeit führen. Man sollte ihre Gründer dazu beglückwünschen, dass sie das, was man ein neues, sauberes Bankensystem nennen könnte, vollständig erneuert haben. Dies erntet bereits einen grossen Erfolg und macht eine mögliche neue Zukunft des Schweizer Bankensystems vorstellbar. Die Utopie ist das Leben!

Als die Entscheidung, den Überfall zu begehen, einmal gefallen ist, empfinde ich zugegebenermassen ein gewisses Vergnügen, zu dem sich die Fantasievorstellung gesellt, die viele teilen. Wer hat nicht schon davon geträumt, eine Bank zu betreten, die Safes zu leeren und mit vollen Taschen wieder abzuhauen? Wie könnte es auch anders sein, wenn bei uns jeden Abend am Fernsehen mindestens ein Film zu sehen ist, in dem ein Bankraub vorkommt? Wir bereiten uns auf die Fantasievorstellung vor!

Unsere Auswahl konzentriert sich auf die Walliser Kantonalbank. Bei ihr bin ich seit mehr als zehn Jahren Kunde und werde auch dies Jahr wieder eine Menge Zinsen bezahlen. Wir entscheiden uns, in Aktion zu treten. Unseren Fokus legen wir auf die Filiale von Saxon. Diese kennen wir gut, auch Hervé hat hier ein Konto. Die Auswahl bestätigt, dass wir blutige Anfänger sind. Zudem befindet sich die Filiale im Erdgeschoss der Villa des Bankdirektors.

Wie?

Es ist 17.30 Uhr, im Januar 1985, die Abenddämmerung beginnt. Hervé und ich treffen im Dorf ein, nachdem wir den Tag mit dem Zurückschneiden der Bäume verbracht haben. Ich parkiere den Wagen mitten im Dorf in der Nähe des Coop-Ladens, von dort aus begebe ich mich ins Café de la Couronne.

Währenddessen pirscht sich Hervé an die Bank heran. Dort kommt er unbemerkt an. Vermummt mit einer Kapuze tritt er ein und sagt: «Auf den Boden legen! Geben Sie mir die Schlüssel zum Safe!» Er bedroht die beiden Mitarbeiter mit einer ungeladenen Pistole. Darauf habe ich bestanden, denn man weiss nie, was geschehen kann. Ein Schuss kann sich schnell lösen, und ein Unfall kann immer passieren. Nie würde ich es akzeptieren, für Geld ein Menschenleben auszulöschen. Er durchtrennt das Telefonkabel, rafft das Geld zusammen und versprüht einen Selbstverteidigungs-Spray, was sich aber als unnötig und sogar gefährlich erweist. Schliesslich flüchtet er und folgt mir, nicht ohne vorher den Sack in mein Auto geworfen zu haben.

Nun müssen wir kurz überlegen, denn wer aus Verzweiflung einen Bankraub begeht, ist mindestens so nervös wie die Opfer. Nur echte Profis können einen Bankraub kaltblütig und durchdacht begehen. Dass die Bankangestellten bei einem Raub die Anweisung haben, das Geld ohne Widerstand herauszugeben, und die Bank für solche Risiken versichert ist, beruhigt uns etwas. Wir trinken einen Kaffee, dann verlasse ich Hervé, um die Beute in der Scheune meines Vaters mitten im Ort zu verstecken. Dieser ist momentan auf den Kanaren in den Ferien – zusammen mit meiner Mutter, dem Bankdirektor Marco Felley und seiner Frau! Die beiden sind seit Jahren Freunde unserer Familie. Ich kehre wieder zu Hervé zurück, und wir begeben uns nach Hause, wie zwei Arbeiter, die sich ein Feierabendbier genehmigt haben.

Unsere Befürchtungen, dass bereits Polizeikontrollen ausserhalb des Dorfes stattfinden würden, waren unnötig gewesen. Die Bahn war frei! Einige Tage später teilten wir die Beute. Diese belief sich auf 180 000 Franken, etwas französisches Geld und Blanko-Reisechecks. Wie abgemacht machten wir halbe-halbe. Am nächsten Tag ging ich zur Post in Montreux und zahlte meine überfälligen Rechnungen. Den Rest behielt ich, um einen kleinen Gebrauchtwagen zu erwerben. Da Hervé bis dahin die meiste Arbeit geleistet hatte, anerbot ich mich freiwillig, die Reisechecks umzuwandeln. Zu dieser Zeit hielt ich mich öfters in den Büros der Gemeindeverwaltung auf, wo ich Gratiskopien für den Bauernverband machen durfte. Eines Tages entdeckte ich dort eine Schachtel mit Identitätskarten. Nach dem Zufallsprinzip nahm ich eine heraus. Es handelte sich um die ID einer jungen Frau aus Saxon namens Ariane Fumeaux, die ich nicht kannte.

Ich fahre nach Paris, laufe die Champs-Élysées entlang, wo es von Banken nur so wimmelt. Sie sind jedoch sehr gut bewacht, überall gibt es Kameras. Ich traue der Sache nicht, kommt überhaupt nicht in Frage, dass ich da reingehe! Ich brauche eine Komplizin. Bewaffnet mit der gestohlenen Identitätskarte, suche ich ein Mädchen, das dem auf dem Foto ähnlich sieht. Gesagt, getan! Zu meiner Überraschung entdecke ich innerhalb kürzester Zeit eine belgische Studentin, die sich bereit erklärt, gegen eine Provision von 30 Prozent den Check einzulösen. Zusammen laufen wir die berühmte Strasse ab; sie kann nur 500 Francs aufs Mal wechseln, da sie sonst ihren Bedarf nachweisen muss. Wir sind weit weg vom Schweizer Bankensystem, hier ist alles viel lascher. Nach einem Nachmittag war unser Spiessrutenlauf schliesslich zu Ende. Ich zählte einen Erlös von 500 Francs in Noten. Der TGV brachte mich wieder zurück nach Martigny. Nun hatte ich noch 540 Francs, alles in neuen Zehnernoten. Da ich befürchtete, dass die Nummern der Banknoten notiert sein könnten, versteckte ich sie in meinem Handschuhfach, um sie dann an verschiedenen Raststätten umzutauschen.

Wir hatten es geschafft, und es schien, dass uns nichts mehr auffliegen lassen konnte. Doch wir hatten nicht mit dem Zufall und dem Schicksal gerechnet, diesen beiden treuen Gehilfen der Polizei – zwei Unbekannte, die niemand überwinden kann!

Die Verhaftung

Eines Tages nahm ich an einer Kundgebung der Bauern in einer Schweinefabrik in der Nähe von Bern teil. Am Abend war ich noch mit einer Freundin in der Bundesstadt verabredet. Wir feierten und suchten uns dann ein Hotel. Mein Auto liess ich falsch geparkt und ohne Nummernschilder stehen – ich zog es vor, diese jeweils abzumontieren, aus Angst, dass sie mir gestohlen würden, wie es schon einmal geschehen war.

Drei Uhr morgens. Es klopft an die Zimmertür: «Aufmachen – Polizei!» Eine Welt bricht zusammen. Ich finde mich in Unterhosen wieder, eine Magnum in meinen Bauchnabel gerammt! Was ist los? Keine Antwort. Man nimmt mich auf den Posten mit. Meine Begleiterin, voller Angst und Panik, versteht nicht, was geschieht. Die Befragung beginnt, das Bündel Zehnernoten ist gefunden worden. Da ich diese Noten wohlweislich nur mit Handschuhen angefasst habe, beteuere ich, nicht zu wissen, wie diese Noten in mein Auto gekommen sind. Zudem bestehe ich darauf, dass sie meine Fingerabdrücke nehmen, dies würde meine Aussage beweisen ... Das Geld ist beschlagnahmt, und ich begreife, warum sich der Zufall und das Schicksal gegen mich verbündet haben. Ich besitze einen lindgrünen Fiat Turbo Diesel, welcher der Beschreibung des Fluchtfahrzeugs bei einem Bankraub in St. Gallen entspricht, und zudem hat mein Auto keine Nummernschilder. Dies hat die Berner Beamten stutzig gemacht. Mein Alibi ist aber hieb- und stichfest, denn zu der Zeit des Bankraubs in St. Gallen war ich an der Bauernkundgebung in Gümmenen; dort hatte die Polizei vor Ort die Personalien der Demonstranten aufgenommen. Also müssen sie mich wieder gehen lassen.

Ich kehre ins Hotel zurück, um die junge Dame zu beruhigen. Wie es sich gehört, wurde ein Bericht erstellt und an die Sicherheitspolizei Wallis übermittelt. Das war ein erstes Indiz. Es gab noch ein zweites, wieder durch einen unglücklichen Zufall. Als ich mit dem TGV von Paris zurückkehrte, sassen zwei Polizeibeamte aus Martigny im selben Waggon. Ich erkannte sie nicht – aber sie mich. Als sie später die Doppel der gestohlenen Reisechecks mit den darauf vermerkten Einlösedaten erhielten, merkten sie, dass diese mit meinen Reisedaten übereinstimmten, und hatten nun zwei recht solide Indizien.

Am 7. Mai 1985, als ich gerade am Tomatenpflanzen war, rief mich Inspektor Vouilloz an und sagte: «Hast du fünf Minuten?» Ich wurde sofort festgenommen. Der junge Richter Gros stellte mir vom ersten Tag an eine grundlegende Frage: «Wie erklären Sie uns Ihre verschiedenen Auslandreisen in diesem Jahr?» Ich flüchtete mich in Ausreden von unbedeutenden Ausflügen und vermied eine Aussage zu meiner Reise nach Paris. Doch ich sass in der Falle – denn er wusste von vornherein, dass ich gelogen hatte.

Das Gefängnis

Vorerst einige Tage eingesperrt im Untergeschoss des Polizeipostens in Martigny, falle ich in mich zusammen, wie wenn ich buchstäblich von den Stehklosetts abgesaugt würde! Meine Gedanken kreisen vor allem um meinen Sohn; ich befürchte, dass diese Geschichte mich das Besuchsrecht kosten wird. Ich würde aufhören zu existieren. Doch zum Glück kehrt meine Fähigkeit, mich an verschiedenste Situationen anzupassem, schnell zurück. Die Hoffnung stirbt zuletzt, man muss sie nur etwas pflegen.

Das Rattenloch, in dem ich mich befinde, stinkt. Keine Hygiene, kein Lesestoff, ausser der obligaten Bibel. Keine Unterhaltung, die meine missliche Situation lindern könnte, nichts, kein Licht am Horizont, ausser das elektrische – und keine Uhrzeit. Die totale Katastrophe! An den Wänden lese ich unzählige Hilfeschreie, menschliches Leid und einige Gedichte der Verzweiflung.

Nach einigen Tagen und zwei Verhören pro Tag werde ich ins Untersuchungsgefängnis von Martigny überführt. Heutzutage verbessern sich die Haftbedingungen langsam. Einige Zellen wurden für gesundheitsschädlich erklärt und definitiv geschlossen.

Die Untersuchung gerät ins Stocken. Auf keinen Fall werde ich meinen Komplizen verraten. So beteuere ich, für diese Tat alleine verantwortlich zu sein. Ich verlange einen Anwalt, und um diesen zugesprochen zu erhalten, starte ich ab dem ersten Tag einen Hungerstreik. Nach 22 Tagen radikalen Fastens meldet sich dieser endlich und bittet mich zu essen. Das tue ich dann auch nach einigen Tagen, wenn auch nur widerstrebend, denn die Erfahrung des totalen Fastens hat mich elektrisiert und ich fühle mich so gut, dass ich weitermachen will. Das ist mein erster Hungerstreik im Gefängnis.

Hervé und ich hatten abgemacht, falls einer von uns gefasst werden sollte, dass dieser die ganze Schuld auf sich nehmen und den anderen nicht verraten würde. Ich überlasse es dem Leser, sich vorzustellen, was für menschliche und familiäre Konsequenzen und Leid dies bedeutet hätte. Die Zeitungen hätten getitelt: «Bio-Bauer aus Saxon verhaftet und eingesperrt!» Welche Schande!

In der Zwischenzeit verhaftete Vouilloz – stets freundlich und zuvorkommend – auch Hervé Berner. Ein klassisches Szenario spielte sich ab. Bleibt noch hinzuzufügen, dass Hervé Berner sich, solange er noch frei war, (zu) viele Sorgen machte. Er regte sich auf und zeigte ein ungewöhnliches Verhalten. Und er erkundigte sich viel zu oft nach mir. All das entging der Polizei natürlich keineswegs ... Nach seiner Verhaftung sagt man ihm: «Bernard hat gestanden, dass er den Bankraub zusammen mit dir gemacht hat!» Unaufhaltsam schnappt die Falle zu. Die Frucht ist reif, die Polizei muss sie nur noch pflücken. Hervé ist ein netter Junge und gesteht. Als ich sein Geständnis lese, gebe ich meinen Widerstand auf und setze mich auch an den Tisch. Die Untersuchung neigt sich dem Ende zu.

Während dieser Verhöre erfahre ich, dass Ariane, die rechtmässige Besitzerin des gestohlenen Passes, verhört worden ist und einen grossen Schock erlitten hat. Dies belastet mein Gewissen. Nie hätte ich gedacht, dass die Polizei sich mit dem Mädchen in Verbindung setzt, zumal sie sich an dem besagten Tag, an dem sich meine Komplizin, die belgische Studentin, ihre Identität geliehen hat, ganz an einem anderen Ort befand. Diese Geschichte belastet mich. Eines Tages werde ich sie in Lausanne besuchen, ich werde meine Entschuldigung aussprechen und ihr einen Korb getrockneter Früchte mitbringen. (Falls sie abwesend sein sollte, lege ich den Korb mit den Früchten vor die Tür und schreibe ein paar entschuldigende Worte auf einen Zettel.)

Nach 45 Tagen Untersuchungshaft in Martigny überführt man mich nach Brig – in ein relativ modernes Gefängnis von 1985, ohne Gitterstäbe, ohne Möglichkeit, das Fenster zu öffnen, mit getönten Scheiben, die einen Blick nach draussen erlauben, ohne jedoch von aussen gesehen zu werden.

Ich kann mich nun freier bewegen. Täglich darf ich für eine Stunde nach draussen, gemeinsam mit den anderen Insassen. In einem von allen Seiten geschlossenen Hof auf dem Dach. Zu Unrecht habe ich mich am Anfang davor gefürchtet, hier auf gewissenlose Gewalttäter und Schwerverbrecher zu treffen. Irrtum, hier handelt es sich um Menschen wie du und ich. Sagen Sie deshalb nicht «Ich? Niemals!» – man weiss nie, was einem das Leben noch für unvorhergesehene und einschneidende Überraschungen bereitet.

Ich treffe einen leidenschaftlichen Spieler, er hat mehrere Banken im Wallis und in Genf ausgeraubt. Diese Taten beging er aus Liebe! Seine Herzensdame, die aus sehr reichem Haus stammte, verlangte nach einem Luxusleben, und so spielte er in der obersten Klasse. Wegen dieses Falls war Inspektor Vouilloz am gleichen Tag im selben Zug im selben Abteil wie ich. Er reiste mit seinem Kollegen nach Paris, um die Freundin zu befragen … Zufall?

Philippe, ein Mitgefangener, hatte als Anfänger zwei Banküberfälle organisiert – einen bei der Walliser Kantonalbank in Saillon, den anderen bei der Crédit Suisse in Genf, wo seine Cousine als Kassiererin arbeitete und seine Komplizin war.

Ich erkenne auch den Walliser Polizisten wieder, der die Post von Pont-de-la-Morges beraubte. Letzterer, ein braver Kerl, hatte plötzlich den Kopf verloren und sich spontan drauflos in diesen Raub gestürzt, mit seiner Dienstwaffe und unverdecktem Gesicht! Noch am selben Tag wurde er verhaftet und gestand der Polizei alles. Diese fand die versteckte Beute in seinem Garten. Ich freundete mich mit seiner Mutter an, die unermüdlich jede Woche aus Fully anreiste, um ihn zu sehen. Der Arme, abgeschlafft wie er war, wurde zusehends dicker.

Während dieser Hofgänge, mitten im Monat August, tanken wir Sonne, manchmal sogar völlig nackt. Wie überrascht waren meine Besucher, mich im Schatten und dennoch sonnengebräunt vorzufinden!

Ein berühmter Nachbar

In der Zelle neben mir sass Walter Stürm, sicher der berühmteste Häftling der Schweiz. Seine Lebensweg ist erzählenswert. Lehrling in einer Autowerkstatt, 18 Jahre alt und Liebhaber von schönen Autos. Der St. Galler war nie im Gefängnis gewesen, bis zu dem Tag, als er eine schöne «Maschine» stahl; er wurde erwischt und zum ersten Mal eingesperrt. Verrückt nach Freiheit, brach er zum ersten Mal aus dem Gefängnis aus und entkam. Dem Teufelskreis der wiederholten Festnahmen und Ausbrüche konnte er bis zu seinem Tod im Jahre 2000 nie mehr entkommen. Er hält den Rekord der höchsten Anzahl Gefängnisausbrüche. Die Presse versäumte es nie, von seinen neusten Aktivitäten zu berichten. Hochintelligent, ein guter und überzeugender Verfechter seiner Sache, brachte er die ganze Schweiz zum Lachen, als er aus einem Zürcher Spital entkam und der Direktor im Fernsehen sagte, dass er ihm versprochen habe, zurückzukehren ... Er war so gut, dass ihn alle Gefängnisdirektoren in einem anderen Gefängnis eingesperrt sehen wollten als im eigenen. Manchmal nimmt man an seltsamen Pingpong-Spielen teil; Walter wurde zum Meister des Gefängnistourismus. Es ist kaum vorstellbar, dass Stürm, der Ausbrecherkönig, sich nichts ausdachte, um den blauen Himmel wiederzufinden. Dieser ruhige Mann war keine Gefahr für die Gesellschaft, aber mit seiner Kraft, der Justiz zu widerstehen und bis nach Strassburg zu rekurrieren, wurde er zum schwarzen Schaf für die Richter. Dank ihm profitierten alle Gefangenen im Land, ohne es zu wissen, von mehr Humanität, verbesserter Gefängnisdemokratie und Gerichtsverfahren.

Kurz vor seinem Tod konnte er wieder einen Erfolg in einem Rekurs beim Europäischen Gerichtshof für Menschenrechte verzeichnen. Dank seiner Rekurse mussten sich viele Kantons- und Bundesrichter in ihrer Rechtsprechung anpassen und beugen. Im Wallis wurde das Toilettenpapier den Insassen berechnet. Ein Rekurs ans Bundesgericht wurde von Stürm gewonnen und diese illegale Praxis somit beendet. Im Laufe der Zeit war er in der Tat zu einem hervorragenden Juristen geworden. Seine Popularität brachte Demonstranten dazu, auf die Strasse zu gehen und Masken mit dem Porträt des berühmten Sträflings zu tragen. Während wir Zellennachbarn waren, holten ihn jeden Tag zwei Polizisten zum Einzelspaziergang. Sie platzierten sich hinter der Tür, um ihn zu überwachen, aus Angst, dass der Vogel wegfliegen würde. Jeglicher Kontakt mit anderen Insassen wurde ihm untersagt. Es ist schwer zu glauben, dass dieser Asket und Anhänger des Hungerstreiks diese extremen Haftbedingungen ertragen konnte.

In den 90er-Jahren, während seiner letzten Flucht, hatte er sich auf den Kanarischen Inseln niedergelassen und lebte schliesslich in Frieden. Mit seinen Mercedes mit falschen Kontrollschildern brachte er den Bewohnern und den einflussreichen Leuten seines neuen Wohnortes jedes Mal kiloweise gute Schweizer Schokolade mit. Die erwähnten Kontrollschilder liessen ihn ein weiteres Mal auffliegen, und Interpol führte ihn wieder zurück in die Schweiz, zur Verzweiflung unserer Gefängnisaufseher ... Eines Nachts, während alle auf ihren kleinen Bildschirmen das WM-Finale im Fernsehen verfolgen, höre ich ihn in seiner Zelle scharren und werkeln. Ich denke mir: «Er flieht wieder!» Dank eines internen Komplizen – Albrecht, ein bekannter Sträfling aus dem Oberwallis – hatte er Werkzeug erhalten. Pech für ihn: Nach dem Entfernen des Fensterrahmens lässt sich das dicke Glas nicht bewegen, weil es mit Spezialstarkleim befestigt ist!

Am Morgen, beim Frühstück, lässt die Frau des Chefwärters Marty ihr Serviertablett fallen, schreit und rennt, um ihren Mann zu holen. Dieser ist in kürzester Zeit mit mehreren Polizisten vor Ort. Akribisch durchsuchen sie jeden Winkel der Zelle und finden nichts. «Wo sind die Werkzeuge?» Walter sagt, er habe seine Hände benutzt! Später wurde bekannt, dass er es geschafft hatte, die Werkzeuge in seinem Radio zu verstecken. Heiliger Stürm!

Einige Zeit später bedroht Albrecht, der Vertraute des Chefwärters, der Reinigungs- und kleine Unterhaltsarbeiten ausführte, letzteren mit einem Messer. Schreie sind zu hören: «Verletze ihn nicht, tu ihm nichts an!» Er nimmt den Schlüssel und öffnet Walter. Die beiden Komplizen flüchten. Nicht für lange, denn der

Posten der Kantonspolizei befindet sich im Erdgeschoss, und die Beamten machen sich sofort auf die Suche nach den Ausreissern. Behindert durch seine Schuhe ohne Schnürsenkel, wird Stürm 200 Meter entfernt wieder aufgegriffen, ebenso Albrecht, der ein paar Tage in der Gegend verbringt, bevor auch er erwischt wird.

Ich empfehle niemandem das Wagnis eines Raubüberfalls. Mir half die Gefängniserfahrung auf jeden Fall dabei, die erste Schweizer Hanfkultur zu wagen; die Angst vor dem Gefängnis, die bei jedem Bürger sehr stark ist, ist bei mir verschwunden, seit ich es erlebt habe.

Die Gefangenen

Auf der anderen Seite des Männerkomplexes befindet sich das Quartier der Frauen. Jeden Tag sehen wir sie beim Ausgang, aus einer Distanz von 30 Metern. Es gibt da zwei anmutige Frauen, die nackt spazieren. Manchmal zeigen sie uns ihre hübschen Brüste durch die Gitterstäbe. Das macht uns heiß und weckt heftige Fantasien! Ich denke mir, es wäre angenehm, ihnen einfach schreiben zu können. Anfrage. Ablehnung. Schließlich finde ich einen Weg, mit ihnen zu kommunizieren. Neben den Duschen gibt es eine gemeinsam genutzte Bibliothek. Diesen Ort darf man mit einem Wächter besuchen. Ich wähle ein Buch, *Der betrunkene Hund*; dieses Buch wird unser Briefkasten. Ich freunde mich mit den beiden Insassinnen an. Die eine, Französin und Astrologin in Ausbildung, erstellt mir später ein ausgezeichnetes Horoskop. Die andere, Engländerin, arbeitete später für eine Weile im Oasis, nicht ohne dabei einen Bauernkollegen aus Saxon zu verführen. Eines schönen Tages verschwand sie.

Andere Insassen profitierten ebenfalls von diesen verbotenen Briefwechseln, in denen unsere Phantasien frei explodierten. Es war ein wenig Balsam auf unsere frustrierten Herzen.

Endlich, nach drei Monaten Untersuchungshaft, wurde ich am 7. August 1985 freigelassen, gerade rechtzeitig zur Obsternte.

Esther Waeber Kalbermatten schreibt einen persönlichen Brief an Rappaz:
«Einladung zum Essen» © Ben, *Le Matin*, 1.12.2010

KAPITEL XV

Das Fasten

Seit jeher fasten Weise, Mystiker, Asketen oder Propheten. Ich denke dabei an Buddha, Mohammed oder Jesus Christus. 50 Tage scheinen eine natürliche Grenze zu sein, will man nicht schwere Schäden in Kauf nehmen. Schon als junger Mann habe ich von Gandhi gelernt, was Fasten bedeutet. Weil wir von Geburt an daran gewöhnt sind, mindestens dreimal am Tag zu essen, werden wir nervös, wenn es einmal vorkommt, dass wir aus irgendeinem Grund ein paar Mahlzeiten auslassen müssen. Wir glauben fälschlicherweise, dass wir Hunger haben, obwohl es nur Appetit ist. Dieser steuert unser Leben, und die Geschmacksknospen verlangen regelmässig nach Nahrung.

Seit einigen Jahren experimentiere ich mit einem unterschiedlichen Essensrhythmus, indem ich morgens Kaffee und ein Mandelcroissant, am Nachmittag eine Frucht und abends ein reichhaltiges Essen zu mir nehme. Dieses Rhythmus liegt mir, er entspricht meinem früheren Leben als Bauer. Mittags machen wir eine Pause. Ab 12.40 Uhr müssen wir uns um die Angestellten und die Nachmittagsarbeit kümmern, die um 13 Uhr beginnt. Während dieser Pause nehme ich Telefonanrufe entgegen; das Mobiltelefon gab es damals noch nicht. Ich habe gelernt, langsam zu essen, aus Respekt vor der Nahrung und weil die Verdauung mit dem Kauen anfängt. So genügt das bisschen Zeit, das mir zum Mittagessen bleibt, nicht mehr. Ich ruhe mich lieber ein wenig aus und rauche meine erste Hanfzigarette – bei regelmässiger Einnahme wirkt Hanf hungerstillend. Ausserdem habe ich nach einem reichlichen Mittagessen grosse Lust auf eine Siesta.

Die Natur und die Tiere machen es uns vor: Nach einer Mahlzeit folgt fast immer ein Schläfchen. Das ist normal, denn die Verdauung braucht Energie und macht müde. Daher begnüge ich mich mit einer einzigen Mahlzeit im Tag und fühle mich gut. Einige Ernährungsspezialisten stehen dieser Gewohnheit kritisch gegenüber, andere wiederum empfehlen sie. Durch diesen Rhythmus kann ich allerdings auch zunehmen, wenn ich es übertreibe.

Eine Fastenkur muss mental und physisch vorbereitet werden. Zunächst muss man das Datum und die Dauer festlegen. Als Einstieg empfehle ich, einen Tag pro Woche zu fasten, indem man zum Beispiel von einem Abendessen bis zum nächsten nichts isst. Dazu regelmässig und ausschliesslich frisches Wasser trinken und sonst nichts zu sich nehmen. Ist das Fasten beendet, zuerst nur leichte Nahrung essen und sich nicht auf die Nahrung stürzen und mehr essen als sonst. Will man zum Beispiel fünf Tage lang fasten, muss man sich mindestens drei Tage lang vorbereiten, indem man leichtere Speisen isst und gewisse Lebensmittel weglässt. Eine ärztliche Kontrolle ist empfehlenswert.

Beispiel:

- Erster Tag: kein Fleisch;
- Zweiter Tag: keine Eier und Milchprodukte;
- Dritter Tag: kein Fisch und keine Fette; alle anderen Speisen können in gemässigten Mengen gegessen werden.

Meines Erachtens ist das nicht gefährlich. In den ersten beiden Tagen werden die Geschmacksknospen nach ihrer gewohnten Nahrung verlangen. Dann muss man viel Wasser trinken, an etwas anderes denken und sich beschäftigen. Es bringt nichts, weniger aktiv zu sein, im Gegenteil. Nach dem dritten Tag produziert der Körper Aceton, einen natürlichen Hungerstiller, der zu einem typischen Mundgeruch führt. Der Appetit verschwindet. Man spürt eine innere Ruhe, die Bewegungen werden langsamer, man redet weniger, hat eine bessere Koordination, kurz, der Körper schaltet auf Sparflamme. Man erreicht neue Ebenen der Bewusstheit, Klarsicht wird zu Hellsicht. Ideen nehmen klare Umrisse an, die Inspiration erneuert sich.

Nach dem Fasten geht es darum, wieder zu essen ... Dieser Übergang ist heikel, denn schon beim ersten Bissen erwachen die Geschmacksknospen, und man möchte alles Mögliche vertilgen. Aber aufgepasst: Gerade nach dem Fastenbrechen ist ein strenger Ernährungsplan nötig.

Beispiel:

- Erster Tag: Tee, leichte Bouillon, Zwieback, Frucht- und Gemüsesaft, abends Getreide;
- Zweiter Tag: Brot, Früchte, gekochtes Gemüse, Eier;
- Dritter Tag: Milchprodukte und Fisch;
- Vierter Tag: normale Kost mit wenig Fleisch.

Beim Fasten wird der Körper gestärkt und zehrt vom Körperfett, den Organen und den Muskeln. Dementsprechend stellen sich nach dem Fasten die Organe und die Muskeln wieder auf ihr ursprüngliches Niveau ein. Dank dieser Prozedur verjüngen sich die Zellen. Das Fasten ermöglich auch eine Entgiftung vom Alkohol, vom Tabak, von Medikamenten oder harten Drogen. Zündet man eine Zigarette an, ekelt man sich nach einigen Zügen. Ausserdem werden viele Giftstoffe ausgeschieden, der Magen zieht sich zusammen, der Darm kann sich ausruhen und reinigt sich selbst, sobald man wieder mit der Nahrungsaufnahme beginnt.

Wenn ich spüre, dass ich eine Grippe bekomme, beginne ich zu fasten, und nach ein bis zwei Tagen geht die Krankheit von selbst weg. Russische Ärzte benutzen das Fasten für die erfolgreiche Heilung verschiedener Krankheiten. In unseren Ländern wird diese einfache, billige und allen zugängliche Kur völlig missachtet. Einer der Gründe dafür ist vermutlich, dass die Pharmaindustrie kein Interesse daran hat. Trotzdem ist Fasten sehr gesund und eine überaus wirksame Selbstmedikation. Für die wissenschaftliche Untersuchung des Fastens und seiner Wirkungen scheint leider kein Geld vorhanden zu sein.

Ein Mensch, der normalerweise acht Stunden schläft, wird nach einigen Tagen Diät mit fünf bis sechs Stunden Schlaf auskommen. Warum? Weil die tägliche Verdauung müde macht und viel Energie braucht. Manchmal verspürt man während des Fastens ungeahnte Energieschübe und fühlt sich topfit.

Auch hier können wir von der Natur und den Tieren lernen. In der Tat hört ein krankes oder verletztes Tier sofort auf zu essen. Es weiss instinktiv, dass es sich so heilen kann.

Fasten ist eine schnelle und wirksame Methode, um Gewicht zu verlieren. Je höher das Übergewicht, desto bedeutender der Gewichtsverlust. Ich habe einmal zehn Tage lang gefastet, während ich die Bäume beschnitt. Am Ende hatte ich 10 Kilo verloren. Hätte ich im Büro gearbeitet, wären es nur 6 Kilo gewesen. In den ersten Tagen verliert man am meisten Gewicht, danach weniger. Fängt man wieder an zu essen, nimmt man relativ schnell wieder 3 kg zu, danach bleibt das Gewicht stabil.

Auch Kinder vertragen das Fasten gut, wenn sie es wollen und wenn es nicht zu lange dauert (einen bis sechs Tage). Kranke Kinder wollen normalerweise nicht essen, und man sollte sie nicht zum Essen zwingen! Ist das Kind wieder gesund, kehrt der Appetit von selbst zurück.

Das Ende einer Fastenkur ist eine ideale Gelegenheit, um Speisen zu essen, die man sonst nicht mag. Man wird alles köstlich finden. Es ist ebenfalls eine gute Gelegenheit, um die Ernährungsgewohnheiten zu ändern. Unsere erneuerten und verfeinerten Geschmacksnerven werden sogar eine rohe Kartoffel lecker finden!

Seit meiner Jugendzeit faste ich mehr oder weniger regelmässig und mache bei Bedarf einen Hungerstreik. Diese gewaltfreie Aktionsmethode ist der letzte Ausweg. Einmal angefangen, gibt es kein Zurück. Im Wallis gibt es eine NGO, Terre des Hommes, die sich hauptsächlich um Kinder aus armen Ländern kümmert. Sie wurde 1960 von Edmond Kaiser gegründet, einem grossen Freidenker, der zahlreiche Hungerstreiks aus politischen und humanitären Gründen durchgeführt hat. Er wollte erreichen, dass die Schweiz sich grosszügiger zeigt, und sammelte viele Spenden, um die Tätigkeit von Terre des Hommes voranzubringen.

Das erste Mal habe ich 1985 im Gefängnis gefastet, während 22 Tagen. Es ging mir so gut, dass ich mich zwingen musste, wieder zu essen. Dieser Hungerstreik brachte mir nebst der Erfahrung zwei Vorteile: meinen Anwalt und einen Fernseher, den mir der Wärter im Austausch dafür, dass ich wieder ass, in die Zelle brachte.

Seither habe ich im Gefängnis viele Hungerstreiks durchgeführt. 2010 erreichten diese Streiks insofern einen Höhepunkt, als ich drei Hungerstreiks hintereinander machte, die von einigen Tagen Hausarrest bei mir zuhause unterbrochen waren, wo ich wieder Essen zu mir nahm. Der letzte Hungerstreik dauerte 120 Tage! Ich werde darauf noch zurückkommen …

Ein gesunder Mensch kann mit ein wenig Übung ohne weiteres vierzig Tage fasten. Ohne regelmässige medizinische Kontrolle rate ich von längerem Fasten ab, da erhebliche Probleme auftreten können.

Im Gefängnis besucht mich der diensthabende Arzt einmal in der Woche. Er kontrolliert bloss meine Lunge, mein Herz und meinen Blutdruck. Letzterer hat sich noch nicht verändert. Merkwürdigerweise schmerzen mich meine jetzt gut sichtbaren Rippen, ein ziemlich unangenehmes Gefühl. Im Moment begnüge ich mich mit meinen Fingernägeln und ein bisschen Salz. Ich trinke zwei Tassen Tee pro Tag, eher aus Erfahrung denn aus Notwendigkeit. Ich empfehle, nichts anderes zu sich zu nehmen als viel frisches Wasser. Die kleinste Menge Fruchtsaft oder Bouillon würde die Geschmacksknospen und den verlorenen Appetit anregen; man würde nur noch zusätzlich leiden. Man darf seinem Körper vertrauen, denn er verfügt über kaum vorstellbare Reserven.

Es ist besser, nicht länger zu fasten als vorgesehen, denn es kann sein, dass man nicht mehr damit aufhören will!

Wenn man, wie ich, aufgrund einer krassen Ungerechtigkeit in eine Zelle gesperrt wird, bleibt der Hungerstreik die einzige Waffe und die letzte Freiheit. Nur wenige Richter werden das Risiko eingehen, einen Hungernden sterben zu lassen. Auch wegen des Fröstelns und des Kältegefühls muss man sich keine Sorgen machen: Der Stoffwechsel läuft auf Sparflamme, weshalb die

Körpertemperatur etwas absinkt. Ich habe Kunden, die ausschliesslich biologische Produkte zu sich nehmen und ihren generalisierten Krebs dank Fasten vollkommen resorbiert haben – zum masslosen Erstaunen ihrer Ärzte! Oft haben sie nach dieser wundersamen Genesung die Ernährung völlig umgestellt. Im Prinzip essen sie jetzt Rohkost und verzichten auf sämtliche erwärmten, gekochten oder verarbeiteten Speisen. Ihr Vorgehen besteht darin, dass sie bei den Mahlzeiten alle möglichen Lebensmittel wie Früchte, Gemüse, Getreide, Fleisch, Fisch, Honig, Nüsse und so weiter in roher oder getrockneter Form auf einen grossen Tisch legen und die Lebensmittel, die ihnen zusagen, auswählen. Auf diese Weise haben sie den Instinkt für die Nahrung, die den Bedürfnissen ihres Körpers entspricht, wiedergefunden.

Das Geheimnis des Lebenswassers

Amaroli! Eine aussergewöhnliche Gesundheitsmethode, so alt wie die Menschheit und dazu gratis und stets verfügbar. Im Jahr 2013 zählt die Eigenurintherapie bereits zwei Millionen Anhänger in Japan, eine Million in Holland und fünf Millionen in Deutschland. Die Bibel spricht vom «Gesundheitswasser, das aus der Mitte des Körpers strömt, aus unserer eigenen Zisterne». Der indische Premierminister forderte vor einigen Jahren die Bevölkerung auf, diese Methode anzuwenden, um gesünder zu werden, dem Beispiel Gandhis folgend.

Der Urin, denn es handelt sich sehr wohl um Pipi, enthält ebenso wie das Blut wertvolle Nährstoffe. Dazu kommen Antibiotika, Hormone, Vitamine, Bakterizide, Mineralien, Aminosäuren sowie schmerzlindernde und entzündungshemmende Substanzen. Damit verfügen wir über eine natürliche Apotheke, die jederzeit und überall verfügbar ist. Seit 5000 Jahren empfehlen die ayurvedische und die tibetanische Medizin die Eigenurintherapie.

Im Gegensatz zum Stuhl handelt es sich beim Urin nicht um Abfallstoffe. Obwohl einige Universitätsprofessoren und Ärzte die Methode für sich selbst anwenden, wagt es niemand, dieses natürliche Heilmittel zu empfehlen. So mächtig ist die Wirkung des jüdisch-christlichen Tabus! Unsere kulturelle Konditionierung hält uns davon ab, sich so etwas auch nur vorzustellen – und dennoch handelt es sich um das Wasser des Lebens, das die unterschiedlichsten Krankheiten heilen kann und das Wohlbefinden fördert. Unser Geist steht solchen Ideen ablehnend gegenüber, denn durch unsere Erziehung und den Gestank öffentlicher Toiletten wird das Thema mit Ekel und Tabu assoziiert. Der Urin einer Person, die sich gesund ernährt, das heisst, vor allem mit Früchten, Gemüse und Getreide, hat keinen unangenehmen Geschmack. Er erinnert an eine leichte Gemüsebouillon und ist auf jeden Fall besser als derjenige von gewissen synthetischen Medikamenten.

Anfangs sollte man den zweiten Morgenurin trinken und ihn mit etwas Wasser oder Orangensaft verdünnen. Eigenurin ist eine bessere Unterstützung beim Fasten als blosses Wasser. Zahlreiche in Not geratene Seeleute oder Soldaten, Völker aus der Arktis oder der Wüste, die Mongolen, Tuareg, Polynesier und viele mehr kennen die positiven Eigenschaften des Eigenurins. Dank der Isopathie oder auch der Homöopathie kann man aus seinem eigenen Urin ein Grundheilmittel herstellen.

Es gibt keine Doppelblindstudie, die nachweist, dass Baldriantee den Schlaf verbessert. Und doch wird diese Pflanze seit Jahrhunderten von der Volksmedizin angewandt. Aufgrund meiner eigenen Erfahrung kann ich sagen, dass die Verwendung von Eigenurin meine Gesundheit und mein Wohlbefinden verbessert und mich jung hält!

Walliser Bio-Kräuter … … nur Kräuter vom Grossen St. Bernard …

nicht solche, … … die im Dunkeln gezogen werden!

KAPITEL XVI

Der Prozess

Weil Hervé, mein Komplize beim Überfall auf die Walliser Kantonalbank, schweizerisch-französischer Doppelbürger ist und sich ins benachbarte Frankreich absetzen könnte, will ihn der Richter nicht freilassen. Er muss seine Strafe bis zum Schluss verbüssen. Ich selbst kümmere mich um die Ernte und den Verkauf von Hervés Früchten. Ich halte auch den Kontakt mit seiner Frau Anne und den beiden Kindern aufrecht.

Nun kommt der Tag meines Prozesses. Zuvor hat Pierrot Morend, Präsident der kantonalen CVP und ein Freund unserer Familie, eine Erklärung zu meinen Gunsten abgegeben, als Zeuge für meine Rechtschaffenheit … Ich machte mir keine Illusionen über den Ausgang dieser Sache, denn Hauptrichter Chastellain – ich hatte damals mit dem Rechtsanwalt Jean-Bernard Pitteloud in der Pfirsich-Affäre seinen Rücktritt gefordert – hatte meinen Rechtsanwalt Farquet bereits wissen lassen, man werde «Rappaz nicht ungeschoren davonkommen lassen», wenn man ihn schon einmal am Wickel habe. Welch grosse Weisheit! Die Botschaft war unmissverständlich. Das Gericht bestand aus drei Richtern. Der Hauptrichter ist derjenige, der das Dossier studiert und seine Meinung als Erster abgibt. Die anderen folgen meist seiner Empfehlung und machen sich nicht einmal die Mühe, das Dossier vollständig durchzulesen. Begeht ein Bürger ein solches Delikt zum ersten Mal, wird er nicht selten zu einer Bewährungsstrafe verurteilt. So wurde Philippe aufgrund seiner beiden Raubüberfälle und seiner Kaufsucht zu 30 Monaten Gefängnis ohne Bewährung verurteilt. Seine Komplizin, die Kassiererin, erhielt 18 Monate auf Bewährung.

Die Verhandlung beginnt. Staatsanwalt Lovey erklärt, dass ich viel intelligenter sei als mein Komplize Berner. Deshalb müsse ich, als treibende Kraft, eine höhere Strafe bekommen. Ich persönlich vertrete die Ansicht, dass Hervé und ich zu gleichen Teilen an dem Raub beteiligt waren, auch wenn er die Sache geplant hatte und in die Bank eindrang und ich es war, der nach Paris fuhr ... Weil wir die Beute zu gleichen Teilen aufgeteilt haben, sollten unsere Strafen auch gleich hoch sein.

Ein Staatsanwalt aus Ecône

Henri Lefebvre, der vom Papst abgefallene Dissident, ein Royalist und glühender Fundamentalist, hatte einen Ableger seiner Sekte im Wallis gegründet, in Écône, in der Nähe von Saxon. Früher wohnte ich ganz in der Nähe, und die wenigen Kontakte, die sich mit diesen sehr besonderen Priestern ergaben, hatten mir regelrecht Angst eingejagt. Das sind gefährliche, demokratiefeindliche Faschisten und Royalisten ... Eines Tages, als ich ein Plakat mit einer Einladung zu einer Diskussion über Gewaltfreiheit in der Nähe ihrer Hochburg anbrachte, fielen sie über mich her und beleidigten und bedrohten mich so übel, dass ich die Flucht ergreifen musste.

Eines Tages kam ein Priester aus Südfrankreich bei mir in Frasses an, blutüberströmt. Er kam soeben von einem «Dialog» mit den Fundamentalisten! ... Ich brachte ihn in die Dorfapotheke und liess ihn einige Tage bei mir wohnen, damit er sich erholen konnte.

Staatsanwalt Lovey war ein bekannter Fundamentalist und ein Freund von Lefebvre. Er hatte vor, in Écône eine Kathedrale zu bauen, und hatte sich dafür mit Marcel Pédroni zusammengetan, einem Naturbaustein-Unternehmer aus Saxon. Zu seinem Ärger standen seinen hochfliegenden Plänen Hindernisse im Weg, denn die Kathedrale konnte nicht sofort gebaut werden, da keine Baugenehmigung erteilt wurde ... Als wir nämlich vernahmen, dass eine ebenso imposante Kirche wie die Kathedrale von Sion geplant war, beschlossen Gabriel Monnet, ein Freund aus Saxon, und ich, eine Gegenkampagne zu starten. Wir organisierten eine Podiumsdiskussion im Café du Centre in Saxon, mit dem Pastor René Cruse. Das angekündigte Thema war: «Ist Écône ein politisches und/oder religiöses Problem?» Der Saal war rappelvoll, zahlreiche Journalisten waren anwesend. In den nächsten Tagen entspann sich eine heftige Diskussion in den Medien. Angesichts dieser Kontroverse bekam es der Staatsrat mit der Angst zu tun. Letzten Endes wurde beschlossen, überhaupt keine Baugenehmigung für diese umstrittene Kathedrale zu erteilen – dies gegen den Willen von Guy Genoud, Staatsrat und ein glühender Verehrer Lefebvres. Nun konnten Marcel Pédroni und der Staatsanwalt kein Geld scheffeln, ihre Kathedrale fiel zusammen wie ein Kartenhaus. In den nächsten Tagen patrouillierten zwei Mitglieder der französischen Geheimpolizei in Kampfanzügen in der Umgebung meines abgelegenen kleinen Hauses … Die Botschaft war klar. Ich würde mich nicht mehr um dieses Problem kümmern müssen.

Doch zurück zum Prozess. Mit einem Staatsanwalt, der mich, ebenso wie der Hauptrichter, nicht ausstehen kann, wird die Justiz kaum unparteiisch bleiben können. Wer die Hintergründe kennt, weiss, dass hier ein strafrechtlicher zu einem politischen Prozess wird, in dem ich zur Strecke gebracht werden soll. Man nimmt die Gelegenheit wahr, um mit mir, dem Störenfried, abzurechnen. Lovey verlangt 42 Monate für den schlimmen Anführer Rappaz und 30 Monate für den harmlosen, manipulierten Hervé Berner … Die Richter entsprechen seinem Antrag. Ich lege beim Kantonsgericht Rekurs ein, das jedoch nach kurzem Zögern das Urteil bestätigt. Lovey beharrt darauf: «Rappaz ist intelligenter, er ist der Anführer!» Während der Verhandlung ist ein Richter aus Monthey eingeschlafen. Ich bin entrüstet: Während man über die Zukunft eines Bürgers verhandelt, zeigt ein Richter durch seine Haltung, dass ihm seine Arbeit völlig egal ist. Ich reiche Rekurs beim Bundesgericht ein und lege ein neues Beweisstück vor: das Gutachten eines Rechtsprofessors, das eine Mehrfachbestrafung ablehnt, wenn es sich um eine einzige Straftat handelt. Nachdem das Bundesgericht die Sache analysiert und überdacht hat, weist es das Kantonsgericht an, die Strafe zu mildern. Schliesslich wird mir die Strafe herabgesetzt – um zwei Monate. So bin ich nun zu 40 Monaten Gefängnis verurteilt, abzüglich der 3 Monate Untersuchungshaft.

Ich muss das geraubte Geld allein zurückzahlen, da mein Komplize Hervé insolvent ist. Am Ende wird er sogar vom Grossrat begnadigt.

KAPITEL XVII

Der Gefangene von Crêtelongue

Aufgrund des Raubüberfalls von 1985 und der anschliessenden Verurteilung im Jahr 1986 muss ich am 1. Dezember 1989 in der kantonalen Strafvollzugsanstalt Crêtelongue meine Strafe antreten.

Vier Jahre sind vergangen, Jahre, in denen ich von Hoffnungen und Fragen lebte. Ich war allein, wollte mich an keine Frau binden, denn es hätte mir das Herz gebrochen, wenn ich meine Partnerin hätte verlassen müssen und 40 Monate lang hinter Gittern gewesen wäre! Meine Sorge galt vor allem dem Oasis und der Rettung meines Landwirtschaftsbetriebes. An dieser Stelle möchte ich den Freunden und all den anderen, die mir geholfen haben, danken: meinen treuen Arbeitern Gérard, Délia, Patrice, meiner Familie, Hervé Colomb, einem befreundeten Bauern aus Saxon, und denjenigen, die ich hier nicht erwähne oder vergessen habe. Dank ihrer Solidarität hat das Oasis überlebt.

1989, nach dem Einbringen der Ernte, schneide ich noch meine Obstbäume, bevor ich ins Gefängnis gehe. Dort werde ich schon in den ersten Tag zum Schneiden der gutseigenen Bäume eingesetzt. Ich habe grossen Respekt vor dem Wärter Bonvin, der mich beaufsichtigt, ich schätze ihn für seine Geradlinigkeit und Ehrlichkeit. Die Temperatur beträgt minus 14 Grad; ich friere, vor allem an den Füssen, weil ich bloss die Militärsocken der Einrichtung trage. Meine Mutter darf mir warme Stiefel bringen. Als sie kommt, bin ich im Obstgarten bei den Birnbäumen. Sie sieht Bonvin und fragt ihn: «Und Sie, Monsieur, was haben Sie angestellt?» Alle lachen. Sie glaubte, sie hätte es mit einem Gefangenen zu tun! Damals trugen die Gefangenen und die

Aufseher Zivilkleider. Für auswärtige Besucher war es schwierig, unter den Häftlingen die Aufseher zu erkennen – für uns aber nicht!

1990 helfe ich bei der Erdbeerernte und lasse die Gemüseproduktion beiseite, um mich um den Obstbau zu kümmern. Ab Juni 1991 darf ich in die Halbgefangenschaft.

Der Bauernhof und das Landgut (1990)

Crêtelongue ist eine in sich geschlossene Welt mit eigenen Rhythmen, Gesetzen und Gewohnheiten. Die meisten Insassen arbeiten tagsüber lieber draussen und auf den Feldern. Die Zeit vergeht schneller, es stellt sich ein Gleichgewicht ein. Man lässt uns ohnehin keine Wahl. Die wenigen Gefangenen, die nicht arbeiten wollen, werden in Strafanstalten ausserhalb des Kantons verlegt. Es ist sowieso besser zu arbeiten, als die ganze Zeit in der Zelle zu sitzen, wo man vom Nichtstun verrückt wird und vor dem Fernseher verblödet.

Zur Strafanstalt gehört auch ein Stall mit Milchkühen, deren Wärter in den nebenan gelegenen Zellen wohnen. Es gibt eine mechanische Werkstatt, eine Sägerei und eine Werkstätte, in der aus Holzlatten Kisten für Früchte und Gemüse hergestellt werden. Andere Gefangene sind für das Putzen, die Wäsche und Unterhaltsarbeiten eingeteilt. Das Bild wäre unvollständig ohne die Hühner, deren Eier in einem Supermarkt in Sion verkauft werden. Bei der Arbeit im Hühnerstall kann ich eine ruhige Kugel schieben, ebenso bei den Bisses, den Kanälen, die das Wasser aus der Rhone zuleiten.

Crêtelongue ist ein wunderschönes Landgut mit Weiden, Gemüsegärten und offenen Feldern, wo Mais, Roggen, Weizen, Soja, Erbsen und Kartoffeln angebaut werden. Obstplantagen mit Äpfeln und Birnen erheitern die Szenerie. Das Gut umfasst 63 Hektar und wird von einem Oberaufseher geleitet, der gleichzeitig auch Leiter des Landwirtschaftsbetriebs ist. Das Gelände erstreckt sich von der Strasse von Pramont-Réchy bis zur Rhone und umfasst einen schönen Findlingshügel mit Weinbergen, die ebenfalls zum Gut gehören. Auf diesem Gelände befindet sich auch das Jugendgefängnis von Pramont, das über einen Tennisplatz und ein Hallenbad verfügt. Wir dürfen einmal pro Woche ins Schwimmbad. Eine willkommene Entspannung!

Meine Lehre als Knastbruder

Am Anfang befindet man sich während eines Zeitraums, welcher der Länge der Halbgefangenschaft entspricht, in der geschlossenen Abteilung. Morgens frühstückt man gemeinsam im Speisesaal, um 7.45 Uhr ist Appell. Man stellt sich in einer Reihe auf, Seite an Seite. Vor uns stehen der Oberaufseher Evêquoz und die anderen Aufseher. Die Arbeit wird zugeteilt, und der Morgen beginnt. Am Mittag gibt es eine Mahlzeit, dann gehen wir zurück in die Zelle bis um 13.30 Uhr. Die Arbeit dauert bis 17.00 oder 17.30 Uhr, je nach Jahreszeit.

Meine Zelle in der geschlossenen Abteilung misst 6,5 Quadratmeter, obwohl die Europäische Menschenrechtskonvention 12 Quadratmeter vorschreibt. Abends schliesst man uns ein. Später erlaubt man uns, den Schlüssel zu behalten, so dass wir frei im Korridor herumlaufen und andere Gefangene besuchen können. Unsere Abteilung ist vom restlichen Gebäude getrennt, man kann die Männer von der anderen Seite nur durch ein Gitter treffen. In dieser Abteilung sind Gefangene, die schon lange hier sind oder lieber zu zweit oder zu dritt in einer Zelle wohnen.

Am Freitagabend ist die Arbeit beendet, ausser für diejenigen, die sich um die Kühe und die Hühner kümmern. Das Wochenende beginnt, die Fernseher laufen, laute Musik ertönt …

Die Gefangenen bekommen eine Entschädigung von 2.40 Franken pro Arbeitsstunde (2012 wird sie auf 3.40 bis 4 Franken erhöht). Zwei Drittel des Geldes dürfen wir vor Ort ausgeben, der Rest kommt auf ein Sperrkonto. Dieses System hat den Vorteil, dass es die Männer auf ihr Leben in der Zivilgesellschaft vorbereitet, indem man sie an regelmässige Arbeit gewöhnt und sie ermutigt, nach der Entlassung in der gleichen Weise weiterzufahren. Ich kannte einen Pakistani und einen Brasilianer, die mit der Entschädigung ihre Familien ernähren konnten, während diese nicht einmal wussten, dass sie im Gefängnis waren. Für Schweizer ist die Lage natürlich anders.

In Crêtelongue wird unser ganzes Geld von der Gefängnisbuchhaltung auf einer elektronischen Karte gespeichert. Wir dürfen einige Kleinigkeiten vor Ort kaufen und das Telefon und die Post bezahlen. Briefe sind erlaubt, aber jeder einzelne wird vom Direktor gelesen, was die Entstehung eines parallelen Postwesens begünstigt. Es gelingt mir, in dieser Abteilung immer allein in einer Zelle zu leben, selbst wenn es eine grosse Zelle mit zwei oder drei Plätzen ist. Wenn ich weiss, dass ein Häftling entlassen wird, bemühe ich mich, seinen Platz zu bekommen. In Crêtelongue leben etwa 60 Gefangene. Manchmal ist der Ort fast überbelegt. Dann sehe ich aus meiner grossen Zelle, wie die anderen Zellen sich langsam füllen: Zweifellos wird bald ein Unbekannter in meine Bude einziehen. Da ich keine Lust habe, meine Zelle für längere Zeit mit einem Unbekannten zu teilen, lade ich einen netten jungen Gefangenen ein, der ohnehin in vierzehn Tagen entlassen wird. So muss ich meine Zelle bloss ein einziges Mal teilen. Dieser Junge war ein grosser Liebhaber und Dieb von schönen Autos und zog sich abends schier endlose Linien Koks rein. Ich habe es auch probiert, aber es liegt mir überhaupt nicht; ich bevorzuge den Hanf.

Ein Dauerproblem ist die Kommunikation mit der Aussenwelt. Ich will den Kontakt mit meinen Kunden, die mir treu geblieben sind, mit meinen Arbeitern, der Familie und den Freunden aufrechterhalten. Allerdings ist die Benutzung der Telefonkabine auf fünf Minuten pro Woche beschränkt und hängt zudem von der Laune des Direktors ab. Im Vergleich zu den anderen Gefangenen habe ich ja eine relativ lange Strafe abzusitzen. Als ich vernehme, dass ein Elektriker unter den Insassen ein illegales Kabel in seiner Zelle gelegt hat, werde ich aufmerksam ... Ich stelle die Weichen, um bei seiner Entlassung an die Zelle mit dem Kabel zu kommen. Die Mitgefangenen, die für den Zivilschutz in Sierre gearbeitet haben, bringen mir ein altes Armeetelefon mit, das mindestens 5 Kilo wiegt. Sie stehlen ebenfalls einen Liter Morphium in Ampullen. Einige Monate später bewohne ich diese Zelle, und ein neues Abenteuer beginnt … Inzwischen hat mir jemand ein kleines Telefon mitgebracht, das ich nur noch anzuschliessen brauche. So kann ich fünf Monate lang ungestört auf Betriebskosten telefonieren. Dann macht mir der Zufall einen Strich durch die Rechnung. An einem Samstag habe ich Besuch. Da Besuch nur einmal pro Woche erlaubt ist, wähne ich mich während der sonntäglichen Besuchszeit sicher und tätige einen Anruf. Dann kommt eine Freundin zu einem unvorhergesehenen Besuch. Der Aufseher will aus Gutmütigkeit eine Ausnahme machen und lässt den unangemeldeten Besuch zu. Er kommt hinauf und taucht vor meiner Tür auf. Das ist Pech, denn es ist der einzige Aufseher, der seinen kleinen Spass daran hat, einzutreten, ohne anzuklopfen. Er ertappt mich mitten im Telefongespräch. Als ich am Montagmorgen allein in den Reben auf dem Hügel arbeite, sehe ich, wie der Direktor in seinem Auto herangeprescht kommt. Ich weiss, dass es meinetwegen ist, und mache mich auf das Schlimmste gefasst. Er ist ausser sich und hält mir eine Standpauke, die es in sich hat. In den nächsten Tagen lebe ich in der Angst, mein Recht auf bedingte Haftentlassung oder auf die zukünftige, immer noch theoretische Halbgefangenschaft zu verlieren. Wird mir die Post wegen der entgangenen Gebühren den Prozess machen? Schlussendlich bekomme ich eine leichte Strafe und darf die Telefonkabine nicht mehr benutzen. Die Direktion kehrt die Angelegenheit unter den Teppich; man hat Angst, dass sie bekannt wird und dass der Ruf der Institution Crêtelongue darunter leiden könnte. Uff! Noch einmal davongekommen!

2012 stehen vier Telefonkabinen zur Verfügung, ohne Einschränkungen – ausser einem Tarif von 1 Franken pro Minute. Als wir uns an die Swisscom wenden, teilt uns diese mit, dass der Staat Wallis den Tarif festgelegt habe. Häftlinge, die 3 Franken pro Stunde verdienen, müssen derart horrende Tarife bezahlen! Kein Wunder, dass viele das Risiko eingehen und ein verbotenes Mobiltelefon benutzen.

Tango kommt

Neben dem Gefängnis steht eine private Villa, wo Geiger, der Direktor der Walliser Gefängnisse, mit seiner Familie wohnt. Nachdem Geiger Chef der Walliser Kantonspolizei geworden ist und der neue Direktor Rantanplan seine Stelle übernommen hat, wohnt er weiterhin in diesem Haus, das einen grossen Innenhof hat. Bei Unterhaltsarbeiten lerne ich Frau Geiger und ihre beiden Kinder kennen. Der zwölfjährige Sohn spielt am Wochenende oft Fussball mit uns Gefangenen. Wenn wir dort arbeiten, bietet uns Frau Geiger manchmal ein Bier an, das wir mit dem Aufseher in der Garage trinken.

Mein Hund Tango, ein irischer Schäferhund, ist ein grosser, haariger Kerl, der 80 Kilo wiegt. Jetzt weiss man nicht, wo man ihn unterbringen soll. Ich erzähle dies den beiden Kindern und zeige ihnen ein Bild von ihm. Sie sind begeistert und können ihre Mutter davon überzeugen, ihn hierher zu bringen. Als meine Mutter mit dem Tier kommt, sagt sie dem Direktor, dass es sich um einen echten Sozialfall handle. Da er nicht weiss, was er mit ihm machen soll, lässt Evêquoz ihn für eine Nacht in meiner Zelle. Was bin ich glücklich! Am anderen Tag lässt ihn Rantanplan in eine Scheune bringen, wo er für ein paar Tage bleiben darf. Ich besuche ihn und gehe mit ihm spazieren. Etwas widerstrebend gibt Herr Geiger nach und nimmt ihn zu sich. Tango hat es besser als ich. Ich darf ihn oft sehen, die Kinder spielen viel mit ihm. Im Winter zieht er ihren Schlitten. Tango wird zum Maskottchen von Crêtelongue, oft erhält er Essensreste von unseren Köchen.

Eines Abends, als ich mir gerade einen Film ansehe, kommt der Aufseher und ruft voller Panik: «Kommen Sie schnell, Ihr Hund hat die Frau Kommandantin gebissen!» Ich gehe mit und finde Tango, wie er im Kofferraum ihres Autos sitzt. Frau Geiger hat es eilig, sie will an eine Abendveranstaltung und muss nun noch ihr Kleid, das der Hund zerrissen hat, ausziehen …

Ursprünglich kommt Tango aus einem Tierheim in Lausanne. Meine Freundin und ich hatten beschlossen, den grössten der herrenlosen Hunde bei uns aufzunehmen, und so hatte sie mir das «Monster» mitgebracht. Am Anfang hatte ich richtig Angst vor ihm. Ich vermute, dass er aus einem Auto geworfen und ausgesetzt wurde. Wegen dieses Traumas versucht er noch heute, sich in jedes Auto zu drängen, dessen Tür offen ist. Man kann ihn nicht herausholen. Er fühlt sich bedroht, sein Trauma kommt wieder hoch, er knurrt und zeigt die Zähne, beisst aber glücklicherweise nur oberflächlich und nur in dieser besonderen Situation. Ich habe, ebenso wie viele meiner Freunde, gelernt, damit umzugehen. Es hat keinen Sinn, ihn mit Gewalt herauszuziehen; er beisst sofort zu und leistet noch mehr Widerstand. Hier sind Geduld und List vonnöten, man muss an seine Verfressenheit oder seine Eifersucht appellieren, um ihn aus dem Fahrzeug zu locken. Zum Glück zeigt Familie Geiger Verständnis und nimmt es ihm nicht übel.

Wenn Tango uns Fussball spielen sieht, ist er nicht mehr zu halten und hat nur noch eines im Kopf: den Ball! Mit seinem riesigen Maul fängt er ihn und beisst zu. Nachdem er etliche Bälle zerschlissen hat, müssen wir ihn anbinden und am Spielen hindern, denn die kaputten Bälle gehen ins Geld!

Der Gefangenenverein von Crêtelongue

Inzwischen kenne ich Crêtelongue wie meine Westentasche und bin mit dem Ort, den Leuten, den Problemen und Gewohnheiten bestens vertraut. Zusammen mit einigen verständigen Freunden gründe ich die Gefangenenvereinigung Crêtelongue (ADC). Diese Gewerkschaft innerhalb des Gefängnisses war der Direktion von Anfang an ein Dorn im Auge. Dabei bestand unsere Tätigkeit nur darin, Beschwerden und Vorschläge aufzunehmen und dann das Gespräch mit Direktor Rantanplan zu suchen. Es war keine einfache Sache, die Gefangenen zusammenzubringen und sie vom Nutzen der ADC zu überzeugen. Nach gut demokratischer Art wählten wir drei Delegierte, und der Kampf konnte beginnen. Es war eine wahrhaft besondere Landsgemeinde, die hier zusammenkam! Denn oft sind Gefangene grosse Individualisten, sie leben unter einem ständigen Zwang, haben Angst, dass ihnen ein Freigang oder ein Besuch gestrichen wird, die Verlegung in eine andere Abteilung sich verzögert, sie möchten nicht negativ auffallen oder zu einer anderen Arbeit eingeteilt werden, und so weiter. Dazu kommt, dass sie sich selten mit der Demokratie befasst haben und noch seltener an Abstimmungen teilnehmen. Viele können weder lesen noch schreiben.

Durch die Zeitung *Nouvelliste* wurde unsere Gewerkschaft sogar in der Aussenwelt bekannt. Wir konnten einiges erreichen, so wurden beispielweise Netze an den Fussballtoren angebracht, wodurch wir den verlorenen Ball nicht mehr überall suchen mussten. Wir bekamen eine Bibliothek; der Strassenpriester Guy Gilbert besuchte uns; unser «Lohn» wurde auf 3 Franken pro Stunde erhöht.

Einer unserer Mitgefangenen war Jean-Daniel, ein junger Mann und Ex-Fussballer; er war an Aids erkrankt und gesundheitlich stark angeschlagen. Er wurde zusehends dünner und schwächer. Obwohl er nicht mehr lange zu leben hatte, verweigerte man ihm sogar die schlichte humanitäre Massnahme einer vorzeitigen provisorischen Entlassung! Er war von den harten Drogen abgekommen, rauchte gelegentlich einen Joint, weil es ihm guttat und nicht schadete; im Gegenteil, er hatte einen besseren Appetit und nahm sogar ein wenig zu. Der Direktor hatte ihm versichert, dass es ihn nicht störe, wenn er Haschisch rauche. Alles ging gut bis zu dem Tag, an dem Rantanplan einen Urintest anordnete. Obwohl der Test lediglich positiv auf Cannabis war, wurde Jean-Daniel in die Arrestzelle verlegt. Angesichts einer derartigen Heuchelei ist es verständlich, dass manche die Nerven verlieren, zusammenbrechen und dann die Konsequenzen zu spüren bekommen.

Es war eine schlimme Situation: Jean-Daniel friert und braucht sofort warme Decken. Die ADC schreitet ein und besorgt ihm welche ... Doch er ist schon so schwer erkältet, dass sein Leben in Gefahr ist. Im letzten Augenblick lädt ihn Rantanplan in sein Auto und bringt ihn ins Spital von Crans-Montana. Wenig später stirbt Jean-Daniel an einer Lungenentzündung. Doch der Junge stirbt nicht nur an der Krankheit, er stirbt auch wegen der Schlechtigkeit und dem Starrsinn Rantanplans ... Die anderen Gefangenen sind traurig, schockiert und aufgebracht, eine stille Wut macht sich breit. Die ADC organisiert eine Kollekte, die 540 Franken ergibt, was viel ist für Menschen, die kaum etwas besitzen. Wir bestimmen, dass Campiche, ein Mitglied der Dreier-Delegation, am Begräbnis teilnimmt. Der Direktor muss einlenken, sonst hätte es einen Generalstreik gegeben.

Rantanplan, der unerbittliche Beamte, hat Jean-Daniel im eigentlichen Sinne und dazu noch völlig legal sterben lassen. Es lohnt sich, diesen Mann näher zu beschreiben. Ursprünglich Sozialarbeiter, strebt er die Stelle des Direktors von Crêtelongue an. Als Mitglied der Walliser Mehrheitspartei CVP bekommt er heimliche Unterstützung, man lässt Beziehungen spielen, und am Ende überholt er Kandidaten, die viel qualifizierter sind als er. Dieses System, das immer noch angewandt wird, benachteiligt das Volk. Wenn die Stelle eines Aufsehers frei wird, kennt man den Namen des zukünftigen Inhabers, noch bevor die Stelle ausgeschrieben wird. Rantanplan muss sich ziemlich einsam vorkommen in seiner Rolle als unfehlbarer Diktator – alle hassen ihn, selbst die Aufseher!

Von den älteren Insassen und Wärtern erfahre ich, dass Geiger und vor allem Rantanplan durch eine strengere Ordnung und vermehrte Repression zunehmend Druck aufgebaut haben. Anscheinend war der Führungsstil eines früheren Direktors – Michel Evêquoz, einer aussergewöhnlichen und innovationsfreudigen Persönlichkeit – ungleich offener und permissiver. Evêquoz leistete sogar Pionierarbeit, indem er erstmals die Regelung einführte, dass Verurteilte mit Kurzstrafen nur die Nacht im Gefängnis verbringen müssen. Wegen Alkohol am Steuer werden viele Bürger zu Kurzstrafen verurteilt. Da ein Gefängnisaufenthalt oft zum Verlust der Arbeitsstelle führt, können sie die Strafe nachts und/oder am Wochenende verbüssen, so dass sie die Stelle nicht verlieren. Für einmal erweist sich das Wallis als innovativster Kanton der Westschweiz. Eines Tages, als ein besonders hartgesottener Insasse sich schwer danebenbenahm, forderte Evêquoz ihn auf der Stelle vor der ganzen Mannschaft zum Boxkampf heraus. Der Direktor gewann und verdiente sich damit allgemeinen Respekt. Andere Zeiten, andere Sitten!

Dank der ADC können wir eine Fussballmannschaft aufstellen. Wir möchten gegen auswärtige Teams spielen. Ein fussballverrückter Wärter organisiert einige Treffen, bei denen alles in gutem Sportsgeist verläuft. Wir sind ja keine blutrünstigen Barbaren! Die Herren Direktoren Beytrison und Rantanplan sind beim ersten Spiel dabei; zuerst sind sie skeptisch, doch dann beginnen sie ihr Team anzufeuern. Jeder einzelne Spieler gibt sich grosse Mühe, fair zu spielen. Beim Training ist das nicht immer der Fall. Einmal werden ein Serbe und ein Unterwalliser handgreiflich. Plötzlich zücken sie ihre Messer! Einmal mehr kann ich dank meiner Übung in Gewaltfreiheit das Schlimmste verhindern und die Streithähne mit beruhigenden Worten zur Räson bringen.

Das schönste Spiel war ein surrealistisch anmutendes Match gegen ein Team junger Priester aus Écône! Angetan mit ihren schwarzen Soutanen, gaben sie sich dem Spiel voll hin. Auch sie hatten selten Gelegenheit, gegen auswärtige Mannschaften zu spielen. Fast alle Kinder aus gutem Hause, absolvierten sie das Seminar eher aus Pflicht denn aus Berufung, so wie man sich einer Strafe unterzieht. Manchmal verschwand der Ball unter einer Soutane ... Die Begegnung verlief ohne Zwischenfälle, und wir verloren das Match 4:3. Ich stand im Tor und war das erste Mal in Crêtelongue als «Wärter» tätig!

Sport und kulturelle Aktivitäten sollten in den Strafanstalten unbedingt gefördert werden. Sie tragen viel dazu bei, den Druck des Gefängnislebens zu erleichtern, und ermöglichen es den Gefangenen, ihre Allgemeinbildung und ihre körperliche und geistige Gesundheit zu verbessern.

Wir hatten auch Besuch vom Strassenpriester Guy Gilbert, der eine Kirche vertritt, die für Verlorene, von der Gesellschaft Verstossene und Randständige da ist. Mit seinem Rocker-Look, seinen Cowboystiefeln und Kettchen, den Selbstgedrehten, seinen langen Haaren und seinem Freimut ist es ihm möglich, direkt den Weg ins Herz der verstocktesten Menschen zu finden. Ein solcher Mensch lässt niemanden kalt und zieht die Massen an, wo auch immer er sich befindet. Als Autor zahlreicher Bücher wie *La rue est mon église* («Die Strasse ist meine Kirche») weckt er bei vielen jungen Christen die Hoffnung auf eine brüderliche, einfache und lebendige Kirche. Bei jeder seiner Reisen besteht er darauf, verbotene und verborgene Welten wie Gefängnisse zu besuchen. Er spricht mit den Häftlingen und den Aufsehern.

Als die ADC vernimmt, dass Gilbert ins Wallis kommt, überzeugen wir Rantanplan, ihn zu einer Gesprächsrunde einzuladen, an der dieser sogar teilnimmt, obwohl seine Anwesenheit eine gewisse Spannung hervorruft. Es war ein starker Moment; sämtliche Gefangenen verliessen ihre Zellen und verzichteten auf ihre Lieblingssendung, um an dieser Gesprächsrunde teilzunehmen.

Während ich dort war, funktionierte die ADC einigermassen. Danach machte sich Rantanplan daran, diese Gefangenengewerkschaft zu zerschlagen. Heute existiert sie nicht mehr, obwohl sie zwei Jahre nach meiner Entlassung noch aktiv war und Widerstand leistete. Es bleiben unsere Statuten und die Erinnerung an ein unvergessliches Experiment.

Landwirt in einem staatlichen Betrieb

Das herrliche, von Bisses (Kanälen) durchzogene Landgut erstreckt sich zwischen zwei Hügeln. Talaufwärts und talabwärts werden die Felder von zwei Gletscherhügeln überragt und beherrscht, Zeugen der ungeheuren Kraft des Rhonegletschers, der in der letzten Eiszeit das ganze Tal bedeckte. In der Mitte verläuft der Réchy, ein Flüsschen mit Forellen. Eines Tages, als ich mit einem Kameraden gerade Bäume schneide, sehe ich ein Prachtexemplar, das sich hinter einem grossen Stein versteckt. Ich steige schnell ins Wasser, schleiche mich vorsichtig an und fange sie von Hand. Abends brutzelt sie dann gemütlich in meiner Pfanne.

Meine Kompetenz als Landwirt wird vom ersten Tag an anerkannt und geschätzt. Ich kann jetzt verstehen, wieso grosse staatliche Landwirtschaftsbetriebe oder die sowjetischen Kolchosen nicht funktionieren. Beamte bestellen die Erde nachlässig und ohne Sorgfalt. Betriebsleiter Evêquoz machte in der Landwirtschaft wiederholt Fehler – und zwar nicht das erste Mal. Früher war Evêquoz Betriebsleiter im Ciba-Geigy-Versuchsbetrieb in Vouvry. Dann verrechnete er sich eines Tages bei der Dosierung eines chemischen Produkts und zerstörte mehrere Hektar Kulturland. Er wurde entlassen ... und landete in Crêtelongue.

In mehreren Kantonen werden die staatlichen Betriebe biologisch bewirtschaftet, aber in Crêtelongue kannte man noch nicht einmal die integrierte Schädlingsbekämpfung. Auf Anraten eines Agrol-Verkäufers aus Sion hantierte man unbekümmert mit grossen Mengen chemischer Produkte. Diese Genossenschaft kauft die Produkte der Gefangenenkolonie günstig auf und profitiert damit gleich zweimal.

1990 sind einige Früchte, vor allem die frühen Klaraäpfel, von einem der hierzulande seltenen Hagelschläge betroffen. Ohne Gewissensbisse verkauft Agrol diese Früchte als «Bio-Äpfel» an den Zürcher Zoo, denn Zoos kaufen nur Bioprodukte ... Eines Tages mache ich Rantanplan einen Vorschlag, mit dem man 60 000 Franken einsparen könnte. Bei der Düngung befolgt man nämlich die Ratschläge des Düngerhändlers, ohne je eine Bodenprobe gemacht zu haben! Nun soll ich Bodenproben entnehmen und mache mich mit Hilfe meines Lochbohrers ans Werk. Es zeigt sich, dass die Böden völlig überladen sind mit Nährstoffen und Ruhe benötigen. In meiner Zelle habe ich immer Blumen. Im Winter schneide ich einige frische Obstbaumzweige, die nach wenigen Tagen blühen.

An einem Februartag habe ich Lust, Evêquoz einen Streich zu spielen. Beim Appell zeige ich ihm einige blühende Zweige von Gute-Luise-Bäumen und sage ihm, dass die Frostbekämpfung noch nicht funktioniert. Überrascht und nervös sucht er nach Worten, einen köstlichen Moment lang ist er unsicher, dann bemerkt er die Täuschung und lässt sich zu einem kleinen Lacher herab.

Beim Schneiden der Obstbäume halte ich mich an das eingebürgerte örtliche System, einen langen Schnitt, selbst bei einer Sorte wie Williams. Es geht darum, viele ganze Jahrestriebe stehen zu lassen. Anfangs gibt man mir zu verstehen, dass ich zu schnell vorwärts mache. Weil ich beim Schneiden nicht langsam arbeiten kann, mache ich lange Pausen, in denen ich lese, schwatze oder rauche. Die Gefängnisaufseher arbeiten oft halbtags und bewirtschaften im Nebenerwerb einen kleinen Hof. Manchmal bittet man mich, am Samstag auswärts Bäume zu schneiden. Ich mache es gerne, denn dadurch kann ich meinen Lohn verdoppeln, und zugleich ergibt sich die Gelegenheit, ein Gläschen zu trinken, da Alkohol im Gefängnis als Droge gilt und strikte verboten ist.

Als wir einmal die Flasche von Bandolier finden, einem alkoholsüchtigen Wärter, trinken wir sie daher getrost aus, denn wir wissen, dass er sich nicht bei der Direktion beschweren wird …

Ich bilde Mitgefangene in der Technik des Baumschnitts aus. Ich bin es gewohnt, diesen Kurs im Freien abzuhalten. Mit ein, zwei Kumpeln machen wir uns bei jedem Wetter auf den Weg, wir nehmen dem Traktor und beladen den Anhänger mit den pneumatischen Schneidewerkzeugen und den Leitern.

Obwohl ich manchmal Lust auf einen Bummel habe, bin ich zur Essenszeit immer zurück. Man lässt mich gewähren und überwacht mich diskret. An einem Samstag nimmt mich Evêquoz mit einem Kollegen mit nach Conthey, damit ich seine Apfelbäume schneide. Dort, in privatem Rahmen, zeigt er das erste Mal seine menschliche Seite … Nach einem reichlich begossenen Raclette fährt er uns unbesorgt und völlig betrunken spätabends zurück ins Gefängnis.

Ein anderes Mal schneide ich die Bäume von Monsieur Beytrison, dem Direktor sämtlicher Walliser Gefängnisse. In der Pause führt uns Evêquoz in die Kneipe, und noch bevor er selbst bestellen kann, verlangen wir zwei Mass Bier … Da kommt unser Skichampion Steve Locher und bezahlt uns eine Runde – der gute Mann hatte die Situation sofort begriffen.

Flucht aus dem Gefängnis

Nichts ist einfacher, als aus Crêtelongue abzuhauen. Das kam immer wieder vor. Das Problem war eher, der Versuchung zur Flucht zu widerstehen. Oft treiben einen die Gefühle zur Flucht, man ist verliebt, sehnt sich nach der Geliebten, vernimmt, dass die Konkurrenz draussen nicht untätig ist. Ich selbst bin notgedrungen ungebunden und habe Ruhe vor diesem schmerzlichen Problem. Eines Tages flieht ein Gefangener mit dem Traktor. Man findet ihn auf dem Bahnhof von Sierre …

Wird ein Flüchtiger aufgegriffen, kommt er zur Strafe erst einmal in die Arrestzelle, die sozusagen ein Gefängnis im Gefängnis ist. Nach dem Arrest geht die Strafe normal weiter. Das Schweizer Rechtssystem verurteilt die Flüchtigen nicht, sie riskieren keine zusätzliche Strafe, ausser im Wiederholungsfall, wo das Recht auf eine bedingte Entlassung verwirkt wird. Letztere beträgt ein Drittel der Haftstrafe und wird systematisch gewährt, obwohl sie öfters als Druckmittel benutzt wird. Die Bewährung dauert einige Jahre, aber bei einem neuen Delikt und einer weiteren Verurteilung verfällt sie.

Der Direktor der Waadtländer Gefängnisse hat die Sache in den Medien einmal auf den Punkt gebracht, indem er sagte, dass allein die Möglichkeit zur Flucht einen positiven Beitrag zur geistigen Gesundheit und Ausgeglichenheit der Gefangenen leistet. Es stimmt, dass man sich besser fühlt, wenn man weiss, dass man fliehen könnte.

Während meines Aufenthalts mussten die Gefangenen drei neue Arrestzellen bauen. Natürlich versteckten sie dort Fluchtwerkzeuge, so dass zwei Vögelchen, die beim Bau mitgeholfen hatten, gleich nach der Einweihung ausflogen.

Das Gefängnis, das in den 1940er-Jahren erbaut wurde, hat Gitter, die den starken Männern von damals entsprachen. Die heutigen Häftlinge sind oft magere Drogensüchtige. Ich erinnere mit an einen Jungen aus Sion, der bloss 45 Kilo wog. Er wand sich nachts durch die Gitterstäbe und kam am nächsten Morgen auf dem gleichen Weg zurück – mit Geschenken für seine Freunde!

1990 gab es rund hundert Fluchtversuche. 2011 ist bloss ein Franzose nach dem ersten Hafturlaub nicht mehr zurückgekehrt. Die Zeiten haben sich geändert ... Die Leitung ist strenger geworden, überall sind Kameras. Eine Flucht bedeutet ein garantiertes Medienspektakel und wird durch den Verlust der Halbgefangenschaft oder sogar der Bewährung geahndet.

Der kleine Mann

Neben der Kolonie liegt das Dorf Réchy, wo ein Mann lebte, der nur 1 Meter 50 gross war. Er hiess François, genannt «Mabiche». Obwohl er über vierzig war, hatte er das Gemüt eines Zehnjährigen. Er konnte weder lesen noch schreiben. Er war der Dorftrottel, alle kannten ihn. Niemand wunderte sich, dass François im Alter von 18 Jahren mit Kindern seines geistigen Alters spielte. Dummerweise kam er eines Tages ins nahegelegene Sierre und spielte dort mit den Kindern eines Quartiers, was deren Eltern beunruhigte.

Er wird von der Polizei festgenommen, wehrt sich und kommt ins Gefängnis. Er neigt dazu, sich selbst zu verletzen, ist aber nie aggressiv zu anderen. Er überrascht durch seinen Humor, seine lustigen Überlegungen und Ausfälle. Der kleine, joviale, gelenkige und fitte Mann spielt vor den Leuten oft den Hanswurst. Da der Richter in Sierre nicht weiss, was er mit ihm anfangen soll, schickt er ihn in die psychiatrische Klinik. Doch François' geistige Behinderung ist unheilbar, man kann ihm dort nicht helfen. Er kommt zurück in die Gefängniszelle der alten Strafanstalt von Sion. Mit der Zeit erweist sich, dass er harmlos ist. Schliesslich kommt er nach Crêtelongue.

In den ersten Jahren, als seine Eltern noch lebten, lief François oft weg und versteckte sich unter seinem Bett im Elternhaus. Für die Aufseher ist es ein Kinderspiel, diesen «Flüchtigen» aufzuspüren und zurückzubringen. Man verurteilt ihn aufgrund von Artikel 41 (FFE, fürsorgerischer Freiheitsentzug), zu seinem eigenen Schutz und um die Gesellschaft vor ihm zu schützen. In Wirklichkeit bedeutet der FFE für einige Menschen eine lebenslange

Verwahrung, damals ein nicht unüblicher Missbrauch der persönlichen Rechte.

François ist bei weitem der älteste Insasse von Crêtelongue und verbringt sein ganzes Leben im Gefängnis. Gutherzige Aufseher nehmen ihn manchmal mit nach draussen, ebenso wie einige Gefangene oder Besucher, aber niemand will «Mabiche» aus seiner Zelle holen, die er vielleicht bis zu seinem Tod bewohnen wird.

Mit seiner schelmischen Persönlichkeit und seinem rührenden Verhalten bringt er Lachen und Freude in den Gefängnisalltag. Die Gefangenen beschützen ihn und betrachten ihn als ihr Maskottchen. François ist lustig und anhänglich, er kann sehr gut imitieren und liebt es, zu singen und zu tanzen. Während meines Aufenthalts kümmere ich mich oft um ihn, gebe ihm Zigaretten, die er gleich weiterverschenkt.

Ein tragischer Fall wie François gehört nicht ins Gefängnis. Man müsste einen Platz in einer anderen Institution finden. Leider kümmert sich niemand darum. Diese Ungerechtigkeit dauert jetzt seit mehr als 45 Jahren an, obwohl er sehr unter seiner Lage leidet. Man kann bloss hoffen, dass ein neuer Direktor seiner Verantwortung nachkommt und einen Ort findet, an dem er besser aufgehoben ist. François' Fall kam nie vor Gericht, er wurde nie verurteilt. Er ist Analphabet, eine Waise, hat einen Vormund, der sein Geld verwaltet und ihn einmal im Jahr besucht; dieser Fall illustriert die ganze Grausamkeit unserer Gesellschaft. François bekommt keinen Besuch wie die anderen. Dennoch hat der kleine Mann immer noch seine Tiefpunkte; dann träumt er davon, aus dem Gefängnis zu kommen. Allerdings hat er auch Angst, diesen Ort zu verlassen. In den langen Jahren ist ihm das Gefängnis zu einer Heimat geworden. Er müsste von Sozialarbeitern begleitet und unterstützt werden. Heute sieht es aber immer noch so aus, als würde diese menschlich unhaltbare Situation bis zu seinem Tod andauern. Wird er Crêtelongue im Sarg verlassen? Er, der die Natur und die Tiere so sehr liebt und die personifizierte Unschuld ist … Es gibt Institutionen für geistig

Behinderte. Die Zuständigen schieben sich den Fall gegenseitig zu und beruhigen ihr Gewissen damit, dass man «nicht wisse, wo er hinsoll»... Das Alters- und Pflegeheim ist keine Option. François ist zwar schon im Rentenalter, aber immer noch topfit und stets bereit, den Clown zu spielen und sein Publikum zu belustigen.

Einmal brachte ihn ein Aufseher zu einer Prostituierten in Sion. Zum ersten Mal in seinem Leben sah François eine nackte Frau – und sprang vor Angst aus dem Fenster! Aber es war einen Versuch wert. Die Zärtlichkeit einer Frau könnte bei Mabiche ein neues Verhalten hervorbringen.

Jede Kratzspur an seiner Zellentür steht für sein menschliches Elend. Artikel 41 ermöglicht es einem Richter, den FFE unbeschränkt zu verlängern, so dass der «Kranke» bis an sein Lebensende im Gefängnis bleiben muss. Da ist eine Verurteilung vorzuziehen, denn so ist zumindest gewährleistet, dass es eines Tages zur Entlassung kommt.

Unsere Gesellschaft muss solche Missbräuche verhindern. Es gibt Verantwortliche, die für dieses kriminelle Verhalten eine Strafe verdient hätten. Die heutige Gefängnisleitung verweigert François das Recht auf Besuch, das für alle Gefangenen gilt. Man hat nicht die Absicht, ihn zu entlassen. Alle schauen weg, der Skandal geht weiter. Man kann nur nach Gerechtigkeit rufen und hoffen, dass er noch etwas von der Welt sieht, bevor er stirbt. Die Gesellschaft hat eine grosse Schuld gegenüber François. Freiheit ist die einzige Lösung für François! Ich wünsche mir sehr, dass der kleine Mann noch ein wenig Glück findet. Meine Worte sollen hier für ihn sprechen.

Einige völlig asoziale Individuen richten es sich so ein, dass sie den Winter im Gefängnis verbringen, weil sie sonst nirgendwohin gehen können. Wenn sie ankommen, sind sie schmutzig und mager. Während der Monate an der Wärme erholen sie sich ein wenig, im Frühling verschwinden sie wieder – bis zum nächsten Winter. Andere wiederum haben sich so sehr ans Gefängnisleben gewöhnt, dass sie bei der Vorstellung, sie müssten raus, in Panik geraten. Im Gefängnis haben sie ihre Freunde, ihre Sicherheit, sie bekommen zu essen. Es ist ihre Welt. Die Welt draussen bleibt ihnen unbekannt. Es kommt vor, dass sie sich nach einiger Zeit in der Freiheit wegen einer Bagatelle selbst anzeigen oder absichtlich ein Delikt begehen, mit dem Ziel, wieder nach Hause zu kommen, nach Crêtelongue. Eine Mischung aus menschlichem Elend und einem sehr besonderen psychologischen Phänomen …

Drogen

Die einzigen erlaubten Drogen sind Tee, Kaffee, Tabak und Medikamente, darunter das schreckliche Methadon.

Unter den Gefangenen gibt es derart viele wegen Konsum und Handel mit Haschisch oder harten Drogen Verurteilte, dass sie mit rund 80 Prozent die Mehrheit der Insassen ausmachen. Der Rest besteht aus Dieben, Sexualstraftätern, Einbrechern und Gewalttätern. Nachdem ich gesehen habe, wie viele Medikamente die Aufseher verteilen, kommen sie mir vor wie legale Dealer. Die Pharmaindustrie lebt sehr gut von ihren wirksamen, aber nicht immer ungefährlichen Produkten. Diese führen zur Abhängigkeit, die weniger schlimm sein mag als bei anderen harten Drogen, da es sich um legale Substanzen handelt. Selbstredend führt dies im Gefängnis zu einem internen Handel, bei dem einige die Medikamente sammeln, um sie an andere zu verkaufen. So kostet eine Rohypnol-Tablette 20 Franken, während man in der Apotheke weniger als einen Franken dafür bezahlt.

Im Gefängnis ist alles – Haschisch, Kokain, Heroin, sogar Morphium, Wein und manchmal Hochprozentiges – gegen Bezahlung erhältlich. Es ist kaum zu glauben, aber diese geradezu absurde Situation gehört zu unserem Alltag! In Crêtelongue fühle ich mich nicht anders als auf dem Platzspitz in Zürich, wo sich vor den Augen aller, einschliesslich der Medien, Tausende ihren Schuss setzen.

Leere Alkoholflaschen müssen diskret entsorgt werden. Ich kannte verschiedene Systeme: Das schlimmste bestand darin, die

Flaschen in kleine Scherben zu zerschlagen und in die Toilette zu werfen. Einmal waren sämtliche Abwasserrohre des Gebäudes verstopft; mitten im Winter mussten aufwendige Arbeiten gemacht werden. Der Aufseher Massue musste diese widerliche Arbeit erledigen.

Es lohnt sich, diese völlig paradoxe Situation näher zu betrachten. Ich sah Klebezettel mit den Preisen aller verbotenen Substanzen. Offensichtlich hatten sich die örtlichen Dealer untereinander abgesprochen. Es ist ja nicht so, dass unsere legalen Drogen harmlos sind! Der Tabak tötet jedes Jahr 8000 Menschen, beim vielgepriesenen Alkohol sind es 3500 Opfer. In Bezug auf den Medikamentenmissbrauch verhindert die Pharmaindustrie jegliche Statistiken.

Tabak und Alkohol sind für den Menschen stark suchtbildend, wobei Tabak bzw. Nikotin schneller zur Abhängigkeit führt als Alkohol. Man muss erlebt haben, in welchem Zustand sich ein starker Alkoholiker auf Entzug befindet, wie dieser Gefangene, der eines Tages zu uns kam. Man musste ihm ein Glas Fendant geben, um seinen Kreislauf zu stabilisieren! Eine Therapie, die unser Oberaufseher – selbst Alkoholiker – fachgerecht durchzuführen wusste.

Der frühere Präsident Bill Clinton verlangte von der allmächtigen Tabakindustrie die Veröffentlichung der 2000 Substanzen, die dem Tabak beigemischt werden. Einige dieser Stoffe sind sogar stärker suchtbildend als Nikotin. Ich kenne dessen Wirksamkeit, weil ich es manchmal als biologisches Insektizid benutzt habe. Seine als «Knockout» bekannte Wirkung ist schnell und sehr effektiv.

Trotz des Getöses um den Tabak wurde nicht viel mehr unternommen, als den Preis einer Packung Glimmstängel zu erhöhen und die Werbung ein wenig einzuschränken. Es ist völlig unrealistisch, hier an ein richtiges Verbot zu denken. Das Volk hat sich bereits dazu geäussert, indem es die Initiative für das Verbot sämtlicher Alkohol- und Tabakwerbung ablehnte. Der Alkohol hat immer noch eine glänzende Zukunft. Man kann sich leicht vorstellen, wozu das Verbot dieser beiden todbringenden Substanzen führen würde. Es wäre keinesfalls eine Lösung.

Zwei Beispiele kommen mir in den Sinn. 1995 gab es in Italien den Tabakstreik, der sofort zu einem überaus effektiven Zigarettenschmuggel führte. Eine Schachtel Zigaretten kostete in Rom bis zu 200 Franken! In den USA war der Alkohol während zwölf Jahren verboten. Dies führte zu einem gewaltigen Schwarzmarkt, an dem die Mafia sich bereicherte. Es gab Tote wegen gepanschtem Alkohol. Die Preise stiegen in astronomische Höhen. Dem Staat entging nicht nur die Alkoholsteuer, er musste auch noch dafür sorgen, dass ein absurdes Gesetz eingehalten wurde. Zudem stellten die Ärzte fest, dass die Zahl der alkoholbedingten Leberzirrhosen während der Prohibition überhaupt nicht zurückging.

Nein, im Kampf gegen dieses Übel brauchen wir viel eher Weisheit, Prävention und Information. Diese Art der Politik fängt nun an, Früchte zu tragen. Es geht auch darum, alkoholfreie Getränke durch günstigere Preise attraktiver zu machen als Alkohol. Dass junge Leute in ihrer Freizeit nur Bier als das einzige billige Getränk vorfinden, spricht nicht gerade für eine gute Präventionspolitik, sondern eher für den Einfluss allzu mächtiger Lobbys.

Die Menschheit hat zu allen Zeiten den Rausch gesucht und ihn durch den Drogengebrauch in ihr soziales und religiöses Leben eingebaut: Tabak, Tee, Kaffee, Alkohol, Kokablätter, Haschisch, Opium, Peyote oder halluzinogene Pilze. Naturforscher haben entdeckt, dass dieses Phänomen auch bei den Tieren vorkommt. Rentiere fressen Fliegenpilze; Pflanzenfresser haben eine ausgesprochene Vorliebe für gewisse, angeblich toxische Pflanzen; der afrikanische Elefant frisst sich gerne mit einer bestimmten roten Frucht voll. Wenn die Elefanten diese Frucht in grossen Mengen fressen und viel Wasser dazu trinken, kommt es nach der Fermentation zu einer Art Massenhysterie. Dann sieht man die Dickhäuter mit Bäumen kämpfen, die sie rein zum Spass entwurzeln …

Trotz alledem entwickelt sich die Menschheit weiter, und es ist keine einzige Zivilisation bekannt, die an einer Droge untergegangen wäre. Diese Tatsache, vereint mit einem grundsätzlichen

Respekt vor der Freiheit eines jeden, sein Leben selbst zu gestalten, bestärken meine Überzeugung, dass es Drogen nun einmal gibt und dass man lernen muss, mit ihnen umzugehen. In einer Zeit, in der jeder Suizid begehen darf und in der ernsthaft über die Freiheit zur Euthanasie diskutiert wird, verspüre ich umso mehr das Bedürfnis, in einer freien und selbstverantwortlichen Gesellschaft zu leben. Deshalb müssen die Drogen – sämtliche Drogen – legalisiert werden. Seit den 1970er-Jahren bekämpft man mit kostspieligen Mitteln die sogenannt illegalen Drogen Kokain und Heroin sowie Hanf für den Freizeitgebrauch, Marihuana oder Haschisch. Nach bald dreissig Jahren erbitterter Repression ist es an der Zeit, sich zu besinnen und die Resultate dieses Kriegs gegen die Drogen objektiv zu untersuchen. Tatsache ist, dass Heroin 25-mal weniger Menschen tötet als Alkohol und Tabak zusammen. Ausserdem geht die Zahl der Süchtigen, die an einer Überdosis sterben, seit einigen Jahren zurück. 1996 waren es 311, während in den Jahren 1990–1994 mehr als 500 Personen pro Jahr an einer Überdosis starben. Zahlen, die das Offensichtliche an den Tag bringen. In erster Linie hat sich das Problem noch vergrössert, was als Misserfolg zu betrachten ist. Hinzu kommt, dass internationale Drogenhändler dank der Prohibition das grosse Geld machen. Es geht so weit, dass einige Nobelpreisträger eine vollständige Legalisierung empfehlen, um den Schwarzmarkt auszutrocknen und den Verkauf von häufig verschnittenen und mit schädlichen Substanzen belasteten Produkten zu stoppen, denn dadurch werden die Drogen weit gefährlicher, als sie es in Wirklichkeit sind. Ausserdem führt die Repression zu sehr hohen Preisen, wodurch Drogensüchtige selber dealen müssen oder in die Kriminalität gedrängt werden. Es ist geradezu kafkaesk: Der Krieg gegen die Drogen nützt den mafiösen Organisationen.

Im Fall des Haschischs kostet ein Kilo in den armen Ländern 50 Franken und hat auf dem Schweizer Markt einen Wert von 10 000 Franken. Dieser Handel unterstützt den Waffenhandel und somit die Milizen und terroristischen Gruppierungen. Ende 1996 räumte die israelische Armee ein, mit der ägyptischen Armee Geschäfte in Sachen Haschisch zu machen. Die enormen Mittel, welche die Repression, die juristischen, polizeilichen, administrativen Massnahmen und die Betreuung der Gefangenen verschlingen, könnten im Fall einer Legalisierung für die Information, Prävention, die Hilfe für Schwerstsüchtige und die Alters- und Invalidenversicherung (AHV/IV) verwendet werden.

Ein Gefangener kostet die Gemeinschaft 300 Franken pro Tag. Ich weiss, dass unsere Gefängnisse mit politischen Gefangenen und Häftlingen aus Gewissensgründen überfüllt sind, deren einziges Unrecht darin besteht, dass sie an Drogen Spass haben, die von der Gesellschaft als illegal betrachtet werden. Zahllose junge und weniger junge Menschen werden kriminalisiert, demoralisiert und zerstört; ihr Leben und ihre Zukunft werden durch eine unsinnige Verurteilung belastet. Die Entkriminalisierung des Konsums und die Reglementierung des Marktes hätten keine anderen Folgen, als dass sich unsere Gefängnisse leeren würden (80 Prozent). Wäre dies nicht eine ernsthafte Überlegung wert, statt schon wieder hunderte von Millionen in die Vergrösserungen unserer Gefängnisse zu investieren?

Muss man denn immer stur weiterfuhrwerken, ohne eine Sache zu hinterfragen? Einige Richter und Staatsanwälte gehen inzwischen so weit, zu sagen: «Cannabis ist nicht verboten, weil es gefährlich ist, sondern es ist gefährlich, weil es verboten ist.»

Heroin und Kokain sind tückische und weit verbreitete Drogen. Ich traf Heroinsüchtige, die ehrlich aussteigen wollten. Dank der Anwendung von Hanf oder Cannabis konnte ich ihnen helfen und sie auf dem Weg zur Genesung begleiten. Wir dürfen nicht vergessen, dass ein Süchtiger in erster Linie krank ist. In dieser Hinsicht gehe ich einig mit dem Grosskapitalisten George Soros, der viele Millionen an Stiftungen verteilt, die der Legalisierung den Boden bereiten. Der Mann, der ganz allein das englische Pfund zu Fall brachte, ist zu Recht der Ansicht, dass das Einsperren von Süchtigen dem Völkermord an den Juden gleichkommt! Tatsächlich vegetieren Millionen Menschen, die eigentlich krank sind, in den Gefängnissen dieser Welt.

Hanf stellt unter all diesen Drogen – seien sie nun legal oder illegal – eine harmlose Leckerei dar. Es gibt keine haltbaren wissenschaftlichen Beweise für die Toxizität von Haschisch, das aus Hanf hergestellt wird. Das ist insofern nicht erstaunlich, als Hanf erwiesenermassen weniger schädlich ist als Tabak. So wird er zu Recht als sanfte Droge angesehen, etwa zwischen Kaffee und Alkohol, obwohl er keine körperliche Abhängigkeit hervorruft. Es ist noch nie jemand am Hanf gestorben, der im übrigen bis in die 1950er-Jahre in unseren Apotheken und Drogerien zur Heilung verschiedener Leiden verkauft wurde. Heute wird er wieder als Medikament entdeckt. Für seinen psychoaktiven Wirkstoff, das Tetrahydrocannabinol (THC), gibt es keine letale Dosis. In den USA und in Deutschland ist THC in einigen Staaten und Bundesländern für die Behandlung von Krebs- und Aidskranken zugelassen, ebenso für einige andere Leiden.

Das Bundesamt für Gesundheit (BAG) hat 1990 mit einem Ammenmärchen aufgeräumt. Es hiess, dass Hanf die Vorstufe zum Konsum harter Drogen sei, was bewiesenermassen falsch ist. Dieses Märchen wurde 20 Jahre lang verbreitet und lebt in den Köpfen einiger engstirniger Richter weiter. Das einzig Gefährliche am Hanf ist seine Illegalität. Um an Hanf zu kommen, müssen sich die Konsumenten oft an Kreise wenden, die ihnen viel lieber Heroin oder Kokain verkaufen, da sie mehr daran verdienen. Es ist die Aufgabe des öffentlichen Gesundheitswesens, diese beiden Märkte zu trennen. In der Deutschschweiz hat man das begriffen, und in den meisten grossen Städten werden Orte toleriert, wo man Hanf ohne Probleme und ohne das Angebot harter Drogen kaufen kann.

Im Gefängnis habe ich viel über diese Sache nachgedacht und begann später wieder mit dem Anbau von Schweizer Hanf. In Crêtelongue werden Urinkontrollen (UP) durchgeführt, vor allem bei Insassen, die süchtig sind. In dieser Hinsicht gibt es ein grosses Problem, denn Heroin ist nach ungefähr 36 Stunden nicht mehr nachweisbar, während THC, die psychoaktive Komponente des Hanfs, bis zu 60 Tage im Urin ausgeschieden wird. Das Datum des letzten Joints ist aufgrund der Urinkonzentration nicht feststellbar. Eines Tages führt mir ein Freund seine Massnahmen rund um die UP vor. Als gelegentlicher Raucher ahnte er, dass eine UP bevorstand, und trank sechs Liter Wasser, um das THC auszuscheiden und zu verdünnen. Die Kontrolle fand dann nicht statt ... Wenn ein Knastbruder eine positive UP aufweist, wird er von Rantanplan und Beytrison in die Mangel genommen. Wahrscheinlich lässt Beytrison immer noch Urintests auf THC durchführen. Tatsächlich begreift man als Insasse viel besser, wie das System funktioniert. Ich habe zum Beispiel gesehen, wie junge Leute aus Sion zu Besuch kamen und nicht etwa Heroin mitbrachten, sondern es von gewissen Gefangenen kauften, weil es hier billiger war!

Es wäre zumindest angebracht, bei der UP nicht mehr auf Cannabis zu testen, allein schon um die Jungen vor dem Schlimmsten zu bewahren. Viele Häftlinge werden erst im Gefängnis abhängig von harten Drogen. Das ist eine Schande für die öffentliche Gesundheit, denn in den meisten anderen Kantonen wird bei der UP nicht nach THC gesucht. Die Erfahrung im Gefängnismilieu ist für mich der Beweis, dass die Prohibition in unserer Gesellschaft nicht funktionieren kann. Eine Reglementierung mit einem kontrollierten Markt wäre um vieles besser.

Positiv auf THC

Von meinen 68 Monaten Strafe habe ich zwei Drittel abgesessen und erwarte am nächsten Wochenende den ersten 24-stündigen Freigang. Am Mittwoch muss ich vor einem Aufseher in einen Becher pissen. Ich bin guten Mutes, denn ich habe ja auf alle Joints verzichtet, um bei dieser Kontrolle negativ zu sein. Im Jahr 2012 tendiert die Direktion dazu, die Gefangenen gleich in die Arrestzelle zu werfen, das heisst, ihnen die höchste Strafe aufzubrummen, ohne von den vielen anderen, zusehends strenger werdenden Sanktions- und Disziplinarmassnahmen des Reglements Gebrauch zu machen. Die anderen Häftlinge kennen mich gut, sie verehren und respektieren mich, mindestens

20-mal hat man mir vorgeschlagen, einen Joint zu teilen. Jedes Mal habe ich abgelehnt, da ich diese Falle nur zu gut kenne! Es ist gar nicht so einfach, Hanfkönig zu sein in Kreisen, wo man von 90 Prozent der Sträflinge bewundert wird, die natürlich mit mir teilen wollen.

Was nun meinen Urin betrifft, so erweist es sich, dass der verwendete Test sehr empfindlich ist und THC ebenso wie Benzodiazepine («Benzos»), Kokain und Opiate nachweist. Nach einigen Sekunden sollten horizontale Striche erscheinen, die anzeigen, dass die Probe negativ ist. Gespanntes Warten. Der Cannabis-Strich erscheint nicht, ich bin positiv! Das ist ja eine Überraschung! Wir wiederholen den Test – mit dem gleichen Resultat! Daraufhin sage ich mir, dass nur der Hanftee von Coop dieses positive Resultat verursachen konnte. Natürlich enthält er THC, aber so wenig, dass nicht die geringste psychoaktive Wirkung auftreten kann. Das BAG hat eine strenge Toleranzgrenze für THC festgelegt, eine Grenze, die mehr auf politischen Überlegungen gründet als auf wissenschaftlichen Erkenntnissen. Es ging darum, dass man diesen Tee nicht in Form eines Joints rauchen kann. Daher wurde ein Gehalt festgelegt, der unmöglich einzuhalten ist, weshalb Coop seine Hanfblätter mit anderen Pflanzen mischen muss.

Der Hanftee von Coop

Bei diesem Thema kenne ich mich aus, denn ich habe mit und für Coop gearbeitet. Die für Tee zuständige Mitarbeiterin ist in Basel. Ich habe eine Tonne Tee für diesen Grossverteiler hergestellt und ein Rezept für einen Tee mit 100 Prozent Hanf gefunden, der die festgelegten THC-Grenzen nicht überschreitet. Das war mit viel Mühe und Arbeit und vielen Fahrten verbunden. Kaum liegt das fertige Produkt in einem Lager im Kanton Bern, schickt ein Walliser Kantonsrichter in Wildwestmanier seine Polizisten und lässt den ganzen sorgfältig zubereiteten Vorrat zerstören. Mein Anwalt erhob Klage beim Bundesgericht. Dieses gab uns Recht und verurteilt die Wildwest-Aktion des Walliser Richters.

Ich habe nie Schadenersatz erhalten. Nach so vielen Ungerechtigkeiten werde ich auf der Strasse enden.

Das Gefängnis im Gefängnis

Nachdem mein Test sich als positiv erwiesen hat, muss der Wärter mich in die Arrestzelle bringen. Ich finde mich in einer Zelle wieder, die vom Boden bis zur Decke rosa gestrichen ist, sogar das Bett und der Tisch aus Beton sind rosa. Anscheinend soll diese Farbe beruhigend wirken. Ein Stehklosett, ein Wasserhahn und oben eine Dusche. Das Gitter, das man zum Duschen aufs WC legt, ist nicht mehr vorhanden, vermutlich wurde es von einem Häftling, der nicht auf Rosa anspricht, abgerissen ... Die rosa Tür hat ein grosses Guckloch und eine Öffnung für das Essenstablett.

Ich bin empört über diese erneute Ungerechtigkeit, da ich ja unschuldig bin. Also verweigere ich das Essen. Die erste Verurteilung führt zu fünf, die zweite zu acht Tagen Arrest. Ich fange erst wieder zu essen an, als ich aus diesem Gefängnis im Gefängnis entlassen werde. Es ist Montag um sechs Uhr morgens, und ich freue mich auf nichts anderes als auf ein Honigbrot! Am ersten Tag in der Arrestzelle kommt der Direktor, wie bei jedem Häftling, den er verurteilt hat. Ich erkläre ihm die Lage und das Problem mit diesem Hanftee.

Wenn er geistig offen gewesen wäre, hätte er in diesem Augenblick erkennen müssen, dass dieser Tee legal ist, dass er mir nach der Überprüfung durch die Wärter übergeben worden ist und dass hier die Unschuldsvermutung gilt, die der Kern des Schweizer Rechts ist. Aufgrund meiner Erklärung hätte er im Internet nachlesen können, dass das BAG eine zumutbare Dosis THC in Hanftee festgelegt hatte; ebenso hätte Coop ihm bestätigen können, dass dieser Tee den Vorschriften entspricht. Aber nein, er liess bloss in einem Labor erneut meinen Urin untersuchen und zeigte mir am Abend zufrieden das Papier, das mein positives Resultat bestätigte ...

Am nächsten Tag schickt er den Aufseher und lässt mich das Rezept für diesen Tee aufschreiben. Ich erkläre, dass ich nach der

Zugabe von heissem Wasser zu dem Teebeutel noch Pfeffer, Ingwer, Zimt, Nelken und 10 Gramm Butter dazugebe. Er kommt zurück und sagt, wenn man THC in diesem Tee finde, könne ich sofort raus und meinen Freigang wie vorgesehen am Samstag antreten. Aber die Tee-Probe für den Nachweis von THC lässt er erst am Freitag ins Kantonslabor bringen. Ich bin sicher, dass dieses Labor am Samstag nicht arbeitet und die Analyse frühestens am Montag durchführen wird. Ich weiss, dass sie über eine gute Einrichtung verfügen, vor allem dank der zahlreichen Proben, die meine ehemalige Firma an sic geschickt hat. Aber ich weiss nicht, ob sie eine Flüssigkeit analysieren können, die ein Fett wie Butter enthält. In diesem Fall müssten sie eine Gaschromatographie durchführen. Kurz gesagt, ist das alles von geringem Nutzen für mich, denn durch den Konsum dieses Tees habe ich nicht gegen das Reglement verstossen, und trotzdem bin ich doppelt verurteilt worden. Fünf Tage Arrest und mein erster Freigang gestrichen!

Ich habe dem Herrn Direktor mitgeteilt, dass man noch 60 Tage nach dem Hanfkonsum positiv sein kann. Falls er das nicht berücksichtigt, was wird dann passieren, wenn ich aus diesem Loch herauskomme? Ich stelle also einen neuen Antrag auf einen Freigang für den nächsten Samstag. Er wird erneut eine UP verlangen, die zwangsläufig immer noch positiv sein wird. Dann käme ich für acht Tage in die Arrestzelle! Ich habe zehn Tage, um Einsprache zu erheben und beim Kantonsgericht Klage einzureichen. Ich freue mich, dass ich dies mit der Hilfe und Kontrolle meines Anwalts tun kann. Es bleibt also spannend. Ich bin optimistisch, denn 2002 hatte ich dieselbe Geschichte mit Hanfsamenöl erlebt und den Fall gewonnen.

In der Arrestzelle hat man das Recht auf ein religiöses Werk wie die Bibel, den Koran oder, in meinem Fall, ein Werk über tantrischen Buddhismus. Es ist das *Buch der Geheimnisse* von Bhagwan Shree Rajneesh. Ich darf auch an meinen Anwalt schreiben und unsere «Rekurs-Klage» vorbereiten. Die Arrestzelle ist ein idealer Ort für die Meditation, und dieser Aufenthalt wird meine

Spiritualität nur vertiefen. Statt zu jammern, sich zu beklagen, anderen die Schuld zu geben und ständig wütend zu sein, ist es besser, ruhig und überlegt zu bleiben und die Situation zu seinem Vorteil zu nutzen.

Genauer gesagt wurde mir der Coop-Tee mit den anderen Lebensmitteln korrekt von dem Aufseher zurückgebracht, der ihn mir auch schon übergeben hatte. Man kann also nicht von einem verbotenen Produkt sprechen, im Gegenteil. Der Rekurs wurde 2011 eingereicht. Im Oktober 2013 hatten die Rechtsinstanzen noch keinen Entschluss gefällt. Werden sie es eines Tages tun? Ich bezweifle es, denn die Walliser Unrechtsjustiz ist durchaus imstande, einen Rekurs zu vergessen, wenn sie weiss, dass sie mir recht geben müsste! Offensichtlich wiegen politische Erwägungen schwerer als die Unparteilichkeit …

© Burki, *24 heures*, 13./14.11.2010

KAPITEL XVIII

Entlassung nach 40 Monaten Strafvollzug

Ich habe meine Strafe abgesessen und verlasse Crêtelongue nicht ohne Bedauern, um sechs Monate Halbgefangenschaft im Gefängnis von Valère in Sion anzutreten. Dieses Bedauern mag vielleicht komisch erscheinen, aber nichts ist schwieriger, als sich an ein neues Leben zu gewöhnen. Man entwickelt eine Bindung zu dem Ort, wo man lebt. Die Gewohnheit hat uns im Griff, und man lässt sich vom täglichen Rhythmus, den Freundschaften und der sicheren Umgebung in Sicherheit wiegen.

In Valère treffe ich auf drei Freunde, die Crêtelongue vor mir verlassen haben. Ein neues Leben beginnt. Am Morgen gehe ich hinaus und kümmere mich um meine Geschäfte und meine Arbeit, um 20 Uhr abends komme ich zurück. Ich darf mir keine Verspätung leisten, denn das würde bedeuten, wieder ganz von vorne anfangen zu müssen. Diese Monate verlaufen relativ gut, und trotz meiner finanziellen Probleme naht das Ende meines Leidenswegs!

Eines Abends schliessen mich die Aufseher sofort nach meiner Ankunft in eine Wartezelle ein. Ich befürchte eine Leibesvisitation und gerate in Panik. Deshalb verschlucke ich das Stück Hasch, das ich auf mir trage, und warte! Nach einer halben Stunde, als die Wirkung spürbar wird und ich zunehmend high werde, holt man mich und bringt mich zum grossen Chef, Monsieur Beytrison. Dieser hatte mich sehen wollen, um meine Bewährungsfrist festzulegen. Ende der Vorstellung und Rückkehr in die Zelle, völlig durchgeknallt.

Rappaz führt seinen Hungerstreik weiter – Der Hanfbauer in kritischem Zustand
Wärter: «Seien Sie endlich vernünftig ... sonst werden Sie ins Gras beissen müssen!» © Mix & Remix, *L'Hebdo,* 12.05.2000

ZWEITER TEIL

IM NAMEN DES HANFS

1970–1997

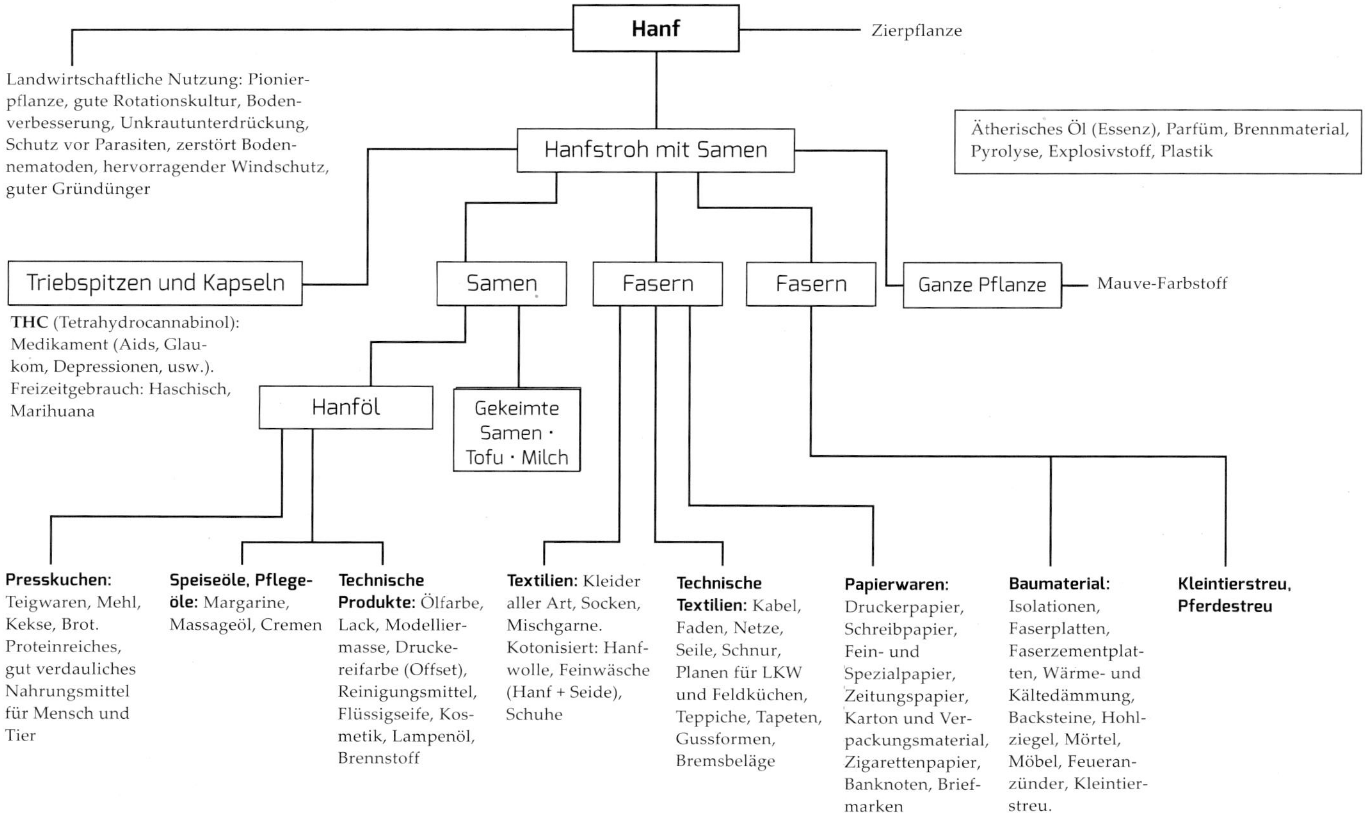
Hanf
Zierpflanze
Landwirtschaftliche Nutzung: Pionierpflanze, gute Rotationskultur, Bodenverbesserung, Unkrautunterdrückung, Schutz vor Parasiten, zerstört Bodennematoden, hervorragender Windschutz, guter Gründünger
Hanfstroh mit Samen
Ätherisches Öl (Essenz), Parfüm, Brennmaterial, Pyrolyse, Explosivstoff, Plastik
Triebspitzen und Kapseln
THC (Tetrahydrocannabinol): Medikament (Aids, Glaukom, Depressionen, usw.). Freizeitgebrauch: Haschisch, Marihuana
Samen
Fasern
Fasern
Ganze Pflanze
Mauve-Farbstoff
Hanföl
Gekeimte Samen · Tofu · Milch
Presskuchen: Teigwaren, Mehl, Kekse, Brot. Proteinreiches, gut verdauliches Nahrungsmittel für Mensch und Tier
Speiseöle, Pflegeöle: Margarine, Massageöl, Cremen
Technische Produkte: Ölfarbe, Lack, Modelliermasse, Druckereifarbe (Offset), Reinigungsmittel, Flüssigseife, Kosmetik, Lampenöl, Brennstoff
Textilien: Kleider aller Art, Socken, Mischgarne. Kotonisiert: Hanfwolle, Feinwäsche (Hanf + Seide), Schuhe
Technische Textilien: Kabel, Faden, Netze, Seile, Schnur, Planen für LKW und Feldküchen, Teppiche, Tapeten, Gussformen, Bremsbeläge
Papierwaren: Druckerpapier, Schreibpapier, Fein- und Spezialpapier, Zeitungspapier, Karton und Verpackungsmaterial, Zigarettenpapier, Banknoten, Briefmarken
Baumaterial: Isolationen, Faserplatten, Faserzementplatten, Wärme- und Kältedämmung, Backsteine, Hohlziegel, Mörtel, Möbel, Feueranzünder, Kleintierstreu.
Kleintierstreu, Pferdestreu

KAPITEL I

Die Entdeckung des Hanfs

1970: Eine Initiationsreise

1970 war ich 17 Jahre alt, und meine Generation entdeckte die Rockmusik, die Popmusik und die Hippiebewegung. Voller Begeisterung begrüssten wir diese Philosophie, brachte sie doch die Hoffnung auf eine neue und bessere Welt. Ein Jugendlicher, der die Welt nicht verändern will und sich ohne Rebellion mit der Gesellschaft arrangiert, ist blutleer, ein Mensch ohne Zukunft. Die menschliche Natur ist so beschaffen, dass jede neue Generation den Samen der Veränderung in sich trägt, der die Evolution unserer Spezies voranbringt.

Bisher kannten wir nur den Alkohol und die zahlreichen Probleme, die er mit sich bringt. So schienen uns die neuen «Freizeitdrogen» Haschisch und Marihuana überaus attraktiv. Beide kamen aus Indien oder Marokko zu uns, als Mitbringsel der zahllosen Hippies, die dorthin gepilgert waren, um neue spirituelle Perspektiven zu suchen und zu finden.

Im Sommer 1970 reiste ich mit Jean-Paul, einem Freund aus meinem Heimatdorf, nach Amsterdam ... Damals reiste man per Autostopp. An den Strassenrändern standen Scharen von jungen Leuten, die den Daumen hoben. Dieses günstige Transportmittel bot die Gelegenheit, Leute kennenzulernen und sich quasi ohne Geld auf Entdeckungsreise zu machen. Es entsprach ganz und gar der zutiefst antimaterialistischen Hippie-Philosophie. Unser Leitmotiv «Make love, not war» führte zu vielen Freiheiten und einem Geist des Teilens und der Toleranz. In einer materialistischen Welt, die damals in Kapitalismus und Kommunismus aufgespalten war, stellten wir eine dritte Kraft dar. Einige Soziologen verglichen uns sogar mit den ersten Christen im alten Rom. Eine Generation ohne Ideale ist eine verlorene Generation.

Auf dem Weg durch Deutschland nahmen uns zwei Mädchen in ihrem Volkswagen mit. Im Radio hörten wir die traurige Nachricht, dass Jimi Hendrix gestorben sei! Ich hatte ein Ticket für sein Konzert im Casino Montreux, das später während eines Frank-Zappa-Konzerts abgebrannt ist. Während einer Pause auf der Autobahn fuhren die beiden Mädchen plötzlich davon und liessen uns ohne unser Gepäck stehen! Wir hatten einen ziemlichen Bammel, aber kurz darauf kamen sie zurück, sie hatten bloss Spass gemacht.

Amsterdam ist eine weltoffene Stadt. Wir streiften durch die Strassen, besuchten die Museen. Auf dem Damplatz mit seinem Denkmal, das an einen riesigen erigierten Phallus erinnert, versammelten sich stets eine Menge Hippies, junge Leute, Neugierige und Touristen. Nachdem wir zum ersten Mal Gras – getrocknete Hanfblüten – gekauft hatten, gingen wir sogleich in unser kleines Hotelzimmer. Etwas ängstlich nahmen wir den ersten Zug. Wir schauten uns an, jeder fragte den anderen: «Spürst du was?» Nichts! Nach dem zweiten Zug immer noch keine Wirkung! So rauchten wir unsere erste Pfeife ohne Resultat. Wir waren sicher, dass man uns etwas anderes als Gras angedreht hatte, und versuchten es am nächsten Tag noch einmal. Joints waren damals unüblich, man rauchte in Pfeifen oder Chillums (Zigaretten und Joints tauchten erst später auf, da man wegen der Repression auf unauffälligeres Material umsteigen musste; die Polizei durchsuchte vor allem Leute, die Pfeifen auf sich trugen).

Auch beim zweiten Mal stellte sich keine Wirkung ein! Wir spekulierten über die Gründe … In der Tat wussten wir nicht, dass die THC-Rezeptoren nicht gleich beim ersten Mal anspringen. Ausserdem können die Spannung und die Furcht vor dem Ausprobieren jegliche Wirkung blockieren. Wenn mir heute beispielsweise ein Bauer sagt, dass er es versucht hat und nicht die geringste Wirkung verspürte, erklärt sich das durch dieses Phänomen.

Bei unserem dritten Versuch, als wir viel ruhiger und entspannter in einer spontan entstandenen kleinen Gruppe waren, spürten wir ein kaum zu beschreibendes Entzücken aufsteigen. Das THC durchdrang uns endlich, und unser Geist, der zur Ruhe gekommen war, unternahm seine erste Reise. Später, nachdem er einige Jahre geraucht hatte, integrierte sich Jean-Paul vermehrt ins Walliser Leben und wandte sich dem hierzulande beliebten Alkohol zu ... Ich selbst blieb dem Hanf treu und konsumiere nun schon seit 40 Jahren, ohne je körperliche oder psychische Probleme gehabt zu haben. Ich bin bei bester Gesundheit und sehr aktiv. Ich hatte nie Lust, Heroin zu probieren, nur schon beim Anblick von Heroinsüchtigen verging mir die Lust. Wenn ich also von Hanf rede, tue ich dies in vollster Kenntnis der Sache.

Bei der Rückreise nehmen wir 500 Gramm Gras verschiedenster Herkunft mit – Afrika, Asien, Kolumbien, Mexiko. Wir verstecken die Säckchen in unseren Stiefeln. Ein Auto nimmt uns mit bis ins Zentrum von Holland, dann laufen wir halb verdurstet durch dieses flache Land. Als wir es nicht mehr aushalten, laufen wir einer Kuh hinterher, um sie zu melken. Schliesslich muss man überleben, nicht wahr? In der Nähe der belgischen Grenze nimmt uns ein sympathischer Autofahrer mit. Am Zoll grüssen die Grenzwächter unseren Fahrer respektvoll; etwas weiter weg lässt er uns aussteigen. Hoppla, es war der Chef der Grenzer gewesen! Der Rest unserer Reise verläuft ohne Zwischenfälle.

In Saxon wurde das von Charly geführte Café Canasta zu unserem Treffpunkt. Mein Lieblingsort, wo wir viel Zeit verbrachten, sozusagen unser Hauptquartier. Eine französische Serviererin verliebte sich ein wenig in mich. Mit ihr und einigen anderen rauchten wir gelegentlich. Als sie wieder zuhause war, schrieb sie mir. Meine Mutter, die sehr neugierig war, las meine Briefe. Eine Katastrophe: Unser Sohn nimmt Drogen! Ein Familiendrama bahnte sich an, hinter meinem Rücken! Wir waren nämlich mitten in der Weinlese, und meine Hilfe wurde gerade dringend benötigt – vor allem, um die Trauben abzuliefern. Nach der Lese benachrichtigte mein Vater die Polizei; er glaubte, das Richtige zu tun. Ich wurde zusammen mit Jean-Paul verhaftet. Wir verbrachten acht Tage im Untersuchungsgefängnis von Martigny, nur weil wir das verflixte Gras geraucht hatten! In diesem empfindlichen Alter kann ein solcher Schock Überlegungen und Fragen aufrühren, die den Geist zur Rebellion anstacheln. Ich brauchte Jahre, um die Denunziation meines Vaters zu verdauen, die einem Vertrauensbruch gleichkam und zu meiner ersten Inhaftierung führte. Bitte zeigen Sie Ihre Kinder nie an, reden Sie mit ihnen! Dialog und Verständnis sind immer wirksamer als Drohungen und Repression. Immerhin hatte einer der Polizeiinspektoren, der meine Eltern kannte, ihnen gesagt, dass eine Anzeige möglicherweise nicht die beste Lösung sei. Damals veranstalteten die Amerikaner grosse internationale Medienkampagnen. In der Schweiz, diesem pro-amerikanischen kleinen Vasallenland, wurden die gleichen Lügen wie in den USA verbreitet: Cannabis zerstört das Gehirn, treibt die Konsumenten zu Mord und Totschlag, führt zur Sterilität und letztlich zum Tod. Es herrschten Angst und Unwissenheit.

Wir frieren in unserer Zelle. Es gibt keine sanitären Einrichtungen, ein Kessel dient als WC. Diese harte Erfahrung prägt uns und stachelt unsere Aufmüpfigkeit noch an. Wir entfernen uns noch weiter von dieser Gesellschaft, die wir ablehnen wie einen schmutzigen, stinkenden alten Lumpen.

Das Ergreifen der Mazze

Die «Mazze» ist ein Holzstamm mit Griff und einem eingeschnitzten menschlichem Antlitz mit fratzenhaften Zügen. Es ist eine Urform der Demokratie in meiner Heimat, den Alpen. Wenn damals ein Problem auftauchte und der Volkszorn wuchs, machte die Mazze im Dorf die Runde. Wer diese urtümliche Petition unterstützte, schlug einen Nagel in die Mazze, als eine Art Unterschrift. Dann wurde sie den Honoratioren übergeben, falls sie nicht sogar als prähistorischer Totschläger verwendet wurde … In den 1970er-Jahren, als die Prohibition in der Schweiz Fuss fasste, waren viele frustriert. Deshalb ergriffen wir unsere Mazze, organisierten eine Pressekonferenz und zeigten die Mazze einigen Journalisten. Meines Wissens war dies die erste gemeinsame Aktion – ein erster Akt des Widerstands.

Walliser Queen und Red Valais

Das Gras aus Amsterdam enthielt viele kleine Hanfsamen, mit denen ich ab 1971 meinen eigenen Freizeithanf züchtete. Damals gab es noch keine Sinsemilla-Pflanzen mit samenlosen Blüten.

Jedes Jahr wähle ich die schönste Pflanze aus. In 25 Jahren passte sich meine Sorte sehr gut an die lokalen klimatischen Bedingungen an und erweckt jetzt weltweites Interesse. Ich nannte diese Sorte *Walliser Queen*. Ihr Aroma, ihr ätherisches Öl und ihr grosser Ertrag machen sie zu einer überaus interessanten Sorte, umso mehr, als sie eine gute Resistenz gegen Trockenheit, Kälte und Schädlinge aufweist. Sie ist kaum anfällig auf Schimmel und wächst auch in der Innenkultur gut. Die Blüten sind riesig, sie hat nur wenig Blattwerk und einen sehr charakteristischen Duft.

Später züchte ich eine rote Sorte, die ich *Red Valais* nenne. Diese Sorte duftet nach Lavendel und ist ebenfalls gut an unsere Region angepasst. Ihre purpurrote Farbe ist eine wahre Augenweide. 1995 interessiert sich die Parfümindustrie dafür. Ich mache weiter, bemühe mich nicht, die Pflanzen, die am Strassenrand stehen, zu verstecken; sie dienen als Wind- und Sichtschutz für das Oasis und die anderen Häuser, die ich im Laufe meines Lebens im Wallis bewohnt habe.

1984 kam es zum ersten Diebstahl. Eines Nachts stahlen einige Portugiesen einen Teil der Ernte und luden sie in einen Bus. Nach wenigen Tagen hatte die Polizei die Bande und ihren Vorrat dingfest gemacht. Da die Polizei mich kannte und wusste, dass ich nie damit handelte, gab sie diesen Hanf an mich als den rechtmässigen Besitzer zurück. Die Angelegenheit hatte keinerlei juristische Folgen. In der Schweiz dürfen einige Hanfpflanzen ums Haus herum als Dekoration gehalten werden. Solange sich nur das Auge daran erfreut, gilt es nicht als Verstoss. Diese Situation dauerte bis in die 2000er-Jahre.

LE MATIN

LM KIOSK VS - 02.06.2010 - MFL

Encore une victoire pour Bernard Rappaz

Noch ein Sieg für Bernard Rappaz

KAPITEL II

Entzug mit Cannabis

Der Hanf, dessen botanischer Name *Cannabis sativa* lautet, enthält mehr als 400 verschiedene Substanzen. Die berauschende bzw. psychoaktive Komponente ist das Delta-9-Tetrahydrocannabinol (THC). Es wird hauptsächlich in zwei Formen konsumiert: als getrocknete Blüten oder Haschisch. Mit zunehmender Erfahrung merke ich, dass es eine beruhigende Wirkung hat. Ab 1974 wohne ich wieder in Saxon, in dem kleinen, abgelegenen Haus, wo ich ab und zu gestrandete Existenzen aufnehme, vor allem Heroinsüchtige. Eines Tages landet eine junge Französin bei mir. Ihr Vater – ein Diplomat in Bern – hat sie rausgeworfen. Sie ist vollgepumpt mit Morphium. Ich helfe ihr beim Entzug. In den ersten Tagen muss ich ihr sogar helfen, sich einen Schuss zu setzen, dann entdeckt sie das Gras und beruhigt sich. Nach einer Woche wirft sie die Spritze weg. Sie bleibt fünf Monate, bis sie völlig geheilt ist und sich wieder auf den Weg macht.

Heute ist sie verheiratet und hat drei Kinder. Jedes Jahr schreibt sie mir eine Karte. Dank dem Hanf und vor allem dank ihrem Willen konnte sie sich aus dem Teufelskreis der Sucht befreien. Später, auf dem Oasis-Hof, nehme ich Drogensüchtige für ein landwirtschaftliches Praktikum auf. Die Erfolgsquote meiner Hanfkuren beträgt über 60 Prozent. Natürlich braucht das alles Zeit und Geld, ich bekomme keinerlei Unterstützung und tue es einzig aus Solidarität mit meinen Brüdern und Schwestern.

Eines Tages, als ein Freund mich fragt, ob ich seine Tochter als Erntehelferin anstellen könne, stelle ich mit Betroffenheit fest, dass sie heroinabhängig ist! Das erste Stadium beim Aufhören ist die Bewusstwerdung. Oft redet der Süchtige sich ein, dass alles in Ordnung ist und dass er kein Problem hat. Sie ist so ein Fall. Doch im Laufe der Tage und der Rückfälle wird ihr klar, dass sie abhängig ist. Dies ist das erste wichtige Stadium. Sie informiert ihren Vater, dann ihre Mutter. Die getrennt lebenden Eltern reagieren richtig: keine Vorwürfe, verfügbar sein, zuhören, liebevolle Bereitschaft zur Hilfe signalisieren. Nach diesen ersten Schritten beschliesst das Mädchen von sich aus, einen Entzug zu machen. Als sie mich anruft, um mich zu informieren, sage ich ihr: «Wenn du es wegen deinen Eltern machst, brauchst du gar nicht erst in die Klinik zu gehen!» Sie protestiert! Glücklicherweise ist sie fest entschlossen. Das heisst nicht, dass sie jetzt über den Berg ist – ein Rückfall kann immer passieren und ist Teil des Problems. Oft sind mehrere Entzugskuren nötig, bevor der Drogenabhängige endgültig aufhören kann.

Ich kenne einige Personen, die es dank Cannabis schafften, vom Alkohol loszukommen, da Hanf gerade bei einem körperlichen Entzug besonders wirksam ist. In diesem Fall kann man zu Recht von therapeutischem Hanf reden.

KAPITEL III

1992
Erste Repression

Seit den 1980er-Jahren verstecke ich meine Hanfpflanzen. Auch wenn ich keine Angst vor der Polizei habe, muss ich mich doch vor Dieben fürchten. Allzu viele profitieren gerne von der Arbeit anderer. Als Hanfbauer müht man sich vier Monate lang ab, und dann wird das Werk in wenigen Minuten zerstört. Hanfdiebe sind schwach, unfähig, eine Pflanze aufzuziehen, oder so feige, dass sie nicht einmal den Mut aufbringen, im Wald ein paar Pflanzen zu setzen. Die Liberalisierung des Hanfanbaus mag manchmal zu Zusammenstössen mit den Behörden führen, aber in der Hauptsache sind es die vielen Hohlköpfe, die unsere Kulturen sabotieren. Diese Art Gewalttätigkeit ist entmutigend und führt zu Problemen, wenn diese Memmen auf dem Schwarzmarkt Geschäfte machen wollen.

1992 hege und pflege ich 250 Pflanzen, die ich sorgfältig in meinem Tomatenfeld verstecke. Im August kommt Gerhard Hasinger, ein Agronom, der für die VSBLO arbeitet, die Vorgängerin von Bio-Suisse, um den Tomatenanbau zu kontrollieren. Ich weiss, dass er den Hanf sehen wird, und nehme fälschlicherweise an, dass er mich darauf ansprechen wird, falls er ein Problem damit hat. Aber dieser Heuchler sagt nichts und geht wieder, nachdem er seine Kontrolle durchgeführt hat. In dieser Saison habe ich keine Blattläuse an den Tomaten und entdecke eine andere Eigenschaft des Hanfs: Er hält die Schädlinge fern! Ich rate jedem Gärtner, in seinem Gemüsegarten einige Hanfpflanzen zu halten.

Ohne mein Wissen macht Gerhard Hasinger eine schriftliche Anzeige bei der Polizei. An einem Augusttag sehe ich einige seltsame Gestalten im Tomatenfeld. Die Drogenpolizei, angeführt von Inspektor Donant, ist da und glaubt wohl, hier eingreifen zu müssen … Ich werde befragt und muss am Nachmittag einem seltsamen Vorgang beiwohnen: Eine Schar Polizisten erntet meinen Hanf und lädt ihn auf einen Kipplaster. Der Chef der Drogenpolizei lobt den guten Zustand dieser Kultur. Wie es sich in unserer Gegend gehört, öffne ich ein paar Flaschen Fendant und wir trinken ein Gläschen, bevor sie sich vom Acker machen. Die Pflanzen werden weggebracht und in der Abfallentsorgungsanlage in Monthey verbrannt. Das Unternehmen war zu Ende. Ich behalte meine Freiheit; ich bin zwar frustriert und meiner Pflanzen beraubt – aber frei!

An einem Dezembertag, vier Monate nach dem Besuch der Polizei, ruft mich Inspektor Donant an und lädt mich zu einer «kleinen Unterredung» nach Martigny. Auf Befehl des Richters komme ich für sechs Tage in den Knast! Ich werde wütend und frage mich, wer der Mann ist, der eine Strafuntersuchung auf so fiese Weise führt. Es handelt sich um Richter Jaquement aus Saint-Maurice, der auf diese Weise eine langjährige und sehr bewegte Beziehung mit mir beginnt, die mehr mit seinen persönlichen Ressentiments als mit juristischen Überlegungen zu tun hat. Als ich nach sechs Tagen entlassen werde, sagt er mir ins Gesicht, dass er im August keine Zeit gehabt habe, sich um meinen Fall zu kümmern, nun aber vorhabe, mir eine Lektion zu erteilen, so dass mir die Lust vergehe, mit dieser illegalen Kultur weiterzumachen. Ich hatte gestanden, dass die Pflanzen für meinen persönlichen Konsum bestimmt gewesen waren …

Dieser Mensch kennt mich nicht gut genug, um zu wissen, dass diese Art von Behandlung mich erst recht dazu anspornt, weiterzumachen. Die Untersuchungshaft ist nur im Fall einer Ermittlung gerechtfertigt und nicht um die Rachegelüste eines Untersuchungsrichters zu befriedigen. Dieser hat sich mit der Untersuchung zufriedenzugeben. Das alles regt mich immerhin dazu an, mich in diesem Winter genauso intensiv mit dem Gesetz zu beschäftigen wie mit dem Studium der Pflanze.

Das Betäubungsmittelgesetz

Laut Art. 8 Abs. 1 des Betäubungsmittelgesetzes (BetmG), dürfen diese nicht angebaut, importiert, hergestellt und in den Handel gebracht werden. Der Hanf, Buchstabe d, ist ein Betäubungsmittel, wenn er unter dem Gesichtspunkt der Herstellung von Betäubungsmitteln angebaut wird. Wer ohne Berechtigung Pflanzen mit Alkaloiden und Hanf anbaut, mit der Absicht, daraus Betäubungsmittel herzustellen, wird mit Gefängnis oder einer Busse bestraft, wenn er mit Absicht gehandelt hat. Dies heisst ganz klar, dass Hanfanbau zu anderen Zwecken als dem Gewinn von Betäubungsmitteln erlaubt ist. Das Bundesgericht hat in einer Verfügung (BGE 120 IV 256) erneut festgehalten, dass die verschiedenen Derivate des Hanfs zum Freizeitgebrauch (Blüten, Harz, Harzöl) unter das Betäubungsmittelgesetz fallen. Insbesondere die Hanfblüten bzw. Marihuana werden vom Bundesgericht immer noch als Betäubungsmittel angesehen, obwohl «allgemein bekannt ist, dass diese weniger toxisch sind als Haschisch» (SJ 1992, S. 94).

1991 hat das Bundesgericht anerkannt, dass Haschisch laut den neuesten medizinischen Forschungen weniger toxisch ist als Alkohol und Tabak. Diese Feststellung hat mich dazu gebracht, 1992 mit experimentellen Kulturen anzufangen. Doch das Bundesgericht betrachtet den Hanf und seine Derivate weiterhin als «toxische Produkte» und «Betäubungsmittel», obwohl die Medizin längst weiss, dass sie weder das eine noch das andere sind!

Ich komme auch mit den Hanffreunden und ihrem rührigen Anwalt Jean-Pierre Laguerre in Kontakt. Zusammen mit ihm lese ich später das Einheitsübereinkommen von 1961 über die Betäubungsmittel, das die Schweiz 1968 unterzeichnet hat. Laguerre findet es im UNO-Sekretariat in Genf, auf Anraten von Sylvain Goujeon, Geschichtsprofessor und langjähriger Hanffreund. Dies wirft die Frage auf, wieso dem Bürger so viele Hindernisse in den Weg gelegt werden, um Kenntnis von allen Gesetzen zu erlangen …

Es ist einfach, zu sagen, dass jeder Bürger das Gesetz kennen sollte, wenn man uns nur die Texte zeigt, die unseren Richtern genehm sind! Denn tatsächlich enthält das Einheitsübereinkommen, das im Februar 1970 in Kraft getreten ist, aufschlussreiche Informationen. Dort heisst es, dass es sich bei Samen und Fasern nicht um Betäubungsmittel handelt und dass das Hanfblatt nicht als Betäubungsmittel gilt, obwohl es schwache Spuren von THC enthält; ausserdem wird festgehalten, dass die Blätter geraucht werden können und dass sie als Zutat für Konfekt und für die Zubereitung des sogenannten Bhang-Tees benutzt werden dürfen. Als der Bundesrat dem Nationalrat die Konvention zur Annahme empfahl, sagte er in seiner Botschaft ebenfalls, dass «dieses Getränk eine leicht euphorisierende Wirkung hat, aber anscheinend nicht toxisch ist». Dies bedeutete eine Revolution! Demnach hatte man uns eine wichtige Konvention vorenthalten, die von der Schweiz unterzeichnet worden war und an die unsere Gesetze sich halten mussten. Es eröffneten sich neue Möglichkeiten. Wir hatten ein Schlupfloch in der Mauer gefunden!

Angeklagt wegen der Absicht, 14 kg Haschisch herzustellen

1992 hatte ich es mit einer unerwarteten Sache zu tun. Zwei Gendarmen hatten eine Pflanze ausgewählt, um deren THC-Gehalt zu analysieren. Das Berner Labor ermittelte die vernachlässigbare Menge von 0,18 Prozent. Im Wissen, dass der als THC-arm geltende französische Industriehanf bis zu 0,5 Prozent enthält, fühlte ich mich auf der sicheren Seite. Irrtum! Der Richter hatte eine geradezu haarsträubende Rechnung aufgestellt: Er ging davon aus, dass ich aus der Gesamtmenge von 2120 Kilo mit 0,18 Prozent 850 Gramm reines THC herstelle könne, was 14 Kilo Haschisch entspreche! Eine völlig unhaltbare Behauptung, denn nur Pflanzen mit hohem Harz- und dementsprechend hohem THC-Gehalt eignen sich für die Harz-Extraktion. Es wäre angebracht, zu vergleichen, was vergleichbar ist!

Die Polizei und die Richter reden stets von THC-armen Sorten und dem französischen Limit von 0,3 Prozent. Dazu lassen sie irgendeinen Teil der Pflanze zu einem beliebigen Zeitpunkt analysieren. Um den THC-Gehalt des Schweizer Hanfs vergleichen zu können, müssten erst einmal dieselben Analysemethoden wie in Frankreich (die ordnungsgemäss validiert sind und sogar von der EU übernommen wurden) zur Anwendung gelangen. Die Probenentnahme erfolgt bei der Ernte auf der reifen Pflanze. Auf einer Fläche von einem Hektar werden 1000 grosse Blätter aus dem oberen Drittel einzeln stehender Pflanzen entnommen. Dieses stets gleiche Vorgehen gewährleistet vergleichbare Resultate. In der Schweiz wird diese Entnahmetechnik überhaupt nicht befolgt. Manchmal werden nur die Blüten, die viel mehr THC enthalten, analysiert; dadurch kommt man auf Zahlen ohne jegliche Aussagekraft, weil sie immer mit diesen sagenhaften 0,3 Prozent verglichen werden. Ausserdem müssen für vergleichbare Analysen eine minimale Fläche und eine einzige Sorte vorliegen. Alle anderen Vorgehensweisen ergeben falsche Resultate. Da die Polizei und gewisse Richter unseren Hanf den EU-Normen anpassen wollen, müsste zuerst einmal dieselbe Analysemethode befolgt werden, andernfalls ist mit falschen Resultaten zu rechnen. Die französischen Hanfbauern entnehmen die Proben zu einem Zeitpunkt, da der THC-Gehalt am tiefsten ist.

Später wird Professor Giroud vom Rechtsmedizinischen Institut Lausanne dank meinen Derivaten zu einem «Spezialisten» in Sachen THC. Um bekannt zu werden, publiziert er einige Studien. In den 2000er-Jahren entwickelt er eine neue Methode, bei der sämtliche Delta-Komponenten des THC zusammengezählt werden, obwohl in Europa und der übrigen Welt einzig Delta-9 in Betracht gezogen wird. So enthält der Schweizer Hanf von einem Tag auf den anderen 10-mal mehr THC. Das ist Wasser auf die Mühle unserer Opponenten, die nun den Teufel an die Wand malen und eine lügnerische Medienkampagne führen. Diese bewirkt eine Wende im Nationalrat, der daraufhin das Gesetz, das den Freizeithanf in der Schweiz regeln sollte, ablehnt.

© Burki, *24 heures*, 20.11.2001

KAPITEL IV

1993
Tee: Der erste Kampf

Während des Winters 1992/1993 beschäftige ich mich mit all diesen Aspekten und beschliesse im Frühling 1993, die erste kommerzielle Hanfkultur in der Schweiz aufzubauen, die in einem legalen Rahmen Samen, Fasern und Blätter für Tee herstellt.

Da ich weiss, dass das Bundesamt für Landwirtschaft (BLW) den Hanf auf die Liste der Nachwachsenden Rohstoffe (NwR) gesetzt hat, frage ich dort nach zusätzlichen Informationen. Ich erhalte ein Schreiben über den Hanfanbau sowie ein Formular für einen Kreditantrag von 3000 Franken pro Hektar. Um diesen zu bekommen, müssen mindestens 2000 Quadratmeter angebaut werden, und ein Abnahmevertrag muss vorliegen. Bei meinen Recherchen stosse ich auf die Firma Terbatech, die Abdeckungen für Gemüsekulturen auf der Basis von Hanffasern herstellen will. Diese Abdeckungen sollen das für unsere Kulturen reichlich benutzte schwarze Plastik ersetzen. Da er aus nachwachsenden Rohstoffen besteht, würde er sich nach dem Gebrauch vor Ort zersetzen und im Gegensatz zum schwarzen Plastik bei der Verbrennung keine Luftverschmutzung verursachen.

Im Weiteren schliesse ich einen Vertrag mit dem Fischereigeschäft Valpêche in Sion ab, denn als Fischer weiss ich, dass der Weissfisch Hanfsamen liebt und dieser zur Herstellung von Ködern verwendet werden kann.

Auch mit den Hanffreunden schloss ich einen Vertrag ab. Laguerre war der Anwalt dieses Vereins. Im Sinne des Fair Play informierte ich die Polizei von Saxon über meine neuen Aktivitäten in Sachen Hanf und übergab ihnen eine Kopie der Verträge und meiner Beziehungen mit dem BLW.

Ab Juli begann der Handel mit den Blättern. Aufgrund der hohen Nachfrage nach diesem neuen Produkt und des knappen Angebots – ich bin der einzige bekannte Produzent – liegt der Preis für ein Kilo getrocknete Blätter bei 200 Franken. In den Medien wird das Thema gerne und mit vielen Witzeleien besprochen.

Ohne dass ich mich gross darum bemühe, wendet sich ein gutes Dutzend Walliser Gastbetriebe an mich und will den neuen Tee kaufen. Wir beschliessen, mit dem ersten Betrieb anzufangen, der sich gemeldet hat, dem Coucou in Saxon. Der Betreiber, der weder Hanf noch Alkohol noch Tabak konsumiert – eine seltene Ausnahme für einen Inhaber einer Walliser Kneipe mit Alkoholausschank –, stürzt sich in das Abenteuer. Félix ist ein offener und grosszügiger Mensch; zusammen mit ihm lassen wir Plakate drucken, die zu einem Umtrunk einladen.

In der Zwischenzeit tobt die Polemik, und *Le Nouvelliste* veröffentlicht eine Reaktion des Unterwalliser Staatsanwalts Gross, der beim Richter Einwände erhebt und verbreitet, dass dieser verwünschte Tee ein Betäubungsmittel sein könnte. Ich lade ihn in einem offenen Brief ein, den Tee am 7. August 1993, dem Gedenktag des Bauernaufstandes von 1953, selbst zu verkosten. An diesem Tag werden auf den umliegenden Bergen Feuer angezündet, die noch heller leuchten als die 1.-August-Feuer, die an den Bauernaufstand von 1291 erinnern, der zur Gründung der Urschweiz führte.

Bei der Kantonspolizei von Saxon will ich die Plakate mit Marken versehen lassen. Dieses nützliche System ist kostenlos, wenn es um eine gemeinnützige Veranstaltung geht. Der diensthabende Gendarm sagt mir, ich solle in einer Stunde wiederkommen. Als ich zurückkomme, werde ich in diesem Hanf-Kleinkrieg zum zweiten Mal in meinem Leben verhaftet. Unsere Plakate sind für immer verschwunden.

Am Nachmittag muss ich ohnmächtig mit ansehen, wie meine Kultur zerstört wird. Die fünfzehn mit der Massnahme beauftragten Polizisten bringen es nicht fertig, die Pflanzen abzuschneiden, weil die Stämme so dick sind. Es ist wirklich lustig mitanzusehen, wie drei, vier Polizisten an einem Hanfbusch zerren und versuchen, ihn auszureissen. Dann höre ich ein vertrautes Geräusch: Sie machen sich mit meiner eigenen Motorsäge an meiner Kultur zu schaffen! Dann verfrachtet man mich in die Zelle des Polizeipostens von Saint-Gingolph. Unterwegs sehe ich einige Pflanzen, die vom Lastwagen gefallen sind und auf der Autobahn liegen.

Ich frage meine beiden Bewacher, ob man mich nach Frankreich verbannen will ... keine Antwort. Ich verbringe sechs Tage in diesem kleinen, dreckigen Rattenloch – ohne Luft und Licht, ohne Möglichkeit, mich zu waschen, ohne Tageslicht und ohne Spaziergang an der frischen Luft – alles entgegen den von der Schweiz ratifizierten gesetzlichen Bestimmungen der EU zur Unterbringung von Häftlingen. Natürlich trete ich sofort in einen Hungerstreik.

Einige Tage später erkläre ich Radio Suisse Romande auf die Frage nach dem Grund meines Hungerstreiks, dass es mir den Appetit verschlagen habe. Die Lage ist dramatisch, denn ich muss meine Pfirsiche und Nektarinen ernten, ebenso die Tomaten und den Blumenkohl. Nach sechs Tagen Zwangspause lässt mich Richter Jaquement endlich frei und wirft den schillernden Anwalt Jean-Pierre Laguerre in den Knast. Dieser kommt nach neun Tagen frei, sehr mitgenommen von den Haftbedingungen und nach Bezahlung einer Kaution von 9000 Franken. Wir veranstalten sofort eine Pressekonferenz, um das Unrecht, das uns angetan wurde, an die Öffentlichkeit zu bringen. Tatsächlich hatte der Richter die Konvention von 1961 ausser Acht gelassen.

Als ich 1997 mit diesem Buch anfing, gab es noch kein Urteil, das über meine Rolle in den Affären von 1992 und 1993 entschieden hätte. Deshalb verlange ich vom Kanton Wallis 100 000 Franken Schadenersatz und lasse ihn dafür betreiben. Verlorene Mühe!

Der Fall Laguerre

Am Anfang war mir dieser willensstarke Rechtsanwalt sympathisch. Man schätzt es ja, wenn ein Jurist es wagt, das Kind beim Namen zu nennen, sich im Kampf ebenso engagiert zeigt wie ein echter Aktivist und alle zur Verfügung stehenden Mittel und Taktiken ausschöpft. Es entwickelte sich sogar eine Freundschaft zwischen uns, und wir verbrachten ein entspanntes Wochen am Lac de Louvie auf 2200 Metern Höhe. Beide liebten wir lange Bergtouren; ich widmete mich meiner Leidenschaft, dem Fischen, während er sich in seine juristischen Schriften vertiefte.

Dann entdecke ich sein wahres Wesen. Zunächst bin ich erstaunt, dass er in Genf keinen einzigen Freund zu haben scheint, obwohl er seit Jahren dort lebt. Anscheinend ist dieser Typ ein richtiger Geizhals. Er ist imstande, eine Stunde länger im Café zu sitzen, bloss damit sein Gesprächspartner die Bezahlung übernimmt, und legt im Umgang mit Geld ein überaus verletzendes und demütigendes Verhalten an den Tag. Einmal vergass er einen Aftershave-Alaunstift bei mir. Obwohl dieser Stift nur 2.40 Franken kostet, rief er mich mehrmals an und schrieb mir zwei Briefe, um ihn zurückzufordern! Dazu kommt, dass es ätzend ist, mit ihm Geschäfte zu machen, denn selbst wenn der Preis im Voraus vereinbart ist, versucht er immer noch, ihn zu drücken.

Später finden wir heraus, dass Laguerre ein Lügner ist, der auch vor Betrug nicht zurückschreckt, um an sein Ziel zu gelangen. Ich informiere die Hanffreunde. Diese möchten ihn dennoch als beratenden Juristen behalten; obwohl sie wissen, dass er ein Psychopath ist, sind sie der Ansicht, dass seine Tätigkeit doch ihr Gutes hat. Ich selbst denke, dass der Zweck nicht alle Mittel heiligt, auch wenn dies die Dinge in Bewegung bringen mag. Im Gegenteil, die angewandten Mittel sind von entscheidender Bedeutung, wenn der Ausgang langfristig gute Resultate bringen soll. So gelange ich nach einigem Nachdenken zum Schluss, dass ich meinen Kampf ohne die Dienste Laguerres weiterführen will. Ich gebe ihm das zu verstehen, aber er kann es nur schwer akzeptieren. Seit 1993 kritisiert er mich ohne Ende, legt mir Steine in den Weg und denunziert mich immer wieder bei der Polizei.

Nach zahllosen Versuchen, mich telefonisch oder schriftlich zu erreichen, lässt er mich endlich in Ruhe. Hoffe ich zumindest! Aber das hiesse, seine Kleinlichkeit, seinen Starrsinn und seine hartnäckigen Ressentiments unbeachtet zu lassen. Oft finden die Leute Gefallen an seiner exhibitionistischen Art, seiner Redegewandtheit und Lust an der Provokation. Anfangs hatte er bei den Medienvertretern viel Erfolg, aber seit sie ihn besser kennen, lassen sie ihn links liegen.

In Versammlungen zeigt er sich als meisterlicher Manipulator, führt sich als kleiner Diktator auf, weiss alles besser und erstickt jegliche demokratische Gruppenarbeit. Sagt er nicht selbst, dass ein guter Diktator sich damit begnügt, zu befehlen? Seine Entourage besteht im Wesentlichen aus Leuten, die ihn erst seit einigen Monaten kennen. Nach kleinlichen Streitigkeiten kommt es dann meist zum Bruch, wobei er sich nicht zu schade ist, zu Denunziation und Strafanzeigen zu greifen. Aus Neugier ging ich einmal zu einem seiner grotesken Prozesse in Genf, in dem es um die Verteilung von Hanfblättern ging. Dort lernte ich eine amerikanische Sympathisantin kennen und fragte sie, ob sie mir einen englischen Text über die Vorzüge von Speiseöl aus Hanfsamen übersetzen könne. Diese Person namens Shirin hatte keine Ahnung von Hanf, genauso wenig wie Laguerre, dem ich beispielsweise beibringen musste, wie man eine männliche Pflanze von einer weiblichen unterscheidet.

Es ist im Frühling 1994, und ich erkläre mich bereit, mit Laguerre und Shirin ins Tessin zu fahren, um einen Landwirt zu überzeugen, ebenfalls mitzumachen. Da ich Laguerres Schlitzohrigkeit kenne, bitte ich ihn, sich um die Unterbringung und das Essen zu kümmern. Ich selbst würde mich um den Transport kümmern. Alles lief wie vorgesehen, bis zum Abend der Rückreise. Da kaufte Laguerre ein Brot, ein Stück Käse und eine Flasche billigen Rotwein … Wir schliefen draussen, weil das billiger war! Manchmal finde ich es lustig, mit einem Verrückten zusammen zu sein, bloss um zu sehen, wie weit er geht ... Nach diesem aufschlussreichen Wochenende verkaufe ich ihm 29 000 Hanfsamen, die er später als «Naturhanf» bezeichnen wird. Gemeinsam mit Shirin gründet er die Firma Swihtco (Swiss Hemp Trading Company) und beginnt 1994 mit ein paar Landwirten mit der Hanfkultur. Weil ich nicht mit ihm zusammenarbeiten will, wird er noch wütender auf mich. Später, als ich vernehme, dass er Hanfernten einbringt, ohne die Bauern zu bezahlen, bin ich umso erleichterter über meine Entscheidung. Dieses Verhalten hätte mich krank gemacht vor Ärger, denn die Bauern haben ihren Lohn dringend nötig.

2002, nachdem er die meisten Schweizer Hanfbauern verärgert hat, verliert er seine letzten Gefolgsleute und ist vollständig isoliert. Endlich!

Einhäusiger und zweihäusiger Hanf

Der Hanf ist zweihäusig, das heisst, die weiblichen und männlichen Pflanzen sind getrennt. Nur die weiblichen Pflanzen enthalten ätherisches Öl und Harz. Die männlichen Pflanzen haben nicht einmal brauchbare Fasern. Will man Hanf für Samen und Fasern produzieren, tragen bei der Ernte nur die weiblichen Pflanzen Samen, während die männlichen Pflanzen bereits einen Monat zuvor abgestorben sind. Allerdings kann die Maschine bei der Ernte die weiblichen und männlichen Faserpflanzen nicht trennen.

Daher sind für die Produktion im industriellen Rahmen die einhäusigen Sorten am interessantesten. Einhäusig heisst, dass jede Pflanze Samen trägt und dass die Fasern bei der Ernte eine einheitlich gute Qualität aufweisen. Auf dem Markt finden sich Sorten aus Osteuropa, die zu etwa 70 bis 80 Prozent einhäusig sind. Die Franzosen entwickeln Sorten, die mit 95 bis 99 Prozent etwas zuverlässiger sind. Sie heissen Fedora, Fibrina, Fibrimont und so weiter.

Die Franzosen sind in ihrer Forschung insofern beschränkt, als sie ein THC-Limit von maximal 0,5 Prozent einhalten müssen, das später auf 0,3 Prozent gesenkt wurde. Im privaten Gespräch geben sie gerne zu, dass sie ohne dieses sinnlose Limit über Sorten verfügen könnten, die einen wesentlich besseren Ertrag in Bezug auf Samen und Fasern liefern. Dazu kommt, dass das Charakteristikum der Einhäusigkeit nicht samenfest ist, so dass jedes Jahr neue Samen gekauft werden müssen. Wird einhäusiger Samen zwei Jahre lang ausgesät, kehrt die Pflanze zu ihrer natürlichen Zweihäusigkeit zurück und entwickelt einen THC-Gehalt von bis zu 3 Prozent.

Die Zukunft des Schweizer Industriehanfs zielt auf eine Selektion, die einhäusige, harzreiche Sorten mit viel THC ergibt. Damit bringt die Ernte drei Komponenten – Fasern, Samen und ätherische Öle – und sichert unseren Bauern ein gutes Einkommen. Dank dem Betäubungsmittelgesetz kann sich unser Land in diese Richtung bewegen. Trotz höherer Produktionskosten sind wir so dennoch konkurrenzfähig gegenüber Hanf aus Frankreich, Deutschland, Holland, Spanien und Österreich.

Seit einigen Jahren entwickle ich auch eine harzreiche, einhäusige Sorte, die aber nur zu 60 Prozent zuverlässig ist. Ich hoffe, bald ans Ziel zu gelangen, wenn die Polizei mich in Ruhe arbeiten lässt und unsere Samen nicht unrechtmässig beschlagnahmt. Es ist klar, dass das Harz als natürlicher Bestandteil des Hanfs von der Natur sicher nicht als Medizin oder Freizeitvergnügen für den Menschen gedacht ist, wie sich das einige mystisch angehauchte Freunde vorstellen, sondern eher dazu dient, Kälte, Trockenheit, Schädlinge und Vogelfrass abzuhalten. Tatsächlich werden nur die französischen Sorten ab und zu von Insekten befallen. Die Vögel vermeiden es, sich am Harz die Federn zu verkleben. In der Natur fressen sie die Samen erst im Herbst und Winter, wenn sie zu Boden gefallen sind und das Harz weg ist. 1995 haben sich vor allem Zugvögel an unseren französischen Kulturen sattgefressen; wir schätzen den Verlust auf 2500 Kilogramm auf 4 Hektar.

Glücklicherweise kann der Landwirt aufgrund des aktuellen Gesetzes die Sorte, die ihm passt, auswählen. Diese Freiheit ist notwendig, da das Endziel der Kultur nicht darin besteht, ein «Betäubungsmittel» herzustellen. So hat das Bundesamt für Gesundheit befunden, dass harzreiche Sorten berechtigt und legal sind, wenn der Produktionszweck die Herstellung von ätherischem Öl ist. Dieses enthält nur geringste Mengen THC und kann sogar exportiert werden. Nach dem Jahr 2000 wird die Schweiz wieder repressiv und stellt eine Liste mit sogenannt THC-armen Sorten auf. Nur diese Sorten sind legal! Das ist ein grosser Rückschritt.

Erlaubt sind 4 Pflanzen pro Person – «Ich habe eine multiple Persönlichkeit!»

© Ben, *Le Matin,* 16.11.2011

KAPITEL V

1994
Das Öl: Der zweite Kampf

Nach meiner Entlassung aus den sechs Tagen Gefangenschaft wegen der Tee-Affäre sagt mir der Richter: «Sie sind der einzige Landwirt, der Hanf anbauen will, einige Ihrer Kollegen missbilligen das und haben es mich wissen lassen!»

Im Winter 1993/1994 erfahre ich mehr über diese vielseitige Pflanze. Dank den Amerikanern entdecke ich das Hanfsamenöl. Selbst Herr Bordoni, der Direktor von Sabo, der grössten Ölmühle des Landes, muss zugeben, dass Hanföl aufgrund seiner Zusammensetzung das wertvollste Öl für die menschliche Gesundheit ist. Hanfsamen enthalten ungefähr 30 Prozent eines Öls, das reich ist an Grundstoffen. Der wertvollste Bestandteil, die Gamma-Linolensäure, ist mit 3 Prozent vertreten und findet sich nur in sehr teuren Ölen – wie Borretschöl, Nachtkerzen- und Cassiskernöl – oder in Muttermilch. Im Weiteren ist es reich an Omega-3- und Omega-6-Fettsäuren. Nestlé hat Millionen investiert, um mithilfe starker organischer Lösungsmittel Cassiskernöl zu produzieren. Das multinationale Unternehmen hat Angst vor dem negativen Image des Hanfs und will nicht in Hanföl investieren. So werden diese teuren Öle vor allem in Form von Kapseln konsumiert. Sie werden hauptsächlich älteren Leute, Kindern und bei bestimmten Erkrankungen verschrieben und von vielen Krankenkassen zurückerstattet.

Das köstliche Hanföl hat einen ausgeprägten Haselnussgeschmack und eignet sich am besten für Salate. Es sollte nicht erhitzt und kalt konsumiert werden. Wegen der Autooxidation wird es vorzugsweise im Kühlschrank aufbewahrt. Früher, als es noch keine Kühlketten gab, konnte man es nicht lange aufbewahren. So wurde es vor allem zum Malen benutzt, da es sich sehr gut zum Verdünnen der Farben eignet. Alle Bilder der grossen Meister enthalten Hanföl in trockener Form!

Wie Leinöl ist auch Hanföl sikkativ, das heisst, es hat die Eigenschaft, schnell zu trocknen bzw. die Trocknung zu beschleunigen. Zudem brennt es ohne Rauch und wurde früher als Lampenöl benutzt. Wenn es nicht mehr brauchbar ist, nimmt es einen derart ranzigen Geschmack an, dass Konsumenten schnell merken, dass es nicht mehr essbar ist.

Wir nehmen eine Kaltpressung ohne chemische Lösungsmittel vor. Ausserdem machen wir nur eine Pressung. Würde man mehrmals pressen, hätte man ein qualitativ minderwertigeres Produkt. So sind die Presskuchen (Reste nach der Pressung) proteinreich (30 Prozent); sie enthalten noch Öl, unter anderem die kostbare Gamma-Linolensäure. Wir verkaufen sie an verschiedene Restaurants, die sie ihrer gastronomischen Qualität wegen schätzen.

Viele Kranke und Gesundheitsbewusste wollen sich gesund ernähren und konsumieren heute Leinöl. Dieses hat einen eher unangenehmen Geschmack und ist ein Bestandteil der bekannten Budwig-Creme. Das Hanföl, das dieselbe Zusammensetzung hat wie Leinöl – ausser der kostbaren Gamma-Linolensäure, von der es mehr enthält – wird heute von den früheren Konsumenten des Leinöls sehr geschätzt. Hanfsamen gehören zur Ernährung der Zukunft. Sie enthalten ebenso viel Protein wie Soja, wobei das Hanfprotein besser verdaut werden kann.

Auch Vogelfreunde schätzen die Hanfsamen, denn Tiere, die Hanfsamen fressen, singen schöner und haben ein glänzenderes Gefieder. Vermutlich hat der Hanf die weltweite Prohibition dank seinen gefiederten Freunden überlebt.

Auf dem Bauernhof werden die Presskuchen vom Geflügel, den Kühen und den anderen Pflanzenfressern, den Schweinen, den Katzen und den Hunden überaus gerne gefressen. Man muss gesehen haben, wie Mäuse Plastikgefässe durchnagen, um an die Hanfsamen zu kommen, die sie mehr als alles andere lieben – obwohl sie leichter an Trockenfrüchte und Weizen hätten gelangen können.

Die Fischer kennen die unwiderstehliche Anziehungskraft des Hanfsamens auf die Weissfische. Ich selbst habe erfolgreiche Versuche mit der Ernährung von Forellen gemacht, obwohl diese eigentlich Fleischfresser sind … Alle Tiere werden instinktiv von den Hanfproteinen angezogen.

Gekeimte Hanfsamen sind eine leckere Köstlichkeit. In Polen werden sie geröstet und wie Erdnüsse gegessen. Hanfsamen können wie Soja zu Milch oder Tofu, einer Art pflanzlichem Käse, verarbeitet werden. Bei der heutigen Tendenz zu vegetarischer Ernährung haben diese vielseitigen kleinen Samen ein grosses Zukunftspotential.

1994 beschliessen die professionellen Landwirte Hervé Colomb, sein Sohn Michel und Jean-Paul aus Saxon, mich in meinem Kampf zu unterstützen. Wir spannen zusammen, um vier Hektar Hanf anzubauen. Unser Ziel war, das berühmte Alpen-Hanföl auf dem Markt zu bringen. Im Frühling säen wir die französische Sorte *Fédora 19* aus, ohne den Richter zu informieren. Bekanntlich darf jeder Hanf anbauen, ohne vorher eine Erlaubnis einzuholen.

Monatelange Beschlagnahmung

1994, als Richter Jaquement aus der Presse erfährt, dass bei uns wieder Hanf wächst, lässt er uns vier Produzenten frühmorgens verhaften und verhören.

Er vernimmt, dass es sich nicht um Tee handelt, und lässt uns wieder laufen. Unsere Kulturen werden unter gesetzliche Aufsicht gestellt. Über jeden unserer Schritte müssen wir die Polizei informieren … Wir kämpfen, suchen die Unterstützung der Behörden, vor allem die des Bundesamts für Landwirtschaft und von Monsieur Produit, dem Departementschef des Walliser Landwirtschaftsamtes, damit man uns wenigstens ernten lässt. Unsere erste mechanische Ernte in der Schweiz wird zu einem Medienereignis.

Danach muss die Polizei unsere Samen überwachen, obwohl Dutzende Tonnen der gleichen Samen ohne jede Beschränkung in die Schweiz eingeführt werden! Wenn wir die Samen trocknen oder transportieren, muss die Polizei informiert oder anwesend sein. Selbst die Gendarmen kritisieren diesen Richter, der sie zu einer derart lachhaften Aufgabe zwingt ...

Endlich erhalten wir die Erlaubnis, die Samen zu pressen, und stellen unter den Augen der Tessiner Polizei, die von Jaquement mit der Überwachung beauftragt wurde, ein frisches, qualitativ hochwertiges Öl her, das sofort beschlagnahmt wird! Nun müssen wir darum kämpfen, das Öl auf den Markt zu bringen. Die Beschlagnahmung dauert Monate. Unser Öl wird von Professor Giroud vom Rechtsmedizinischen Institut in Lausanne an zwei freiwilligen Polizisten getestet. Heutzutage rauchen so viele Polizisten Hasch, dass man vor dem Versuch Urintests machen musste.

Nach einer Budwig-Creme mit Hanföl als Frühstück und einem Salat am Mittag werden Urintests durchgeführt. Resultat: Die Versuchskaninchen sind positiv auf THC! Dies ist darauf zurückzuführen, dass diese Tests nur ein quantitatives Resultat liefern, das heisst, dass sie einzig und allein das Vorhandensein von THC nachweisen. Bemerkenswert ist, dass die Schweizer in dieser Hinsicht selbst die Amerikaner übertreffen, da die Schweizer auch THC in amerikanischem Hanföl entdecken, in dem nicht einmal die DEA (Drug Enforcement Agency), welche den Krieg gegen die Drogen überwacht, die geringste Spur nachweisen konnte. Im Gegensatz zu den Franzosen finden die Schweizer auch THC-Spuren im ätherischem Öl und in unseren Kosmetika.

Als Abschluss seiner Untersuchungen schreibt Professor Giroud an den Richter und stützt sich dabei auf die wissenschaftlich umstrittenen Veröffentlichungen des US-Anästhesisten und Cannabisfeindes Gabriel Nahas. Er gibt zu verstehen, dass dieses Öl den Urinkontrollen auf THC bei den Bürgern oder den Konsumenten ein Ende setzen würde, wenn es trotz seiner unbestrittenen Vorteile und Heilkraft in den Verkauf käme – und empfiehlt, das Verbot aufrechtzuerhalten! Schlussendlich setzt das BAG einen THC-Grenzwert von 50 mg/kg fest. Unser Öl enthält 25 mg. Dies ist insofern bemerkenswert, als die Schweiz als erstes Land der Welt eine THC-Grenze in einem Hanf-Lebensmittel festlegt.

Zurück aus Nepal

Die menschliche Ignoranz war mir verleidet, und so ging ich im Winter 1994/1995 nach Nepal, wo ich zum ersten Mal Asien und den nepalesischen Hanf entdeckte.

Bei einem Trekking kam ich nach Muktinath, dem höchstgelegenen Dorf im gleichnamigen Tal, und entdeckte, dass der Hanf in dieser Höhe, auf 3800 Metern, immer noch gut gedeiht! Ich ging in ein tibetanisch-buddhistisches Kloster, wo Michel einige Retreats machte. Wir erzählten den Lamas von den Problemen, die wir in der Schweiz mit unserem beschlagnahmten Hanföl haben … Sie lachten und versprachen, uns zu helfen. Eher skeptisch ging ich Ende März wieder nach Hause.

Freunde holten mich vom Genfer Flughafen ab und brachten mich zurück zum Oasis. In dem Augenblick, als ich die Haustür öffnete, kam ein Fax mit der Bestätigung, dass die Beschlagnahmung des Öls aufgehoben sei … War es Zufall?

Sieg in einer Entscheidungsschlacht

Meine drei Kollegen und ich freuten uns über die guten Neuigkeiten und organisierten in Lausanne eine Pressekonferenz, um die Öffentlichkeit zu informieren. Damit musste der Richter sich geschlagen geben und die Beschlagnahmung aufheben. Wir sahen es als Beweis für die Richtigkeit unseres Unternehmens.

Durch seine Machenschaften hatte uns dieser Richter letztlich zu einer Menge Gratiswerbung für unser Salatöl verholfen. Der Erfolg zeigte sich in den unaufhaltsam steigenden Verkäufen.

Man fand sogar heraus, dass Hanföl bei Personen mit erhöhten Cholesterinwerten die Konzentration des schlechten Anteils (LDL-Cholesterin) senkt. Aber die Grossverteiler, die sich noch immer vom schlechten Ruf des Cannabis blenden liessen, wagten es nicht, das Hanföl in ihren Läden anzubieten.

Die erste Hanfernte in Saxon (1994)

KAPITEL VI

1995
Gründung von Valchanvre

Als die Beschlagnahmung aufgehoben ist, bestelle ich Samen für das nächste Anbaujahr. Meine Freunde, die voriges Jahr mitgeholfen haben, wollen diesmal ein Jahr aussetzen und erst einmal abwarten, wie sich das Öl verkauft. In meinen Augen ist die Schlacht zwar gewonnen, wir haben eine Bresche in die Mauer der Prohibition geschlagen, doch jetzt müssen wir erst recht weitermachen. Mit einigen motivierten Freunden, die mir seit Monaten helfen und mich unterstützen, gründe ich 1995 die Firma Valchanvre GmbH. Dank dem ehrenamtlichen Einsatz von Claude, den Zwillingen Alain und Michel sowie von Fabienne und mir selbst funktioniert die Firma. Zum Hanfsamenöl kommen bald noch eine Reihe weiterer Produkte.

Massageöl

Ich entdecke, dass sich das Hanfsamenöl sehr gut als Massageöl eignet. Es ist sehr fein, zieht gut ein, hinterlässt keine Flecken auf den Kleidern und wirkt als natürliches Muskelrelaxans, was auf seinen Gehalt an Gamma-Linolensäure zurückzuführen ist. Ebenso hat es eine gute Heilwirkung bei verschiedenen Hautkrankheiten: Psoriasis, Juckreiz, sogar Hautkrebs. Angesichts der Wirksamkeit dieses Öls gegen Krämpfe beschliessen wir, dank der Vermittlung unseres Freundes François Reusser, mit einem Aromatherapeuten aus Solothurn zusammenzuarbeiten. Wir entwickeln vier Sorten Massageöl: tonisch, erotisch, entspannend und harmonisierend. Die Öle, die mit verschiedenen ätherischen Essenzen versetzt sind, die zugleich als Konservierungsmittel dienen, unterscheiden sich nur durch den Geruch.

Ich kannte die Geschichte von France Perier. Sie war bei ihrer Arbeit täglich Röntgenstrahlen ausgesetzt gewesen und litt an einem generalisierten Hautkrebs. Nachdem sie sich für viel Geld amerikanisches Hanföl besorgt hatte, wurde sie vollständig geheilt! Fasziniert von dieser Wunderpflanze, beschloss sie, etwas zu tun. So gründete sie Isochanvre und baut in Frankreich Hunderte von Häusern, deren Baumaterial und Isolation aus Hanffasern bestehen.

Als wir später das ätherische Hanföl entdecken, lancieren wir ein Massageöl, das einzig mit diesem neuen Produkt aromatisiert ist. Der Vollständigkeit halber kommt ein Natur-Massageöl dazu, das keine Essenzen enthält – das gleiche Öl, das für Speisezwecke verwendet wird.

Relativ spät säen wir vier Hektar Hanf in der Rhoneebene. Dies beweist, dass es möglich ist, von Mitte April bis Mitte Juni auszusäen, da Hanf sehr schnell wächst. Gleichzeitig publiziert Laguerre Inserate in der Landwirtschaftspresse, in denen er über die Swihtco 15 000 Franken pro Hektar verspricht. Einige hundert Landwirte melden sich und studieren den vorgeschlagenen Vertrag. Allein für die Eröffnung des Dossiers kassiert Laguerre 500 Franken. Ausserdem verkauft er die Samen zu einem hohen Preis: 380 Franken pro Hektar! Zur Erntezeit verlangt er das Unmögliche, nämlich 3 Tonnen Samen pro Hektar; kurz darauf ändert er die Vertragsbedingungen und will 300 Kilo getrocknete Blüten pro Hektar.

1994 konnte er mit meinen 29 000 Samen Dutzende Hektar anbauen. Die geernteten Samen benutzt er für die nächste Anbausaison. Er lässt sehr heterogene zweihäusige Pflanzen anbauen, von denen die einen schon reif sind, während die anderen noch ihr Geschlecht ausbilden. Die Bepflanzungsdichte macht eine mechanische Ernte unmöglich. Die Landwirte sind am Verzweifeln. Am Ende lässt Swihtco die geschädigten Landwirte unter dem Vorwand juristischer Probleme einfach hängen. Einige versuchen, die Ernte irgendwie zu verwerten, sei es als Fasern, Samen oder Blüten. *Agri-Hebdo,* das wichtigste landwirtschaftliche Wochenblatt der Westschweiz, bringt in jeder Nummer eine Rubrik, die sich «Schweizer Hanf» nennt. Claude Quartier, der Chefredakteur, hat begriffen, dass diese Kultur hervorragende Zukunftsperspektiven für die Schweiz bietet. Er berichtet objektiv über die Lage.

Laguerre hingegen, der nicht die geringste Kritik verträgt, erstattet Strafanzeige gegen *Agri-Hebdo.* Er klagt ebenfalls gegen mich, indem er vorgibt, dass die 29 000 Samen im Jahr 1994 nicht gekeimt hätten. Für Richter Jaquement ist das ein gefundenes Fressen, er nimmt die Klage an. Zu meiner Verteidigung berufe ich meine Freundin, die weltbekannte Cannabis-Spezialistin und Schriftstellerin Michka, die nach Saint-Maurice kommt, um Jaquement über die verschiedenen Punkte zu informieren, vor allem darüber, wie Haschisch hergestellt wird. Kaum haben wir damit begonnen, unser Hanföl aus den Alpen zu verkaufen, veröffentlicht Laguerre ein Pressecommuniqué, worin er behauptet, unser Öl sei krebserregend! Als krankhaft eifersüchtiger Mensch kann er es nicht ertragen, dass andere ihm die Show stehlen.

Er erhebt eine weitere Anklage, diesmal geht es darum, dass wir das Bio-Label unrechtmässig benutzen, obwohl wir von Anbeginn biologisch wirtschaften. Der bereits bekannte Richter nimmt die Klage entgegen, kann aber nicht erreichen, dass uns das Label *BioSuisse* entzogen wird. Am Ende wird Laguerre sogar erfolglos gegen unsere *BioSuisse* klagen. Im weiteren Verlauf klagt er alle an, die es wagen, ihn zu kritisieren, selbst seine Freunde, wobei er nicht zögert, diese in den Medien anzuschwärzen und bei der Polizei anzuzeigen. Zum Glück findet dieser Geistesgestörte seit Herbst 2002 niemanden mehr, den er manipulieren kann, und ist seither völlig isoliert.

Fasern und Schäben

Die Franzosen sind Pioniere auf diesem Gebiet und benutzen Hanffasern oder Hanfschäben. Ihre 20 000 Hektar *Cannabis sativa* dienen vorwiegend der Produktion von Fasern und Samen. Die Faser besteht aus den Stängeln und hat zwei Teile; die Faser, welche die Rinde bzw. die äussere Schicht bedeckt und sich in feinen Fädchen löst. Früher liess man die Stängel verrotten. Dieser Vorgang sollte das Lösen der Fasern erleichtern. Die Rottung erfolgte in stehendem Wasser – mit dem Nachteil, dass sie die Gewässer mit organischem Material verschmutzte. In Gegenden mit hoher Bodenfeuchtigkeit durch ständigen Nebel und starken Tau konnte die Rottung auch auf dem Boden durchgeführt werden. In Ungarn wurde in heissem Wasser gerottet, da dort viele heisse Quellen vorkommen. Die so gewonnene Fasermasse eignet sich sehr gut für die Herstellung feiner Stoffe. Im Mittelalter wurden die feinsten Stoffe für den Adel durch einen Anbau mit 1000 Pflanzen pro Quadratmeter gewonnen.

Heute verwenden die Franzosen eine neue Technologie, die eine trockene Entfaserung erlaubt. Die französische Fasermasse wird für die Herstellung von Papier, Banknoten, Briefmarken, hochwertigem Papier und in erster Linie für Zigarettenpapier verwendet. Frankreich beliefert also hauptsächlich die internationale Tabakindustrie. Jede beliebige Zigarette enthält also auch Hanf. Im Gegensatz zu Zellulosepapier aus Holz kann Hanfpapier ohne Gewässerverschmutzung hergestellt werden. Da es kein Lignit enthält, überdauert es Jahrhunderte, ohne zu vergilben. Dieser Punkt bereitet unserer Nationalbibliothek einiges Kopfzerbrechen, denn Tausende Bücher aus Holzpapier sind heute beschädigt. Unter hohem Kostenaufwand versucht man zu retten, was zu retten ist. In der Wirtschaft der Zukunft wird der Hanf bei der Rettung unserer Wälder eine herausragende Rolle spielen, denn ein Hektar Hanf liefert fünfmal mehr Zellulose als ein Hektar Wald. Der Kampf gegen die Entwaldung unseres Planeten gehört heute zu den dringendsten Problemen der Menschheit.

Nachdem die Fasern vom Stängel entfernt sind, bleibt das Holz übrig , das als Hanfschäben bezeichnet wird. Dieses Material wird zu Spänen oder Granulat verarbeitet und kann als Streu für Pferde, Katzen und Kleintiere verwendet werden. Sämtliche Rennpferde sowie die Pferde am englischen Königshof werden auf Hanfstreu gehalten. Sie nimmt fünfmal so viel Flüssigkeit auf wie ihr Gewicht und übertrifft damit sämtliche Baumwollprodukte. Dies ist ein grosser Vorteil, wenn man bedenkt, dass die Baumwollproduktion sehr viel Chemie und Wasser benötigt.

Ökologische Häuser

In den 90er-Jahren entwickeln die Franzosen mit der Hilfe von France Perier Baumaterialien aus Hanf. Der zweite Teil des Stängels, die Hanfschäben, wird einem Mineralisationsprozess unter Verwendung von Silikat unterzogen. Mit Kalk vermischt, ergibt dieses Material einen natürlichen Zement, der fünfmal leichter ist als Beton und zahlreiche Vorteile aufweist. Ausserdem wird dieses Material nicht von Insekten und Nagetieren angegriffen, es ist nicht brennbar, gibt keine toxischen Stoffe ab, ist erdbebenfest und bietet eine sehr gute Lärm- und Wärmedämmung. Hanfschäben sind das Material erster Wahl für die Renovation historischer Gebäude in Frankreich. Es wurden Brücken aus der Merowingerzeit gefunden, die Hanffasern enthalten. Das Bild wird noch vollständiger, wenn man sieht, wie eine Mauer aus Hanfbaumaterial selbst an feuchten Orten trocken bleibt. In einem Haus aus Hanf fühlt man sich wohl und ausgeruht. Die Wissenschaft vom Einfluss des Baumaterials und der Bauweise auf das menschliche Wohlbefinden, die erst im Entstehen ist, erlebt mit Hanfbaumaterialien bereits eine Blütezeit. Man muss ein solches Haus besucht haben, um sich davon zu überzeugen.

In Beton entstehen Risse, und durch die Steinbrüche, die zu dessen Herstellung notwendig sind, wird die Landschaft verschandelt. Ausserdem wird bei der Herstellung viel Energie verbraucht, und der Einbau von Armierungseisen ist unumgänglich.

Diese erzeugen die als Faradaykäfig bekannten elektrostatischen Strömungen, die der menschlichen Gesundheit abträglich sind.

Häuser aus Hanf sind vergleichsweise nicht teurer als andere … die Zukunft wird es zeigen! Der Schweizer Pionier auf diesem Gebiet ist Pascal Favre mit seiner Firma Arbio, welche das erste Hanfhaus gebaut hat, das im Kanton Waadt steht. Wie die meisten Pioniere muss er sich mit Geldproblemen herumschlagen und bekommt keine Unterstützung für seine zahlreichen Forschungen. Später kommt Pascal Pittet dazu, der im Wallis und Waadtland ebenfalls Häuser aus Hanf baut. Valchanvre verwertet die Fasern seit 1995. Im Bereich Baumaterial findet man Hanfspanplatten aus Holland. Die Fasermasse wird auch zur Dämmung benutzt und ersetzt die Holz- oder Steinwolle. Für vollständig ökologische Bauten sollten umweltschonende, nachwachsende Rohstoffe benutzt werden.

Die Swihtco verschwindet

1995, als die Swihtco ihre zahlreichen Landwirte trotz der Verträge im Stich liess, standen in der Schweiz 50 Hektar Hanf, mit denen niemand etwas anzufangen wusste. In dieser verzwickten Lage mussten die neuen Hanfbauern sehr schnell etwas über das Funktionieren der Wirtschaft lernen. Die Schweizer Landwirtschaft war seit einigen Generationen kaum mit Problemen konfrontiert gewesen und hatte ihre Produkte immer an den Mann bringen können. Durch Abnahmegarantien und staatlich subventionierte Preise waren die Landwirte ziemlich unbeweglich und faul geworden. Als sie aus heiterem Himmel von der Krise getroffen wurden, mussten sie nach neuen Absatzmärkten suchen. Hier sind Innovationen die einzige Rettung.

Ich bin froh um all die Pioniere, die sich mit dem Hanfanbau beschäftigen. Leider bedeutet die leidige Swihtco-Affäre einen verunglückten Beginn. Einige Bauern verwenden den nicht genutzten Hanf als hervorragenden Gründünger, vermulchen die ganze Pflanzenmasse vor Ort und lassen sie als Bodenverbesserer verrotten. Andere versuchen, die Fasern, Samen und Blüten zu verwerten. Valchanvre kauft einigen Produzenten Fasern oder Blüten ab, anderen die grünen Pflanzen, um sie für ätherisches Öl zu destillieren. Die grosse Mehrheit steht jedoch im Regen und hat nur Verluste aus dem Vertrag mit Swihtco. Laguerre verlegt seinen Wohnsitz oft in andere Kantone, weil ihm das Betreibungsamt auf den Fersen ist.

Das ätherische Öl

1995 destilliert Valchanvre per Wasserdampfdestillation eine Tonne grünen, blühenden Hanf. Aus einer Tonne Pflanzen wird ein Liter ätherisches Öl extrahiert. Unseres Wissens ist diese Destillation eine Weltpremiere. Das Experiment kann als positiv bezeichnet werden, denn Hanf wird auch als Duftpflanze entdeckt. So produzieren wir mehrere Kilo dieses aussergewöhnlichen Rohstoffes.

Ätherische Öle werden als Aromastoffe für Lebensmittel, als Medikament in der Aromatherapie, in der Parfümherstellung und für Kosmetika benutzt. Einige Lebensmittel auf der Grundlage von Schweizer Hanf, deren Name ich aus Rücksicht auf das Fabrikationsgeheimnis nicht erwähne, benutzen dieses neue Produkt mit grossem Erfolg.

Das ätherische Öl hat eine beruhigende Wirkung, lindert Verdauungs- und Zirkulationsbeschwerden und löst den Schleim aus den Atemwegen. So hat eine Krankenschwester, die wegen eines Unfalls zur Paraplegikerin wurde, uns ihre Erfahrungen mitgeteilt. Kein einziges Medikament konnte ihr gegen ihre ständigen Schmerzen helfen, ihr Zustand war besorgniserregend. Mit dem ätherischen Öl aus *Cannabis sativa* konnte sie sich eine Salbe zusammenstellen, die ihr sehr wirksam half. Auf der Basis ihrer Erfahrungen konnten wir die Hanfsalbe entwickeln.

Neue Düfte

1996 lernen wir einen Parfümeur aus Genf kennen, der das ätherische Öl testet. Es ist ein neues, interessantes Produkt auf diesem Gebiet. Dank dieser tollen Zusammenarbeit kann Valchanvre eine

Kosmetikreihe entwickeln: flüssige und feste Parfüms sowie ein Aftershave. Dank diesem Parfümeur, einem regelrechten Künstler der Düfte und einer grossen «Nase», wie es im Fachjargon heisst, kommen immer wieder Produkte mit neuen, ungeahnten Düften auf den Markt.

Wir hatten die meisten grossen Parfümeure und Kosmetikhersteller bereits zu einem früheren Zeitpunkt angeschrieben. Wir wollten natürliche Parfüms lancieren und mussten ziemlich erstaunt vernehmen, dass dies unmöglich oder viel zu teuer sei!

Zum Glück arbeitet unsere «Nase» eher gegen den Mainstream. Er ist ein überzeugter Umweltfreund und lehnt synthetische Produkte ab. Während der Trend zu biologischen Lebensmitteln auf eine naturnähere Welt hoffen lässt, gibt es bei den Kosmetika keine nennenswerte Kontrolle. Die Konsumenten organisieren sich, um zu verstehen, was sie essen und trinken, aber es gibt keine unabhängige und seriöse Institution, die kontrolliert, was in der hermetischen Welt der Kosmetika vor sich geht. Immer mehr Menschen entwickeln Allergien gegen diese synthetisierten Chemieprodukte. Erst jetzt wird das Problem langsam ernst genommen und untersucht – in Kanada!

Jedes Parfüm oder Produkt kann mit den Begriffen «natürlich», «bio», «rein» und so weiter bezeichnet werden. Unter Millionenaufwand versuchen Chemiker die Natur zu kopieren und einzufangen. Ein Fläschchen hochwertiges Parfüm kostet vielleicht mehr als 200 Franken, aber in Wirklichkeit enthält es synthetisches Material im Wert von kaum 10 Franken! Es wäre zu hoffen, dass sich bald eine von den Konsumenten kontrollierte Institution bildet, die sich um die Zertifizierung und Kennzeichnung kümmert und gewährleistet, dass ein Produkt wirklich natürlich ist.

In Deutschland sind es die Grünen, in den USA einige Umweltschützer, die jetzt langsam damit anfangen, diese abgeschlossene und verlogene Welt anzuprangern. Es werden zahlreiche Produkte tierischer Herkunft benutzt, auch menschliche Plazenta. All die schönen Frauen würden erblassen, wenn sie wüssten, woraus ihre Schönheitsprodukte bestehen …

Valchanvre bietet – als Spitzenreiterin im Bereich der echten naturbelassenen Düfte – neue, betörende und geheimnisvolle Parfüms auf Hanfbasis an. Dank dem Hanf erlebt die einzige industrielle Destillationsanlage der Schweiz (die Destillerie von Bassin) einen Wiederaufschwung, obwohl die Inhaber unter dem Druck der ausländischen Konkurrenz stehen. Unweigerlich und sehr schnell wird der Hanf zu einer neuen Einkommensquelle.

Der Parfümskandal in Divonne

Ich erfahre, dass Zahnplomben aus Amalgam das gesundheitsschädliche Quecksilber abgeben, und lasse mir alle Amalgamplomben entfernen. Michel vermittelt mir einen ökologisch orientierten Zahnarzt, der natürliche Produkte benutzt. Er ist sympathisch, unkompliziert, immer verfügbar, weshalb ich beschliesse, mich in seiner Praxis in der Nähe von Divonne behandeln zu lassen.

Eines Tages steht wieder ein Zahnarzttermin an, und Michel und Alain geben mir eine Reihe von Flakons mit ätherischem Öl und Parfümfläschchen mit, die ich anschliessend in Genf abliefern soll. Wie immer komme ich an die Grenze und werde von den Franzosen angehalten.

«Haben Sie etwas zu verzollen?»

«Nein!»

«Und die Flakons auf dem Beifahrersitz?»

«Oh, das ist nur im Transit und für die Schweiz bestimmt ...»

«Bitte parkieren Sie dort!»

Nun beginnt der Ärger. Es ist Freitagmorgen. Da die Zollbeamten mich als Cannabisdealer verdächtigen, kontrollieren sie systematisch. Als ihr Drogenhund, ein Pudel, mein Auto durchsucht, gibt er an wie wild. Natürlich gibt es im Auto zahllose Hanfreste. Plötzlich finden die Zollbeamten ein uraltes, staubiges Tütchen mit 5 Gramm Hanf unter dem Sitz, das dort vergessen wurde. Verflixt! Ich müsste mein Auto häufiger putzen! Sie machen einen THC-Nachweistest mit den Fläschchen. Leider sind die Tests alle positiv. Ich finde das Ganze eher belustigend, aber man nimmt mich fest und verhört mich. Danach muss ich eine erstaunliche Anzahl von Formularen ausfüllen. Die sechs anwesenden Zollbeamten unterschreiben ebenfalls. Am Nachmittag kommt der Chef des Zollpostens; es scheint sich um eine wichtige Sache zu handeln ...

Sämtliche Fläschchen und mein Geld werden beschlagnahmt. In meinem Wagen findet man auch eine Flasche mit Salatöl. Ich gehe davon aus, dass man mich bald freilässt. Aber dann übergibt man mich der Polizei von Divonne. Das Verhör beginnt wieder von vorne ... Die Polizisten sind freundlicher. Ich merke, dass unter den verschiedenen französischen Ordnungsdiensten eine erbitterte Konkurrenz herrscht. Ein alter Gendarm sagt mir, dass ihr THC-Test auch bei Muskatnuss positiv sei. Er sieht mich als Landwirt, muss aber die Befehle der Staatsanwaltschaft in Bourg-en-Bresse befolgen. Man bringt mich über Nacht in die Arrestzelle. Am Nachmittag fahren mich drei Polizisten nach Bourg-en-Bresse. Nach einer Viertelstunde sind wir dort. Ich sitze mit Handschellen in einem Korridor, offenbar der Wartesaal, und nutze die Zeit, um liegengebliebene Post aus meinem Aktenkoffer, den man mir gelassen hat, zu bearbeiten. Von Zeit zu Zeit läuft ein netter junger Mann durch den Gang, der mich beobachtet. Auch eine hübsche Blondine wanderte ab und zu vorbei. Ich halte die beiden für Sekretäre oder Angestellte. Man lässt mich fast vier Stunden warten. Mir gegenüber sitzt mit verdrossener Miene ein Paar, das des Mordes bezichtigt wird ...

Endlich bin ich dran. Ich falle aus allen Wolken, als es sich herausstellt, dass der nette junge Mann der Staatsanwalt ist – und die hübsche Blondine die Untersuchungsrichterin! Der Staatsanwalt legt los und beschuldigt mich aller möglichen Vergehen. In seinen Augen sind alle Hanfprodukte gefährlich, diese Droge führe zu Heroinabhängigkeit und Aids. Ich wähne mich um zwanzig Jahre zurückversetzt und kann nur noch staunen über die unterschiedlichen Auffassungen, die diesseits und jenseits der Grenze herrschen. Bourg-en-Bresse gehört schon zum tiefen Frankreich, während die Polizisten in Divonne *Le Matin* lesen und mit der

Sachlage und dem Hin und Her um den Schweizer Hanf vertraut sind. Sie sind bereits halb überzeugt von unserer Sache. Ich fühle mich verpflichtet, dem Staatsanwalt zu sagen, dass ich über seine Aussagen höchst erstaunt sei, da doch Frankreich der grösste Hanfproduzent Europas ist (15 000 Hektar im Jahr 1995) und er ein Beamter dieses Staates. Er scheint tatsächlich keine Ahnung zu haben! Aber ich merke, wie er beginnt, sich Fragen zu stellen …

Dann werde ich von der Untersuchungsrichterin vernommen. Als Erstes sagt sie zu mir: «Halten Sie sich gefälligst gerade!» Ich verstehe nichts, denn ich sitze ja gerade. Dann weist sie als Beispiel auf den Polizisten zu meiner Linken und den Pflichtverteidiger zu meiner Rechten. Tatsächlich halten die beiden ihre Hände auf den Knien. Das Lachen unterdrückend, gehorche ich … Die Kleine hat die Jungs gut dressiert! Dann bestätigt sie, dass sie mich bei dieser Menge beschlagnahmter Drogen inhaftieren muss. Ich komme ins Schwitzen und versuche es mit diplomatischer Überzeugungskraft. Ich erkläre ihr, dass der angewandte Schnelltest die im Hanf vorhandenen Cannabinoide nachweist, aber kein THC, und dass der Test vielleicht mit Marihuana funktioniere, aber nicht mit meinen Produkten, die kein THC, sondern bloss Cannabinoide enthalten. Ausserdem können in diesem Fall sicher keine Cannabinoid-Analysen gemacht worden sein, denn diese dauern in der Schweiz mehrere Monate. Dann will sie mich bis zum Abschluss der Analysen inhaftieren … Daraufhin zeige ich auf meine Kleider aus Hanfstoffen und sage, dass sie auch Spuren von THC enthalten. Am Ende beschliesst sie, mich freizulassen, und verfügt, dass ich mich zweimal im Monat auf dem Polizeiposten von Divonne zu melden habe.

Uff! Der Pflichtverteidiger ist zufrieden, und ich bin froh. Als ich meine drei Gendarmen aus Divonne frage, ob sie mich mit zurücknehmen können, sagen sie mir, dass ich jetzt kein Gefangener mehr sei und sie kein Recht hätten, Zivilpersonen zu transportieren! So stehe ich an einem Samstagabend allein und ohne einen Cent in Bourg-en-Bresse. Schliesslich leiht mir der Pflichtverteidiger etwas Geld. Ich nehme den TGV nach Genf.

Mit dem Taxi komme ich um Mitternacht in Divonne an, hole mein Auto und fahre zur Grenze. Der Schweizer Zollbeamte, der mich im Taxi vorbeifahren sah, hält mich an. Noch eine Durchsuchung! Er sucht nach einer Reparatur, die ich in Frankreich ohne Deklaration hätte vornehmen lassen können. Etwas später bin ich endlich zu Hause, total geschafft von diesem Abenteuer.

Achtmal melde ich mich auf dem Polizeiposten. Am Ende beweisen die in Frankreich durchgeführten Analysen, dass ich insofern Recht hatte, als unsere Produkte kein THC enthalten und deshalb keine Drogen sind. Anfang 1997 werde ich für die Plastiktüte mit den 5 Gramm verurteilt. Anzumerken ist, dass Proben, in denen die Franzosen kein THC nachweisen, in der Schweiz quantitativ analysiert werden und dann angegeben wird, dass sie minimalste Mengen enthalten und dass diese Produkte in den Handel gelangen dürfen.

Immerhin hat diese Geschichte den positiven Ausgang, dass wir nun unsere Produkte nach Frankreich exportieren dürfen, dies dank den vom Staat bezahlten Analysen. Hätten wir die Exportgenehmigung über den offiziellen Weg beantragen müssen, hätte es ungleich länger gedauert und wir hätten viel mehr dafür bezahlt.

Die Hanfsalbe

Nach monatelangen Versuchsreihen entwickeln wir – erneut mit der Hilfe unserer «Nase» – einen sehr vielversprechenden Artikel. Unser Parfümeur, der Repressalien seitens der Kosmetik-Mafia befürchtet, will abseits öffentlicher Aufmerksamkeit und in Ruhe arbeiten. Letztlich werde ich nie wissen, ob seine Befürchtungen gerechtfertigt waren. Er arbeitet seit 30 Jahren in diesem Bereich und führt eine Familientradition weiter. Sein Vater und Grossvater waren ebenfalls «Nasen», er kennt diese Welt seit frühester Kindheit … Als international anerkannter Fachmann hat er bereits Parfüms für bekannte Marken kreiert: 1967 das Eau de Toilette für Yves Saint-Laurent, das erste Parfüm von Lacoste, das Eau de Toilette Ho-Hang von Balenciaga, das Parfüm 1000 von Jean Patou, das Parfüm Elle von Claude Montana sowie Produkte für Chanel und Dior.

Da ihm bewusst war, zu welchen Problemen die Verwendung von synthetischen Materialien führt, war er aus dieser umweltbelastenden Industrie ausgestiegen. 1996 schuf er ein neues Produkt: die Hanfsalbe. Sie hat eine schöne grüne Farbe, besteht aus Alpen-Hanföl, ätherischem Öl von *Cannabis sativa* sowie Kampfer und ätherischen Ölen von anderen Heilpflanzen. Sie ist ein guter Ersatz für den bekannten Tigerbalsam, der relativ grosse Mengen Ammoniak enthält, um die Heiss-Kalt-Wirkung des Kampfers zu verstärken. Niemand kann bestätigen, dass dieser Balsam wirklich keine Spuren von Tigern enthält. So sind wir stolz auf unser neues Produkt, da es zur Rettung der Tiger beiträgt. Unsere Salbe wird äusserlich angewendet und hilft gegen Kopfschmerzen, Angina, Verstauchungen und zahllose andere Beschwerden.

Katzenstreu

1995 produziert die neue Firma erneut 40 000 Quadratmeter *Cannabis sativa.* Nach der Ernte werden die Fasern erstmals gebündelt. Aufgrund weiterer Forschungen konnten wir sie zu einer Katzenstreu weiterverarbeiten, die von den Katzen, die den Geruch des Hanfs mögen, sehr geschätzt wird. Dieses sehr effektive Produkt mit einer starken Absorptionskraft (das Fünffache seines Volumens), hat eine lange Lebensdauer und kann im Gegensatz zur üblichen Katzenstreu, die als Haushaltabfall in weit entfernten Verbrennungsanlagen entsorgt werden, im Gartenkompost entsorgt werden. Zudem ist unsere Tierstreu zu 100 Prozent pflanzlich, während zur Herstellung der handelsüblichen Produkte Tonerde auf 3000 Grad Celsius erhitzt werden muss. Die Hanfstreu hat eine positive CO_2-Bilanz.

Teigwaren aus Hanf

Unsere Hanf-Presskuchen eignen sich gut für die menschliche Ernährung. So können wir ein weiteres, neues Produkt anbieten:

Hanfnudeln. Die gemahlenen Presskuchen ergeben ein Mehl, das in die Teigwaren kommt. Ich habe eine kleine Menge dieser Nudeln nach Chianciano Terme verkauft, ein kleines Thermalbad im der Toskana, wo eine Konferenz über die Lage des Hanfs in der Schweiz und Holland stattfand. Die Italiener stürzten sich geradezu auf die *A-la-canapa*-Teigwaren!

An dieser Konferenz lernte ich Ben Dronkers kennen, den Paten der holländischen Hanfproduzenten. Dronkers hat sein Vermögen mit Freizeithanf gemacht. Er ist unter anderem Besitzer des Hanfmuseums Amsterdam und der Sensi-Seed-Bank, die Hanfsamen zu einem Preis von bis zu 10 Franken pro Stück verkauft, sowie sämtliches Material für den Innenanbau. Er führt ausserdem mehrere Coffeeshops, wo ganz legal Marihuana und Haschisch sämtlicher Provenienzen verkauft wird. Er war clever genug, sich nicht auf seinen Lorbeeren auszuruhen und sein Vermögen in die Entwicklung des Industriehanfs zu investieren. So produziert seine Firma HempFlax über Vertragslandwirtschaft 3000 Hektar Industriehanf. Dronkers entwickelt neue Technologien und verschiedene Maschinen, um sämtliche Verarbeitungsschritte der Fasern zu mechanisieren. Die industrielle Entfaserung ist nötig, um die grossen Mengen Schäben für die Manegen, die er beliefert, herzustellen. Hanfstreu hat eine hohe Saugkraft, welche diejenige von Weizenstroh, Hobelspänen oder Sägemehl weit übertrifft. Mit der Herstellung von Kleinmengen versucht er, den Markt für Kleintiere zu erobern. Seine Fabrik stellt auch einen pflanzlichen Kompost auf Hanfbasis her. Der Mist der Hanfstreu aus den Manegen wäre übrigens ein optimales Substrat für die Champignonzucht.

Der erste Aufschwung für den Hanf und seine zahlreichen Derivate ist in der Schweiz ab 1995 zu verzeichnen.

Der Totenkopfschwärmer

Unter unserer Windmühle beim Oasis wachsen zwei weibliche Hanfpflanzen entlang der Stützkabel. Eine dieser Pflanzen, die von selbst gewachsen sind, misst fast 4 Meter. Einmal mehr erweist es sich, dass aus Samen in Bezug auf die Höhe, den Umfang des Hauptstängels und das Gewicht die kräftigsten Pflanzen entstehen. Als ich diese gewaltige Pflanze genauer in Augenschein nehme, entdecke ich eine riesige Raupe! Sie trägt das charakteristische Horn des Totenkopfschwärmers. Die Raupe ist hellgrün mit wunderschönen bläulichen Ornamenten in V-Form auf ihrem Rücken. Ein Biologe, den wir herbeirufen, bestätigt meine Identifizierung. Das merkwürdige Insekt wird fotografiert; sein Bild erscheint in einem wissenschaftlichen Artikel über seine Entdeckung in unseren Breitengraden. Der Totenkopfschwärmer ist ein Wanderfalter, dessen Hauptverbreitungsgebiet in Nordafrika liegt. Im Herbst wird eine neue Generation erwachsener Falter die Alpen und das Mittelmeer überqueren.

Der Totenkopfschwärmer liebt Honig und ist offenbar imstande, die Bienen auszutricksen, indem er dieselben Töne erzeugt wie die Bienenkönigin. So kann sich dieses schlaue Insekt gleich im Innern der Wabe am Honig bedienen. Leider ist die Art bedroht – wegen der Pestizide, die in den Kartoffelkulturen zum Einsatz kommen. Umso mehr freut es uns, dass sie auf dem Hanf überleben kann. So wird durch den Hanf eine bedrohte Art gerettet.

Am Ende des Sommers ist die Raupe an einen geheimen Ort verschwunden, um sich in einen Falter zu verwandeln. Eines Nachts wird der grosse Falter, der auf seinem Rücken die Zeichnung eines Totenkopfes trägt, weiterfliegen.

Diese herrlichen Nachtfalter wurden früher von abergläubischen Gemütern gefürchtet, und man versuchte sie zu vernichten. Heute muss man Glück haben, um eines dieser Insekten zu sehen, und man ist voller Staunen und Respekt vor der unendlichen Vielfalt der Insektenwelt.

Joint-Ofen © Casal, *Le Nouvelliste*, 3.6.2004

KAPITEL VII

1996
Therapeutische Hanfkissen

Die Swihtco lanciert Ende 1995 ein neues Produkt: das therapeutische Hanfblütenkissen. Dieses Produkt erweist sich als Schlager, danach entstehen eine Menge Firmen im ganzen Land, die – ebenso wie die Hanfbauern – therapeutische Kissen mit getrockneten Hanfblüten anbieten. Bis auf die Kissen von Laguerres Swihtco bestehen alle aus Hanfstoffen. In der Ostschweiz gibt es die Tradition, auf Kissen zu schlafen, die mit verschiedenen Pflanzen, Blumen oder Samen gefüllt sind.

Valchanvre vertreibt Speiseöl, Massageöle, Teigwaren, Einstreu, Fasern und Kosmetika. Da wir auf dem Schweizer Markt mithalten wollen, beschliessen wir angesichts der steigenden Nachfrage nach den Kissen, diese ebenfalls herzustellen – umso mehr, als es unseres Wissens in den Kantonen, in denen sie verkauft werden, keinerlei Probleme in Bezug auf die Legalität zu geben scheint. Das Wichtigste ist, dass der Inhalt nicht geraucht wird …

Da ich weiss, dass es sich um eine heikle Sache handelt, kümmere ich mich selbst um den Verkauf. Anlässlich einer Anhörung bei Richter Jaquement mit unserem Anwalt Laurent Schmidt ergreifen wir die Gelegenheit und fragen nach, ob diese Kissen legal seien. Mit verlegener Miene sagt Jaquement, dass er sich erkundigt habe und dass der Verkauf in der Tat legal sei – denn er könne nichts dagegen unternehmen. Diese Antwort freut uns und stimmt mich zuversichtlich, da ich mir nicht vorstellen kann, dass er mir eine fette Lüge aufgetischt hat.

Im Frühjahr 1996 entwickeln wir ein Anbauprogramm für 15 Hektar. Ich bitte beim Kommandanten der Walliser Kantonspolizei schriftlich um einen Termin, um ihn über unsere Kulturen des laufenden Jahres zu informieren. Geiger schützt Arbeitsüberlastung vor und beauftragt zwei Inspektoren der Drogenpolizei, Curdos und Salomon, die mich daraufhin anrufen. Wir vereinbaren einen Termin. Eines Morgens tauchen sie auf. Beim Kaffee erkläre ich ihnen, wo und mit welchen Landwirten wir anbauen. Ich informiere sie ebenfalls über den Zweck der Kulturen, nämlich die Herstellung von ätherischem Öl, Samen, Fasern und therapeutischen Kissen. Die Inspektoren nehmen es zur Kenntnis und verabschieden sich. Zu keinem Zeitpunkt sagen sie mir, dass der Verkauf der Kissen auf die eine oder andere Weise illegal sein könnte. Sie gehen sogar so weit, mir anzuraten, sie ausserhalb des Kantons zu verkaufen, um Ärger zu verhindern. Unsere 15 Hektar umfassen 5 Hektar Fedora 19 in der Tessiner Magadinoebene, aus zwei Gründen: einerseits, um einem Geschäftspartner zu helfen, der in diesem Kanton seine Firma Flower Power betreibt, und andererseits, um die Transportkosten für die Schäben zu sparen, da diese in der Nähe von Lugano hergestellt werden. Ich bin froh, unseren Tessiner Freunden beim Aufbau einer Hanfindustrie helfen zu können, denn Flower Power wird später mehrere Läden im Tessin betreiben, wo ebenfalls Produkte von Valchanvre angeboten werden.

Im Oberwallis haben wir drei Kulturen in mehreren Dutzend Kilometer Abstand. Erstmals geht es in der Schweiz darum, hochwertige Samen aus drei Sorten zu züchten, die gut an das alpine Klima angepasst sind: Walliser Queen, Red Valais und Alp King. Die Samen sind für das Anbauprogramm 1997 und den Verkauf bestimmt. Während der ganzen Saison wählen wir besonders schöne männliche und weibliche Pflanzen aus. Es handelt sich nicht um Genmanipulation, sondern um eine natürliche Auslese. Wir unterzeichnen einen Anbauvertrag mit drei Bio-Landwirten aus dem Oberwallis: Daniela Imhof, Maggie Lorétan und Roland Muller.

In der Gegend von Martigny bauen wir sieben Hektar Sinsemilla an, also nur samenlose, aber harzreiche weibliche Pflanzen. Der letzte Hektar befindet sich beim Vizepräsidenten des Vereins Schweizer Hanfbauern, Pierre-François Lavanchy. Dort werden einzig die Fasern produziert.

Hier ist anzumerken, dass die französischen Hanfbauern Subventionen erhalten, wenn sie Fasern und Samen ernten. Die Schweiz bezahlt lediglich Landwirten, die Fasern ernten, eine Subvention von 3000 Franken pro Hektar. Allerdings macht es keinen Sinn, die Samen auf dem Feld zu lassen, anstatt dieses wertvolle Produkt weiterzuverarbeiten. Ab 1998 wird die Subvention in Samen- und Faserproduktion aufgeteilt.

Bei der Ernte erhalte ich mit einer bestimmten Sorte eine Rekordmenge von 1650 g ätherischem Öl, wobei üblicherweise schon 1000 g als guter Ertrag gelten. Ich habe meine Wette gewonnen, denn ich war überzeugt, dass Sinsemilla den besten Ertrag in Bezug auf Menge und Qualität ergibt. Die weibliche Pflanze entwickelt viel mehr Harz, wenn sie ihre Energie nicht in die Entwicklung der Samen steckt.

In nächster Zukunft erwarten uns einige Überraschungen …

Unter Bedingungen beendet Bernard Rappaz seinen Hungerstreik.

© Gabriel Giger, *Walliser Bote*, 26.11.2010

KAPITEL VIII

Die Schweizerische Vereinigung Hanfproduzierender Bauern

1995 erhalte ich zehn Anfragen von Landwirten. Ich bin zwar schon überlastet, aber ich bemühe mich, auf ihre Anfragen einzugehen, da man mich als *den* Schweizer Hanfspezialisten betrachtet. Ich gebe meine Erfahrungen gerne weiter und möchte, dass die Hanfkultur sich auf harmonische Weise über die ganze Schweiz verbreitet.

Es soll jeder seine Marktlücke finden, es ist genug Platz für alle da. In diesem Jahr gibt es, ausser im Kanton Aargau und später im Wallis, keine juristischen Probleme. Wir nehmen an, dass nach dem Betrug von Laguerre und seiner Freundin Shirin mit ihrer Firma Swihtco die Kulturen im Jahr 1996 eine bessere Pflege erfahren werden und die Vermarktung normal abläuft. Die meisten neuen Hanfbauern, die sich 1995 an mich gewandt haben, waren in der Tat verärgert über Swihtco, die sie sitzengelassen hatte.

Mit der Zeit führe ich eine Liste dieser Landwirte. Als eingefleischter Gewerkschafter beschliesse ich Ende 1995, sie zu einer Versammlung in Bern einzuladen, mit dem Ziel, einen Verein zu gründen. Es kommen eine Menge Leute, am Schluss sind es rund 80 Personen. Ein Dolmetscher übersetzt von Deutsch auf Französisch.

Laguerre kann es nicht ertragen, dass er an dieser Versammlung, die Landwirten vorbehalten ist, nicht teilnehmen darf, und schickt einige seiner Getreuen, unter anderem den Freiburger

Armin Käser. Sie sollen die Bildung unserer Gewerkschaft verhindern, aber das ist eine vergebliche Mühe, denn das Bedürfnis ist vorhanden und die Schweizerische Vereinigung Hanfproduzierender Bauern (SVHB) wird gegründet. Nun müssen noch die Statuten festgelegt werden und die Generalversammlung muss einen Vorstand ernennen, damit der Verein offiziell existiert.

Bei unserer ersten Zusammenkunft stellen sich alle vor und berichten über ihre Erfahrungen. Viele beklagen sich über Swihtco. Laguerre kann das alles nicht hinnehmen und versucht am Tag nach der Gründung unseres Vereins mit einer seiner Marionetten, Fritz Meier, in Olten einen eigenen Verein zu gründen. Mittlerweile hat Fritz seine Erfahrungen mit Laguerre gemacht und arbeitet nun im Alleingang. Wie vorgesehen, versammeln wir uns in Bern und diskutieren über Änderungen in den Statuten, die wir dann annehmen. Der Vorstand wird ernannt. Bernard Zürcher, ein junger, zweisprachiger Agronom, übernimmt die Präsidentschaft. Ich selbst gehöre zum Vorstand.

Da unser Verein jetzt gegründet ist und wir wissen, dass Laguerre und Meier ihre Gruppe für den nächsten Tag einberufen haben, beschliesst unser frisch ernannter Vereinsvorstand, dort in geschlossener Formation aufzutreten. Auf ihre Art ist es eine wahrhaft denkwürdige Versammlung. Laguerre ist anwesend, sowie einige andere Personen, die nicht Landwirte sind. Meier versucht, die Annahme der Statuten durchzubringen. Wir intervenieren und verlangen zwei öffentliche Erklärungen. Zuerst einmal wollen wir wissen, ob die Versammlung einen oder zwei Schweizerische Vereine will. Die Mehrheit beschliesst, dass nur ein Verein nötig sei. Dann stellen wir die Frage, ob der Verein aus Landwirten oder Händlern bestehen solle. Die Mehrheit beschliesst, dass es besser sei, die Sache den Bauern zu überlassen. Das ist ein Sieg. Laguerre muss den Saal verlassen!

Um Frieden und demokratische Verhältnisse aufrechtzuerhalten, beschliessen wir, den Vorstand zu erweitern und einige neue Mitglieder aufzunehmen. Aber Laguerres Freunde Fritz Meier und Armin Käser wollen nicht mitmachen.

Der Vorstand trifft sich zu den ersten Sitzungen, bei denen erste Schritte beschlossen werden. Später finden eine Versammlung und ein Fest beim Vizepräsidenten Pierre-François Lavanchy statt. Es ist wichtig, dass die Schweizerische Vereinigung Hanfproduzierender Bauern von der Öffentlichkeit wahrgenommen wird. Das Bundesamt für Landwirtschaft braucht ebenfalls einen Ansprechpartner bei den schweizerischen Hanfproduzenten, ähnlich wie das *Syndicat national des chanvriers* in Frankreich. Letzteres kümmert sich selbst um die Verarbeitung und die Vermarktung. So weit wollen wir zwar nicht gehen, wir sehen unsere Aufgabe darin, zu informieren und zu koordinieren, umso mehr, als später auch die Tessiner zu uns stossen.

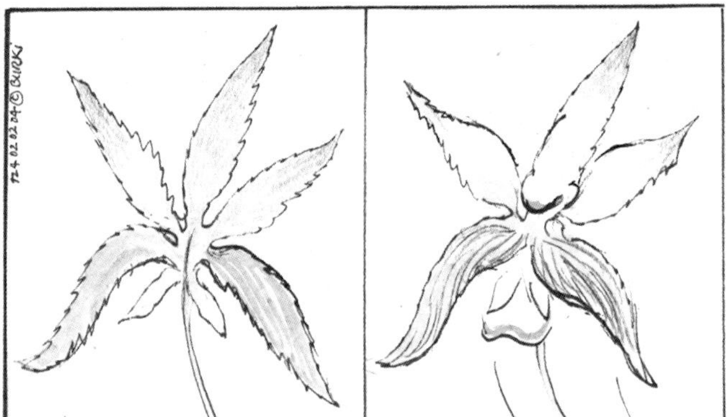

Burki, *24 heures,* 02.02.2004

KAPITEL IX

Gründung der Schweizerischen Hanfkoordination

Von 1993 bis 1995 bin ich auf allen Seiten sehr aktiv und häufig unterwegs. Ich werde von allen möglichen neuen Vereinigungen angefragt, ebenso von Läden, die eröffnet werden und besuche diese aufstrebenden, über das ganze Land verteilten Kräfte. Obwohl ich nicht deutsch spreche, finde ich neue Freunde. Die Hanffreunde sind eine grosse Bruderschaft, die Sprachen, Grenzen und Kulturen überschreitet.

Als Anhänger des Prinzips «Gemeinsam sind wir stark» beschliessen wir mit einigen Kameraden aus der Deutschschweiz, diese vielen Leute in Bern zusammenzubringen. Man gründet die Schweizerische Hanfkoordination, mit dem Ziel, die Tätigkeit der Schweizer Hanfläden und der Firmen in diesem Sektor zusammenzufassen und zu koordinieren. Ich bestehe darauf, dass der Zürcher François Reusser, ein erfahrener und perfekt zweisprachiger Mann, die Präsidentschaft der neuen nationalen Hanfgewerkschaft übernimmt. Ich selbst werde zum Vizepräsidenten ernannt und setze mich für die Erweiterung unseres Vereins ein.

Wir erleben ein gesellschaftliches Phänomen, die stetige Eröffnung von Hanfläden. Pionier in diesem Bereich ist unbestritten der legendäre Andy Stafforte mit seinem Hanflädeli in Bern. Dann erscheint das neue Buch von Michka, *Le renouveau du chanvre (Die Renaissance des Hanfs)*[3]. Dieses und andere Werke

[3] Hanf ist übrigens die Pflanze, über die weltweit am meisten Bücher erschienen sind.

ermutigen viele Leser, sich ins Abenteuer eines Hanfladens zu stürzen. In diesen Geschäften findet man Textilien, Schuhe, Papier, Lebensmittel, Paraphernalia, Zierpflanzen, Samen, Kosmetika, Pfeifen, Mobiliar, Waschmittel, Bier, therapeutische Kissen, Duftkissen mit Hanfblüten und noch vieles mehr... alles auf der Grundlage von einheimischem oder importiertem Hanf. Diese Läden schiessen wie Pilze aus dem Boden und bilden eine Kette über das ganze Land.

Ende 1996 zählen wir 50 Mitglieder, darunter Drogerien, Restaurants und Läden. Der Verkaufsschlager sind natürlich die getrockneten Blüten, die als Tee, Duftkissen oder therapeutische Kissen angeboten werden.

Diese Artikel sind nach und nach im ganzen Land erhältlich. Vorreiter auf dem Gebiet ist der Laden *Cave à chanvre* in Genf, mit einem hohen Umsatz. Man muss diesen Ort der Freiheit und seinen Inhaber Alessandro Bonalli im Gedränge seiner Kunden gesehen haben, um sich zu überzeugen, wie gewaltig die Nachfrage nach diesen Produkten ist!

Ausserdem wird uns bewusst, dass das Betäubungsmittelgesetz zwar ein Bundesgesetz ist und somit für die ganze Schweiz gilt, aber dass es je nach Kanton sehr unterschiedlich gehandhabt wird. Diese Situation führt zu grossen Problemen für eine Firma wie Valchanvre, die in der ganzen Schweiz operiert (ich werde noch darauf zurückkommen). Die Deutschschweizer gehen insofern noch weiter, als sie auch Schweizer Haschisch verkaufen, das als Narbensalbe – Hasch enthält Antibiotika – oder als verziertes Sammlermedaillon in den Handel gelangt. Selbstverständlich ist Hasch in dieser Form nicht zum Rauchen gedacht ...

In Bezug auf den Haschisch-Schwarzmarkt haben die Deutschschweizer Behörden begriffen, dass es wichtig ist, ihn vom Heroinmarkt zu trennen. Die Polizei wacht darüber, dass die beiden Märkte strikte getrennt bleiben und die jungen Konsumenten nicht in direkten Kontakt mit dem Markt für harte Drogen kommen.

Dank einer kollektiven Haftpflichtversicherung sind die Mitglieder der SHK besser geschützt. Man will für die Mitglieder gemeinsame Aktionen und Engros-Einkäufe organisieren. Laguerre wird jetzt boykottiert, obwohl es allen freisteht, mit ihm zusammenzuarbeiten. Die Kenner des Schweizer Hanfsektors haben längst begriffen, dass dieser Mensch eine Gefahr darstellt und dass man mit diesem unredlichen Mann keine Geschäfte machen kann.

Dass die SHK nur die Hanfhändler umfasst, nicht aber die Konsumenten, ist ein Fehler, da letztere auch das Recht haben, ihre Interessen durch einen Verein zu vertreten. Mit nahezu einer Million Personen stellen sie eine grosse, nicht organisierte Kraft dar. 1996 gibt es bereits mehr als 100 Läden, im Jahr 1997 sind es 200, dann 250 im 1998 und 300 im 1999; für die Jahre 2000 und 2001 kennt man die genaue Zahl nicht mehr. Ich schätze sie auf etwa 350 bis 400. Nach der grossen Repression in den 2000er-Jahren ist die Zahl im Jahr 2013 auf einige Dutzend Schweizer Hanfläden gesunken. Um sich Rauchware zu verschaffen, ist der Konsument nun auf den Schwarzmarkt angewiesen, wo es keine Qualitäts- und Herkunftskontrolle gibt. Seither sind die Preise explodiert und etwa zehnmal höher als in den Jahren relativer Freiheit. Die Freilandkulturen sind fast ganz verschwunden, die Herstellung hat sich auf die übers ganze Land verstreuten Indoor-Kulturen mit ihrem gewaltigen Stromverbrauch verlagert.

In diesem Jahr helfe ich der Firma Flower Power, den Industriehanfsektor in der italienischen Schweiz aufzubauen. Wir nehmen Kontakt mit Landwirten auf, die über grosse Flächen in der Magadinoebene verfügen. Die lokalen Medien begrüssen den erneuten Anbau von Hanf. Im Vergleich zum engstirnigen Wallis zeigen sich die Tessiner Behörden sehr entgegenkommend und tolerant. Ich erinnere mich an die Ansicht des Tessiner Staatsanwalts, der fand, dass der Verkauf von Haschisch auch toleriert werden müsse, wenn dies bereits für die Blüten gelte, denn Haschisch werde ja aus letzteren hergestellt. Eine bestechende Logik!

Fälschlicherweise dachte ich, der katholische Kanton Tessin sei ebenso repressiv wie mein Heimatkanton. Irrtum, denn 1999 gab es mehr als 50 Läden. Anzumerken ist, dass die Tessiner

Grenze nach Italien hin sehr offen ist, wodurch der Handel mit dem Nachbarland blüht – im Gegensatz zum Wallis, das durch die Alpenkette abgeschnitten ist. Einige Tessiner schliessen sich der Schweizer Hanfkoordination an.

In Baselstadt verbietet der Staatsanwalt der Polizei, die Hanfläden zu belästigen. Diese Politik führt dazu, dass es dort im Jahr 2001 mehr als 80 Läden gibt. Dies führt zu einer harten Konkurrenz, die ersten Läden schliessen. Die Rheinstadt zieht die Franzosen und Deutschen an … Obwohl die Schweiz klein ist, ist mir klar, dass die liberale Haltung der Schweiz in Bezug auf Hanf einen grossen Einfluss auf die Nachbarstaaten Frankreich, Italien, Österreich und Deutschland haben wird. In der Deutschschweiz ist man sehr tolerant. Die Behörden wünschen eine Änderung des Betäubungsmittelgesetzes. Seit den 1980er-Jahren verlangen die Kantonsparlamente von Zürich, Bern, Solothurn und Basel-Stadt vom Bund, den Haschischkonsum zu liberalisieren. Es gibt jedoch Regionen, wo der Widerstand gross ist. Vor allem der Kanton Aargau ist sehr repressiv. Die Westschweizer Kantone stehen unter dem Einfluss Frankreichs, und die Eröffnung solcher Läden wird ungern gesehen. Trotzdem werden auch in diesen Kantonen Läden eröffnet: Im Jura wird dank dem Pionier David Vallat das *Paradis du Chanvre* eröffnet, in Porrentruy, Neuchâtel, Freiburg, im Waadtland, in Genf und im Wallis gehen weitere Läden auf.

In der Romandie ist man angesichts der Deutschschweizer Toleranz reichlich frustriert. In den repressivsten Kantonen – Neuchâtel und Wallis – geht die Hexenjagd weiter. 2002 nimmt die Hanfkoordination mehr als 200 neue Mitglieder auf. Es werden rund zwölf neue kantonale Sektionen gegründet. Die Behörden nehmen uns endlich als unumgängliche Ansprechpartner in Sachen Freizeithanf wahr.

... und der stolze Hanfbauer, einige Jahrzehnte später

Klein-Bernard, ca. 1957 ...

Interview mit
einem französischen
Fernsehsender

Sehr hohe 2-jährige Hanfpflanze
in Pokhara, Nepal, 1995

Erntereifer Hanf im Herbst

Am Messestand von Valchanvre

Blattfressende Raupe

Hanfkulturen auf dem Oasis-Hof

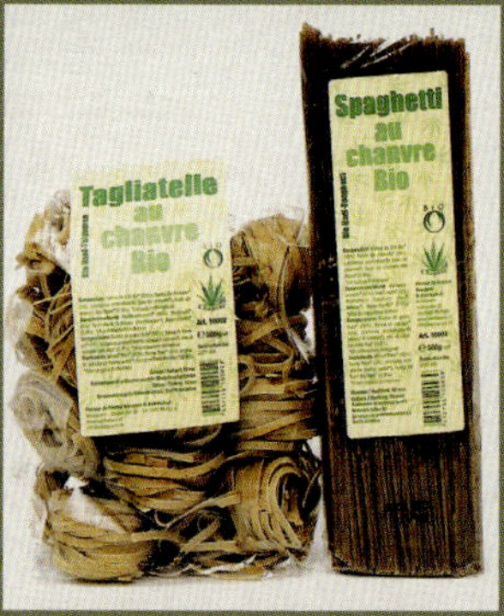

Kosmetika und Teigwaren von Valchanvre

KAPITEL X

Der Hanf: Ein einzigartiges Potenzial

Textilien

Es war ein grosser Schritt von der groben, kratzigen und überaus widerstandsfähigen «Gefängniskluft» – wie man die Hanfkleider im Val d'Hérens früher nannte – zu den feinen Stoffen von heute. Früher waren die Hanfstoffe bei den Lumpensammlern sehr begehrt, da man sie zu Papier und Karton verarbeiten konnte.

Der Hanf ist in den 1960er-Jahren aus meinem Tal und dem letzten Dorf, Hérémence, verschwunden. Dies ist vor allem auf die synthetischen Stoffe von DuPont und die Konkurrenz aus den Oststaaten und China sowie die Baumwolle zurückzuführen.

Es bleibt die Erinnerung, und so findet man in den Hanfmuseen von Evolène, Hérémence und anderswo nebst Stoffen, Schnüren und Fäden aus Hanf auch die dazugehörigen Verarbeitungswerkzeuge. Die Folkloregruppe von Hérémence zeigt in einem Video die verschiedenen Arbeitsschritte von der Pflanze zum Stoff – natürlich unter Aufsicht der Polizei ... !

Eine 98-jährige Einwohnerin von Veysonnaz, die 1996 ein kleines Stück Land mit Hanfpflanzen bepflanzte, die ich ihr gegeben hatte (und die alle gestohlen wurden!), erinnert sich noch daran, wie man früher Hanftee trank und ihn sogar den Kindern als Schlaftee verabreichte.

Zurzeit gibt es in der Schweiz keine Stoffproduktion, unsere einst blühende Textilindustrie müsste zuerst neue, leistungsfähigere Maschinen entwickeln. Die letzten Maschinen für die Hanfverarbeitung wurden an die Chinesen verkauft! Die Industrie könnte einen neuen Hanfstoff aus Viskose entwickeln. In unseren modernen Stoffen ist dieses Material ohnehin schon reichlich vorhanden. Ausserdem ist es technisch möglich, biologisch abbaubare Hanfviskose herzustellen.

Wir haben festgestellt, dass Hanfkleider eine beruhigende Wirkung haben und bestimmte Schmerzen lindern. Wann wird es endlich eine Studie über die Auswirkungen verschiedener Textilien auf die menschliche Gesundheit geben? Der Anstoss dazu kann einzig von den Konsumenten kommen, denn die Staaten sind zu abhängig von der wirtschaftlichen Macht der Hersteller von Synthetikstoffen.

Die Baumwollindustrie

Ich habe im Internet nach einer Studie gesucht, welche die Auswirkungen verschiedener Stoffe auf die Gesundheit untersucht. Es war eine vergebliche Mühe, denn die Öl- und Synthetikstoff-Industrie verhindert diese Art von Untersuchungen, weil sie ihrem Image, vor allem aber ihren Profiten schaden könnten.

Baumwolle, Wolle, Seide, Leinen und Hanf sind natürliche Materialien, deren Rohstoffe – ausser bei Wolle und Seide – Pflanzen sind, die während des Wachstums Kohlendioxid aufnehmen. Sie verursachen keine Umweltbelastung, sind biologisch abbaubar, erneuerbar und schaffen Arbeitsplätze in der Landwirtschaft und Industrie.

Als ich ein Kind war, musste ich jedesmal lachen, wenn sich meine Grossmutter eine Hanfschnur um den Rücken band und behauptete, das nehme ihr die Schmerzen. 1995 entdeckte ich, dass sie Recht hatte; ebenso haben mir viele andere diese Wirkung bestätigt. Hanfstoffe lindern Schmerzen, und damit bestätigt sich das Wissen unserer Vorfahren. Hanf ist eine Heilpflanze, und selbst Schnüre aus den Fasern haben eine wohltuende Wirkung. Schliesslich wurde diese Tatsache durch ein wissenschaftliches Institut aus Polen bestätigt. Ein weiterer Vorteil ist, dass Hanf die ultravioletten Strahlen gut absorbiert.

Früher stellte jede Bauernfamilie ihre Stoffe selbst her: Wäsche, Leintücher und Kleider. Aber die Erfindung des synthetischen

Fadens aus Erdöl, der billiger und feiner ist, bedeutete das Ende der Hanfkultur in den Walliser Familien. Das Gleiche geschah in ganz Europa. Das mächtige multinationale Unternehmen DuPont hatte keine Bedenken, einige US-Senatoren zu schmieren, damit sie ein Gesetz zum Verbot des Hanfs unterstützten.

Während Generationen haben einige Oststaaten, darunter Ungarn, kotonisierte Hanfstoffe exportiert. Bei diesem Verfahren wird das Aussehen von Baumwolle imitiert. Heute stellen die Chinesen Hanfkleider her, die so fein sind wie Baumwolle und auch als solche bezeichnet werden. Dazu muss man wissen, dass der Anbau von Baumwolle sehr viele Pestizide und Wasser benötigt. Die Hälfte der agrochemischen Produkte, die in den USA verwendet werden, gehen in den Baumwollanbau. Zur Genüge kennt man die ökologische Katastrophe des Aralsees, dessen Fischerdörfer kilometerweit vom austrocknenden Meer entfernt sind; die Russen hatten das Wasser der Flüsse Amu-Daria und Syr-Daria abgeleitet, um ihre Baumwollfelder zu bewässern.

Heute wird in unserem wohlhabenden Land Bio-Baumwolle angeboten. Werden wir bald eine Öffnung für den Bio-Hanf erleben? Auf jeden Fall benötigt Hanf weder grosse Mengen Wasser noch Pestizide und ist viel einfacher anzubauen als Baumwolle. Das eigentliche Problem ist nach wie vor das negative Image von Hanf …

Papier

In der Schweiz wird das lange missachtete und kritisierte Recyclingpapier, das am Anfang ein Nischendasein fristete, heute gern verwendet. Selbst Grossfirmen und Banken benutzen es, denn das kollektive Bewusstsein will nicht, dass noch mehr Wälder auf unserem Planeten abgeholzt werden. Meines Erachtens ist also das Terrain für das Hanfpapier schon bereitet … Jetzt geht es darum, ein für die Schweizer Papierindustrie interessantes und attraktives Projekt zu entwickeln.

Es sei daran erinnert, dass die Hanffaser annähernd zu 80 Prozent aus Zellulose besteht und damit die zellulosereichste

Pflanze ist. Zellulose ist ein Rohstoff, der in der Industrie für die Herstellung ganz verschiedener Produkte benutzt wird, darunter auch Papier.

Ein Hektar Hanf liefert fünfmal mehr Zellulose im Jahr als die gleiche Waldfläche. Bei der Herstellung von Hanfpapier werden die Gewässer nicht mit Chemikalien belastet, und dieses Papier ist feiner und widerstandsfähiger. Hanfpapier zu benutzen heisst die Wälder zu schonen! Allerdings gibt es dabei ein grosses Aber, auf das ich am Schluss des folgenden Kapitels zurückkommen werde.

Ätherisches Öl

Unser 1995 entwickeltes ätherisches Öl aus *Cannabis sativa* ist eine neue Hoffnung für die Schweizer Landwirtschaft. Für die Herstellung werden harzreiche Hanfsorten benötigt, die nur in unserem Land produziert werden dürfen. Im Gegensatz zur EU ermöglicht uns die besondere schweizerische Gesetzgebung den Anbau dieser Pflanzen.

International besteht ein grosses Interesse am ätherischen Öl; es wird in die EU, USA, nach Kanada, Australien und bald auch nach Japan exportiert. Noch sind nicht alle medizinischen Eigenschaften dieser Essenz bekannt, aber sie wird bereits für die Parfümherstellung und als Aromastoff für Lebensmittel verwendet. Zurzeit ist der Preis noch sehr hoch. Wahrscheinlich wird der Preis in Zukunft stark sinken, doch ohne wesentliche Einkommenseinbussen für die Hersteller.

Das ätherische Hanföl eignet sich gut gegen Verdauungs- und Zirkulationsbeschwerden und hilft gegen Schmerzen. Seit dem Jahr 2000 stellt eine französische Firma verschiedene veterinärmedizinische Produkte auf der Basis dieses ätherischen Öls her.

Kosmetika

Alle Teile des Hanfs eignen sich für die Herstellung von Kosmetika. So können die Blüten, die siliziumreiche Faser (mit 85 Prozent enthält sie ebenso viel Silizium wie Schachtelhalm), die

Samen, das Öl, das ätherische Öl und sogar die Asche der Fasern verwendet werden – als Rohstoffe für Seife, Shampoo, verschiedene Parfüms, Hautcremes, Lippenbalsam, Massageöl usw. The Body Shop führt viele Produkte auf Hanfbasis.

Es kommen laufend neue Produkte auf den Markt, einige werden in der Schweiz, andere im Ausland hergestellt.

Schweizer Hanfbier

Der Hopfen gehört zur gleichen Pflanzengattung wie *Cannabis sativa* und wird zum Bierbrauen verwendet.

1994, als ich am Cannabis Cup in Amsterdam ein Bier trinke, kommt mir die Idee, einen Tropfen ätherisches Öl ins Glas zu geben. Erstaunlicherweise genügt das, um dem Bier einen anderen Geschmack zu verleihen. Mit ein paar angeheiterten Freunden versuche ich es noch einmal – und alle mögen das aromatisierte Bier. In Holland wird bereits ein Hanfbier hergestellt. 1995 schlage ich der Brasserie Valaisanne vor, das erste Schweizer Hanfbier herzustellen. Obwohl man anfangs Interesse zeigt, beschliesst die Geschäftsleitung, nicht auf meinen Vorschlag einzugehen. Dann lanciert die kleine Brauerei Wädi-Bräu aus Wädenswil das erste Schweizer Hanfbier. Sie verwenden Hanfblüten und ätherisches Öl. Das Bundesamt für Gesundheit analysiert das Bier und legt einen sehr tiefen THC-Grenzwert fest. Dies ist insofern lächerlich, als der Konsument längst vom Alkohol berauscht wäre, bevor er eine allfällige Wirkung des Hanfs verspüren würde.

Das «Hanf» genannte Bier ist sofort ein grosser Erfolg. Nach fünfzehn Tagen muss sich Wädi-Bräu an eine grössere Brauerei wenden, um die Nachfrage zu befriedigen. Ende 1996 werden 50 000 Flaschen pro Tag verkauft – und das ist erst der Anfang. Es kommt soweit, dass das neue Schweizer Bier nach Deutschland und Italien exportiert wird – eine Seltenheit im Schweizer Bier-Sektor! Der Inhaber von Wädi-Bräu ist der erste Schweizer, der dank Hanf zum Millionär wird. Später sind in unserem kleinen Land etwa zehn verschiedene Sorten auf dem Markt.

Baustoffe und Streumaterial

Gegen Ende des Jahres 1996 stehen in der Schweiz ein halbes Dutzend Hanfhäuser, vorwiegend im Kanton Waadt. Die Pioniere Pascal Favre und Pascal Pittet sind mit grossem Eifer am Werk und wollen in der Schweiz das Bauen mit Hanf vorwärtsbringen.

Anfangs kommen sowohl die Technik wie die Rohstoffe aus Frankreich. Man verwendet dabei Mörtel aus Wasser, Kalk und Schäben und auch Kompositplatten. Es erweist sich, dass Hanfwolle ein sehr gutes Isolationsmaterial ist. Je älter die Gebäude sind, desto stärker mineralisiert der Hanf. Die Häuser werden mit dem Alter immer besser, wie Wein! Für den Bau eines Einfamilienhauses benötigt man ein bis zwei Hektar Hanf.

Wir haben bereits gesehen, wie der Hanf als erneuerbarer und umweltschonender Rohstoff das Interesse der Industrie wecken könnte. Ausser den Textilien und dem Papier, der Zellulose, dem Silizium und dem Hanfsamenöl können auch Viscose und Explosivstoffe aus dem Hanf gewonnen werden. Das HanfHaus in Deutschland verkauft ein sehr gutes und umweltschonendes Waschmittel.

Seit 1990 verwendet Renault Isolationsmaterial aus Hanf für die Türen und Motoren seiner Autos. Mercedes stellt ein Fahrzeug her, dessen Innenausstattung aus Hanf ist. Audi lanciert ein Programm für die Herstellung von Bremsbelägen mit Hanf. Die Österreicher haben ein Plastikmaterial auf Hanfbasis herausgebracht. Dieses schwarze Material sieht aus wie Bakelit und dient zur Herstellung von Pfeifen und verschiedenen anderen Produkten wie Computer und Schreibmaschinen. Aus dem gleichen Material werden in Australien Windsurf- und Rollbretter fabriziert. Seit 1997 gibt es in der Schweiz Snowboards aus Hanffasern. Selbst die schon lange bekannten Seilerwaren aus Hanf haben ein Zukunftspotential. Unsere Industrie müsste sich bloss für den Hanf interessieren, und schon würde der Hanfanbau einen Riesenaufschwung erleben – vorausgesetzt natürlich, dass die Prohibition endet.

Industrielle Verwendung

Der Hanf: Das neue grüne Erdöl

Hanfkulturen benötigen keinen synthetischen Dünger und keine Pestizide, sie sind einfach im Unterhalt, ökologisch und die Gestehungskosten sind niedrig. Ausserdem wächst Hanf überall, von der Tiefebene bis zu einer Höhe von 1500 Metern. Die Pflanze gedeiht selbst unter schwierigen Bedingungen, und umso üppiger wächst sie auf guten Böden. Man spricht hier von ökologischer Anpassungsfähigkeit. Dank seines schnellen Wachstums entwickelt der Hanf eine grosse Biomasse, die auf rund 50 Tonnen pro Hektar frische Biomasse geschätzt wird.

In einer Zeit, in der versucht wird, grüne Treibstoffe wie Raps-Biodiesel auf den Markt zu bringen, um dem Mangel an Erdöl entgegenzuwirken, könnte der Hanf, der billiger ist als Rapsöl, zu unserem zukünftigen grünen Treibstoff werden. Der Bund müsste bloss entsprechende Studien finanzieren, und diese Utopie würde zur Realität.

Es wurden schon Millionen in die Entwicklung von Biodiesel aus Raps investiert, obwohl der Anbau Pestizide benötigt. Dank seiner gewaltigen Biomasse hat der Hanf das Potential zu einem grünen Gold. Die Landwirtschaft würde zum Energieproduzenten.

Hanf gegen Erdöl

Das Fracking erweist sich als stark umweltbelastend. Die Erdölvorkommen gehen langsam zur Neige, und die Benzinpreise schiessen in die Höhe. Diese Entwicklung wird sich als segensreich erweisen, denn sie führt zur Entwicklung von sparsameren Motoren und vor allem von Alternativen zum Erdöl und den damit einhergehenden Kriegen der USA.

Man muss sich vergegenwärtigen, dass Monsieur Diesel seinen Motor für Pflanzenöle erfunden hat. Sein Freund Henri Ford hatte sicher nichts dagegen, denn 1940 brachte er ein Auto auf den Markt, dessen Motor mit Hanföl lief und dessen Karosserie vollständig aus Hanffasern bestand.

Die Schweiz und einige andere Länder setzen bei der Entwicklung dieser grünen Energie im Wesentlichen auf transgenen Raps. Schaut man sich die finanziellen Aspekte und die Belastung der Umwelt durch diese Kultur an, ist Hanf als grüner Treibstoff bei zwar etwas geringerem Öl-Ertrag gleichwohl eine gute Alternative. Vor allem würde Hanf gut in ein nachhaltiges, pestizidfreies Anbauprogramm zur Herstellung von Bioethanol passen, wofür Raps ungeeignet ist. Bei der Methanisierung wird natürliches Methangas freigesetzt. Für diesen Vorgang kann die ganze Pflanze verwendet werden. Fahrzeuge mit einem Erdgas-Antrieb können bis zu 10 Prozent Methan in ihrem Treibstoff enthalten. Dazu kommt, dass Gas als Treibstoff in der Schweiz sehr viel weniger kostet als Benzin und dass jedes gasbetriebene Fahrzeug ebenfalls einen Benzintank hat und mit beiden Treibstoffen fahren kann.

Die internationale Hanf-Industriellenvereinigung, bei der ich auch Mitglied bin, hat trotz ihrer beschränkten Mittel den Prototyp einer Maschine entwickelt, die den Hanf gleich auf dem Feld entfasern kann. Dies bedeutet eine Revolution und wird die Gestehungskosten der Hanffasern noch weiter senken. Wenn der Wille zu notwendigen Investitionen vorhanden ist, kann der menschliche Erfindungsgeist sehr viele Probleme lösen.

Einige ältere Bürger erinnern sich sicher an die langsamen Lastwagen und Fahrzeuge, die während des letzten Weltkriegs mangels Erdöls mit Holz betrieben wurden. Am Morgen zündete man das Feuer an und wenig später fuhr man davon. Heute ist die industrielle Umwandlung von Zellulose in Alkohol möglich, was dem Hanf ein noch höheres Potenzial als Treibstoff verleiht, da er sehr viel Zellulose enthält und zudem dreihundert Liter Öl pro Hektar abwirft. Methanol ist eher für Benzinmotoren geeignet, während sich das deglyzerinierte Öl besser für Dieselmotoren eignet. Folglich können Hanfsamen, Schäben und Hanfwolle zu Treibstoff verarbeitet werden und stellen damit eine Alternative zum Erdöl dar. Ich muss noch einmal darauf hinweisen, dass einzig das negative Image die Bankiers und Industriellen davon abhält, die Entwicklung einer ökologischen, nachhaltigen und erneuerbaren Ressource für Treibstoff zu fördern.

Hanf – ein Medikament

Regelmässige Hanfraucher wissen, dass Hanf ungiftig ist, und kennen seine Heilwirkung gegen alle möglichen Beschwerden wie Kopfschmerzen, Grippe, Asthma und so weiter. In den USA wurden viele Studien mit der Absicht begonnen, einen Beweis für die Toxizität der Hanfpflanze zu finden – und jedes Mal musste man entdecken, dass Hanf ein Heilmittel für die eine oder andere Krankheit ist. Wenn die Schweizer Pharmaindustrie ein neues Medikament auf den Markt bringt, muss es in den USA eine ganze Reihe von Tests durchlaufen, bevor es verkauft werden darf. Im Fall von *Cannabis sativa* hat man hunderte von Tests und Studien durchgeführt und konnten nie den geringsten Nachweis einer Toxizität erbringen. In Wirklichkeit gab es viele Überraschungen. So wurde Cannabis 1996 in Kalifornien und Ontario aufgrund einer Volksabstimmung für Krebs- und Aidskranke freigegeben. 2013 folgten 18 andere Staaten. Es werden immer mehr Krankheiten bekannt, bei denen Hanf eine heilende Wirkung hat. Die Staaten Washington und Ontario haben den Freizeithanf entkriminalisiert, und US-Präsident Obama hat im Juli 2013 erklärt, dass es nicht Sache der Zentralregierung sei, sich in die Cannabisreglementierung der einzelnen Bundesstaaten einzumischen.

Was die medizinische Verwendung von Hanf angeht, verweise ich den Leser auf *Du Cannabis pour se soigner* von Ed Rosenthal, Dale Gieringer und Tod Mikuriya (Éditions du Lézard, 1996), *Hanf als Medizin* von Franjo Grotenhermen (Nachtschatten Verlag, 2015) sowie *Cannabis médical, du chanvre indien au THC de synthèse,* von Michka et al. (Mama Editions).

Im Folgenden einige der häufigsten Anwendungen:

- Bei Krebs hat Hanf zwei vorteilhafte Wirkungen: gegen das Erbrechen bei einer Chemotherapie und zur Appetitsteigerung bei Gewichtsverlust.

- Bei Aids hilft er gegen Depressionen und Gewichtsverlust. Ausserdem wird die Dreifachtherapie besser vertragen.
- Eine sehr gute Heilwirkung hat der Hanf beim Glaukom – und dies ohne die unerwünschten Nebenwirkungen der gängigen Medikamente mit toxischen Inhaltsstoffen.
- Hanf hilft gegen Muskelverspannungen, Herpes, Depression, zahlreiche seelische Krankheiten, Epilepsie, zu starken Speichelfluss usw.

US-Präsident John F. Kennedy behandelte sein Asthma durch regelmässiges Rauchen von Marihuana.

Das Problem ist, dass die Pharmaindustrie aus dem Hanf keine Pillen herstellen und die Bürger nicht daran hindern kann, ein paar eigene Pflanzen anzubauen, was ein profitträchtiges Monopol verhindert … Andererseits ist synthetisches THC hundertmal teurer und wegen seiner unerwünschten Nebenwirkungen weitaus weniger angenehm als natürliches THC.

Medizinischer Hanf kann geraucht, gegessen, getrunken oder als Zäpfchen appliziert werden. Es gibt zahllose Kochbücher mit Rezepten wie zum Beispiel *Backen mit Hanf* von Kathrin Gebhardt (Nachtschatten Verlag, 2016) und *Das RauschKochbuch* (Nachtschatten Verlag, 1999).

Für die Heilwirkung wird natürliches THC benötigt. Wenn die verschiedenen Inhaltsstoffe, von den es über 400 gibt, eines Tages alle auf ihre pharmakologische Wirkung getestet sind, wird man zweifellos noch andere Anwendungen finden. In der traditionellen chinesischen und ayurvedischen Medizin wird Hanf seit Jahrtausenden benützt. Früher empfahlen ihn französische Ärzte gegen die Pest.

Nur sehr engstirnige und leicht manipulierbare Geister sind heutzutage noch imstande, die Heilwirkung des Hanfs zu bestreiten.

Neue Produkte von Valchanvre

Valchanvre hat verschiedene Produkte entwickelt, darunter einen zuckerfreien Sirup, Margarine und einen Flüssigdünger aus frischen männlichen Pflanzen. In der biologischen Landwirtschaft und vor allem in der Biodynamik werden üblicherweise Brennnessel- und Schachtelhalmjauche verwendet. Ich habe herausgefunden, dass Hanfjauche die Eigenschaften dieser beiden Pflanzen vereinigt. Ausserdem ist Hanf weniger teuer als Schachtelhalm, der kostspielig aus den Oststaaten importiert werden muss.

Seit 1998 testen wir biologische Produkte mit dem Ziel, den Geruch unseres neuen Flüssigdüngers zu neutralisieren, damit er auch für Zimmerpflanzen verwendet werden kann.

Falls Valchanvre ihre Arbeit weiterführen kann, hat die Firma noch einige Produkte in der Pipeline: Haschischparfüm, Hanfmilch, Tofu, mit Schokolade überzogene Hanfsamen, Hanföl für technische Zwecke usw.

Valchanvre ist durch die staatliche Repression zerstört worden. Valnaturel hat übernommen und versucht, mit pflanzlichem Isolationsmaterial für Bauten über die Runden zu kommen.

Hanf für den Freizeitgebrauch

Obwohl ich seit 40 Jahren regelmässig Haschisch und hauptsächlich getrocknete Blüten rauche, habe ich bis jetzt keine unerwünschten Nebenwirkungen bemerkt. Einer der Vorteile des Hanfs ist, dass er nicht zu den Alkaloiden gehört. Es entsteht keine körperliche Abhängigkeit, und es ist nicht schwierig, den Konsum einzustellen. Falls eine psychische Abhängigkeit besteht, kann sie in etwa mit der Gewohnheit des Fernsehens verglichen werden.

Die Pharmaindustrie fürchtet den Hanf, weil er ihre Profite bedroht. Dies ist einer der Gründe, weshalb sich so wenige Fachpersonen zum Hanf äussern, mit Ausnahme des emeritierten Pharmakologen Rudolf Brenneisen von der Universität Bern und des Arztes Claude Vaney, der in der Berner Klinik Montana eine offizielle Studie über multiple Sklerose durchführt. Professor Nahas, der «Hanffeind», musste vor Gericht erscheinen, weil er wissenschaftliche Studien manipuliert hatte. Er machte wissentlich falsche Angaben über die Zerstörung der Neuronen.

Hanf ist weitaus weniger toxisch als Alkohol oder Tabak, es gibt keine letale Dosis. Bis heute ist kein Fall einer tödlichen Dosis bekannt. Allenfalls kann man Neukonsumenten raten, sich von erfahrenen Personen anleiten zu lassen und den Hanf nicht mit Tabak zu mischen. Unser Gehirn besitzt Rezeptoren für das THC. Auch Kakao enthält Substanzen, die dem Haschisch ähnlich sind. Aber niemandem käme es in den Sinn, Schokolade zu verbieten! Die katastrophalen Wirkungen des Cannabisverbots sind allerdings zur Genüge bekannt.

Aus einer kanadischen Studie weiss man, dass Mäuse, die eine Mischung aus Tabak und Marihuana inhalieren mussten, weniger häufig Krebs entwickelten als die Gruppe, die ausschliesslich Tabak bekam. Man weiss auch, dass bei Demos, wo Joints die Runde machen, weniger Gewalt vorkommt und dass die Leute ruhig und friedlich bleiben, während bei Veranstaltungen mit starkem Alkoholkonsum viele Schlägereien auftreten.

Es ist verständlich, dass die Gesellschaft THC-Konsum am Steuer einschränken möchte, genauso wie beim Alkohol. In erster Linie wäre es sinnvoll, wissenschaftliche Studien durchzuführen, um genau zu wissen, wie THC-Konsum sich auf die Fahrtüchtigkeit auswirkt. Bis heute gibt es keine ernstzunehmende Studie, die negative oder gefährliche Wirkungen auf die Fahrtüchtigkeit nachweist. Die Polizei weiss aus Erfahrung, dass Alkoholkonsum dazu verleitet, schneller zu fahren und Risiken einzugehen, während THC eher den gegenteiligen Effekt hat. Es wäre sinnvoll, einen Test zu entwickeln, der den Cannabisrausch zu dem Zeitpunkt nachweist, wo er stattfindet, ähnlich wie der Blutalkoholtest. Ich glaube nicht, dass Cannabis ein grosses Problem für die Strassensicherheit ist, aber ich möchte zuerst seriöse Studien abwarten, um mir eine Meinung zu bilden.

Fast eine Million Schweizer rauchen Freizeithanf, und doch werden sie immer noch in die Illegalität gedrängt. Unsere Gesellschaft kann das Verbot nicht aufrechterhalten und gleichzeitig Alkohol und Tabak erlauben. Mit dieser Heuchelei muss endlich aufgeräumt werden! Wir sollten uns an die Vergangenheit erinnern und daraus lernen. Der Freizeithanf wurde «Tabak der Armen» genannt und während der Woche geraucht, am Sonntag hingegen rauchte man Tabak. In der Ostschweiz dauerte das bis in die 1950er-Jahre. Im Schweizer Gefängnisreglement von 1949 ist zu lesen, dass die Gefangenen Tabak und Hanf zum Rauchen kaufen konnten, wobei Hanf billiger war. In einer früheren Zeit war Tabakrauchen in Deutschland unter Todesstrafe verboten. Als der Kakao nach Spanien kam, wurde jeder, der es wagte, ihn zu konsumieren, vom Papst exkommuniziert ...

Ich sehne mich nach einer besseren und toleranteren Welt, wo die Gewohnheiten und die Freiheit eines jeden respektiert werden, einer Gesellschaft, die reifer ist, verantwortungsbewusster, mithin erwachsener. In unserem Land gibt es immer mehr Indoor-Kulturen. Dies ist einerseits gut, weil es den internationalen Gross-Dealern entgegenwirkt, da mit deren riesigen Profiten häufig Kriege finanziert werden. Es ist auch in gesundheitlicher Hinsicht gut, weil Haschisch häufig verschnitten und mit undefinierbaren Zutaten vermischt ist. Auf der anderen Seite sehe ich die Gewässerverschmutzung und den riesigen Strombedarf dieser Indoor-Kulturen. Es wird vermutet, dass der Stromverbrauch dieser Produktion allein in Europa der Stromproduktion eines Atomkraftwerks entspricht.

Zudem gibt es immer noch Richter, die erklären, dass Hanfkonsum unweigerlich zum Konsum harter Drogen führt. Das ist natürlich falsch. Das Bundesamt für Gesundheit hat dies 1995 in einer seriösen Studie klar nachgewiesen. Richter, die Heroin insofern verharmlosen, als sie es auf die gleiche Stufe wie Hanf stellen, verleiten damit unsere Jugend, Heroin auszuprobieren. Es geht vor allem darum, Heroin und Kokain nicht zu verharmlosen, im Gegenteil. Wenn wir die wirklich gefährlichen Drogen endlich wirksam bekämpfen wollen, müssen wir objektiv informieren, denn nach der Legalisierung wird es darum gehen, die Informations- und Präventionskampagnen weiterzuführen und zu verbessern, vor allem in den Schulen und unter den Jugendlichen. Die Prohibition ist teuer, sie führt zu unnötigen Gefängnisstrafen, qualitativ minderwertigen Produkten, überrissenen Preisen und kriminalisiert die Konsumenten. Ausserdem wird der Konsum bei den Jugendlichen gefördert, wie in einer Studie auf europäischer Ebene nachgewiesen wurde: In Frankreich, einem repressiven Land, gibt es proportional viermal mehr jugendliche Konsumenten als im toleranten Holland.

Hören wir endlich auf mit dieser Verbotskultur, die zahllose Jugendliche dazu bringt, viel zu früh mit Cannabis zu experimentieren. Wir sollten aus den Misserfolgen von vierzig Jahren Krieg gegen die Drogen die Lektion ziehen, dass eine Gesellschaft, die sich nicht in Frage stellt, zum Untergang verurteilt ist.

KAPITEL XI

Die wahren Hintergründe der Hanfprohibition

Kolumbus hat Amerika nicht zuletzt dank den Schiffssegeln aus Hanf entdeckt. Die erste Gutenberg-Bibel war auf Hanfpapier gedruckt. Das Grabtuch Christi ist aus Hanf. Die Verfassung der USA ist auf Hanfpapier geschrieben, und sogar die erste amerikanische Fahne war aus Hanfstoff – es fehlt nicht an historischen Beispielen. Leider wurde der Hanf aus den meisten Geschichtsbüchern getilgt. Wer weiss zum Beispiel noch, dass das Hauptmotiv Napoleons für den Überfall Russlands darin bestand, sich das Hanfmonopol zu sichern? Immerhin benötigte ein Kriegsschiff 50 bis 100 Tonnen Hanf für Segel, Seile und Werg.

Anfangs ermutigte die amerikanische Regierung die Landwirtschaft zum Hanfanbau. Es ging so weit, dass man die Bauern unter Androhung hoher Bussen dazu verpflichtete, 10 Prozent ihres Agrarlandes mit Hanf zu bebauen. Was war bloss geschehen, dass der Hanf plötzlich in Ungnade fiel und sogar verboten wurde? Die Gründe dafür sind rein wirtschaftlicher Natur. Als die amerikanischen Bauern die ersten Maschinen zur mechanischen Verarbeitung des Hanfs erfunden hatten, sanken die Herstellungskosten. Die Papier- und Waldwirtschaft, die Millionen Hektar Wälder im Norden der USA und in Kanada erworben hatte, sah sich durch diese Konkurrenz bedroht. Diese Industrie ist wirtschaftlich stark mit den Medien verbunden, die Zeitungspapier benötigen und denen die Wälder teilweise gehören. Auch die Baumwollindustrie geriet durch den billigen Hanf in

Bedrängnis, ebenso der Grosskonzern DuPont, der mit Nylon das erste Patent für ein synthetisches Material besass. Die Tabakindustrie in Virginia sah ihr Geschäft ebenfalls bedroht. Der Pharmaindustrie wurde klar, dass der Hanf zu einer ernsthaften Konkurrenz werden könnte, und den Erdölgesellschaften missfiel Henry Fords Treibstoff aus Hanföl.

So taten sich die Holz- Papier-, Baumwoll-, Nylon-, Tabak- und Pharmaindustrie mit ihrer geballten Wirtschaftsmacht und ihren Lobbys in der US-Regierung zusammen, um eine Kampagne gegen den Hanf zu führen. Man bekämpfte nur den Freizeitgebrauch. In der Presse wurde eine ausgedehnte Verleumdungskampagne lanciert, der Hanf verwandelte in das sich mit allen möglichen Übeln behaftete Marihuana. Die Thematik war überaus simpel, wenn nicht einfältig: Schwarze vergewaltigen im Marihuana-Rausch weisse Mädchen. Marihuana treibt die Leute in den Selbstmord, zerstört das Gehirn usw. Mit dieser Kampagne wurde die «böse» Pflanze in Amerika ausgerottet. Durch die Macht der USA wurde die Prohibition allmählich auf alle anderen Länder ausgedehnt – heute sehen wir das katastrophale Resultat. Es ist Jack Herer und seinem Buch *The Emperor Wears No Clothes* (deutsch: *Die Wiederentdeckung der Nutzpflanze Hanf,* Nachtschatten Verlag, 2008) zu verdanken, dass uns über diese historischen Fakten die Augen geöffnet wurden. In diesem informativen Buch, das 1985 erschien, wird beschrieben, wozu Hanf alles verwendet werden kann. Die aktuelle weltweite Wiederentdeckung der Hanfpflanze ist ursprünglich auf Jack zurückzuführen. Er bot jedem, der in seinen Werken eine Lüge oder einen Fehler entdecken kann, 50 000 Dollar – bis zum heutigen Tag hat sie noch niemand gewonnen! Sein Buch wurde zur Bibel aller Hanffreunde. Jack war mir eine grosse Hilfe bei meinem Kreuzzug, in dem ich alle meine Kräfte benötige, um einer gerechteren und besseren Welt zum Durchbruch zu verhelfen.

KAPITEL XII

Die Schweizer Drogenpolitik

Die aktuelle Lage

Der Bundesrat wollte das Drogenproblem anpacken und entschied über ein Programm zur ärztlichen Verschreibung von Heroin, das mittlerweile Früchte trägt. Dieses Programm steht schwerstabhängigen Erwachsenen offen, die schon drei erfolglose Entzugsversuche hinter sich haben, und soll ihnen die Möglichkeit geben, ihren seelischen und körperlichen Gesundheitszustand zu verbessern, eine Arbeit zu finden und von der Droge loszukommen. Das ist insofern verständlich, als die Süchtigen in einem ständigen Stress leben, die Droge und das Geld für deren Erwerb zu beschaffen. So werden sie nicht mehr zu Diebstahl und Prostitution gezwungen.

Der Bundesrat wollte auch den Hanfkonsum in sämtlichen Formen entkriminalisieren. Mitten in der Wirtschaftskrise des Jahres 1995 stellen sich die Bundesräte Jean-Pascal Delamuraz und Ruth Dreifuss die Frage, wie vielen Hektar Hanf der jährliche Konsum in der Schweiz entspricht. Für diese Information wenden sie sich an den Direktor des Bundesamts für Landwirtschaft, der keine Ahnung hat und das Problem an Josef Schmid weiterreicht, den Verantwortlichen des Programms für nachwachsende Rohstoffe. Dieser besucht mich eines Tages. Nachdem wir die Frage erörtert haben, kommen wir auf 3000 Hektar. Diese Pflanzen wachsen zurzeit vor allem in Marokko und in Indoor-Anlagen. Doch eine solche Fläche Hanf würde der Schweizer Landwirtschaft ungeahnte Perspektiven eröffnen.

Während man auf diese Möglichkeit wartet, wird Heroin abgegeben, und die Hanf- und Haschischkonsumenten sowie die Hanfbauern und -händler werden immer noch gebüsst.

Die meisten grossen Parteien befürworten die Entkriminalisierung des Freizeithanfs. Am 12. November 2001 wird dies mit einer Mehrheit von 32 zu 8 Stimmen von der kleinen Kammer, dem Ständerat, beschlossen. Jetzt fehlt nur noch das Votum des Nationalrats. Aber leider haben die Nationalratsmitglieder ihre Haltung geändert! Die Politiker hängen ihre Fahne stets nach dem Wind und folgen dem Stärkeren. An der Schlussabstimmung vom 14. Juni 2004 wird diese grossartige Möglichkeit mit 102 zu 92 Stimmen abgelehnt!

In den Kantonen Zug, Luzern und Zürich sprach sich das Volk für eine kontrollierte Abgabe von Heroin aus.

Beim Bundesamtes für Gesundheit gibt es zwei Tendenzen: entweder Legalisierung oder Entkriminalisierung mit verstärkter Toleranz und Prävention (aus Gründen der internationalen Politik).

Die positiven Resultate der anfänglich kritisierten kontrollierten Heroinabgabe sind heute unbestritten. Selbst im Ausland hat man diese Resultate mit Interesse zur Kenntnis genommen und versucht sich mit ähnlichen Programmen. Spanien und Italien haben entkriminalisiert, Deutschland öffnet seine Drogerien für den Verkauf von Cannabis, und Holland will keine Änderung seiner liberalen Politik. Eines Tages höre ich im Radio, wie der holländische Landwirtschaftsminister sagt, dass der Hanf in der landwirtschaftlichen Produktion des Landes an fünfter Stelle stehe, noch vor den Tomaten! Im Jahr 2001 folgt Portugal, und 2002 beschliesst England, den Hanf so zu entkriminalisieren, dass er den Antidepressiva gleichgestellt ist.

Liberalisierung oder Entkriminalisierung – für die Bürger macht das keinen grossen Unterschied. Unsererseits reden wir lieber von einem reglementierten Markt von der Herstellung bis zum Konsum. Seit 2013, als es eine zaghafte Öffnung für den therapeutischen Hanf gegeben hat, wird das Rauchen eines

Joints in der Öffentlichkeit nur noch mit einer Ordnungsbusse von 100 Franken bestraft. Zudem darf jeder Bürger vier Pflanzen anbauen.[4]

Die «Droleg»-Initiative

Diese Initiative wurde von Gesundheitsfachleuten lanciert und sah vor, alle Drogen in der Schweiz zu legalisieren und eine staatliche Kontrolle mit zahlreichen Abgaben einzuführen, mit denen in finanzielle Schieflage geratene Sozialwerke wie die AHV hätten saniert werden können. Einzig die Landwirtschaft hätte Hanf produzieren dürfen. Die «Droleg»-Initiative wurde 1998 vom Volk abgelehnt.

Wussten Sie übrigens, dass in Frankreich grosse Mengen Schlafmohn angebaut werden, von denen ein Teil legal in die Schweiz verkauft und zur Herstellung von Morphium und Heroin verwendet wurde? Das dauerte bis 1999. Frankreich wollte diesen Verkauf geheim halten, aber die Presse berichtete darüber. Im Jahr 2000 verlangte die Schweizer Regierung, dass das Heroin im Land hergestellt wird, und beauftragte eine Firma in der Deutschschweiz mit dem Anbau von Schlafmohn.

Initiative «Jugend ohne Drogen»

Nur schon der Titel dieser Initiative war verlogen und utopisch. Wir wissen längst, dass eine Gesellschaft ohne Drogen unmöglich ist. Eine reife und verantwortungsbewusste Zivilisation zeichnet sich dadurch aus, dass sie gelernt hat, mit Drogen zu leben. Das ist auch realistischer! Seit 50 Jahren dauert der Krieg gegen die Drogen an und erweist sich zunehmend als kompletter Misserfolg. Zu allen Zeiten hatte das Verbotene seinen besonderen Reiz und übte gerade auf die Jugend eine besondere Anzie-

---

4 Anfang 2012 trat das Lateinische Konkordat über Hanfanbau und -handel in Kraft, das es Privatpersonen in sieben Schweizer Kantonen – inklusive Genf und Basel – erlaubte, bis zu vier Hanfpflanzen für den Eigenbedarf anzubauen. Doch im Oktober 2012 entschied das Schweizer Bundesgericht, dass das Konkordat rechtswidrig sei.

hungskraft aus.

Die Initiative «Jugend ohne Drogen» befasste sich nicht im Geringsten mit den beiden legalen Drogen Tabak und Alkohol, die 200-mal mehr Todesopfer fordern als die harten Drogen Morphium, Kokain, Heroin und Crack zusammen.

In einer Zeit, wo sich Hanf als neuer Wirtschaftszweig etabliert, ist es angebracht, diese Initiative zu verwerfen. Die Wiederentdeckung des Hanfes läuft auf vollen Touren, und im Jahr 2000 sind bereits 1000 Arbeitsplätze geschaffen worden.

Andererseits muss man sehen, wer hinter dieser Initiative steckt. Es handelt sich um den scheinheiligen Pierre-Yves Albrecht, einen zum Sektenguru aufgestiegenen ehemaligen Alkoholiker, der seine Anhänger mit äusserst zweifelhaften Mitteln dazu nötigt, auf den Konsum von Drogen zu verzichten und dazu noch ihre Freunde anzuzeigen. Seine autoritäre Haltung wird von konservativen Kreisen und den Walliser Rechtsextremen geteilt, welche auch auf die Unterstützung unserer Richter und der Polizei zählen können. Laut dem Walliser Kantonsarzt hat das Foyer des Rives du Rhône, das Albrecht mit eiserner Hand leitet, eine Erfolgsrate von weniger als 3 Prozent. Doch unser Kantonsarzt weigert sich, diese Zahlen an die Öffentlichkeit zu bringen, weil er um seine Stelle fürchtet. Er möge mir verzeihen, aber die Bürger haben das Recht, die Wahrheit über die Machenschaften zu erfahren, die in unserem Kanton vor sich gehen.

Gerät ein Drogenabhängiger in die Fänge der Walliser Justiz, darf er zwischen zwei Übeln wählen: dem Rives du Rhône oder der Strafanstalt Crêtelongue. Ich habe viele Gefangene gekannt, die sich geweigert haben, in dieses Heim zu gehen. Dieses erpresserische System beschert der Albrecht-Sekte eine regelmässige Kundschaft. Wer in dieses Zentrum kommt, wird vollständig von der Umwelt und der Familie abgeschnitten. Zunächst findet eine Entpersönlichung der Pensionäre statt; dann wird mit heidnischen Riten unter der Federführung des Grossen Weissen Ritters Albrecht eine stark religiös geprägte neue Persönlichkeit aufgebaut. Ich erinnere mich an junge Mütter, die mehrere Jahre von ihren Kleinkindern getrennt wurden. Ich erinnere mich auch an zahlreiche Fluchtversuche, Selbstmorde und tödliche Überdosen. Auch auf Anfrage des Bundesamtes für Gesundheit will Albrecht keine Zahlen herausrücken. Tatsächlich kennen nur er und seine Entourage, meist ehemalige Pensionäre, die ganze Wahrheit. Dieser Skandal wurde 1996 von der SP Wallis aufgedeckt. Guru Albrecht verbreitet Angst und Schrecken.

Ein Süchtiger muss die Sucht aus eigener Initiative überwinden, ein erzwungener Entzug zeitigt bloss Leid und Misserfolg. Albrecht kann mit seiner Initiative durchaus auf öffentliche Unterstützung und Geldspenden von bekannten Persönlichkeiten, Sportlern und sonstigen Wohltätern zählen. Man kann es diesen Leuten nicht einmal zum Vorwurf machen, da sie es im Grunde genommen gut meinen; auch sie sind Opfer des Systems.

Die Initiativen «Jugend ohne Drogen» und «Droleg» wurden beide abgelehnt. Aufgrund dieser beiden negativ verlaufenen Abstimmungen hat der Bundesrat ein neues Betäubungsmittelgesetz ausgearbeitet. Dieses Gesetz ist beiden Kammern unterbreitet worden und ist ausschlaggebend für die Zukunft der Schweizer Drogenpolitik.

Hungerstreik – Das Spital weigert sich, Rappaz zu ernähren
«Die Barmherzigkeit ist uns egal!» © Mix & Remix, *L'Hebdo*, 28.10.2010

KAPITEL XIII

Haftstrafe und Zerstörung von Valchanvre

Die Verhaftung

Am 10. Dezember 1996 um 6.30 Uhr morgens sehe ich aus meinem Bürofenster, wie ein Dutzend Fahrzeuge auf das Haus zukommen. Ich denke sofort an die Polizei. Einen Moment überlege ich, ob ich fliehen soll, aber dann besinne ich mich und entscheide mich dafür, den Gendarmen entgegenzutreten. Eine Flucht wäre ein Zeichen von Schwäche, denn ich habe ja nichts zu verbergen. Ich wecke schnell die beiden Gäste, die am vorigen Abend angekommen sind. Es ist ein französisch-holländisches Pärchen; der junge Mann ist der Sohn von Ben Dronkers, dem Präsidenten der ICC (International Cannabis Consumers) in Holland. Er ist auf der Durchreise und hat mir einen Koffer zurückgebracht, den ich beim letzten Cannabis Cup in Amsterdam vergessen habe. Die Inspektoren machen eine Hausdurchsuchung und lassen die beiden jungen Leute nach einem kurzen Verhör weiterziehen.

Telefonüberwachung

Das erste Mal wurde mein Telefon in den 1970er-Jahren überwacht. Ich war damals 17 Jahre alt, und meine als subversiv eingestuften gewaltfreien Aktionen wurden von der Bundesanwaltschaft überwacht. Als in den 90er-Jahren der Skandal mit den Telefon- und Briefverkehrsüberwachungen an den Tag kam, hatte jeder Bürger das Recht, seine Fiche einzusehen. Ich erhielt ebenfalls eine Kopie meiner Fiche und stellte fest, dass ich mit wenigen Unterbrüchen während zwanzig Jahren überwacht worden war, früher aus politischen Gründen, heute im Zusammenhang mit dem Schweizer Hanf. Ich habe mich daran gewöhnt, und letztlich ist es mir nicht mehr so wichtig, ob mein Privatleben ständig ausspioniert wird. Ich bin froh, wenn ich mit ruhigem Gewissen meine Arbeit tun kann. Ich glaube an die Kraft der Wahrheit und verachte die Lüge, die am Ende stets mehr Negatives als Positives schafft.

Ein harter Tag

Nun war das Polizeiaufgebot also da: Der Durchsuchungs- und Haftbefehl auf meinen Namen war korrekt ausgestellt und vom Richter unterschrieben. Jaquement hatte wieder einmal zugeschlagen! Ich war nicht überrascht, denn es ging ihm mittlerweile mehr um seine persönlichen Ressentiments als um die Anwendung des Gesetzes. Überall auf meinem Hof ist getrockneter Hanf, in den Scheunen hängen noch die späten Ernten. Zudem habe ich ein Lagerhaus gemietet, um unseren trockenen Hanf einzulagern. Bevor ich das Lagerhaus erwähne, warte ich ab, ob sie von selbst darauf zu sprechen kommen, weil ich wissen will, ob sich das Ausspionieren aufs Abhören des Telefons beschränkt ... Bei den letzten beiden Verhaftungen liess der Richter den Hanf zerstören, eine Lösung, die diesmal nicht in Frage kommt. Die Ware wird beschlagnahmt und im Lagerhaus versiegelt. So hoffe ich, dass ich die Samen und Fasern retten und den Rest destillieren kann, um unser ätherisches Öl zu produzieren. 1995 hatten wir mit 13 Kilo angefangen und dann beschlossen, jährlich 25 Kilo herzustellen. Nach der Teilnahme an Messen in Holland und Deutschland hatten wir aufs Jahresende Bestellungen über 100 Kilo. Unser ganzes Lager war im Voraus verkauft, und wir hofften, alles destillieren zu können.

Den ganzen Tag über waren 15 Polizisten damit beschäftigt, das Oasis und eine Trocknungsanlage der Genossenschaft Valplante auszuräumen und alles in unser neu angemietetes Lagerhaus zu bringen. Auf Anhieb denke ich, dass ich diesmal aufgrund des

Verkaufs therapeutischer Kissen angegriffen werde, da wir seit der Affäre von 1993 keinen Tee mehr verkaufen und auf ein Urteil warten, das über diese Frage entscheidet (obwohl zahlreiche Schweizer Hanfläden diesen Tee verkaufen). Meine drei Geschäftspartner Claude, Michel und Alain werden ebenfalls verhaftet. Dies empört mich umso mehr, als ich mich vorsichtshalber immer persönlich um den Verkauf der Kissen gekümmert habe, weil ich wusste, dass das für die Walliser Justiz immer noch eine heikle Sache ist.

Nachdem die Polizei den ganzen Tag für Valchanvre tätig war, ist der Hof abends ausgeräumt. Die anwesenden Inspektoren Donnant, Curdos, Salomon und Theytuz schliessen mich für die Nacht ins Untersuchungsgefängnis Martigny ein. Am anderen Tag beenden sie ihre Arbeit ohne meine Anwesenheit und transportieren den Hanf aus der Trocknungsanlage ins Lagerhaus. Gegen 8 Uhr kommt unsere neue Sekretärin Véronique. Ich beruhige sie und lasse mir von der Polizei versichern, dass gegen sie nichts vorliegt. Solche Vorfälle gehören nun einmal zu den Risiken unseres Geschäfts. Sie ist empört, legt daraufhin aber Mut und Entschlossenheit an den Tag. Obwohl Véronique erst einen Monat für Valchanvre arbeitet, ist sie schon unentbehrlich geworden.

Einvernahme durch den Richter

1997 bin ich seit 21 Tagen im Hungerstreik, den ich trotz zunehmender Schwäche recht gut vertrage. Ich bin fest entschlossen, den Hungerstreik erst nach meiner Befreiung zu beenden, obwohl ich mich von nun an auf unbekanntes Terrain wage, denn bisher habe ich nie länger als 22 Tage gefastet. Ich hatte Anfang Januar, aus gesundheitlichen Gründen und um 10 überflüssige Kilo zu verlieren, ohnehin eine Fastenkur machen wollen. Nach 21 Tagen bin ich schon recht schlank geworden, ich weiss aber nicht, wieviel ich bereits abgenommen habe, weil man mich nie gewogen hat. Am dritten Tag werde ich in Handschellen zu Richter Jaquement geführt; zum Verfahren gehört eine Einvernahme innert 48 Stunden. Bei dieser Gelegenheit erläutere ich den Verkauf von therapeutischen Kissen. Ich erzähle dem Magistraten von den ersten Erfahrungen, welche die Benutzer damit gemacht haben. So haben Asthmatiker eine wesentliche Verbesserung ihrer Anfälle festgestellt; Ehefrauen erzählen, dass ihre Männer nicht mehr schnarchen, andere haben eine bedeutende Verbesserung des Schlafs festgestellt und können jetzt auf Schlafmittel verzichten.

Voriges Jahr hatte Richter Jaquement in Anwesenheit meines Anwalts erklärt, dass «er sich erkundigt habe und dass der Verkauf von Kissen legal sei». Als wir vom Gericht kamen, hatte ich zur Feier dieser Bestätigung mit meinem Anwalt ein Gläschen getrunken. Immerhin verkaufen Swihtco und andere Anbieter diese Kissen seit Anfang 1995, und wir fanden es an der Zeit, dass Valchanvre dieses Produkt auch im Angebot hat, um die aromatischen Düfte des Walliser Hanfs bekannt zu machen.

Jetzt erinnere ich den Richter an seine diesbezügliche Aussage, aber Jaquement gibt vor, alles vergessen zu haben, und behauptet, er hätte nie so etwas gesagt! ... Ich bin schockiert und empört, fühle mich verraten. Die Sache stinkt nach einem faulen Trick, und die verlogene Ungerechtigkeit bringt mich noch mehr auf. Ich erinnere den Richter daran, dass wir im Frühling an Polizeikommandant Geiger geschrieben haben, um ihn über unsere Kulturen und unsere Absichten zu unterrichten. Daraufhin hatte er die beiden Inspektoren Curdos und Salomon vorbeigeschickt. Beim Gespräch im Oasis hatten die beiden nichts am Verkauf der Kissen auszusetzen gehabt. So haben sie uns einfach unter Missachtung ihrer Informations- und Präventionspflicht weitermachen lassen, um uns dann zu verhaften! Wie einfach, feige und vor allem völlig illegal!

Zudem haben wir während drei Monaten am Rand unserer Kulturen Informationsschilder aufgestellt. Die Kissen stehen auf unserer Verkaufsliste, die auf unserer Website für alle zugänglich ist. Wir verkaufen sie hauptsächlich an Hanfläden im Waadtland, in Genf, Freiburg, Neuchâtel, Zürich, Bern und im Tessin, ohne dass wir je Reklamationen gehabt hätten. Bis auf die missbräuchliche Verwendung durch die *Hacienda du chanvre* in Neuchâtel, die mit dem Inhalt der Kissen Tee herstellt, hatten wir nie Probleme. Die *Hacienda* hatte der Neuenburger Justizbehörde angegeben, dass sie ihre verschiedenen, mit Zimt, Zitrone, Ingwer und Orange aromatisierten Tees von Valchanvre bezogen habe. So sandte uns das Neuenburger Kantonslabor eine Rechnung über 2300 Franken für die Analysen! Wir haben schriftlich gegen diese Rechnung protestiert, sie an den Absender zurückgeschickt und nie wieder davon gehört. Es ist uns auch bekannt, dass ein Teil der trockenen Blüten in Form kleiner Duftkissen verkauft wird. Die Läden kommen ihrer Informationspflicht nach und sagen den Kunden, dass diese Blüten laut Gesetz nicht geraucht werden dürfen. Oft müssen die Kunden eine Erklärung mit einer Warnung unterschreiben. Da ich weiss, dass der Export dieser Blüten illegal ist, halte ich mich da raus. Im Übrigen weigere ich mich, diese Blüten schwarz und ohne Rechnung zu verkaufen. Unbeeindruckt von alledem beschliesst der Richter, mich für die ersten 14 Tage in Isolationshaft zu behalten. So darf ich weder meinen Anwalt sehen noch Besuch empfangen.

Die Verhöre

Die Inspektoren Salomon und Theytuz führen die Untersuchung und verhören mich regelmässig. Ich vernehme, dass seit zwei Monaten mein Telefon abgehört wird. Sie haben mir also eine Falle gestellt! Man hat mich glauben lassen, dass der Verkauf von Kissen legal sei und mich gleichzeitig ausspioniert; man hat uns anbauen, ernten, trocknen und verkaufen lassen und als man sicher war, dass wir für mehr als 100 000 Franken verkauft haben (Grenze für einen schweren Fall), hat man uns verhaftet! Ist es möglich, dass die Polizei eine Diebesbande überwacht und wartet, bis eine bestimmte Zahl von Diebstählen zusammenkommt, bevor sie eingreift? Ich bin sehr verärgert über dieses unsaubere und illegale Vorgehen. Man ergreift die Gelegenheit, Valchanvre zu zerschlagen, Geschäftspartner und Freunde durch Lügen gegeneinander aufzuhetzen. Zu allen Zeiten haben Diktatoren nach der Devise «Teile und herrsche» gewaltet. Ich mache mir Sorgen um die Zwillingsbrüder Alain und Michel; sie waren noch nie im Gefängnis, und diese Lage muss sie traumatisieren. Sind sie stark genug, um dem Druck standzuhalten? Alain, der zwei Kleinkinder hat, ist vermutlich noch mehr durcheinander und verletzt, der Ärmste! Er, der sich ausschliesslich um die Parfümerie und den Bau seines Hauses aus Hanfmaterialien kümmert …

Immerhin ist diese willkürliche Inhaftierung insofern positiv, als sie das Team von Valchanvre enger zusammenschweisst und mir die Möglichkeit gibt, dieses Buch in Angriff zu nehmen und mit dem Fasten anzufangen.

Man zeigt mir Fotos von Besuchern, Abschriften von abgehörten Telefongesprächen, die Liste der Fragen wird immer länger … Alles dreht sich um den Verkauf der Kissen. Es betrübt mich, dass Salomon und Theytuz sich in ihrem Krieg gegen den Hanf auf der richtigen Seite wähnen. Den beiden ist nicht bewusst, dass sie mit ihrer Arbeit den Grossdealern helfen, die Preise hoch zu halten und dicke Profite einzufahren. Sie sind jünger als ich und leben mit Scheuklappen in der geschlossenen und unrealistischen Welt der Repression. Sie zeigen sich freundlich, aber ich weiss, dass die Polizei jetzt psychologisch geschult ist. Kurz, ihre Sturheit macht sie blind und hilft ihnen, ihren dreckigen Job zu erledigen. Ich bin froh, dass sie mit ihren Fragen endlich an ein Ende kommen, und bin überzeugt, bald entlassen zu werden. Doch die Tage vergehen, bald ist Weihnachten. Die Hoffnung hält mich am Leben.

Letztlich denke ich, dass der Richter das Datum der Verhaftung berechnet hat und von vornherein vorhatte, mich über die Festtage im Gefängnis zu lassen.

Tod meiner Mutter

Als die Sache sich vorbereitet, gehe ich so oft wie möglich ins Spital, um meine Mutter zu besuchen. Sie leidet an einem rasch fortschreitenden Krebs, und es geht ihr von Tag zu Tag schlechter. Der Richter ist durch mich und die Familie darüber informiert worden. Als sie schliesslich im Sterben liegt, darf ich sie in Begleitung eines Polizisten besuchen. Sie ist schon im Koma, und ich werde nie mehr mit ihr sprechen können. Eine Tante sagt mir, dass meine Mutter in den letzten Tagen nach mir verlangt habe. Ich bin wütend und kehre in meine Zelle zurück. Am Sonntag, dem 15. Dezember, sagt man mir, dass sie gestorben sei. Ich bin seelisch vorbereitet und akzeptiere den Schock. Das Gesetz erlaubt es Angeklagten, an Beerdigungen teilzunehmen, so dass ich am nächsten Tag nach Sion in die Krypta gehen kann. Es findet eine nicht religiöse Abdankungsfeier im engsten Familien- und Freundeskreis statt. Mein Sohn, mein Vater und weitere Familienmitglieder sind anwesend. Fünf Polizisten in Zivil begleiten mich, ich fühle mich wie ein Schwerverbrecher! Wenigstens muss ich keine Handschellen tragen. Meine Familie zeigt sich freundlich und solidarisch. Nach der Zeremonie darf ich ein letztes Mal meine arme, endlich von ihren Schmerzen erlöste Mutter küssen. Ihr Geist kann nun in den unendlichen Zyklus der Reinkarnationen eintreten. Ich wünsche ihr Frieden, Liebe und Ruhe.

Das Leichenmahl findet in einem Nebenraum des Café du Centre in Saxon statt. Am sechsten Tag meiner Fastenkur habe ich Lust, etwas zu essen, aber mit einiger Mühe widerstehe ich. Einer der Inspektoren überwacht einen der Ausgänge, die anderen warten an der Bar und müssen sich den Angriffen und Fragen meiner Onkel und Tanten stellen. Obwohl die Tür zu den Toiletten offen und unbewacht ist, will ich jetzt keinen Ärger machen … Ich nutze die Zeit, um Kontakte zu erneuern und ein paar Gläser Fendant zu trinken. Dann bringt man mich in meine Zelle zurück, etwas angeheitert, aber klar im Kopf.

Das Untersuchungsgefängnis Martigny

Nun lerne ich das neue, vor kurzem auf dem Gelände des alten Schlachthofs von Martigny errichtete Untersuchungsgefängnis kennen. Bisweilen frage ich mich, ob dieser Ort von den Geistern der unzähligen Tiere, die hier getötet wurden, heimgesucht wird. Es schaudert mich. Das Gefängnis liegt gleich neben den Bahngleisen. Jeden Tag fahren etwa 150 Züge vorbei und lassen das Gebäude erzittern. Doch man gewöhnt sich schnell daran, die Schallisolation ist gut. Das Personal ist nett und korrekt. Im Erdgeschoss sind die Männer untergebracht, oben die Frauen. Wer Geld hat, kann sich etwas kaufen. Durchs Fenster meiner Zelle sehe ich auf die Kette der Südalpen und erblicke den Pierre-à-Voir, den charakteristischen, 2472 Meter hohen Berggipfel, der mein Heimatdorf Saxon überragt. Ich kann das Fenster einen Spalt öffnen und habe frische Luft. Jeder Insasse darf ab dem ersten Tag mindestens eine halbe Stunde ins Freie. Der betonierte und vergitterte Hof auf dem Dach ist düster, man fühlt sich wie in einem Käfig … Die Gitterstäbe sind innen angebracht worden, zur Wahrung der äusseren Ästhetik.

Die 10 Quadratmeter grosse Zelle bietet wenig Platz für den Bewohner. Die Einrichtung umfasst WC/Dusche, Waschbecken, einen langen Tisch, einen Stuhl und ein Bett. Sie ist gut durchdacht und besteht vollständig aus armiertem Beton, so dass es unmöglich ist, in einem Wutanfall das Mobiliar zusammenzuschlagen!

Die Hygiene ist vorbildlich, einmal pro Woche ist Wäsche. Wenn die Absonderungshaft vorbei ist, wird ein Farbfernseher mit Kabelanschluss zur Verfügung gestellt. Es stehen 30 Sender zur Auswahl! Dazu kommt ein eingebautes Radio mit fünf Sendern, zwei auf Deutsch, die anderen auf Französisch. Das einzig Störende sind das Haarfett und die Essensreste am Mäuerchen auf der Kopfseite des Bettes, die sich in den nackten Beton eingefressen haben. Solche Stellen sollten mit abwaschbarer Farbe überzogen werden.

Über eine Gegensprechanlage kann ich direkt mit dem diensthabenden Aufseher in Kontakt treten. Diese Zelle ist nun für einige Zeit meine Bleibe. Die Bodenheizung funktioniert gut. Im Vergleich zu den Verhältnissen im Jahr 1970 ist das eine wesentliche Verbesserung für die Insassen. Im alten Gefängnis gab es keine Hygiene, man fror die ganze Zeit, und der Topf, der als Toilette diente, wurde nur einmal pro Tag geleert … Nach einer Verhaftung wird man in der Untersuchungshaft von der Umwelt abgesondert. Die Dauer der Isolationshaft hängt vom Untersuchungsrichter ab. Als sie aufgehoben wird, nutze ich die Gelegenheit, um mit den Männern ins Freie zu gehen und Bekanntschaften zu schliesse. Ich merke, dass sich nichts verändert hat; immer noch sind 80 Prozent der Gefangenen wegen Drogenkonsum oder -handel inhaftiert …

In der Zelle einen Joint rauchen

Die Szene, die ich in diesem Kapitel beschreibe, stammt aus meiner Fantasie. Im Gefängnis Hanf zu rauchen, ist ein Geschenk, aber natürlich ist es verboten.

Seit 30 Tagen bin ich im Hungerstreik und weiss nicht, wann ich damit aufhören werde. Ich weiss, dass ich an diesem Ort meinen Joint nicht rauchen kann, wenn mir danach ist. Allein die Vorstellung, dieses «Verbrechen» zu begehen, löst einen leichten Adrenalinschub aus, denn dieser Körper, den ich seit 30 Tagen mit meinen Fingernägeln und mit Wasser ernähre, funktioniert wie ein Laboratorium. Das Nägelkauen ist eine schlechte Gewohnheit. Irdische Nahrung allein genügt nicht. Es gibt andere Dinge, die möglicherweise viel wichtiger sind: die Luft, das Wasser, das spirituelle Leben, die geistige Harmonie. In meinem Zustand kommt das Rauchen eines Joints einer religiösen Handlung gleich, die mich mit Sicherheit in eine andere Realität versetzen wird – eine Dimension, die immer da ist, die man aber selten wahrnimmt.

Ich zünde die magische Zigarette an und vergesse alsbald mein irdisches Leid. Allmählich umfängt mich ein Gefühl sanften Wohlbefindens. Unglaublich! Durch das Fasten ist die Wirkung zehnmal stärker! Ich hebe ab wie ein Heissluftballon! Wiederanstieg meiner Körpertemperatur, die in den letzten Tagen bei 36 °C lag, da der Stoffwechsel auf Sparflamme schaltet. Der Körper erwärmt sich wieder. Wenn ich normalerweise abends meinen Joint rauche, verspüre ich kaum körperliche Wirkungen, dafür aber einige geistige Höhenflüge. So entdecke ich meinen geliebten Hanf aus einer neuen Perspektive. Die Zigarette geht aus, ich zünde sie nicht mehr an, auf jeden Fall nicht, bevor ich wieder festen Boden unter den Füssen habe. Hier ist man den ganzen Abend allein. Aus Sicherheitsgründen gibt es keine Gefängnisaufseher, die mich abends nach dem verweigerten Abendessen bearbeiten könnten.

Ich lege mich hin und versinke in das Wohlbefinden, das mich umfängt. Ich bin für einige Stunden weggetreten und freue mich an dieser Freiheit. Meine Gedanken gehen zu den Wesen, die ich liebe; sehr oft zu Maggie, der Frau, an der ich mich festhalten kann wie ein Ertrinkender. Heisse Tränen laufen über meine Wangen: Weinen vor Glück, das passiert mir selten, aber welche Wohltat – ich geniesse es. Gut, nach einem Monat bin ich auch psychisch etwas ausgehungert, und manchmal überkommen mich solche Ideen, aber ohne weitere Konsequenzen, da der Hanf nicht abhängig macht.

An diesem Abend gibt es ein Fest in meiner Zelle. Ich entdecke wieder, dass man mit sehr wenig glücklich sein kann, dass das Glück immer in uns ist, sofern wir es wirklich wollen. Allzu oft trennen uns verschiedene Hindernisse von diesem inneren Frieden. Meine Gedanken verketten sich mit rasender Geschwindigkeit. Was ist in diesem Hirn passiert, das in den letzten Tagen so langsam war? Jetzt ist es übererregt. Durch welche neue Energie? Ich muss zugeben, dass meine THC-Rezeptoren sehr geübt sind und sehr sensibel reagieren.

Ich lebe in Frieden, keine Besuche, keine Telefonanrufe, man kann mich nicht bestehlen – ich nehme einen weiteren Zug und frage mich, ob ich diese neu gefundene Energie dazu verwenden soll, um an meinem Buch zu arbeiten, oder ob ich mich hinlegen soll und mir eine Reportage über Giraffen ansehe. Das Zeitgefühl ist aufgehoben … Ich sehe mich im Jahr 1949, in der gleichen Zelle, mit dem gleichen Komfort, um 7 Uhr morgens wird der Aufseher vorbeikommen, um mir das Frühstück zu bringen – es ist wie im Urlaub! Ich kaufe ihm ein Päckchen Hanf ab. Er ist erstaunt, weil er dachte, ich sei reich, weshalb dann nicht Tabak? Tatsächlich war 1949 das letzte Jahr, wo jeder Knastbruder in jedem Gefängnis des Landes Hanf oder Rauch- und Kautabak kaufen konnte. Gewöhnlich rauchte man wochentags den billigen Hanf und sonntags den teuren Tabak, zumindest in den stets armen bäuerlichen Kreisen.

Ein Jahrhundert geht vorbei. Jetzt kann ich nicht mehr schreiben und überlasse mich ganz und gar der Magie der Pflanze …

Am nächsten Morgen erwache ich mit klarem Kopf und seelisch gestärkt, kann mich aber nicht an das Erlebte erinnern. Ich kann die Träume während des Wachseins und des Schlafs nicht auseinanderhalten. Meine letzte Erinnerung ist ein fantastischer Ritt mit einem wilden Pferd auf einem unbekannten Planeten.

Der erste Besuch

Am Freitag, dem 27. Januar, kommt plötzlich ein Aufseher in meine Zelle und kündigt mir den Besuch meines Sohnes an. John, dieser mutige Junge, ist der erste, der es fertigbringt, mich zu besuchen. Trotzdem bin ich etwas erstaunt, denn unser Gespräch wird von einem Aufseher überwacht. Von Vertraulichkeit kann hier keine Rede sein, aber ich bin froh, dass ich meinen Sohn berühren und umarmen darf. Die unerwünschte Anwesenheit eines Aufsehers wird mir vom Richter aufgezwungen und verärgert mich, denn bei der zweiten Anhörung gewährt er mir dann ein normales Besuchsrecht.

John erzählt mir von seinem letzten Wettkampf in Zürich, wo er beim Laufen Dritter geworden ist. Offensichtlich ist er ein Nachwuchstalent. Er ist empört über meine Inhaftierung und diese Situation. Ich beruhige ihn und freue mich über seinen Besuch und den erwachsenen Mann, der er jetzt mit seinen 18 Jahren geworden ist. Ich vernehme, dass meine drei Geschäftspartner freigelassen wurden. Auch darüber bin ich froh. Der Besuch meines Sohnes hat meine Stimmung gehoben und unserer Beziehung gut getan. Er lebt in Basel und findet das Vorgehen der Walliser kriminell. Ich kann ihm kaum widersprechen. Ende des Besuchs.

Andere Besuche

Mein zweiter Besuch ist eine ziemliche Überraschung! Mein Vater ist gekommen – mit Fabienne, von der ich glaubte, sie sei in Marokko. Mein Vater zeigt sich solidarisch und ermutigt mich, mit dem Hungerstreik weiterzufahren! Ich geniesse die Anwesenheit von Fabienne, die mit ihrem Mann zurück ins Oasis gekommen ist.

Sie ist meine Exfreundin, die mich und Valchanvre aus Solidarität unterstützt. Die Polizei und der Richter sind erstaunt, denn für sie sind Solidarität, Brüderlichkeit, Freiheit und Widerstand Fremdwörter.

Auch Fabienne ist empört, sie versteht das Vorgehen des Richters Jaquement nicht, vor allem, da sie damals im Oasis war, als ich mit meinem Anwalt von der Unterredung mit Jaquement zurückkam und wir uns über die gute Neuigkeit freuten! Ich hatte es dem Anwalt überlassen, Fabienne zu informieren, dass Richter Jaquement uns bestätigt hatte, dass gemäss seinen Erkundigungen der Verkauf von therapeutischen Kissen mit Hanfblüten legal sei. Fabienne ist also eine wichtige Zeugin für die arglistige Falle, die Valchanvre gestellt wurde.

Wir sitzen zu dritt in diesem kleinen Besucherzimmer mit Trennscheibe, ohne Lüftung. Mein Vater fühlt sich schon nach einer Viertelstunde unwohl. Wir bekommen kaum Luft, rufen und klopfen an die Wand. Schliesslich öffnet ein Aufseher die Tür, und mein genervter Vater, der kaum noch Luft kriegt, hievt seine 130 Kilo aus diesem Zimmer, das er nie mehr vergessen wird.

Fabienne kann die Tränen nicht zurückhalten. Dieser unvergessliche Besuch ermutigt mich und hebt meine ohnehin schon gute Stimmung ein weiteres Mal. Die Besuche, die normalerweise auf eine bis zwei Personen pro Woche und 45 Minuten beschränkt sind, verlaufen seltsamerweise ganz unregelmässig. Nach diesem letzten Besuch finden die nächsten Besuche in einem Nebenraum ohne Trennscheibe, aber in Anwesenheit eines Polizisten statt …

Auch Maggie kommt endlich. Wir reden wenig und umarmen uns die ganze Zeit. Kaum haben wir uns gefunden, muss sie es ertragen, dass die blindwütige Repression uns trennt … Ihr unnötiger Kummer bringt mich erst recht zum Aufbegehren.

Maggie und Fabienne besuchten mich ein letztes Mal zusammen. Sie wussten nicht recht, ob sie mich zum Essen oder zu weiterem Fasten anregen sollten. Ich konnte meinen körperlichen und geistigen Zustand mit ihren Augen sehen, was mich beruhigte, denn seit mehr als einem Monat war ich mit mir allein. Meine

Patin Marcelle konnte mich leider nicht besuchen. Angesichts der grossen Zahl potenzieller Besucher, die sich vor der Tür drängten, gab es bald einmal Probleme.

Ende der Untersuchung

Das letzte Verhör findet statt. In diesem Zusammenhang darf man nicht vergessen, dass ein Schriftstück keinen Wert hat, solange es nicht unterschrieben ist. Ausserdem müssen die Inspektoren ihre Fragen so stellen, dass sie den Beschuldigten zwar belasten, aber auch entlasten können. Im Laufe dieser Verhöre hat der Beschuldigte das Recht, sich zu verteidigen und zu verlangen, dass der Text oder bestimmte Einzelheiten darin verändert werden.

Oft werden unerfahrene junge Leute durch Fachleute manipuliert. Süchtigen verspricht man Medikamente oder Drogen, andere wiederum werden mit dem Besuchsrecht oder der Aussicht auf baldige Freilassung erpresst, und so weiter. Jeder kann seine Aussagen später widerrufen, aber es ist besser, auf einen Widerruf zu verzichten, denn die Richter sehen dies sehr ungern.

Falsches vorbringen, um die Wahrheit zu erfahren, ist eine andere Methode, deren die Ermittler sich gern bedienen und die man nicht unterschätzen darf. Mit der Zeit haben sie Erfahrung darin und arbeiten wie richtige Fachleute.

Ein Richter kann eine Ermittlung nach Gutdünken andauern lassen. Er braucht bloss die Verhöre in grösseren Abständen vorzunehmen und die Zahl der Fragen zu verringern.

Man legt mir den Verkauf von therapeutischen Kissen mit getrockneten Hanfblüten zur Last: Es sollen 650 Einheiten à 1 Kilogramm zu verschiedenen Preisen gewesen sein, von 180 bis 1000 Franken. Auf jeden Fall ist das Volumen insgesamt höher als die Grenze von 100 000 Franken (schwerer Fall).

Eine Unterstützungsdemonstration

Meine Freunde Michel, Alain und Claude werden in der zweiten Woche entlassen. Obwohl sie am gleichen Tag wie ich verhaftet wurden, haben sie sich schnell wieder gefangen und organisieren mithilfe der Schweizer Hanfkoordination eine Unterstützungsdemo in Gestalt eines Umzugs vom Bahnhof bis zum Gefängnis von Martigny. Rund 50 Landwirte und Hanffreunde stehen vor den Gittern des Gefängnisses. Von meinem Fenster aus sehe ich die Spruchbänder, die meine Entlassung fordern.

Ich nehme schnell das Buch von Jack Herer in die Hand und zeige es durchs Fenster. Gleichzeitig tritt der Gefängnisdirektor in meine Zelle und fordert mich auf, das Fenster zu schliessen. Seit meiner Ankunft spüre ich bei diesem sympathischen und humanen Mann einen Gewissenskonflikt in Bezug auf meine Person. Er sieht mich mehr als Opfer denn als Kriminellen. Was die Demonstranten betrifft, kann ich ihn beruhigen, es sind gewaltfreie Leute, trotz der lauten Stimmen. Meines Wissens ist dies das erste Mal, dass die Bürger für einen Walliser Gefangenen demonstrieren.

In einem Kanton, in dem die Leute kaum je demonstrieren – und dazu noch für eine so schlecht verstandene Sache – kann ich es nur begrüssen, dass diese Demonstranten es gewagt haben, auf die Strasse zu gehen. Wenn alle gelegentlichen oder regelmässigen Hanfkonsumenten diesen Mut aufbrächten, würde das Gesetz schlagartig geändert. Aber das ist eine Utopie.

Verlegung ins Spitalgefängnis

Seit dem 40. Fastentag sind mein Blutdruck und mein Puls gesunken. Man beschliesst, mich ins einzige Spital der Westschweiz zu verlegen, das über eine Gefangenenabteilung verfügt. So fährt man mich am 42. Tag im Gefängniswagen nach Genf. In der Nähe von Lausanne erhalten die beiden Polizisten einen Anruf, der sie nervös zu machen scheint; sie diskutieren, zögern und halten schliesslich kurz vor Genf an. Überraschenderweise wartet dort eine Patrouille aus Genf, die uns unter Sirenengeheul den Weg frei macht. Im Spital lerne ich die Gefangenenabteilung und das freundliche Spitalpersonal kennen. Sie können es kaum glauben, dass man 42 Tage lang einzig wegen einer Hanfaffäre festgehalten wird.

Um hierher zu kommen, muss man in der Tat ein schwer kranker langjähriger Gefangener sein oder im Sterben liegen. Der Arzt hört mich ab und ist sehr überrascht, dass der Gefängnisarzt von Martigny mich nie gewogen hat! Kaum zu glauben, nicht wahr? Jetzt weiss ich also, dass ich 18 Kilo abgenommen habe.

Am frühen Nachmittag kommt ein Polizist und teilt mir mit, dass ich entlassen sei. Ich sage ihm, er soll keine dummen Spässe machen. Er zeigt mir das Fax mit dem Entscheid der Strafkammer des Kantonsgerichts. Ich freue mich wahnsinnig, verlange sofort ein Glas leichte Bouillon und telefoniere, damit man mich abholt.

Nachdem ich das Fax studiert habe, stelle ich fest, dass das kantonale Gericht den Entscheid, mich freizulassen, gegen den Willen des Untersuchungsrichters gefällt hat. Warum hat man mich nach Genf überführt, obwohl die Polizisten den Entlassungsbefehl schon während der Fahrt nach Genf erhalten haben? Der Walliser Justiz ging es wahrscheinlich darum, im Fall schwerer Folgeschäden unschuldig dazustehen und die Verantwortung auf den Arzt des Genfer Spitals abzuschieben! Dieser empfiehlt mir, mich in einem unvergitterten Raum langsam wieder ans Essen zu gewöhnen. Aber ich bin so froh über meine unverhoffte Freiheit, dass ich lieber gleich nach Hause will, obwohl ich mich schwach fühle. Aber ich bin ja erfahren im Fasten. Weil Fabienne nachts nicht gern fährt, setze ich mich selbst ans Steuer und beginne wieder von vorne. Endlich!

Pressekonferenz

Am 24. Januar, nach vier Tagen leichter Aufbaukost, fahre ich nach Bern zu einer Pressekonferenz. Bei dieser Gelegenheit rede ich mit einigen Journalisten über die Hanfkissen und meine Haftbedingungen. Es kommt manchmal vor, dass Repression die Dinge ins Rollen bringt. Die Leute denken nach, empören sich und engagieren sich entschlossener. Es genügt nicht, mit seligem Lächeln zu kiffen und zu hoffen, dass das Gesetz sich eines Tages ändern wird. Nein! Man muss sich konkret engagieren und Zeit für politische und gewerkschaftliche Aktionen einsetzen und die Kräfte bündeln. Bei jeder Repressionswelle stellen wir fest, dass die Leute zahlreicher und entschlossener an den Versammlungen teilnehmen. Es ist wie im Judo: Man muss wissen, wie man einen Schlag einsteckt oder ihm ausweicht, und ihn dann in befreiende Energie umwandeln. Nach diesem grossen Medienecho können wir vorrücken und unsere Sympathien bei der Bevölkerung steigern.

Vier Tage nach meiner Freilassung bin ich also wieder unterwegs. Ich bin mir bewusst, dass Geschichte nicht nur in den Büchern passiert, sondern dass sie jeden Tag neu geschrieben wird und dass jeder freie Mensch den Lauf der Geschichte allein durch seine Taten und seine Entschlossenheit beeinflussen kann.

Aufbaukost

Nach einer langen Fastenperiode kann die Nahrungsaufnahme mit Schwierigkeiten verbunden sein. Probleme können auftreten, wenn der Fastende glaubt, alles essen zu können, was seinen Appetit anregt. Ich erinnere mich an eine Szene aus einer Reportage über den Zweiten Weltkrieg, wo sich unfreiwillig Hungernde, die nach ihrem Aussehen zu urteilen schon sehr lange nichts gegessen hatten, auf einen Hilfskonvoi mit Weizen stürzten. Der Arzt rief vergebens, dass sie nur wenig essen sollten, aber es nützte nichts: Es wurde geplündert, die Hungernden assen, soviel sie konnten. Nach einigen Stunden hatten sie grauenvolle Bauchschmerzen, an denen einige starben.

Während meines 42-tägigen Hungerstreiks hatte ich keinen richtigen Hunger, denn dieser geht mit heftigen körperlichen Schmerzen einher, die vom Bauch ausgehen und den ganzen Körper durchschütteln – ein Schmerz, den Millionen von Unterernährten nur allzu gut kennen.

Um das Fasten richtig zu brechen, ist eine aufbauende und sehr strenge Diät einzuhalten. Dies ist umso schwieriger, weil nach den ersten Bissen der Appetit mit grosser Heftigkeit zurückkehrt. Man fühlt sich gut und könnte immer weiter essen. Ich möchte hier mein eigenes Vorgehen aufzeigen. Einige Autoren reden von einer Zeitdauer, die gleich lang oder doppelt so lang wie die Fastenperiode sein muss, bevor man wieder normal isst. Der Magen und die Därme haben sich zusammengezogen, die Darmflora ist inaktiv. Das Fastenbrechen ist eine gute Gelegenheit, die Ernährungsgewohnheiten zu ändern, da jetzt alles köstlich schmeckt! Es ist der richtige Moment, um Vegetarier zu werden oder sich an eine gesündere Ernährung zu gewöhnen, die aus mehr Früchten, rohen Gemüsen und Getreide besteht. Für mich persönlich gilt, dass eine Dauer von zwei Dritteln der Fastenzeit genügt, bis ich wieder normal esse. Für dieses 42-tägige Fasten wird mein Aufbauplan 28 Tage umfassen.

1.Tag: ..... 1 Liter Kochwasser von Gemüse
2. Tag: .... id. + 3 leichte Zwieback
3. Tag:..... leichte Bouillon und 5 Zwieback
4. Tag: .... id. + ein Karottensaft
5. Tag: .... id. + ein gezuckerter Tee
6. Tag:..... id. + normale Bouillon und ein Stück Vollkornbrot
7. Tag:..... id. + Fruchtsaft
8. Tag: .... id. + in Wasser gekochter Weizen
9. Tag: .... id. + Kochwasser von Reis
10. Tag: .. id. + gekochtes Gemüse
11. Tag: .. id. + einige Früchte
12. Tag: .. id. + rohes Gemüse
13. Tag: .. id. + Salate
14. Tag: .. id. + gekochter Reis
15. Tag: .. id. + Nature-Jogurt
16. Tag: .. id. + weisser Käse
17. Tag: .. id. + leichte Milchprodukte
18. Tag: .. id. + Hartkäse
19. Tag: .. id. + 1 Ei
20. Tag: .. id. + geschmortes Gemüse
21. Tag: .. id. + Polenta
22. Tag: .. id. + rohe Meeresfrüchte
23. Tag: .. id. + gekochter Fisch
24. Tag: .. id. + gegrillter Fisch
25. Tag: .. id. + mageres Fleisch
26. Tag: .. id. + rotes Fleisch
27. Tag: .. id. + Kartoffeln
28. Tag: .. normales Essen ohne Übermass

Diese Mahlzeiten sind über den Tag verteilt dreimal einzunehmen. Id. (Idem) bedeutet hier «mit den gleichen Zutaten, aber nicht den gleichen Mengen». Allgemein muss man sich mässigen, in seinen

Körper hineinspüren und Gleichgewicht und Harmonie anstreben. Zudem sollte man Bio-Lebensmittel bevorzugen, sich fürs Essen Zeit nehmen, feste Nahrung gut kauen und viel trinken.

Nach einer Zeit, die zwei Dritteln der Fastenzeit entspricht, kann man wieder alles essen, was einem Appetit macht, es sei denn – und das wäre wünschenswert –, dass man jetzt vegetarisch oder so natürlich wie möglich essen will und Speisen meidet, die wohlschmeckend, aber schwer verdaulich sind. Beim Fasten erfolgt die Gewichtsabnahme nicht nur im Fettgewebe, sondern auch an den Muskeln und Organen. Mit der Wiederaufnahme des Essens erreichen diese wieder ihre ursprüngliche Grösse, was zu ihrer Regenerierung beiträgt. Fasten wirkt also verjüngend. Einige denken, dass mit einer Diät von 40 Tagen ein Krebs verschwinden kann. Ich habe tatsächlich Leute kennengelernt, die laut ihrem Arzt keine Chance mehr hatten, aber nach dieser Erfahrung geheilt waren. Der Krebs ist wie ein Parasit, der sich in einem vollständig fastenden Körper nicht ernähren und weiterentwickeln kann.

KAPITEL XIV

Plädoyer für eine bessere Welt

Das Ziel des Richters

Durch das Ausspionieren meiner Telefon- und Faxgeräte, das im Juli 1996 seinen Anfang genommen hatte, wusste der Richter, dass Artikel Nr. 8 auf unserer Preisliste (therapeutische Kissen mit Hanfblüten) offen verkauft wurde. Er wusste auch, dass ich mich persönlich um den Verkauf der Kissen kümmerte, weil ich meine Geschäftspartner nicht in die Sache hineinziehen wollte. So hätte es für die Ermittlung genügt, meine drei Teilhaber Alain, Michel und Claude zu einer einfachen Befragung einzubestellen, um zu erfahren, was sie über den Verkauf der Kissen und die anderen Aktivitäten des Unternehmens wussten. Es liegt auf der Hand, dass die Verhaftung meiner Kollegen – der eine wurde an seinem Arbeitsplatz festgenommen – etwas Anderes bezweckte: Aufsehen erregen, Angst machen, eine Krise herbeiführen, um sie von Valchanvre fernzuhalten.

Bei einem Bürger, der noch nie im Gefängnis war, kann die Verhaftung einen Schock auslösen. Von einem Moment auf den anderen ist man von seiner Lebenswelt, von Frau, Kindern, Familie und Arbeit getrennt, was für viele eine schwere seelische Erschütterung bedeutet, umso mehr, wenn der Richter und die Ermittler mehrere Tage abwarten, bis sie dem Häftling den Grund für seine Festnahme mitteilen …

Die Verhaftung meiner Kollegen hinterlässt Spuren und ein tiefes Trauma. Claude bemerkt die Manipulation rasch und lässt sich nicht einschüchtern. Alain hingegen ist dermassen mitgenommen, dass er sich fortan von Valchanvre fernhält.

Diese vom Richter absichtlich inszenierte Krise führt bei Valchanvre zu einem neuen Team von Geschäftspartnern. Fabienne, die in Marokko lebt, überträgt ihre Aktien an Maggie, meine neue Partnerin, die ab der Saison 1996 zur Aktionärin wird. Maggie zieht im Oasis ein und ist mit ihrer Motivation und ihrem Engagement für die Sache des Hanfs eine wertvolle Hilfe.

Das Ziel des Richters, die Zerstörung von Valchanvre, ist abgewehrt, und Valchanvre geht gestärkt aus diesem Kampf hervor! Der Richter mag eine Schlacht gewonnen haben, aber nicht den Krieg. Nach einigen Klarstellungen ist unser Team solidarischer denn je.

Das Traurige ist, dass wir den Verkauf der Kissen einstellen müssen, obwohl andere Firmen in anderen Kantonen sie ohne jegliche Probleme weiterhin verkaufen. Falls wir ein Urteil abwarten wollen, kann die Sperre Jahre dauern. Deshalb stellen wir die Produktion der Kissen ein.

Die Geschichte wiederholt sich, wir erleben den gleichen Verlauf wie beim Tee: Dieser wurde 1993 gesperrt und bleibt es auch, weil bis 1997 kein Urteil ergangen ist. Dieses Spielchen des sturen Jaquement ist sicher nicht gesetzeskonform. Am Ende findet der Prozess wegen des Tees nie statt. Die Wahrheit ist, dass die Walliser Justiz diesen Prozess vermeidet, weil der Kanton uns entschädigen müsste. Gleichzeitig legt das Bundesamt für Gesundheit eine obere Normgrenze für den THC-Gehalt von Hanftee fest, die so restriktiv ist, dass es unmöglich ist, einen zu 100 Prozent aus Hanf bestehenden legalen Tee zu verkaufen. Deshalb muss Coop Schweiz seinen Hanftee mit anderen Pflanzen mischen, um den THC-Gehalt unter dieser Norm zu halten.

Für mich ist klar, dass das BAG absichtlich eine Norm festgelegt hat, die unmöglich einzuhalten ist, selbst mit «schwach THC-haltigen» Pflanzen. Diese Norm ist weder wissenschaftlich haltbar noch ist sie praktisch umsetzbar; sie ist einzig politisch motiviert und soll die Konsumenten davon abzuhalten, den Tee zu rauchen oder ihn als Tabakersatz zu benutzen.

Die Fortsetzung der Hanfkissen-Affäre

Justitia ist nicht nur blind, sie ist auch noch lahm. Mein Anwalt, Laurent Schmidt, der Zeuge in dieser Sache ist, kann mich nicht mehr verteidigen. Er empfiehlt mir einen Kollegen, der normalerweise keine Betäubungsmittelfälle übernimmt, sich aber dank seiner grossen allgemeinen Berufserfahrung mit respektgebietender Entschlossenheit meiner Sache annimmt. Der Mann hat eine rasche Auffassungsgabe und lernt von mir. Dank der SHK kann ich ihm zahlreiche Rechtsfälle aus dem Schweizer Hanfbereich zukommen lassen, deren Studium die Effektivität seiner Arbeit erhöht. Während des Verfahrens erwirkt er, dass die beiden Inspektoren in meiner Anwesenheit durch den Richter befragt werden. Salomon ist wütend, Curdos druckst herum, so dass ich vermute, es sei ihm schon bewusst , dass mir damals geraten wurde, diese Kissen ausserhalb des Kantons zu verkaufen und dass man nicht eingreifen werde. Zu seiner Ehrenrettung muss ich anfügen, dass er später seinem Gewissen gefolgt und aus dem Polizeidienst ausgeschieden ist.

Rückgabe von 500 kg Blüten

Vor unserer Festnahme hatten wir eine Bestellung über 500 kg Hanfblüten für eine Zürcher Brauerei entgegengenommen. Beim Rekurs anerkennt das Bundesgericht die Berechtigung unseres Antrags und verpflichtet Jaquement, diesen Hanf zurückzugeben.

Die Polizei hat 8,5 Tonnen getrockneten, unbearbeiteten Hanf beschlagnahmt. Salomon muss zahllose Fahrten mit dem Kleintransporter durchführen, um uns genug Hanf für die Herstellung von 500 Kilo Blüten zu bringen. Es ist eine süsse kleine Rache, diesen Polizisten zuschauen zu dürfen, wie sie uns jede Woche einbis zweimal Hanf liefern! Wir benötigen 2,5 Tonnen, um unsere Bestellung auszuführen. Trotz des hohen THC-Gehalts kann die Brauerei ein Bier daraus herstellen, dessen Delta-9-THC schwach ist und den Vorschriften des Lebensmittelgesetzes genügt.

Leider dürfen wir die restlichen 6 Tonnen nicht für die Destillation von ätherischem Öl verwenden. Diese Schlacht ist verloren, vor allem, weil der Richter die ganze restliche Ernte in einer Abfallentsorgungsanlage in Bramois verbrennen liess, ohne dass wir davon Kenntnis hatten. In juristischer Hinsicht geht die Schlacht weiter, und wir lassen zahlreiche Zeugen vorladen, von denen zwei besonders herausragen. Es sind meine Freundin, die Schriftstellerin Michka, die zu meinen Gunsten aussagt und hauptsächlich auf die Forschung und Entwicklung von Valchanvre hinweist, die eher Unterstützung als Repression verdienen würde. Ausserdem tritt eine Paraplegikerin in ihrem Rollstuhl als Zeugin auf und erklärt: «Herr Richter, seit Bernard Rappaz mir Hanf und das Rezept für seine Kekse gegeben hat, habe ich endlich wieder Gefühl in meinen Beinen! Ich habe weniger Schmerzen und muss nicht mehr so viele Medikamente nehmen.»

«Möchten Sie noch etwas hinzufügen?»

«Ja, ich möchte hinzufügen, dass Sie, Herr Richter, wie ein Krimineller handeln, wenn Sie Herrn Rappaz daran hindern, mir Hanf zu geben!»

Prozess um die Hanfkissen

Martigny, 1999: Michel und Alain haben den gleichen Anwalt, was das Gericht akzeptiert, weil die beiden unzertrennliche, eineiige Zwillinge sind. Claude hat seinen eigenen Verteidiger, und ich werde von Aba Neeman vertreten. Meine Kollegen haben zugegeben, Freizeithanf zu konsumieren; ich selber habe es nicht zugegeben, aber auch nicht abgestritten.

Ich wusste schon vor dem Prozess, dass man mich als den Übeltäter hinstellen und meine Kollegen besser davonkommen würden. Der Staatsanwalt begann mit seinem Plädoyer und entlastete meine Mitarbeiter vollständig, wie ich es vorausgesehen hatte. Am Schluss durfte ich mit einigen Worten meine Sache vortragen. Das Publikum war zahlreich, meine kleine Sarah lag in den Armen ihrer Mutter. Nach ein paar Tagen wurde uns das Resultat dieser Wortgefechte per Post zugestellt. Alain und Michel waren freigesprochen, Claude ebenfalls, trotz einiger kleiner, uns nicht bekannter Verkäufe im Wallis. Ich selbst, der

Schreckliche, wurde aufgrund meiner Vorgeschichte (ich hatte schon eine Strafe verbüsst) zu 16 Monaten ohne Bewährung verurteilt, abzüglich 52 Tage Untersuchungshaft in den Jahren 1992, 1993 und 1996/1997!

Wir beschliessen, gegen dieses Urteil Berufung beim Kantonsgericht einzulegen. Der neue Prozess ist ebenfalls öffentlich und findet in Sion vor einem vollen Saal in der Anwesenheit zahlreicher Journalisten statt. Der Staatsanwalt bleibt bei seiner harten Linie, mein Anwalt kämpft wie ein Löwe, und ich selbst beende dieses absurde Theater mit einem leidenschaftlichen Plädoyer für unsere Lieblingspflanze. Ich habe mir Notizen gemacht, aber ich bin so aufgeregt, dass ich ausserstande bin, sie zu lesen. Ich rede lange und ausführlich, bis ich plötzlich merke, dass es schon 11 Uhr 55 ist. Ich rufe: «Ah! Es ist Zeit für den Aperitif!» Ende der Vorstellung. Gelächter im Saal.

Das Kantonsgericht bestätigt das Urteil der ersten Instanz. Nun bleibt als letzte Möglichkeit der Rekurs vor dem Bundesgericht in Lausanne. Dieses entscheidet aufgrund der Aktenlage; genau genommen gibt es keinen neuen Prozess. Ausserdem befindet es eher über die technische Seite des Ganzen und kontrolliert, ob die Prozessordnung eingehalten wurde, ohne der Sache richtig auf den Grund zu gehen.

Das Urteil wird rechtskräftig

Dieses Resultat ist ein weiterer Misserfolg, und das Urteil wird bald rechtskräftig. Der Strafvollzugsdienst des Kantons Wallis teilt mir mit, dass ich meine Strafe am 19. Februar 2001, dem Tag nach meinem Geburtstag, anzutreten habe.

Ich teile schriftlich mit, dass es angesichts des Strafmasses und meiner Tätigkeit als Landwirt besser wäre, wenn ich diese Strafe am 1. November 2001 antreten könnte. Erstaunlicherweise brauchen die verschiedenen Briefe und Rekurse beim Staatsrat und Kantonsgericht so lange, dass ich den Bescheid erst am 18. November 2001 erhalte, als ich schon wieder in Untersuchungshaft sitze, diesmal wegen der neuen Sache, dem aufsehenerregendsten

Schauspiel, das im Wallis je vorgekommen ist. Jetzt, wo sie mich endlich dingfest gemacht haben, lassen sie nicht mehr locker. Falls ich aus der Untersuchungshaft entlassen werde, können sie mich gleich in die Strafanstalt überführen, wo ich die 16 Monate ohne Bewährung abzusitzen habe.

Die Polizei wird bestohlen (Hanfkissen-Sache, Beschlagnahmung)

Kommen wir aufs Jahr 1996 zurück: Wir erinnern uns, dass der Richter die in einer Karosserie in Martigny gemietete Lagerhalle, in der wir unseren Hanf lagerten, beschlagnahmen liess. Nun begann der Diebstahl … Es wurde so viel gestohlen, dass der Richter eine Alarmanlage einbauen liess und eine ständige polizeiliche Überwachung anordnete! Ich konnte nie feststellen, wie viel Hanf direkt vor der Nase der Polizei gestohlen wurde, denn das wurde natürlich nicht an die grosse Glocke gehängt!

Am Ende hatte Jaquement die Nase voll und liess den ganzen Hanf mit einem Lastwagen ins Centre Indivis bringen, einen Unterhalts- und Polizeiwerkhof an der Autobahn, in der Nähe meines Wohnsitzes. Die gesamte Operation wurde von unserem nationalen Fernsehen gefilmt. Später erfuhren wir, dass der Hanf nachts an einen geheimen Ort gebracht worden war. Die Medieninszenierung der Walliser Justiz ging weiter.

Diebstahl bei der Armee

Einige Monate später erhalte ich einen Telefonanruf von einer Person, die mich treffen will, um mir ein Geheimnis zu verraten. Hanffreunde gibt es eben überall … So vernehme ich, dass unsere beschlagnahmte Ernte in einer Garage der Schweizer Armee eingelagert ist, in der früher Mirage-Flugzeuge standen. Weiter vernahm ich, dass die Militärs sich ungeniert an dem Hanf bedienen und unsere Militärpiloten entspannt dahinschweben! Diese Aussage wird später von der Polizei bestätigt, zumindest was den Ort und den Hangar Nr. 13 betrifft.

Nachdenkliches

All jenen, welche die Welt verändern möchten, kann ich nur raten, ihre Utopie zu leben. Es ist besser, aufrecht zu stehen, als sein Leben kniend zu verbringen. Schon in der Jugendzeit muss man seine Selbsterziehung in die Hand nehmen. Wir sind bloss das Resultat unserer Erfahrungen und «Konditionierung». Bevor man sich daran macht, etwas zu verändern, muss man selbst für Veränderungen offen sein und dies nicht nur von den anderen und der Gesellschaft erwarten.

Man kann sein Leben sitzend, als Zuschauer, verbringen oder stehend, als Akteur. In Wirklichkeit leben die meisten Leute, die sich «frei» wähnen, in einem selbstgebauten Gefängnis mit Mauern aus «Hörensagen» und Gittern aus Klatsch und Tratsch.

Rappaz: Kaum ist er zu Hause, muss er schon wieder vor Gericht.
Richter: «Willkommen zu Hause!» © Ben, *Le Matin*, 31.07.2010

DRITTER TEIL

BIS ZUM TOD!

Le Matin Dimanche

Avec les magazines

Télé TopMatin

FEMINA

AFFAIRE RAPPAZ

L'évêque ne va pas intervenir

Rappaz-Affäre: Der Bischof wird nicht eingreifen

KAPITEL I

Vier THC-reiche Produkte

Die Anfänge des therapeutischen Hanfs

Ich werde oft dringend von Ärzten und Patienten um therapeutischen Hanf gebeten. Um sicherzugehen, informiere ich meinen Anwalt. Wir richten eine Anfrage an das Bundesamt für Gesundheit, wo man uns rät, die Tinktur von einem Apotheker herstellen zu lassen. Es werden mehrere Fälle von Personen, die sich mit Hanf therapieren, bekannt. Sie werden aber immer freigesprochen, falls es zu Problemen mit den Behörden kommt.

Da der Hanf in der Ausgabe 1995 der Schweizerischen Pharmakopöe aufgeführt ist, ist klar, dass die Ärzte für die Verschreibung verantwortlich sind. In dieser Situation beginnt Valchanvre mit dem kontrollierten, mengenmässig begrenzten Verkauf von therapeutischem Hanf. Ein illegaler Weiterverkauf soll verhindert werden.

Wir entwickeln vier THC-haltige Tinkturen. Die Ärzte wünschen ein Produkt mit einer möglichst hohen Konzentration. Am liebsten hätten sie 100 Prozent THC. Laut Angabe der Polizei haben wir mit unserem 40-prozentigen Harzöl den Schweizer Rekord gebrochen!

Aus der Erfahrung zeigt sich, dass die Patienten die geeignete Dosis am besten selbst herausfinden, und es erweist sich, dass sie dies schnell lernen. Für Valchanvre ist es wichtig, dass unsere vier Produkte einen stabilen THC-Gehalt aufweisen, wozu Untersuchungen und Experimente in einem Labor nötig sind. Hier ist mir meine Ausbildung als Önologe von Nutzen. In den 2000er-Jahren verfügen wir über genügend Erfahrungen in

Bezug auf die Vorgehensweise und werden selbst aus Ländern wie Ungarn, Polen, Kanada und dem Senegal um Hilfe bei der Entwicklung von therapeutischem Hanf angefragt. Es handelt sich um offizielle Anfragen, und eine Zusammenarbeit ist nur möglich, wenn die Regierung des betreffenden Landes einverstanden ist.

Es folgt eine Beschreibung unserer vier therapeutischen Produkte.

Blüten

Dieses natürliche Produkt wird von den Kranken am meisten verwendet. Die Herstellung ist aufwendig und kostenintensiv. Mit einer Schere werden die Blätter, die wenig THC enthalten, von den Blüten entfernt. Wir richten im Oasis eine Werkstätte ein, stellen Arbeiterinnen an und gewinnen allmählich Erfahrung mit der Herstellung dieses Produkts.

Bis zum 14. November 2001, als die Repression erneut bei mir und Valchanvre zuschlägt, beliefern wir 150 Patienten, die über eine Verschreibung verfügen (insgesamt sind 35 Ärzte beteiligt). Sind wir alle Kriminelle? Ich kann das nicht glauben; in meinen Augen sind es der Richter und die Polizei, die kriminell handeln.

Tinktur

Dies ist eine THC-reiche Verdünnung in hochprozentigem Alkohol. Einige Patienten verwenden dieses Präparat, das als Tropfen verabreicht wird, wobei auch hier jeder seine Dosis herausfinden muss. Tinkturen sind eine oft benutzte Darreichungsform von Heilpflanzen. Die Pflanzenmischung wird für einige Zeit in Alkohol eingelegt und dann filtriert, um die pflanzlichen Bestandteile zu entfernen.

Harz

Die kleinen Harztröpfchen, die sich an der Spitze der Drüsenhaare befinden, werden aufgefangen, gereinigt und zu Plättchen gepresst. In der Umgangssprache wird dieses Produkt als Haschisch bezeichnet. Wir entwickeln ein gutes, gesundes, natürliches und in Bezug auf den THC-Wert stabiles Produkt. Wir stellen es nur auf Nachfrage her und in einer Menge, die gerade genügt, um es auf Lager zu haben; das heisst, dass wir keine grossen Vorräte anlegen. Unser Harz ist sehr beliebt. Um es bei Bestellungen zur Verfügung zu haben, lagern wir kleinere Mengen unbearbeitetes Harz.

Harzöl

Dieses wird durch die Destillation der Tinktur hergestellt. Es enthält 40 Prozent THC, was dem Schweizer Rekord entspricht (gemäss den Zahlen der Polizei).

Dieses Harzöl entspricht nicht dem Öl, das durch Kaltpressung der Hanfsamen gewonnen wird, denn letzteres enthält nur winzige Spuren von THC. Die Tinktur wird verdampft, wodurch der Alkohol verschwindet und ein dunkelgrün-schwarzes Konzentrat zurückbleibt.

GERICHTSSAAL – RAUCHEN VERBOTEN
Bernard Rappaz steht nicht «im Geruch» der Justiz ...
© Casal, Le Nouvelliste, 03.01.2006

KAPITEL II

Wie konsumieren?

Es gibt vier Arten, dieses Medikament einzunehmen: Rauchen, Trinken, Essen oder als Suppositorium.

Rauchen

Patienten, die Tabakraucher sind, können den Hanf rauchen (Blüten, Harz und Öl). Diese Methode hat den Vorteil, dass rasch eine Wirkung erzielt wird. Der Rauch wird von den Lungen aufgenommen, das THC gelangt sofort ins Blut und ins Gehirn. Wenn die gewünschte Wirkung erreicht ist, muss man nicht mehr weiterrauchen. Es ist klar, dass Tabak eine tödliche Droge ist. Daher empfehlen wir, den Tabak nach und nach durch reinen Hanf zu ersetzen; das Öl kann reinem Hanftee zugefügt werden. Es ist besser, reinen Hanf in Form von Zigaretten oder in kleinen Pfeifen zu rauchen.

Ich begrüsse die in den USA und Kanada verbreitete Methode, reinen Hanf ohne Tabak zu rauchen. Dort gilt es als Frevel, Tabak und Hanf zusammen zu rauchen. So bleiben die Hanfkonsumenten frei von der Nikotinsucht. Dies ist in Europa nicht der Fall: Hier besteht ein grosses Gesundheitsproblem, vor allem bei den jungen Leuten, da diese meist Joints mit viel Tabak rauchen. Auch wenn sie nur am Wochenende konsumieren, kaufen sie doch nach einiger Zeit die erste Schachtel Zigaretten ... So führt der Hanfkonsum unweigerlich zur Nikotinabhängigkeit. Dies sollte für das BAG ein Anstoss sein, in den kommenden Jahren, wenn der Hanf reglementiert wird, eine Informationskampagne über dieses Problem durchzuführen.

Es ist zwar gut, reinen Hanf zu rauchen, aber noch besser ist es, die Verbrennung, die immer krebserregenden Teer freisetzt, zu vermeiden. Dazu wird ein Gerät benötigt, das den Hanf ohne Verbrennung verdampft. Eine brennende Zigarette erreicht eine Temperatur von 800 °C. Der Vaporisator erreicht bloss 200 °C. Nach meiner Erfahrung ist dies ein höchst angenehmes Erlebnis. Es gibt nichts Besseres, um alle Aromen des Hanfs oder anderer Pflanzen zu geniessen. Auf dem Markt ist ein Vaporisator mit einem Ballon und einem Mundstück erhältlich. Der Ballon scheint leer zu sein, aber wenn man den Inhalt einatmet, zeigt sich ein fantastisches Aromaerlebnis. All die komplexen Aromen des Hanfs sind in einer unvergleichlich feinen Mischung verfügbar. Mit dieser Technik kann man Hanf konsumieren, ohne sich krebserregendem Teer auszusetzen und sich zugleich an köstlichen, ungeahnten Aromen erfreuen.

Trinken

Wer kennt nicht den berühmten Hanftee? Dieser kann auf zwei verschiedene Arten zubereitet werden. Zuerst einmal einfach mit Wasser, wobei sich der einzigartige Geschmack der verschiedenen Inhaltsstoffe entfaltet (Cannabinol, Cannabidiol usw.). Dieser Tee kann selbst von Kindern getrunken werden; der THC-Gehalt des verwendeten Hanfes spielt keine Rolle. Er hat nicht die geringste psychotrope Wirkung.

Ein mit Milch zubereiteter Tee hat dagegen eine ganz andere Wirkung. Hier das Rezept (für 4 Personen): ½ Liter Wasser zum Kochen bringen, dann 10 Gramm getrockneten Hanf zugeben und 20 Sekunden kochen lassen, ½ Liter Vollmilch dazugeben und 10 Minuten ziehen lassen. Nach Geschmack Zucker, Honig, Zimt, Ingwer oder Nelken zugeben, absieben und geniessen!

Übrig gebliebener Tee kann ohne Verlust der Wirkung eingefroren werden. Viele Kranke gefrieren den Tee wie Eiswürfel, was für den täglichen Gebrauch praktisch ist. Das THC löst sich im Milchfett. Dieses Getränk wird in Indien «Bhang» genannt und häufig an Festen und Hochzeiten getrunken. Die Wirkung ist dieselbe wie beim Rauchen, beginnt aber später – nämlich erst mit der Verdauung – und dauert meist länger, über mehrere Stunden. Auch hier kann der Konsument lernen, die für ihn geeignete Dosis selbst herauszufinden. Man verwendet besser Blätter als Blüten für den Tee, denn diese sind billiger und haben die gleiche Wirkung, da man hier das THC konzentrieren kann.

Essen

Es gibt Personen, die den Tee mit Milch nicht vertragen, hauptsächlich wegen des Geschmacks oder einer Unverträglichkeit. Therapeutischer Hanf kann in der Küche auf verschiedene Weise zubereitet werden. Im Buchhandel sind verschiedene Bücher mit einschlägigen Rezepten erhältlich.

Persönlich empfehle ich die Marrakesch-Butter. Dazu muss man nur Wasser kochen, Hanf dazugeben und das Ganze ungefähr 25 Minuten leicht köcheln lassen (nicht höher als 85 °C) und dann ein Stück Butter dazugeben. Diese wird schmelzen. Dann vom Herd nehmen, gut mischen und stehen lassen. Die Butter wird an die Oberfläche steigen und sich verfestigen. Diese grüne Butter abheben. Sie ist eine Zutat für zahlreiche Speisen oder Backwaren, zum Beispiel Butterkekse, Omeletts usw. Man muss die individuelle Dosis selbst herausfinden.

Bitte verzichten Sie auf dumme Scherze mit Kuchen und Patisserie («Space Cakes»)! Das ist ganz und gar nicht lustig! Jeder hat das Recht zu wissen, was er zu sich nimmt und vor allem, welche Wirkung es haben kann – und sei diese auch nur vorübergehend.

Suppositorien

Diese Darreichungsform, die meines Wissens noch nicht existiert, ist ebenfalls eine Möglichkeit. Eingekapseltes Harzöl könnte ohne weiteres in den Mastdarm eingeführt werden, und das THC würde über die Eingeweide schnell ins Blut gelangen.

Wallis: Staatsrätin Esther Waeber-Kalbermatten beendet den Hungerstreik von Bernard Rappaz. © Casal, Le Nouvelliste, 22.07.2010

KAPITEL III

1997 bis 2001

1997

Gegen Ende dieses Jahres reise ich mit meiner schwangeren Lebensgefährtin in die Täler und Berge Nepals. Sie kommt aus den Bergen, ist eine Alphirtin und Käserin und läuft wie eine trainierte Sportlerin über die steilen Bergpfade. Oft habe ich Mühe, ihr zu folgen. Eines Tages verlaufen wir uns, und sie kriegt es am Ufer eines Flusses mit der Angst zu tun. Ich biete ihr an, ein wenig «Charas» zu rauchen, um sie bis zum Auftauchen des nächsten Reisenden zu beruhigen.

Kaum ist der Joint angezündet, kommt schon ein Bauer des Weges, der uns bis zum nächsten Dorf begleitet. Unterwegs zeigt er uns den Dhaulagiri, der uns mit seinen 8000 Meter hohen Zinnen überragt. Er erzählt uns, dass er und die Leute aus seinem Dorf auf 4500 bis 5000 Metern Höhe Bergweiden mit Hunderten von Yaks bewirtschaften. Leider haben diese Tiere zu viel Milch, und da niemand weiss, was man damit anfangen kann, geht die Milch einfach verloren. Maggie sagt ihm, dass sie Käserin sei. Der Mann freut sich und fragt um Hilfe. Sie kommen ins Gespräch und meine Käserin beschreibt ihm sämtliche Verarbeitungsschritte von der Milch zum Käse. Das Wichtigste ist eine strenge Hygiene, die schon im Stall beginnen muss, der Rest ist vor allem Können und Erfahrung. Er fragt sie, ob sie bald zu ihnen komme, um ihnen zu helfen. Sie meint, dass dies momentan und in den nächsten Jahren nicht möglich sei. Daraufhin sagt dieser nepalesische Bauer, ganz im Geiste des Buddhismus: «Die Zeit spielt keine Rolle, wir werden warten!»

Später entdecken wir, dass in Kathmandu Raclette-Käse angeboten wird und dass Walliser unweit der Hauptstadt eine Käserei aufgebaut haben. Es gäbe noch so viel zu tun! Diese Menschen, die sehr arm sind, benötigen Proteine, und es ist eine wirklich gute Tat, ihnen beizubringen, wie sie ihre übrige Milch zu Käse verarbeiten und aufbewahren können. Ich selbst mache mich daran, die Seen und Flüsse zu untersuchen und stelle fest, dass es oberhalb von 2000 Metern Höhe keine Fische gibt. Dagegen sind zahllose Wasserinsekten vorhanden. Ich sehe einen Vogel, schneller als ein Eisvogel, der bis auf den Grund eines Wildbaches taucht, nach Larven sucht, wieder hochkommt – das reinste Naturwunder! Der Vogel, der über diese unfassbare Geschicklichkeit beim Schwimmen in den Wildbächen verfügt, heisst Wasseramsel.

Ich denke an die Engländer, die erfolgreich die Regenbogenforelle in den Wildwassern des Kaschmir eingeführt haben. Heute besorgen sich die Einheimischen diese wertvolle Proteinquelle mit Fliegenfischen. Ich träume davon, eines Tages dasselbe in Nepal zu tun. Oberhalb von 2000 Metern sollte es möglich sein, in den wärmeren Gewässern zahlreiche tropische Fische anzusiedeln.

Eine alte arabische Fabel erzählt, wie die drei Könige Opium, Haschisch und Wein an das Tor einer Stadt kommen und feststellen, dass es verriegelt ist.

Der Alkohol schreit und beginnt gegen die Tür zu schlagen.

Das Opium sagt: «Legen wir uns bis morgen früh unter diesem Baum schlafen.»

Worauf der Hanf sagt: «Was für eine Aufregung, wo man doch bloss durchs Schlüsselloch schlüpfen muss!»

Diese kleine Fabel illustriert sehr gut, wie die drei verschiedenen Drogen wirken.

1998

Unsere Kulturen im Wallis entwickeln sich. Mehrere Patienten bitten uns inständig, ihnen den Zugang zu therapeutischem Hanf weiterhin zu erhalten. Am Ende beschliessen wir, darauf einzugehen, unter der Bedingung, dass sie uns eine Verschreibung ihres behandelnden Arztes vorweisen. Eine neue Ära beginnt.

1999

Dieses Jahr verläuft ohne Probleme. Mit Valchanvre geht es weiter aufwärts. Sarah wird immer noch von ihrer Mutter gestillt; dies hilft ihr, eine hervorragende Gesundheit aufzubauen, und immunisiert sie gegen alle möglichen Krankheiten.

Die Schweizer Hanfkoordination setzt sich für die Droleg-Initiative ein. Dies nimmt unsere ganzen Kräfte in Beschlag. Das Hauptziel ist, einen besseren Wahlausgang als die mit grosser Mehrheit abgelehnte Initiative «Jugend ohne Drogen» zu erzielen. Immerhin wird Droleg nicht das Gesicht verlieren: Sie scheitert mit annähernd dem gleichen Prozentsatz Nein-Stimmen wie «Jugend ohne Drogen». Dies gibt dem Bundesrat die Möglichkeit in die Hand, ein Gesetz vorzubereiten und die Änderung des Betäubungsmittelgesetzes in Angriff zu nehmen.

Nach diesen beiden Abstimmungen ist klar, dass das Volk weder die Prohibition noch eine vollständige Liberalisierung will. Die SHK entwickelt nach zahllosen internen Diskussionen ihr Modell einer Reglementierung des Schweizer Cannabismarktes. Wir müssen uns den Behörden gegenüber positionieren. So werden wir wahrgenommen und zu Rate gezogen. Unser Modell findet Beachtung.

Der Canna Swiss Cup, der jährliche Wettbewerb der besten Cannabissorten des Jahres, findet zum ersten Mal statt. Obwohl ich anfangs mitarbeite, ziehe ich mich zurück, als sich eine feste Gruppe bildet, da mir bewusst ist, dass ich nicht zugleich Produzent und Veranstalter sein kann.

Die Proben werden von den Teilnehmern, die im Voraus eine Eintrittskarte einschliesslich eines Päckchens mit je 5 Gramm Blüten von den 10 bis 12 Finalisten kaufen, zuhause ausprobiert. Es ist eine Blindverkostung ohne Vetternwirtschaft und Voreingenommenheit! In den folgenden Jahren wird die Veranstaltung zunehmend grösser und umfangreicher.

Zusammen mit einer neuen Arbeitskollegin, Sophie, wenden wir viel Zeit für die Entwicklung eines neuen Presseerzeugnisses auf: die *Feuille de Chanvre*, eine Halbmonatsschrift auf Hanfpapier über alle Aspekte des Hanfs und mit Berichten über Leute, die in der Schweiz im Bereich Hanf tätig sind. Es bildet sich ein Redaktionsteam, das sich manchmal bei Freunden in Genf, manchmal in Nyon oder in Lausanne trifft.

Es erscheinen acht Ausgaben. Ich stelle fest, wie schwierig es ist, die ganze Arbeit rund um die Zeitschrift mit einem Team auf demokratische Weise durchzuführen. Schliesslich nehmen die Konflikte überhand, die letzte Ausgabe erscheint im März 1999. Sophie und ich werfen das Handtuch, wir haben anderes zu tun.

Am Canna Swiss Cup erreichen wir mit unserer späten Sorte *Alp King* den dritten Platz.

Im Wallis geht die Ernte friedlich zu Ende. Es scheint, als wären unsere Behörden toleranter geworden und würden sich dem Rest des Landes angleichen.

Der Hanf in den Medien

Die Medien – ob Zeitungen, Radio oder Fernsehen – interessieren sich sehr für den Hanf, was nicht weiter erstaunlich ist, da sie öffentliche Anliegen aufgreifen. Viele Medienleute kennen den Hanf, weil sie ihn selber konsumieren. Da sie wissen, wovon die Rede ist, können sie eine Pflanze, die sie als harmlos kennen, nicht verteufeln. Ab 1993 lernen Journalisten, die bislang nur von Haschisch und Cannabis sprachen, korrekt von Freizeithanf, Blüten und Harz zu sprechen. Die Richter ziehen nach. Überraschenderweise gehören ältere Leute zu unseren ersten Kunden, denn für sie ist der Hanf eine Pflanze, die unseren Vorfahren geholfen hat. Der Hanf ist eine Nutzpflanze; dagegen wird *Cannabis*, der lateinische Name, nach so vielen Jahren der Repression und Desinformation mit dem Bösen assoziiert.

Ich habe mich selten von der Presse verraten gefühlt. Nach meiner Erfahrung sind die meisten Journalisten anständige Leute, die zu ihrem Wort stehen und auf die man zählen kann.

Im September 1999 kommt ein Team des französischen Senders M6, das die bekannte Sendung *Capital* macht. Dieses Sonntagabendprogramm ist eine der meistgesehenen Sendungen Frankreichs. Zwei Journalisten, ein Tontechniker und ein Kameramann begleiten den sympathischen Journalisten Gilles Delboss. Alle sind ziemlich gestresst, denn sie haben nur einen Tag für ihre Reportage zur Verfügung. Um vier Uhr morgens fliegen sie aus Paris ab, kommen in Genf an, mieten ein Auto, und am Abend müssen sie auf die gleiche Weise zurückreisen. Als Gilles mich fragt, ob er unser Lager filmen darf, zögere ich zuerst, bin dann aber einverstanden. Wie so oft vertraue ich meiner Intuition. Im Allgemeinen sind Frauen intuitiv, aber auch manche Männer verfügen über diese Fähigkeit. Da ich weiss, dass die Bilder des Senders die französischen Zuschauer bis ins Unterbewusstsein treffen und sich in ihr Gedächtnis einbrennen werden, denke ich, dass die Sache es wert ist. Als Kämpfer für die Befreiung des Hanfs kann ich eine solche Gelegenheit nicht ungenutzt verstreichen lassen.

Im Rückblick erkenne ich, dass meine Einschätzung richtig war. Leider hat diese Medaille auch eine andere Seite. Es sind die Walliser Richter, die wie alle andern am Sonntagabend M6 schauen ... Diese Bilder können sie aufbringen und sie veranlassen, die Repression wieder aufzunehmen. Selbst wenn unser Lager legal ist und eine Tonne Hanf ein Kilo ätherisches Öl ergibt, ist eine Parallele zum Schwarzmarkt schnell gezogen. Von Journalisten wie Polizisten höre ich die gleiche abgedroschene Bemerkung, dass dieses Lager «auf dem Schwarzmarkt x Millionen wert wäre». Das ist verständlich, aber viel zu simpel.

Gilles ist besorgt wegen der möglichen Konsequenzen dieser Bilder. Der Film wurde 1999 ausgestrahlt und war so erfolgreich, dass er mehrmals wiederholt und an andere Sender verkauft wurde ...

Eine unerwartete Konsequenz dieser Sendung war meine Steuereinschätzung. Bis zu diesem Zeitpunkt hatte ich als Landwirt zwischen 5000 und 20 000 Franken bezahlt. In diesem Jahr wurde ich amtlich eingeschätzt und erhielt wegen Verspätung und Nachlässigkeit eine Steuerrechnung über mehr als 200 000 Franken!

Ich wende mich an meinen Anwalt, wir reichen Rekurs ein, meine Konten werden überprüft. Schliesslich müssen sie von einem Treuhänder überprüft werden, der mit dem Steueramt Kontakt aufnimmt, und ich vernehme mit Bestürzung, dass die staatlichen Instanzen berechtigt sind, den illegalen Wert eines Produktes zu besteuern. Ebenso schockiert bin ich, dass die Besteuerung aufgrund einer Fernsehsendung erfolgt!

Rückblickend denke ich, dass die Verweigerung der Zusammenarbeit oder einer Antwort für mich dieselbe Strafe zur Folge gehabt hätte oder zumindest den Vorteil, die einseitigen Manipulationen des Staatsanwalts zu verhindern.

Mein Rekurs gegen diese Einschätzung gelangt nicht bis ans Kantonsgericht. Da dieser Gerichtshof den Urteilen der Bezirksgerichte nur ungern widerspricht, erstaunt mich das gar nicht. Egal! Mein Anwalt greift den Entscheid vor dem Bundesgericht an. Auch dies ist eine verlorene Mühe, das Bundesgericht schreibt in der Verweigerung einer Wiedererwägung, dass es nicht verpflichtet ist, die umfangreichen Akten zu lesen. Aufgrund welcher Kriterien werden denn die Urteile des Bundesgerichtes gefällt? …

Als Bürger bin ich über diese Aussage ziemlich empört, denn das bedeutet, dass vereidigte Richter wichtige Entscheide fällen, ohne sich die Mühe zu machen, die Akten zu lesen … Auch mein Anwalt ist empört und beschliesst, am Europäischen Gerichtshof für Menschenrechte in Strassburg Rekurs einzureichen. Zur Erinnerung: Die Schweiz hat diese Konvention unterschrieben und wurde schon oft wegen ihrer undurchsichtigen juristischen Praktiken verurteilt. Zuletzt wird meine Klage auch dort abgewiesen!

In diesem Jahr besuchen mich fast jede Woche zwei Journalisten – der Traum für einen Aktivisten! Ich empfange Medienleute aus Israel, Frankreich, Deutschland, den USA, Grossbritannien, Slowenien und Spanien.

Das Jahr 2000

In Sachen Repression erneut ein ruhiges Jahr. Die deutsche und die italienische Schweiz scheinen immer toleranter zu werden.

Die Westschweiz steht kulturell und medial weiterhin unter dem Einfluss von Frankreichs, unserem grossen, repressiven Nachbarn ...

Die Schweizer Hanfkoordination zieht von Zürich nach Bern. Unsere neuen Büros an der Monbijoustrasse 17 werden zu einem Geschäftssitz, der einer nationalen Organisation würdig ist. Wir teilen die Räume mit der Cannatrade, der Veranstalterin des Canna Swiss Cup sowie dem *HanfBlatt,* der Deutschschweizer Version der *Feuille de chanvre,* einer Monatszeitschrift, die auch auf Französisch erscheinen soll. Unsere beiden Unternehmenskulturen passen gut zusammen, und die Zahl unserer Patienten und Ärzte vergrössert sich.

Auf politischer Ebene ist das Projekt der Revision des Betäubungsmittelgesetzes abgeschlossen und kann mit der Unterstützung des Bundesrats, des BAG, sämtlicher politischen Parteien mit Ausnahme der SVP und der Zustimmung von 22 Kantonen (von 26) rechnen.

Der Übergang ins neue Jahrtausend ist ruhig und sanft. Die Verträge für die neuen Kulturen sind unterschrieben und der Anbauplan festgelegt. Man darf den richtigen Zeitpunkt zur Aussaat nicht verpassen und muss rechtzeitig beginnen. Ist der Hanf gesät, wächst er bis in den August und beginnt dann zu blühen. Sobald er blüht, wächst er nicht weiter, wird aber dicker und schwerer.

Wird im Mai gesät, hat der Hanf mehr Zeit, sich zu entwickeln, als wenn er erst im Juni oder Juli in die Erde kommt. Unsere regionalen klimatischen Bedingungen erlauben es, bis Mitte Juli anzupflanzen, aber der Ertrag ist viel kleiner, als wenn die Pflanze im Mai oder Juni in die Erde kommt, obwohl sich die Investition natürlich immer noch lohnt. Auf das Trockengewicht der Blüten bezogen, erzielt man im Mai ein Durchschnittsgewicht von 800 Gramm pro Pflanze, im Juni 600 Gramm und 300 Gramm im Juli.

Für eine industrielle Kultur zur Samen- bzw. Ölproduktion kann es interessant sein, eher im Juni als im April oder Mai zu säen. Warum? Wenn die Pflanze früh gesät wird, erreicht sie eine

Höhe von fast 5 Metern und kann nicht mit dem Mähdrescher geerntet werden, während die Pflanze bei einer Aussaat Anfang Juni 2 bis 3 Meter hoch wird, ebenso viel Samen produziert und leicht zu ernten ist.

Im Wallis beginnt die Hanfernte für die Herstellung von ätherischen Ölen oder für den therapeutischen Gebrauch für die frühen Sorten ab Ende August und für die späten Sorten wie *Alp King* bis Anfang November. Unsere «Hanflese» dauert also mehr als zwei Monate, was relativ lang ist.

Die Herbstfröste sind kein Problem, denn Hanf übersteht Temperaturen bis –8 °C. Um sich zu schützen, erhöht die Hanfpflanze sogar ihre Harzproduktion! Der Frost befällt zuerst die grossen Blätter, die abfallen und die Blüten freilegen. Unsere Vorfahren sagten, dass der Hanf nach den ersten Frösten besser sei.

Der ungeliebte Schädling der Deutschschweizer Hanfbauern, der durch einen Mikropilz hervorgerufene Schimmel (*Botrytis cinerera*), der auch von unseren Weinbauern gefürchtet wird, stellt aufgrund des Walliser Mikroklimas nur ein geringes Problem dar.

Das Wallis hat im Oktober fast immer einen angenehmen Altweibersommer, oft begleitet von Föhn, einem warmen Südwind. Diese aussergewöhnlichen Bedingungen ermöglichen eine wundervolle Späternte (mehr dazu im Film *Au nom du chanvre*). Die Schlüssel zum Erfolg sind Sonneneinstrahlung, helles Licht, Temperatur und natürliche Belüftung.

Die Hanfernte ist aber auch abhängig vom Regen, denn dieser spült einen Teil des Harzes weg. Nach heftigem Regen muss man eine Woche warten, bevor man weiterdestillieren kann, sonst wird der Ertrag stark vermindert. Dies gilt für alle Pflanzen, aus denen ätherisches Öl destilliert wird.

Die Überschwemmung vom Oktober 2000

In unserer Gegend kommt es zu starken Überschwemmungen. Innerhalb weniger Tage fallen fast 250 Liter Regen pro Quadratmeter. Die Erde kann das Wasser nicht mehr aufnehmen. Die Rhone, die durch unser Tal fliesst, droht über die Ufer zu treten.

Überall bilden sich kleine Wasserläufe. Schliesslich tritt der Fluss an mehreren Orten übers Ufer.

Einige Obstbauern müssen mit ansehen, wie ihre Bäume langsam unter dem Wasser verschwinden. Wir selbst haben einigermassen Glück, aber auch ich muss aus Sicherheitsgründen meinen Hof verlassen. Mit Sophie und ihrer Tochter Raya fahren wir schnell eine Bergstrasse hoch und übernachten in einem Hotel, das ausserhalb der Gefahrenzone liegt.

An nächsten Tag sehe ich, dass auf unserem Hanffeld in Saillon etwa 20 bis 40 Zentimeter Wasser stehen. Nach sechs Tagen fliesst das Wasser endlich ab. Überraschenderweise ist die Pflanzung praktisch unbeschadet. Die Pflanzen sind immer noch grün, sie stehen gerade und wir können im Schlamm weiter ernten. Die Teile der Pflanzen, die vom Wasser bedeckt waren, sind voller Schlamm und werden vor Ort kompostiert. Aber die Spitzen sind glücklicherweise sauber und brauchbar.

Ich wusste, dass Hanf widerstandsfähig ist, aber dass er dermassen zäh ist, versetzt mich doch in Erstaunen! Tomatenpflanzen wären sofort eingegangen und vertrocknet.

Trotz des ungewöhnlichen Herbstwetters ist unsere Ernte des Jahres 2000 zufriedenstellend, denn unsere Sorte *Alp King* erreicht am Canna Swiss Cup den dritten Platz.

Der Cannabis-Cup

1994 werde ich von meiner Bekannten Michka zum US-Cannabis-Cup eingeladen, der jedes Jahr im November in Amsterdam stattfindet. Ich reise mit einigen Freunden an diese Veranstaltung und entdecke erstmals diesen Tempel des Freizeithanfs. Für einen Neuling sind dieses Fest, das Publikum, die Stände und die allgemeine Stimmung eine unglaubliche Entdeckung! 3000 Personen rauchen ungeniert und ungestört Cannabis! Die Amerikaner verfügen über einen Raum eigens für die Raucher, die Cannabis ohne Tabak rauchen … und einen Raum für die anderen.

Man trifft dort auf Persönlichkeiten wie Jack Herer, den Autor des bekannten Buchs *Die Wiederentdeckung der Nutzpflanze Hanf,* des weltweit ersten Werkes über die zahllosen Verwendungsmöglichkeiten des Hanfes; Mark Ross, der US-Pionier des Hanfs im Lebensmittelsektor; Ben Dronkers, den holländischen Hanfpapst, Inhaber von Coffeeshops, der Firma SensiSeed und des holländischen Industriehanfs (Hemparade), sowie zahlreiche andere Persönlichkeiten.

Konferenzen werden abgehalten, verblüffte Journalisten laufen herum und scheinen sich wie auf einem anderen Planeten vorzukommen. Die Atmosphäre ist ja auch echt ausserirdisch. Die Amerikaner haben vor Publikum einen starken Sinn fürs Theatralische, es wird nicht bloss geredet, sondern gestenreich geschrien.

Zwei Wettbewerbe laufen gleichzeitig: derjenige für die besten Blüten und derjenige für das beste Haschisch des Jahres.

Eine Jury aus Spezialisten probiert und beurteilt. Die verschiedenen Sorten sind im Voraus bekannt, was mich etwas stört, denn für einen Önologen muss die Verkostung immer blind erfolgen. Es wird nicht der Pinot aus dieser oder jener Region verkostet, sondern die Probe Nr. 8 oder 11.

Der Schwindel ist also recht offensichtlich. Der in den USA hoch angesehene Ben Dronkers erhält den Cup.

Für einen Samenhändler ist es wichtig, in diesem Wettbewerb einen guten Platz zu erreichen, denn er kann damit rechnen, dass die Verkäufe von Samen danach steil ansteigen oder aber drastisch abnehmen. Die Organisation liegt bei *High Times*, einem amerikanischen Magazin, das auf Cannabis spezialisiert ist und eine Auflage von mehr als einer Million hat!

Ich besuche das Amsterdamer Institut für die Freiheit der Drogen und nehme an Talkrunden und Diskussionen teil. Mit Erstaunen machen die Holländer Bekanntschaft mit diesem kleinen Schweizer mit seinem Hanfsamenöl aus den Alpen. Sie, die nur das Kiffen kennen, entdecken neue Eigenschaften ihrer geliebten Hanfpflanze. Ein lokaler TV-Sender interviewt mich mit meiner Ölflasche in der Hand … Ich beschliesse, nächstes Jahr wiederzukommen und die *Walliser Queen* in den Wettbewerb zu schicken.

Ein italienischer Journalist fragt mich, ob ich an einer Diskussion mit Ben Dronkers in Italien teilnehme möchte, die in einer Thermalstadt in der Toskana stattfindet. Ich nehme an und beteilige mich an dieser denkwürdigen Diskussionsrunde, die vom örtlichen Bürgermeister veranstaltet und vom italienischen Staatssender RAI vor einem wie versteinert dasitzenden Publikum aufgenommen wird.

Ich habe unsere Hanfnudeln mitgebracht. An meinem Stand gibt es einen kleinen Aufstand, weil die Italiener sich beinahe in die Haare geraten, um die letzten Teigwaren zu ergattern. Unglaublich! Ein Schweizer im Land der Teigwaren – und ein solcher Erfolg! Hat man das je gesehen?

Im nächsten Jahr schreibe ich mich in Amsterdam mit *Walliser Queen* ein und bringe Muster mit. Eine sehr schöne Hauptblüte wird unter Glas ausgestellt. Zur allgemeinen Überraschung ist sie viermal grösser als die schönste Holländerin. Unsere *Walliser Queen* ist eben auf dem Feld unter der Walliser Sonne gewachsen, während die anderen Konkurrenten bloss künstliches Licht hatten. Somit hoffe ich auf einen der ersten drei Plätze.

Da ich leider kein Englisch spreche, kann ich nicht alle Vorgänge verstehen, aber dennoch fällt mir auf, dass die *Walliser Queen* gewisse Pläne durcheinanderbringt. Als die Resultate verkündet werden, stelle ich fest, dass die *Walliser Queen* als Outdoor-Pflanze nicht am Wettbewerb teilnehmen konnte. Einige holländische Freunde behalten genügend Proben meiner Blüten zurück, um sie an ihrem eigenen holländischen Cup laufen zu lassen. Unsere *Walliser Queen* erreicht den ersten Platz. Dank dieser Auszeichnung können wir unsere Samen nach Holland verkaufen. Eine kleine Revolution für einen Ausländer!

Da ich vom amerikanischen System enttäuscht bin, beschliessen wir mit Freunden von der Schweizer Hanfkoordination, unseren eigenen Cup zu veranstalten: den Canna Swiss Cup. Sophie und Marco stellen ein Organisationskomitee auf die Beine. Das Konzept ist originell. Die Eintrittskarten für den Schweizer Cup werden im Voraus in verschiedenen Hanfläden verkauft. Ein Eintritt kostet 120

Franken und umfasst sechs Finalisten mit Proben von je 5 Gramm Blüten, die mit einer Nummer bezeichnet sind. So können die Teilnehmer die Blüten ausprobieren und ihr Urteil in Bezug auf die Nummer abgeben. Aufgrund der Gesetzeslage darf man sich einzig an Kriterien wie Aussehen, Geruch und Struktur orientieren ...

Am Cup geben die Leute ihr Ticket mit den Benotungen ab. Abends werden die Resultate bekanntgegeben. Somit sind die Teilnehmer auch die Preisrichter, es ist eine Blindverkostung. Ein volkstümliches und demokratisches Verfahren, das Schule machen sollte.

Beim ersten Wettbewerb von 1998 erreicht die *Walliser Queen* den ersten Platz – Sieg und Auszeichnung! 1999 und 2000 kommt die *Alp King* auf den dritten Platz. Valchanvre ist die einzige Firma, die während drei Jahren auf den ersten drei Plätzen lag.

Im Jahr 2001 schicken wir *Red Valais* ins Rennen, vor allem, um diese von uns entwickelte rote Sorte bekannt zu machen. Am 13. November bringt Claude unser Muster nach Bern. Am 14. kommt die Polizei und beschlagnahmt alles.

Dennoch werden wir am Cup von 2002, der im März stattfinden soll, dabei sein. Für den Wettbewerb müssen wir gratis drei Kilo der gleichen Sorte zur Verfügung stellen. Die Läden verkaufen die Billette ebenfalls ohne Gewinn. In der Halle in Bern, wo der Cup stattfindet, sind auch Stände aufgestellt, wo Schweizer und ausländische Firmen ihre Produkte aus Hanf präsentieren und verkaufen. An den drei Messetagen finden Diskussionsrunden statt, Journalisten sind ebenfalls willkommen.

Die Amerikaner sind auf uns aufmerksam geworden, und es könnte sein, dass sie ihren Cup in die Schweiz verlegen; Holland war bisher das einzige Land, wo es möglich war, so etwas zu veranstalten. Ausserdem bietet die Schweiz einen schönen touristischen Rahmen, der sich von Holland unterscheidet.

Das Jahr 2001

Das Jahr 2001 verläuft ebenso friedlich wie alle anderen Jahre seit 1997. Wir produzieren und ernten ein wenig mehr. Doch seit Ende

Oktober spüre ich intuitiv, dass sich etwas zusammenbraut, ohne dass ich konkret sagen könnte, um was es sich handelt.

Bei Cannatrix, einem Kunden in Biel, haben Richter Médic und die Polizei eine Ladung Tee von Valchanvre konfisziert. Ein anfänglich beschlagnahmter Geldbetrag wurde ihnen jedoch zurückgegeben. Nach einer Befragung werden sie wieder freigelassen. Ich sehe dies als ein zusätzliches Zeichen der Toleranz seitens des Richters.

Dann lädt mich der TV-Sender Canal 9 aus Sierre zu einer Debatte über den Freizeithanf ein. Ich bin erstaunt, dass Richter Delavallaz ebenfalls teilnimmt. Dieser hat vom Kantonsgericht grünes Licht bekommen und soll die Ansicht der Walliser Justizbehörden vertreten. Er will zwar nicht mit mir reden, erklärt sich aber gegenüber einem Reporter. Was er sagt, ist korrekt, allerdings ist es neu, dies aus dem Mund eines Untersuchungsrichters zu hören. Die Zuschauer vernehmen, dass es keinen typischen Hanfkonsumenten gibt, denn Bürger aller Bevölkerungsschichten und jeden Alters konsumieren, selbst Richter und Polizisten. Nicht ich sage das. Er bestätigt zudem, dass die Konsumenten nun nicht mehr belästigt werden.

Im Jahr 2000 hat Valchanvre mehr als einen Hektar auf dem Land des Weinbauers Simon Favre (der für seine preisgekrönten Weine bekannt ist) angebaut – genau in der Gegend, wo Devallaz wohnt. Er hat davon gehört, und kurz nach unserer Gesprächsrunde hat er die Polizei angewiesen, den Zweck dieser Kultur zu überprüfen. Weder die Polizei noch der Richter haben sich gezeigt, ich muss aber meine Destillationsnachweise an den Inspektor schicken. Dieses Vorgehen zeigt eine gewisse Lockerung gegenüber den sonst im Wallis üblichen repressiven Methoden. Ich interpretiere das als Zeichen, dass neue Zeiten anbrechen. Irrtum! Am 14. November fallen mehr als 100 Polizisten bei mir ein und lassen mir nur gerade ein paar Minuten, um mich anzuziehen!

Sophie wird erlaubt, ihre Tochter Raya zur Schule zu bringen. Für mich beginnt ein Tag in der Hölle. Ich fange sofort an zu fasten, trinke bloss ein paar Tassen Kaffee ohne Zucker und Milch.

Den ganzen Tag muss ich die Polizei bei ihrer Arbeit begleiten, die im Wesentlichen darin besteht, unsere Ernte des Jahres 2001 und unser altes Lager mit Tee zu beschlagnahmen. Man kennt unsere beiden Lager in Charrat und Martigny, auch das Oasis wird geleert. Meine Arbeiterinnen werden auf die Strasse gestellt, sie weinen und umarmen mich. Ich spüre ihre Verzweiflung, aber auch ihre Solidarität.

Ich erkundige mich, ob Claude verhaftet worden sei. Man sagt mir, er sei auf freiem Fuss. Später erfahre ich, dass auch Valchanvre in Martigny durchsucht wurde. Die Massnahme wird von meinen zwei üblichen Henkern durchgeführt, den Inspektoren Salomon und Theytuz. Der verantwortliche Richter ist diesmal nicht mehr Jaquement, sondern sein Kollege Médic! Meine Welt bricht zusammen, ich bin sehr wütend über diese Sache und darüber, wie hier vorgegangen wird. Bei Diebstahl, Raubüberfall oder einem anderen Delikt greift die Polizei sofort ein. Bei Hanf lässt sie alles geschehen, überwacht die Ernte und die Geschäftstätigkeit und greift erst ein, wenn die Sache einen gewissen Umfang erreicht hat. Es ist dasselbe Vorgehen wie bei den Kissen. Nichts hat sich geändert! Ausser dass wir kurz vor der Gesetzesänderung stehen. Wollte die Polizei eine letzte grosse Aktion machen und diese als Fang des Jahres darstellen? Ich öffne ihnen die Tür zum Hauptlager in Charrat, wo sie einen riesigen Pollinator von 2,5 Metern Durchmesser entdecken: unsere Fabrik für Harz, Harzöl und Tinkturen. Alles wird beschlagnahmt. Sophie kommt nicht zurück, um sich zu stellen. Die Ärmste ist geflohen und durchlebt schwierige Tage, die ihr zeigen, wie belastend dieses Leben sein kann. Nach einer Woche wird sie schliesslich verhaftet, angehört und wieder freigelassen. Raya ist verstört und fragt sich, ob der Hanf, den sie doch jeden Tag sieht, legal oder illegal ist. Für sie hat er etwa denselben Stellenwert wie die Kartoffeln im Keller.

Wie jeden Abend bringt man mich ins Gefängnis von Sion, wo ich die Nacht verbringe. Im Unterschied zu meiner letzten Festnahme im Dezember 1996 fühle ich mich diesmal verletzlicher, vor allem wegen meiner Kinder Sarah und Dorian, der noch ein Baby ist. Allein der Gedanke an sie bringt mich zum Weinen.

Deshalb antworte ich bei der Untersuchung auf sämtliche Fragen und unterschreibe alles, statt wie letztes Mal jegliche Antwort und Zusammenarbeit zu verweigern. War das ein Fehler? Eine Schwäche? Ich denke, dass hier einfach meine Gefühle als Liebender und Familienvater die Oberhand hatten. Ich hoffte, dass die Ermittlungen so schnell wie möglich vorankämen und man mich bald entlassen würde.

Am zweiten Tag – beim Fasten immer ein schwieriger Übergang – bin ich mit den Polizisten ohne Handschellen unterwegs. Mein Nachbar und Freund, der ebenfalls Hanfbauer ist, kommt mit seinem Auto, um etwas zu holen. Er hat es eilig und lässt den Motor laufen, die Autotür ist offen. Ich zögere … ich bin versucht, ins Auto zu springen und zu fliehen! Aber dann verzichte ich doch darauf und beschliesse, mich der Untersuchung und dem Gefängnis zu stellen.

Im Lager, das von M6 gefilmt wurde, gibt es ein Telefon, von dem die Polizei nichts weiss … Ich gebe der Versuchung nach und rufe Claude an, weil ich wissen will, ob er auch verhaftet wurde. Als er antwortet, weiss ich, dass er noch frei ist!

Rappaz kommt wieder ins Gefängnis.
Richter: Wir machen den Endstreik / Hungerstreik!
[*fin*, Ende, und *faim*, Hunger, klingen im Französischen ähnlich.]
Rappaz: Nimmt denn das nie ein Ende? © Ben, *Le Matin*

KAPITEL IV

Der politische Gefangene

Definitionsgemäss ist jede Handlung politisch, die Auswirkungen auf die Gesellschaft hat. Das Wörterbuch bezieht sich auf die Organisation. Es schildert, wie eine Gesellschaft geleitet werden soll, und die damit einhergehenden Praktiken. Ich interpretiere diese Worte in einem weitergehenden Sinn. Für mich ist jede Tat politisch. Abstimmen oder nicht abstimmen sind politische Taten. So bedeutet zum Beispiel der Kauf eines Bio-Joghurts die Unterstützung einer gesunden und nachhaltigen Landwirtschaft. Seine Ferien in einem demokratischen oder von einem Diktator regierten Land zu verbringen bedeutet, die Wirtschaft des Volkes zu unterstützen oder die Taschen eines Despoten und seines Clans zu füllen. So gesehen ist jeder Akt des Konsums eine politische Tat.

Der politische Gefangene

Ein politischer Gefangener zeichnet sich durch seine Militanz und seinen Status aus, unabhängig davon, ob es sich dabei um seine Meinung, seine Religion oder Rasse handelt. Diese Art von Gefangenen kommt vor allem in rechten oder linken Diktaturen vor, aber auch in sogenannt demokratischen Staaten. Früher hatten in der Schweiz Dienstverweigerer aus Gewissensgründen einen solchen Status. Es wurde versucht, diese Leute ins Gefängnis zu bringen, wozu die verschiedensten Vorwände – berechtigte oder falsche – herhalten mussten.

Die Geschichte zeigt, dass in der Regel nur politische Gefangene die erforderliche geistige Stärke und Ausdauer besitzen, um langdauernde Hungerstreiks durchzuführen.

Der Dämonisierungsprozess

Die Polizei, die Staatsanwälte und die Richter lassen mich von den willfährigen Medien als Verbrecher darstellen, und ein Teil des Publikums glaubt es. Man gibt sich nicht damit zufrieden, mich des Verstosses gegen das Betäubungsmittelgesetz zu bezichtigen, nein, auf subjektive und niederträchtige Weise werden immer weitere Anklagepunkte hinzugefügt. Das von M6 gefilmte Lager wird beschlagnahmt. In unserem Lokal besteht kein Diebstahlrisiko. Im Falle eines Einbruchs ist es direkt übers Telefon mit dem Polizeiposten von Martigny verbunden.

Trotzdem werden unsere 50 Tonnen Hanf unter hohen Kosten mit mehreren Transportfahrzeugen an einen anderen Ort gebracht, obwohl es genügt hätte, das Schloss auszuwechseln und den Schlüssel zurückzubehalten …

Einmütig geben Polizei, Staatsanwälte und Richter ein Pressecommuniqué heraus, dessen Kernaussage in etwa lautet: «Rappaz, 50 Tonnen, 50 Millionen!»

Wenn du deinen Hund loswerden willst, musst du behaupten, er sei räudig. Wenn du einen Bürger loswerden willst, dann behaupte, er sei Multimillionär! Die Medien der 2000er-Jahre haben ihre Objektivität längst für billige Sensationsmache aufgegeben und kümmern sich nicht im geringsten um eine sorgfältige Recherche. Trotz zwei Prozessen, in denen ich die Staatsanwaltschaft der Lüge bezichtige und auch erkläre, weshalb, glauben die Bürger immer noch an diese 50 Millionen, die mein Hanf wert sein soll. In Wirklichkeit waren die 50 Tonnen nicht mehr als 980 000 Franken wert. 25 Tonnen waren THC-armer Hanf zum Preis von weniger als 30 Franken pro Kilo, der als Tee für Migros und Coop bestimmt war. Dazu kamen 5 Tonnen Hanfsamen und 8 Tonnen Presskuchen zu 3 Franken pro Kilo. Der Rest bestand aus der Bruttoernte des Jahres. Von den Untersuchungsbehörden wurde jedoch der gesamte Hanf zu 1000 Franken pro Kilo veranschlagt!

Dieses Vorgehen der Behörden ist typisch für die Behandlung politischer Gefangener. Durch Lügen und Manipulationen brachte man es fertig, mich zu dämonisieren. Dennoch beurteilt das Bundesgericht diese Beschlagnahmung einmal mehr als illegal und verpflichtet die Walliser Justiz, mir alles zurückzugeben. Obwohl man bei der Beschlagnahmung in der Lage gewesen war, alles zu wägen, gab es bei der Rückgabe ein langes Hin und Her mit Richter Dubuis, um das Gewicht der Ware zu bestimmen, wohl um die zahlreichen Diebereien zu vertuschen. Am Schluss fehlten insgesamt 3 Tonnen.

Die Samen, Presskuchen und der Tee mussten als Dünger verwendet werden, weil die Lagerbedingungen so miserabel gewesen waren. Durch die lange Beschlagnahmung waren diese Waren minderwertig und eigneten sich nicht mehr für die menschliche und tierische Ernährung. Im Vergleich zu früher erbrachte die Ernte des Jahres 2000 bloss 50 Prozent ätherisches Öl. Ich habe keinen Rappen Entschädigung für die 800 000 Franken Verlust erhalten. Zudem wurden mir Beschlagnahmungskosten in Höhe von 120 000 Franken in Rechnung gestellt. In den drei Jahren kostete die Miete von Chavalon 3000 Franken pro Monat, während wir für das Lager von Charrat monatlich nur 800 Franken zahlten. Eine weitere Ungerechtigkeit ist, dass meine Firma Valchanvre durch diese Betreibung in Konkurs geht; ich verliere meinen Hof und damit meine Existenzgrundlage, obwohl ich die Produktion von biologischen Birnen und Aprikosen nie aufgegeben habe.

Auch von Seiten des Bundesgerichts habe ich eine skandalöse Ungerechtigkeit einstecken müssen. Tatsächlich hatte das hohe Gericht sich im Jahr 1998 folgendermassen geäussert: «Im Gegensatz zu Alkohol und Tabak ist Hanf nicht toxisch und gefährlich, denn es ist keine tödliche Wirkung bekannt. Dementsprechend gibt es fortan keine schweren Cannabis-Fälle mehr, unabhängig von den verkauften Mengen.» Diese Verlautbarung regte mich zum Weitermachen an, war ich doch der Meinung, dass das Risiko nur noch gering sei.

Irrtum! Das Bundesgericht bestätigte meine neue Strafe von 5 Jahren und 8 Monaten wegen schwerem Verstoss gegen das Betäubungsmittelgesetz. Diese hartnäckige Verfolgung meiner

Person ist die Rache der Walliser Richter und hat nichts, aber auch gar nichts mit der Anwendung des Rechts zu tun. Der gleiche Geist äussert sich in den verschiedenen anderen Delikten der Anklageschrift, die ich in meinem Brief an die Parlamentarier bereits aufgeführt habe!

«Qualifizierte ungetreue Geschäftsbesorgung»

Es war keine Anzeige eingegangen, niemand war zu Schaden gekommen, ich war alleiniger Besitzer des Oasis und von Valchanvre. Man warf mir vor, dass ich ein System von kommunizierenden Gefässen zwischen meiner Firma und meinem Bauernhof geschaffen hätte und das Geld von meiner rechten in meine linke Hand geflossen sei.

Geldwäsche

Hanf auf Rechnung zu verkaufen, das Geld auf sein Post- oder Bankkonto überweisen zu lassen, Mehrwertsteuer und Steuern auf den Umsatz und Gewinn zu bezahlen: Das wird also als «Geldwäsche» bezeichnet!

Weiter wurden mir noch folgende Verstösse zur Last gelegt: grobe Verletzung des Gesetzes zur Alters- und Hinterlassenen-Versicherung; grobe Verletzung folgender Bundesgesetze: Invalidenversicherung, Lohnausfallversicherung, Unfallversicherung.

All das, weil ich nicht wusste, dass ich die Leute, die samstags bei mir mithalfen, bei den Sozialversicherungen hätte anmelden müssen. Diese Leute gingen sonst einer Vollzeitbeschäftigung nach und legten bloss in ihrer Freizeit informell ein bisschen Hand an. Dazu kommt, dass ich meine Arbeitskräfte im Vergleich zu den ortsüblichen Löhnen immer ein wenig besser bezahlt habe.

Grobe Verletzung der Verkehrsregeln

Ich war am Ortsausgang von Riddes, wo ein Tempolimit von 60 Stundenkilometern gilt, mit 78 Stundenkilometern unterwegs. Wie jeder Bürger, der sich einer Überschreitung der Tempolimiten schuldig macht, wurde ich mit einer Busse, dem Entzug des Führerausweises und einem Theoriekurs belegt. Dass ich für diese Übertretung erneut verurteilt wurde, ist eine weitere Ungerechtigkeit und kommt einer doppelten Strafe gleich.

Es ist ein mit voller Absicht geführter Dämonisierungsprozess. Alles wird mir zur Last gelegt. Die dicke Anklageschrift lässt durchblicken, dass ich nicht nur wegen Hanf ein bestrafungswürdiger «Krimineller» bin ... Dieses Verfahren ist bekannt: Regimes, die Rechtfertigungen brauchen, ist alles recht, um einen politischen Gefangenen anzuschwärzen.

«Speziell» auf Rappaz zugeschnittene Haftbedingungen

Esther Waeber-Kalbermatten (EWK), als Staatsrätin in der Walliser Regierung für die Gefängnisse zuständig, muss eine Sonderkommission für die Rappaz-Krise einsetzen – etwas noch nie Dagewesenes für einen einfachen Kriminellen und ein weiterer Beweis dafür, dass man mich als politischen Gefangenen behandelt. Einzig das Internetportal *Tapagoille* bringt dies zur Sprache. Die unerwartete Unterstützung von dieser Seite hilft, den Sachverhalt klarzustellen, und führt zu einer breiten Diskussion. Ich will keine Privilegien, sondern nur Gleichbehandlung. Welche Befürchtungen weckt ein politischer Gefangener? Besteht ein Risiko für Gewalt? Flucht? Gibt es Sicherheitsbedenken? Nein! Die Mächtigen versuchen, uns zu isolieren und zum Schweigen zu bringen. Ihr schlimmster Alptraum sind die nicht kontrollierbaren Medien, die mehr oder weniger frei Tatsachen und Kommentare an die Öffentlichkeit bringen. Ihre grösste Angst ist die Meinungsfreiheit. Man gibt mir zu verstehen, wie ungern man es sieht, dass ich mit den Journalisten rede.

Dazu eine Anekdote: Als ich am 26. August 2010 nach Crêtelongue komme und am Anfang meines dritten Hungerstreiks in diesem Jahr stehe, übergibt man mir ein rosa Papier. Es bedeutet, dass ich bald in die Arrestzelle komme. Man fragt mich, was ich mit einem Journalisten am Telefon besprochen habe. Ich lasse mich nicht einschüchtern; ich habe keine Angst vor der Arrestzelle und sage, dass ich das Recht auf Meinungsäusserung habe, woran im übrigen das Bundesgericht am 26. August 2010 in einer öffentlichen Sitzung zu meinem Fall erinnert hat. Ich sage der Direktion, dass Frau Waeber-Kalbermatten zwei Besuche von Journalisten im Universitätsspital Genf und den Besuch eines Journalisten im Inselspital erlaubt habe.

Am 1. Februar 2011 teilt mir der Direktor von Crêtelongue mit, dass ich nun Journalisten empfangen dürfe. Er stellt klar, dass diese zwar ein Diktaphon, aber weder Fotoapparat noch Kamera und auch kein Aufnahmegerät benutzen dürfen. Ein Hungerstreik aus Protest und freie Meinungsäusserung sind Rechte, die jedem Gefangenen in der Schweiz zustehen. Die Verteidigung unserer Rechte und die Befolgung des Gefängnisreglements waren mir schon immer ein Anliegen. Hier möchte ich Walter Stürm ehrenvoll erwähnen. Er war der bekannteste Gefangene der Schweiz. Mit seinen Rekursen hat er erreicht, dass jeder Gefangene in der Schweiz einen Fernseher und ein Radio in seiner Zelle haben darf und im Kanton Wallis jeder Gefangene das Recht auf kostenloses Toilettenpapier hat.

In der Genfer Gefangenenabteilung fallen die Walliser Behörden durch Spezialbedingungen für Rappaz auf. So muss meine Briefpost nach Crêtelongue geschickt werden, wo sie vom Direktor und dem Krisenstab zensiert wird und mir erst danach in Genf übergeben wird. So erfahre ich Neuigkeiten mit drei Wochen Verspätung. Für den Versand gelten dieselben Regeln. Ich darf kein Radio benutzen. Zeitungen, Magazine und Bücher sind ebenfalls verboten, falls sie nicht auf dieselbe Weise überprüft werden können. Man versucht, mich zu isolieren und den Zugang zur Aussenwelt zu unterbinden. Meine Besucher werden handverlesen und strikte limitiert. Alles Mögliche muss als Ausrede herhalten, selbst dass das Sprechzimmer besetzt sei (obwohl es frei sein muss, da ich zu dieser Zeit nämlich der einzige Insasse der Gefangenenabteilung des Genfer Unispitals bin). Laut dem Oberwärter ist es in den letzten zwanzig Jahren nie vorgekommen, dass ein Kanton einem hospitalisierten Gefangenen derart strikte Bedingungen auferlegt hat.

Diese aussergewöhnlichen Massnahmen beweisen, dass ich sehr wohl ein politischer Gefangener bin. Als mich EWK in Genf besucht, redet sie ausführlich über meine Medienpräsenz. Anscheinend ist es das, was sie am meisten stört.

Ein weiterer Beweis ist die schlampige Bearbeitung meines Prozesses von 2006, der in nur zwei Stunden abgehandelt wurde! Für die drei Angeklagten wurden insgesamt nur sechs Prozessstunden eingesetzt. In einem anderen Westschweizer Kanton hätte eine Affäre dieses Ausmasses mehrere Prozesstage in Anspruch genommen, in Frankreich wohl mehrere Wochen. In zwei Stunden war es kaum möglich, auf alle Aspekte meines Prozesses einzugehen.

In weiser Voraussicht planen die Justizbehörden für meinen Prozess vom 9. Mai 2011 zwei Tage ein. Auch dieser Prozess hätte der russischen Diktatur zur Ehre gereicht. Das Schweizer Gesetz schreibt vor, dass alle gleich gearteten Anklagen gegen einen Beschuldigten in ein und demselben Prozess abzuhandeln sind. Im Jahr 2006 hatten die Richter in Martigny es abgelehnt, mich für die Gesamtheit der Anschuldigungen zu verurteilen. Sie hatten sich die Sache von 2006 nur deshalb aufgehoben, um mir einen neuen Prozess machen zu können. Ein solch ungesetzliches Vorgehen müsste angeprangert werden und zur Anzeige gelangen.

Als ich nach Crêtelongue zurückkomme und wieder esse, sagt man mir, dass ich während des ersten Monats keine Besucher ausser der Familie empfangen dürfe. So verweigert man mir den Besuch eines Freundes aus dem Wallis, der sich um den Umzug meiner Sachen aus dem versteigerten Hof kümmert, der am 1. Februar geräumt sein muss. Andererseits erlaubt man mir, nach Hause zu gehen, um diesen Umzug zu organisieren, stellt aber klar, dass ich einzig mit Boris Ryser reden darf und dass er mich zwar in Saxon sehen, jedoch nicht in Crêtelongue besuchen darf – obwohl er mich vorher regelmässig im Genfer Unispital und selbst in Crêtelongue besucht hat. Ein offensichtlicher Widerspruch!

EWK geht soweit, dass sie eine Beschränkung der Besuche aufgrund meiner Rekonvaleszenz verfügt. Eine fette Lüge! Im März 2011 darf meine Post immer noch ohne mein Wissen beschlagnahmt werden. Ich habe zwei eingeschriebene Briefe verschickt, den einen an den Staatsrat, den anderen an Alex Pedrazzini, der von EWK zum Auditor der Walliser Gefängnisse ernannt worden war. Beide Briefe wurden von der Direktion einbehalten und bis heute nicht verschickt, trotz eines mündlichen Versprechens vom Direktor am 11. Februar 2011. Die Walliser Gefängnisse benötigen wahrlich frischen Wind!

In Crêtelongue hat sich die Betriebsordnung im Vergleich zu früher spürbar verschärft. Der neu eingesetzte Auditor war zuvor Direktor der Strafanstalt Stampa im Tessin. Alles weist darauf hin, dass er seiner Willfährigkeit wegen ernannt wurde und dass seine Arbeit eine reine Formalität ist; ein Vorwand, damit EWK keine Reformen in Gang bringen muss, da ja alles super läuft, nicht wahr, Frau Gräfin? Wie ist es wohl möglich, die Situation in den Walliser Gefängnissen zu untersuchen, ohne vertrauliche Gespräche mit den Aufsehern und Gefangenen einzuplanen? Fortsetzung folgt ... um anschliessend eine Anzeige zu machen!

Wenn ich bloss ein kleiner Krimineller wäre, hätte mein Fall wohl kaum so viel Aufsehen in den Schweizer und ausländischen Medien hervorgerufen.

Eine weitere Anekdote ist, dass sich der Chef der Walliser Drogenpolizei, Monsieur Comby, 1993 für die Zerstörung meiner Hanffelder entschuldigte. 1995 hörte ich das Gleiche vom neuen Chef.

Andererseits hatte ich die Polizei 1996 darüber informiert, dass ich beabsichtigte, die beliebten mit Hanf gefüllten Kissen auf den Markt zu bringen. Zwei Inspektoren der Unterwalliser Drogenpolizei kamen vorbei und versicherten mir, dass es mit den Kissen keine Probleme gäbe, wenn ich sie ausserhalb des Kantons verkaufe. Was ist daraufhin geschehen? Man hat mich abgehört, hat meine Faxe abgefangen, mich bei der Lieferung von Kissen in Genfer Hanfläden verfolgt und fotografiert – um mich dann zu verhaften, als man sicher war, dass wir für mehr als 100 000 Franken verkauft haben ... weil nämlich jeder Verkauf über 100 000 Franken als schwerer Fall gilt. Wegen dieser Sache wurde ich zu 16 Monaten ohne Bewährung verurteilt.

Rückblickend muss ich sagen, dass ich es heute bereue, diese Strafe akzeptiert zu haben. Ein Hungerstreik hätte ein Signal gesetzt und auf diese Manipulation aufmerksam gemacht. Immerhin gibt es überall Menschen mit einem aufrechten und gesunden Geist: Ich habe grossen Respekt vor dem Chef der Unterwalliser Drogenpolizei, Monsieur Curdos, der den Polizeidienst aus Gewissensgründen quittiert hat, als meine Strafe bekannt wurde.

Ich möchte zwei weitere typische Kriterien für meinen Status als politischer Gefangener anführen:

1. 2010, anlässlich der zweiwöchigen Aussetzung meiner Strafe, haben einige Richter in einem anonymen Interview mit dem *Nouvelliste* diese Entscheidung von EWK scharf kritisiert. Offensichtlich glaubte man, sich in die Entscheidungen einer Staatsrätin einmischen zu müssen. Keine Zurückhaltung, sondern vielmehr geheime Absprachen zwischen den Justizbehörden und der Politik: Der Slogan «Politiker sind Komplizen der Justiz», der bei der Sitzung der Abgeordneten zum Entscheid über meine Begnadigung vorgebracht wurde, war somit voll gerechtfertigt.

Mein Anwalt und ich legen Rekurs beim Bundesgericht ein und verlangen, alle Walliser Richter bei meinem nächsten Prozess in Martigny für befangen erklären zu lassen.

2. Warum endete diese erste Strafaussetzung von zwei Wochen schon nach zwölf Tagen? Was war in EWK gefahren? Sie war verärgert über meine Interviews mit den Medien, vor allem mit dem Westschweizer Fernsehen. Sie war auch nicht erfreut, als sie mich in einem Film der Polizei mit meinem Traktor herumfahren sah. Mein Arzt hatte mir jedoch empfohlen, ein wenig mit dem Traktor herumzufahren, um meine Muskeln aufzubauen. EWK reagierte rein emotional und liess mich ins Prison des Îles bringen, ein Untersuchungsgefängnis, das nicht zum Strafvollzug vorgesehen ist. Ich war isoliert und verbrachte mehrere Wochen, ohne je einen anderen Gefangenen gesehen zu haben.

Das hat mich dazu veranlasst, parallel zu meinem zweiten Hungerstreik des Jahres 2010 auch einen Durststreik zu beginnen. Nach drei Tagen erschien der Direktor der Walliser Gefängnisse, um zu verhandeln. Ich erhielt die Erlaubnis, mein Handy zu benutzen, was in diesem Gefängnis noch nie vorgekommen war. Noch ein Beweis für meinen Status als politischer Gefangener.

Meine gewaltige Gefängnisstrafe von 68 Monaten ist ein weiterer Hinweis. Tatsächlich hat bisher kein anderer Schweizer Kanton eine Strafe in dieser Höhe aufgrund von Hanfdelikten ausgesprochen. Swissmedic hat wegen Verkaufs von therapeutischem Hanf Strafanzeige gegen mich erhoben. Hanf ist und bleibt ein sicheres Heilmittel ohne Nebenwirkungen, er ist billig und kann selbst angebaut werden. Es liegt auf der Hand, dass unsere multinationalen Pharmaunternehmen, welche die Fäden bei Swissmedic ziehen, nicht wollen, dass die Leute sich mit Hanf kurieren, denn so würden ihnen Milliardengewinne entgehen. 4 von insgesamt 34 Ärzten, die mit Valchanvre zusammengearbeitet hatten, weigerten sich, die Busse von 400 Franken zu zahlen, die der Kanton Wallis ihnen auferlegt hat. Sie reichten Rekurs ein, weil sie nicht damit einverstanden sind, dass sie zwar Heroin oder Morphium verschreiben dürfen, aber keinen Hanf. Sie wurden freigesprochen. Einige meiner Grosskunden, die mengenmässig mehr verkauften, als ich je produziert habe, mussten keinen einzigen Tag ins Gefängnis. Sie bekamen Freispruch oder Bewährung.

Ich habe dieses Kapitel über den «politischen Gefangenen» angefangen, um diese Tatsache klarzustellen.

Eine letzte Anekdote dazu: EWK hatte erklärt, dass ich die Kosten von 44 000 Franken für meinen Hausarrest selbst bezahlen müsse und dass ich nach der Halbzeit meiner Strafe nicht mit Halbgefangenschaft rechnen dürfe. Der reinste Unsinn! Von Gesetzes wegen müssen die Kosten der Gefangenschaft nicht vom Verurteilten getragen werden. EWK hat sich selber für die teuerste Variante entschieden, denn eine Strafaussetzung hätte den Staat keinen Rappen gekostet. Ausserdem liegt es nicht in ihrer Macht, über den Verlauf des Strafvollzugs zu entscheiden; dies ist allein Sache des Strafvollzugsrichters. Aus diesem Grund wies das Kantonsgericht EWK ab und gab mir in diesem Punkt recht.

Kein richtiger Krimineller hätte solche Aussagen wie diejenigen von EWK zu hören bekommen. Für einen Verurteilten ist es weder angenehm noch motivierend, schon vor dem Erreichen eines Drittels des Strafmasses zu wissen, dass ihm das Recht auf Halbgefangenschaft verweigert werden soll. Dies ist eine weitere Entgleisung der Staatsmacht, die sich hier verfassungswidrige Rechte anmasst. In meinem Fall ist es offensichtlich, dass die oben aufgeführten Vorfälle, gepaart mit den unangemessenen Äusserungen einer Amtsperson, nicht gegen einen Kriminellen, sondern gegen mich als politische Person gerichtet waren. Was zu beweisen war ... In der Halbzeit im August 2012 werde ich dann dennoch in die Halbgefangenschaft entlassen.

Die Untersuchungshaft

Warten, Frustration, Entmutigung, Ängste: Dies sind die Gefühle, die einen Gefangenen umtreiben. Was geschieht in der Aussenwelt? Ist die Frau auch hinter Gittern oder ist sie frei? Bedrückende Fragen ... Hin und wieder bringen Besucher etwas Abwechslung, möglicherweise aber schlechte Nachrichten, die bloss einen Teil des Bildes der Ereignisse ausserhalb der Gefängnismauern wiedergeben und den Rest der Phantasie überlassen ... Man grübelt, stellt sich das Schlimmste vor.

Warten, warten, wieder warten und den Fragen der Polizei, die den Geist manipulieren und durcheinanderbringen, ausgeliefert sein. Das Gesetz hält die Ermittler zur Mässigung an; es soll nach belastenden und entlastenden Fakten gefragt werden, aber dennoch besteht die Tendenz, den Untersuchungsgefangenen maximal zu belasten, um so die Ermittlungsarbeit zu rechtfertigen. Die Methoden ändern sich nur langsam, aber auch die Schweiz wird sich den europäischen Normen angleichen müssen.

An diesem 14. November 2001 übergibt man mir vor der Befragung ein gelbes Blatt, auf dem meine Rechte und Pflichten stehen. Ein Beschuldigter hat das Recht, umgehend seinen Anwalt zu sehen (innert 48 Stunden).

Im Jahr 2013 darf die polizeiliche Befragung nicht vor Ankunft des Anwalts beginnen. Im Untersuchungsgefängnis ist man eingesperrt und muss versuchen, mit der Situation klarzukommen, sich nicht herunterziehen zu lassen. Es braucht einen festen Willen und ein stabiles Gemüt. Um nicht unterzugehen, muss man sich an seine Identität, seine Werte und vor allem an die Kraft seiner Träume halten.

Die Bedrücktheit und die quälenden Fragen verschwinden mit der Zeit. Dies ist der Moment, in dem man weiss, dass die Freiheit das Wichtigste ist. Die wahre Freiheit ist im Herzen und im Geist – eine Freiheit, die mir niemand wegnehmen kann. Ich kann denken, was ich will, und ich kann lieben, wen und was ich will. Niemand kann mich daran hindern, meine Ideen zu entwickeln oder meiner Fähigkeit zu lieben Grenzen setzen. Wer schon einmal im Gefängnis war, wird besser verstehen, was ich damit meine.

Durch die Gefangenschaft wird in erster Linie die Bewegungsfreiheit beschränkt, doch diese ist bloss eine materielle Freiheit. Die wirkliche Freiheit, diejenige der Seele und des Geistes, die zum inneren Frieden führt, kann mir niemand wegnehmen.

Im Gefängnis werde ich demütiger und lerne, die wenigen schönen Momente zu schätzen und zu geniessen. Im neu erstellten Prison des Îles wird der Strom nicht abgeschaltet, man hat immer Licht, und es stehen vier Radiosender (Suisse romande 1, Couleur 3, DRS und ein Sender in arabischer Sprache) zur Verfügung. Es ist alles vorhanden, es fehlt an nichts. Die Zellen sind sauber und warm, verfügen über WC, Dusche, Waschbecken mit Spiegel und einen Wasserkocher. Meine Zelle misst 15 Quadratmeter, und ausserhalb der Mahlzeiten gibt es Tee, Zucker und Kaffee. Jeden Tag darf ich im Innenhof eine Stunde mit den anderen Insassen spazieren gehen. Ausserdem habe ich ein wenig Geld, das ich ausgeben darf, das heisst, ich kann jede Woche verschiedene Produkte bestellen. Im Wallis sind die Gefängnisse nicht überbelegt, und so hat jeder seine eigene Zelle.

Nach 14 Tagen bekomme ich einen Fernseher mit 20 Sendern. Das ist eine willkommene Abwechslung in schlaflosen Nächten.

2012 stehen bereits mehrere hundert Sender zur Verfügung, darunter Arte und fünfzig Radiosender, inklusive Rhône FM.

Es gibt Gefangene, die den ganzen Tag und einen Teil der Nacht vor dem Fernseher verbringen; sie bewegen sich kaum noch, nehmen zu ... Natürlich bieten hunderte Sender auch genügend Unterhaltung.

Ich selbst habe meine Gewohnheiten und Richtlinien. Meine kreative Tätigkeit und meine Arbeit sind das Schreiben und das Lesen. Aber ich werde vom Hungerstreik, den ich umgehend beginne, zusehends schwächer und benötige oft Pausen. Ich stelle mir ein Unterhaltungsprogramm zusammen, in dem die Natur, das Leben der Tiere und Pflanzen, die Entdeckung verschiedener Länder und Kontinente und die Nachrichten den Vorrang vor Filmen und Serien haben. Ab und zu sehe ich mir einen guten Film an, am liebsten Science-Fiction-, Abenteuer- und Naturfilme. Der Fernseher, dieser magische und zugleich teuflisch kleine Kasten, wird zu einem Angelpunkt des Gefängnislebens. Hier haben alle einen Fernseher, und meines Wissens hat es noch nie jemand abgelehnt, einen zu bekommen.

Auch die Post wird schnell zu einem beliebten Zeitvertreib, selbst wenn sie systematisch vom Richter und dem Gefängnisdirektor gelesen wird. Dies kann auf etwas abartige Weise zu einem Dialog mit ihrem Zensor führen. Ich habe zwei Tageszeitungen abonniert, die ich jeden Tag mit Vergnügen lese. Hinzu kommen einige eher uninteressante Bücher und Romane.

Es wird alles getan, um Selbstmorde zu verhindern. Beispielsweise ist es unmöglich, sich in den Zellen zu erhängen. Es gibt keinen Standort oder Punkt, der diese schreckliche Tat ermöglichen könnte. Das Messer ist aus Plastik und eignet sich nur gerade zum Schneiden weicher Butter ... Der Spiegel ist aus Metall.

Ich selbst habe in keinem Augenblick an Selbstmord gedacht. Ich liebe das Leben und bin mir bewusst, dass ich nur für eine begrenzte Zeit hier bin. Für den Hanf sterben? Dazu wäre ich schon bereit, aber es müsste ein langsamer Tod sein. Deshalb nehme ich das Risiko des Hungerstreiks auf mich: Ich fühle mich als politischer Gefangener für ein Ideal und eine Sache, die zu einer besseren, gerechteren und entsprechend reiferen Gesellschaft führen wird.

Christen dürfen den Besuch eines katholischen oder protestantischen Geistlichen empfangen. Das Gefängnisreglement sieht geistlichen Beistand für alle Konfessionen vor, aber die Direktion hält sich nicht an dieses Recht. Es scheint, dass sich dies nicht ändert, solange niemand Klage einreicht.

Es wird eine gute medizinische Betreuung gewährleistet, tagsüber sind Krankenpfleger anwesend, und einmal pro Woche kommt ein Arzt. Süchtige bekommen legale chemische Drogen.

Auch eine Zahnarztpraxis ist vorhanden und ein sehr gut ausgestatteter Fitnessraum, der leider nur eine Stunde pro Woche offen ist. In den Besucherkabinen darf man seine Angehörigen empfangen – allerdings sind die Trennscheiben so dick, dass Gefühlsäusserungen und Umarmungen unmöglich sind, man kann sich nur schreiend verständigen. Die Besuchserlaubnis wird vom Untersuchungsrichter erteilt, der sich vermutlich liebend gerne unsere aufgezeichneten Gespräche anhört. Auf den Scheiben der 28 Kabinen sieht man oft die Abdrücke von Lippen, die Spuren verhinderter Küsse ...

Der Besuch von Kindern und Jugendlichen unter 16 Jahren ist verboten – eine reichlich umstrittene Regelung. Es ist verständlich, dass sehr kleine Kinder Angst haben könnten, aber für ältere Kinder ist diese Regel unmenschlich. Die Kinder als unschuldige Opfer müssen das Recht haben, den Kontakt mit ihrem Vater oder ihrer Mutter aufrechtzuerhalten. Andererseits könnte man es so einrichten, dass Besuche von Kleinkindern unter der Aufsicht eines Aufsehers in einer Kabine ohne Trennscheibe stattfinden. Maggie, die Mutter meiner Tochter Sarah, beantragt ein Besuchsrecht zusammen mit ihrer Tochter, aber die Direktion lehnt es unter Verweis auf das Reglement ab.

Sind wir denen egal? Laut Gesetz dient die Untersuchungshaft der Ermittlung. Die darf über längere Zeit nur aufrechterhalten werden, wenn die Gefahr von Kollusion, Vernichtung von

Beweismitteln oder Flucht besteht. In der Praxis dauert sie bei Personen mit guten Beziehungen nur wenige Tage oder Stunden. Bei Personen, auf die man es abgesehen hat oder die sich in einer schwachen Position befinden, kann die U-Haft monatelang dauern. Im Prozess wird sie von der Strafe abgezogen. Hat sie lange gedauert, verhängen die Richter gerne eine längere Strafe. Ich denke dabei an den CVP-Nationalrat Loretan, der seine Gemeinde, den bekannten Sport- und Kurort Leukerbad durch ein Defizit von über 300 Millionen Franken in Bankrott und Konkurs getrieben hat. Dieser ehrenwerte Bürger, der in die verschiedensten zweifelhaften Geschäfte mit zahllosen Verästelungen verwickelt war, wurde bereits nach vier Tagen U-Haft entlassen, obwohl die Untersuchung erst begonnen hatte … Gerechtigkeit? Auf der anderen Seite gibt es Ausländer, die monatelang in der U-Haft sitzen und erst entlassen werden, nachdem sie im Prozess zu einer Strafe in gleicher Länge wie die U-Haft verurteilt wurden.

Ich setze auf meinen Hungerstreik, da mir bewusst ist, dass der Richter die Ermittlungen so lange hinziehen kann, wie es ihm gefällt. Dazu muss er bloss Salomon und Theytuz gelegentlich mit ein paar Detailfragen zu mir schicken, und die Sache ist geritzt. Nach drei Wochen ist alles Wesentliche geklärt, das gesamte Lager ist beschlagnahmt, und Claude wird entlassen. Es ist derselbe Ablauf wie 1996/1997. Der Richter hofft, Valchanvre und das Oasis zerschlagen zu können.

Médic, der zuständige Richter, und die Polizei veröffentlichen zahllose Pressecommuniqués, in denen die «Affäre» ausgebreitet und von den Medien absichtlich an die grosse Glocke gehängt wird. Es besteht schon lange keine Kollusionsgefahr mehr, und trotzdem sitze ich weiterhin in U-Haft. In einseitigen und verlogenen Communiqués werde ich übermässig dämonisiert; die Wahrheit wird völlig verdreht, indem man absichtlich Umsatz und Gewinn verwechselt. Die Presse schluckt alles, ohne zu hinterfragen, ohne bei uns nachzufragen, ohne weitere Recherchen. Wie einfach!

Die Entwicklung eines grauen Marktes (1996–2002)

Alkohol und der Tabak sind schon lange Teil des weissen Marktes. Herstellung, Handel und Konsum sind legal, unterstehen aber bestimmten Reglementierungen, Kontrollen und Beschränkungen. Obwohl diese Produkte nicht an Jugendliche unter 16 Jahren abgegeben werden dürfen, wird diese Vorschrift erst in den 2000er-Jahren in den Läden und Kiosken angewandt. Die Herstellung und der Verkauf von Spirituosen werden von der Eidgenössischen Alkoholverwaltung genau und methodisch kontrolliert.

Cannabis bleibt im Schwarzmarkt und ist verboten, bis die Schweizer Hanfkoordination und die Hanfläden entstehen. Unsere Mitglieder, die sich für einen reglementierten Markt einsetzen, entscheiden sich vorübergehend für den grauen Markt. In diesem Markt, der in den meisten Ländern toleriert wird, werden Hanf und seine Derivate offen und ohne Heimlichkeit produziert und verkauft. Dazu sind wie im weissen Markt eine Buchführung und das Vorliegen sämtlicher Belege nötig sowie die automatische Abgabe von Mehrwertsteuer und Steuern. Meine Kollegen von der Schweizer Hanfkoordination verfahren fast alle auf diese Weise. Bei Hausdurchsuchungen, die relativ selten vorkommen, hat die Polizei ein leichtes Spiel. Sie braucht bloss die Computer und die Geschäftsunterlagen zu beschlagnahmen und die Sache abzuschliessen. In solchen Fällen werden die Leute nach einer Befragung wieder freigelassen und kommen nicht in U-Haft. Oft teilen der Richter und die Polizei den Läden mit, wann sie vorbeikommen. In den seltenen Fällen, wo es zu einem Prozess gegen die Geschäftsinhaber kommt, werden Strafen von wenigen Tagen oder Monaten auf Bewährung ausgesprochen.

Nachdem ich diese intelligente und offene Praxis einige Jahre lang beobachtet habe, beschliesse ich, mit Valchanvre ebenfalls in diesen grauen Markt einzusteigen, vermeide aber Verkäufe im Wallis und beschränke mich auf die anderen Kantone. Salomon und Theytuz haben bei meiner erneuten Festnahme kein Problem, unsere Unterlagen zu beschlagnahmen und die

Geschäftszahlen festzustellen. Es versteht sich von selbst, dass im Schwarzmarkt keine Belege über die Transaktionen vorhanden sind.

Man konnte keine einzige Transaktion entdecken, die mit dem Schwarzmarkt im Zusammenhang hätte stehen können. Bis auf den therapeutischen Hanf, mit dem ich zahlreiche Ärzte beliefere, steht die Tatsache fest, dass ich im grauen Markt tätig bin und Läden in der Deutschschweiz beliefere. Doch ich weiss, dass meine Käufer keine Konsequenzen zu befürchten haben, da ihr Geschäft nicht im Wallis ist – und dass dies in der ganzen Schweiz so gehandhabt wird.

Aber Richter Médic betrachtet mich trotzdem als gefährlichen Mehrfachtäter und behält mich so lange wie möglich in U-Haft.

Das Prison des Îles

Das Prison des Îles ist die grösste Vollzugseinrichtung des Kantons Wallis; es ist gleichzeitig Untersuchungsgefängnis und Vollzugsanstalt der Halbgefangenschaft bei kleineren Strafen (bis 19 Monate) sowie Aufenthaltsort für Gefangene, die ihre Strafe abgesessen haben und in der Halbgefangenschaft tagsüber einer Arbeit nachgehen. Dieses neue Gefängnis sieht von aussen aus wie ein riesiger, hässlicher Betonklotz, ersetzt aber auf vorteilhafte Weise das stillgelegte mittelalterliche Gefängnis La Valère, wo in den 1880er-Jahren der Falschmünzer Farinet einsass.

Im Îles-Gefängnis werden die Zellen regelmässig durchsucht, Besucher sind durch eine Scheibe ohne Durchlass getrennt. Nur der Anwalt und sein Klient dürfen sich in einem Raum ohne Trennscheibe sehen. Nach fast jedem Besuch meines Anwalts werde ich einer Leibesvisitation unterzogen. Splitternackt, mit geöffnetem Mund und herausgestreckter Zunge, muss ich Haare und Fusssohlen zeigen. Es ist wie in Guantanamo … Glücklicherweise habe ich in Bezug auf Hanf keine Entzugserscheinungen und brauche nichts hineinzuschmuggeln! Eine interessante Tatsache!

Die Wärter erledigen ihre Arbeit mit Respekt und menschlicher Gesinnung gegenüber den Gefangenen. Man wird jeden Tag begrüsst, hört oft ein «Bitte», «Guten Tag» oder «Guten Appetit». Über eine funktionierende Gegensprechanlage steht man in Verbindung mit der Zentrale.

Der obere Teil des Fensters, das auf den Innenhof herausgeht, kann geöffnet werden, ist aber fest vergittert. Der untere Teil besteht aus bruchsicherem Glas und ist nicht vergittert. Nachts, wenn die Gefangenen mit voller Kraft gegen dieses Glas schlagen, werden sie merken, dass sich hinter der ersten, zerbrochenen Schicht eine weitere Schicht befindet, die sämtlichen Schlägen widersteht, ausser man würde eine Eisenstange aus dem Fitnessraum benutzen! Dies ist tatsächlich schon passiert. Hätte ich die Wahl, würde ich dieses neue Kittchen, obwohl es düster wirkt, wegen seine Komforts für die Insassen und dem Gefängnispersonal auf jeden Fall dem alten Gefängnis vorziehen.

Immer wieder Demonstrationen

Als meine Verhaftung bekannt wird, veranstaltet die Schweizer Hanfkoordination jeden Samstag eine Unterstützungsdemo, um meine Freilassung zu erwirken. Vom 24. November 2001 bis zum 23. Februar 2002 finden neun Demos statt. Die Walliser Bürger kennen diese Übung in Demokratie und Meinungsfreiheit kaum. Ein Unterstützungskomitee wird gegründet. Maggie und Sophie entfalten eine grosse Energie, um der ungerechten Verlängerung der Untersuchungshaft entgegenzutreten und ihr ein Ende zu bereiten.

Die erste Demo mit etwa 150 Unentwegten findet auf dem Place de la Planta in Sion statt. Danach versammelt man sich jeden Samstag in Martigny, auf dem Oasis oder vor dem Prison des Îles.

Ich möchte diesen aufgeklärten, mutigen und tatkräftigen Personen von ganzem Herzen danken. Sie gaben mir die notwendige moralische Unterstützung für die Weiterführung meines Hungerstreiks.

Dies ist auch eine gute Übung für die Schweizer Hanfkoordination und ein Schritt zur Bildung einer aktiven Gruppe, die bereit ist, sich überall in der Schweiz, wo sich dieses Druckmittel als nötig erweist, einzubringen. Die Walliser, die von verschiedenen Seiten – Beruf, Familie, Polizei, Politik – unter Druck stehen, haben Angst, sich zum Hanf zu bekennen. Deshalb kommen die meisten Demonstranten aus der Deutschschweiz.

Ein drittes Mal findet die Demo in Martigny statt; Saxon hatte sich geweigert, der Prophet gilt nichts im eigenen Land … Sie muss auf dem Oasis-Hof veranstaltet werden. Wie beschämend für den Präsidenten des Dorfes Saxon, der Wiege der Bauernaufstände! Die Zeiten haben sich geändert, und ich protestiere ausdrücklich gegen diesen Machtmissbrauch, der die Meinungsfreiheit und das Recht zur friedlichen Äusserung unterbindet. Einige versammeln sich vor den Toren meines Gefängnisses, und ich höre – obwohl ich isoliert bin – die Musik und die tröstenden Worte. Das Tamtam der Koordinationsleute ist beeindruckend, die donnernde Musik und die grosse Trommel ertönen in voller Lautstärke.

In Crêtelongue weiss man schon, wie man Bernard Rappaz einsetzen könnte. © Gabriel Giger, *Walliser Bote*, 05.03.2010

^

KAPITEL V

Ein wichtiger politischer Kampf

Unsere Bundesrätin Ruth Dreifuss ist so geschickt, dass sie bei der Änderung des Betäubungsmittelgesetzes mit der Überlebenshilfe beginnt, das heisst mit der kontrollierten Abgabe von Heroin. Diese innovative und mutige Vorlage, die anfangs in der Schweiz und im Ausland auf grosse Kritik stösst, bewährt sich in der Praxis schon nach wenigen Jahren.

Gleichzeitig will Dreifuss den Freizeithanf entkriminalisieren. In Zusammenarbeit mit dem Bundesamt für Gesundheit wird eine Expertengruppe gebildet, die das von der Schweizer Hanfkoordination vorgeschlagene Modell zur Reglementierung des Marktes fast vollständig übernimmt.

Das Projekt der Eidgenössischen Kommission für Drogenfragen wird vom Bundesrat angenommen und in der Vernehmlassung von 22 Kantonen (von insgesamt 25) und den meisten politischen Parteien unterstützt. Nun muss das Projekt noch die Hürden des Stände- und Nationalrats nehmen. Am 16. November 2001 stimmt der Ständerat mit einer überwältigenden Mehrheit von 32 gegen 7 Stimmen für diese historische Wende in der Drogenpolitik.

Dies ist ein wichtiger Sieg. Die SHK ist begeistert; wir denken an den langen Weg, den unsere Gewerkschaft bereits zurückgelegt hat.

Kurz vor meiner Festnahme am 14. November 2001 hatten wir ein Dossier an die Ständeräte versandt. Am Morgen des Entscheids sah ich im Fernsehen eine Aktion von Leuten der SHK, die auf dem Bundesplatz Hanfkäse und Getränke auf Hanfbasis verteilten. Ich sah Tünde – unsere Vizepräsidentin, die mich ersetzen sollte, falls ich ins Gefängnis käme –, wie sie mit strahlenden Lächeln mit den Magistraten verhandelte.

In meiner Zelle konnte ich auch Couleur 3 empfangen. Dieser Radiosender hatte einen «Cannabis-Tag» auf dem Programm. Zu meiner grossen Freude hörte ich zwei Interviews mit mir. Es war schon seltsam und lustig, mich selbst so in meiner Zelle zu hören.

Der Kampf ging weiter, und wir hofften, dass auch der als weniger konservativ bekannte Nationalrat die Gesetzesänderung auf Ende 2002 oder Anfang 2003 annehmen würde.

Wir durften uns nicht auf unseren Lorbeeren ausruhen, und die SHK hatte noch eine Menge Arbeit vor sich. Der demokratische Prozess ist hier noch nicht beendet, denn nach der Annahme einer Gesetzesänderung besteht eine sechsmonatige Referendumsfrist.

Falls eine Vereinigung oder eine politische Partei 50 000 Unterschriften für ein Referendum sammelt, kommt es zu einer Volksabstimmung. Im Jahr 2003? Fortsetzung folgt ... Damit hatte die SHK Zeit, um eine nationale Kampagne zu organisieren.

Wir würden erhebliche finanzielle Mittel aufbringen müssen, da meist derjenige mit dem meisten Geld gewinnt. Dies ist ein Störfaktor im demokratischen Prozess. Es ist nicht richtig, dass die Reichen einzig deshalb gewinnen, weil sie über mehr Geld für ihre Abstimmungskampagnen verfügen. Unsere Mitglieder – vor allem diejenigen, die bereits Freizeithanf verkaufen – müssen sich mehr denn je auch in finanzieller Hinsicht solidarisch zeigen. Die Sache ist ernst, aber positiv ist, dass sich das Volk bereits zweimal für eine Liberalisierung ausgesprochen hat.

Dieser historische Tag stimmt mich in meiner Zelle glücklich und optimistisch.

Ich muss mich mit meinem Anwalt auf einen längeren juristischen Kampf einstellen, mit dem Risiko, dass er mit einer Verfahrenseinstellung endet, weil sich das Gesetz geändert hat ...

Im Namen des Friedens müsste dann die SHK von der Politik eine Amnestie erwirken für Leute, die wegen Hanf verurteilt worden sind oder gegen die aktuell ein Prozess läuft. Ebenso müssten neu begonnene Prozesse in dieser entscheidenden Phase blockiert werden.

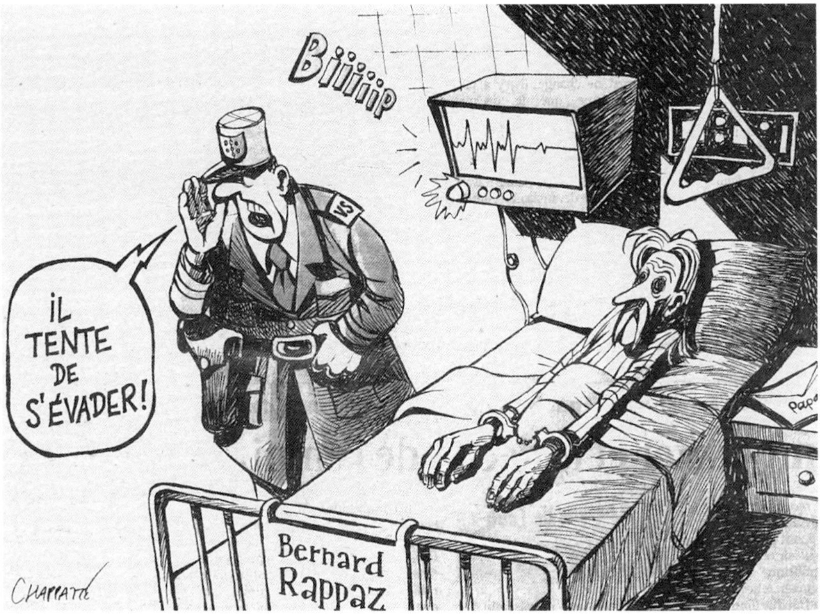

«Er versucht zu fliehen!» © Chappatte, *Le Temps*

KAPITEL VI

Hungerstreik bis zum Tod

In der Untersuchungshaft geht der Kampf weiter. Man kann durch Lesen und Schreiben weiterkommen, aber einzig der Hungerstreik ist ein wirklich machtvolles, gewaltfreies Kampfmittel.

In meinem Fall ist den Behörden leider bekannt, dass ich fähig bin, länger als 40 Tage zu fasten. Es ist mir bewusst, dass ich diesmal länger fasten muss, um etwas zu erreichen. Ich lebe von einem Tag auf den anderen und bin ruhig und ausgeglichen.

Die Ermittlung wird nur zu meinen Lasten geführt, eine Taktik, die im Wallis oft angewandt wird. Für die Justiz ist es eine gute Gelegenheit, mich zu zerstören. Die Unschuldsvermutung ist kein Thema, ebenso wenig die Kollusionsgefahr; die falschen Zahlen sind jetzt ohnehin öffentlich bekannt, müssen jedoch als Argument für die Weiterführung meiner U-Haft herhalten. Die Untersuchung ist Ende 2001 inoffiziell beendet, aber offiziell wird sie aufrechterhalten, denn je länger die U-Haft dauert, desto schwerwiegender erscheint der Fall ...

Von Anfang an wird die Sache in den Medien breitgetreten. Warum musste man schon am ersten Tag über hundert Polizisten mobilisieren? Wohl nur, um die Sache an die grosse Glocke zu hängen! Die ganze frankophone Welt wusste, dass unser Hanf in einem sicheren und gut abgesicherten Lager aufbewahrt wurde. Ausserdem gab es eine telefonische Direktüberwachung mit dem Polizeiposten. Für diesen unnötigen Umzug wurden mehrere Dutzend grosse Lastwagen eingesetzt! Wie ist es möglich, dass eine Amtsperson, die sich «Untersuchungsrichter» nennt, ihre Verfügungsgewalt derart missbrauchen darf? Warum musste die Polizei unsere 50 Tonnen Hanf auf Kosten der Steuerzahler wegbringen, obwohl die Ware sich in einem versiegelten, absolut sicheren Lager befand?

Natürlich zielt das Vorgehen der Polizei auf eine möglichst grosse Medienwirksamkeit, um die Sache anzuheizen und meine Person zu diskreditieren. In Wirklichkeit handelt es sich um eine Inszenierung, welche die Walliser Bevölkerung beeindrucken und die öffentliche Meinung in der Schweiz manipulieren soll ... Diese Tatsachen und das ungerechte Vorgehen geben mir die Kraft zu meinem langen Hungerstreik. Nach 40 Tagen sagt mein Vater bei einem Besuch, dass ich auf keinen Fall nachgeben und den Hungerstreik abbrechen solle, sonst sei ich unglaubwürdig!

Für meine Lebensgefährtin war es die Hölle, sie musste mit ihren beiden Kindern vor der Polizei fliehen. Unser Hof war verlassen und wurde von der Polizei absichtlich Einbrechern und Plünderern überlassen. Es entstanden Frostschäden für 20 000 Franken, und einige unserer Sachen waren auf immer verschwunden.

In den ersten zwei Wochen meines Hungerstreiks nehme ich an den täglichen Spaziergängen mit den anderen Gefangenen teil. Meine Mitgefangenen geben mir einige Brocken trockenes Brot, mit denen ich die hungrigen Vögel vor dem Fenster meiner Zelle füttere. Beim Füttern kann ich die verschiedenen Arten zählen – ein schönes Zeichen für das Überleben des gefiederten Volkes. Als der Gefängnisdirektor der Presse vorlügt, die anderen Gefangenen würden mir Essen zustecken, beschliesse ich, in meiner Zelle zu bleiben.

Daraufhin beauftragt der Direktor mit machiavellistischer Berechnung die Wärter, mir die Mahlzeiten zu bringen, indem er behauptet, er hätte sich im Reglement getäuscht. Ich muss das Essen jedes Mal zurückgeben, da ich es nicht in die Toilette schütten kann. Es ist eine zusätzliche Belastung, aber ich bin weiterhin fest entschlossen, bis zu meiner Freilassung jegliche Nahrung zu verweigern.

Der Gefängnisarzt besucht mich immer häufiger. Er behauptet, sich auf Blutdruck, Temperatur und Gewicht zu beschränken, aber in Wirklichkeit steht er unter dem Druck der Direktion und meiner Freunde. Ich bedauere seinen Mangel an Entscheidungsfreiheit und dass er nicht einfach als Arzt walten kann. Auch er ist von der Strafverfolgungsbehörde indoktriniert worden. Er hat 55 Tage gewartet, bis er mich ins Spital bringen liess.

Überführung in die Gefangenenabteilung des Unispitals Genf (2010)

Ein grosser Tag! Ich muss sofort meine Zelle verlassen, darf bloss meinen Kulturbeutel mitnehmen. Meine Anwaltskorrespondenz, Schriften und Bücher bleiben dort – ein erneuter Machtmissbrauch!

Obwohl man mich nicht über das Ziel der Reise informiert hat, begreife ich, dass es nach Genf geht, als der Gefängniswagen auf die Autobahn einbiegt.

Zu meinem Leidwesen hatte ich in den vergangenen Tagen nicht in den Besucherraum gehen können, wo meine Lebensgefährtin mit unserem Baby auf mich wartete. Ich war zu schwach, um die paar Meter, die uns trennten, zu laufen. Sophie hatte zwar Krücken mitgebracht, aber die Direktion wollte sie mir nicht geben …

In Genf nahm man mir die Walliser Handschellen ab, um sie durch das Genfer Modell zu ersetzen! Die Genfer Polizisten zeigten sich von Anfang an solidarisch und verständnisvoll. Sie machten sich über die rigorose Anti-Hanf-Politik der Walliser lustig.

Nach einigen medizinischen Untersuchungen, wo mir ein Radiologe seine Bewunderung bekannte, brachte man mich ins Gefängniszimmer. Hier herrschte eine andere Atmosphäre, das Spitalpersonal war sehr nett und hatte nichts mit dem Gefängniswesen am Hut. Vor dem Eingang standen zwei Wächter. Auch sie versicherten mir ihre Solidarität und ihre Sympathie für den Hanf. Genf befindet sich eindeutig nicht auf demselben Planeten wie das Wallis!

Ich bin froh, dass die Besuche in einem kleinen Raum, der nicht wie in Sion mit Sicherheitsglas ausgestattet ist, stattfinden dürfen.

Ich schlage meine sämtlichen Rekorde und faste jetzt seit 60 Tagen! In der Aussenwelt nehmen sich die Medien meines Falles an, und mein Zustand wird zu einem häufigen Thema. Ich erhalte viel Post und kann leider nicht alles beantworten. Ich habe einen Fernseher und einige Tageszeitungen zur Verfügung.

Ich nehme oft und mit grossem Vergnügen ein richtiges Bad in der Badewanne. Mein Gewichtsverlust verlangsamt sich ein wenig, aber ich kann nicht mehr auf einem Stuhl ohne Polster sitzen, weil mich die Knochen meines kaum mehr vorhandenen Hinterteils derart schmerzen. Ich erhalte zweimal Besuch von drei Mitgliedern des Genfer Grossrates, die zur Besuchskommission der Gefängnisse gehören. Sie zeigen sich sehr solidarisch und bekennen, dass sie mich sofort auf freien Fuss setzen würden, wenn ich Genfer wäre. Ausserdem würde mir die Begnadigungskommission des Grossrates wahrscheinlich die Strafe erlassen. Ich wusste bereits von der vollständigen Begnadigung der drei Freunde vom *Artamis*-Experiment, wo während zwei Jahren offen Joints an volljährige Personen verkauft worden waren. Trotz eines Umsatzes von mehreren Millionen mussten die drei Verantwortlichen ihre Lieferanten nicht «angeben». Sie blieben einige Tage in U-Haft, ihre Strafen wurden zur Bewährung ausgesetzt und dann sogleich vom Grossrat begnadigt.

Morgens, wenn die Krankenschwester zum Messen der Temperatur kommt, bin ich oft ausserhalb meines Körpers, schwebe an der Decke. Ich sehe, wie sie hereinkommt und den Puls misst. In diesem Moment bemühe ich mich, in meinen Körper zurückzukehren und sie zu begrüssen. Dieses natürliche Heraustreten aus dem Körper wird für mich zu einer willkommenen Flucht.

Das lange Fasten ist eine ausserordentliche und unvergessliche spirituelle Erfahrung. Ich fühle mich wohl, entrückt und völlig *stoned*, wie unter dem Einfluss von starkem Gras …

Um den 65. Fastentag veröffentlicht mein Anwalt, der mit dem Schlimmsten rechnet, ein Pressecommuniqué, in dem er seine Besorgnis äussert und mitteilt, dass seine Arbeit als Anwalt beendet sei, dass er aber als Mensch an die Vernunft und die

Menschlichkeit der Walliser Behörden appelliere. Dieser Schritt rührt mich, denn er geht weit über die Arbeit eines Anwalts hinaus. Die juristische Lage ist komplizierter geworden, weil ich jetzt nicht nur in Untersuchungshaft bin, sondern auch im Strafvollzug, wie man mir nach zwei Wochen Untersuchungshaft in Sion schriftlich mitteilt. Wir müssen also die Aufhebung der Untersuchungshaft durch das Kantonsgericht erwirken, da der Untersuchungsrichter weiterhin in seiner krankhaften Sturheit und Rachsucht verharrt. Eine provisorische Aufhebung der Strafe wäre auch angebracht, damit ich endlich freikomme. Hierzu gibt es ein aufschlussreiches Interview im *Nouvelliste*, in dem für die Gefängnisse zuständige Staatsrat Fournaise behauptet, ihm seien die Hände gebunden, andererseits aber am anderen Tag die provisorische Aussetzung meiner Strafe unterzeichnet!

Der grosse Tag kommt nach 73 Tagen Hungerstreik. Ich bin am Ende meiner Kräfte, habe 24 kg verloren. Auf dringendes Anraten der Ärzte nehme ich seit ein paar Wochen pro Tag drei Tabletten mit überlebensnotwendigen Vitaminen, deren Einnahme nicht als Fastenunterbruch betrachtet wird. Ich nehme diese Vitamintabletten mit einigem Widerstand, der sich später als gerechtfertigt herausstellen wird: Ein kleinlicher, sensationslüsterner Journalist veröffentlicht im *Nouvelliste* einen Artikel mit einem Titel in der Art «Rappaz le jeûneur vitaminé!» (Rappaz, der vitaminisierte Hungerkünstler).

Für 30 Tage auf freiem Fuss

Sobald meine Freilassung bestätigt ist, zeigen mir die Aufseher die entsprechenden Papiere. Sie dürfen mir jedoch keine Kopie aushändigen!

Ich nehme einen gezuckerten Tee und einen Löffel Spirulina-Algen ein. Der Spitaldirektor sucht mich auf, um meinen Transport ins Spital von Sion zu organisieren. Da mich dieses nicht aufnehmen will, schlägt man mir das Spital von Martigny vor. Ich möchte noch eine leichte Bouillon trinken, aber man bringt mich sofort auf das Dach des Spitals, wo ein Helikopter wartet! Der Pilot gibt mir die Hand und sagt: «Willkommen im Land der Freien!»

Dann fliegen wir bei strahlendem Sonnenschein über Frankreich nach Martigny. Obwohl ich keinen Transport mit dem Helikopter verlangt habe, weigern sich die Walliser Behörden, die Rechnung über 24 000 Franken zu bezahlen. Am Ende muss Genf zahlen.

Im Spital angekommen, muss ich ein paar weitere Stunden warten, bis ich endlich eine leichte Bouillon und einen weiteren gezuckerten Tee trinken kann.

Nun beginnt die Zeit des Nahrungsaufbaus. Meine Lebensgefährtin kann mich endlich besuchen. Die Tür wird Tag und Nacht von einem Sicherheitsbeamten bewacht. Eigentlich würde ich 80 bis 100 Tage benötigen, um wieder normal zu essen. Leider lässt man mir nur 30 Tage, bevor ich wieder in meine Zelle zurück muss, um meine Strafe von 16 Monaten abzusitzen.

Schon am zweiten Tag bekomme ich Besuch von meinen beiden Lieblingsinspektoren Salomon und Theytuz, die eine Botschaft von Herrn Fournaise überbringen. Ich bin verpflichtet, die Polizei über sämtliche Bewegungen zu informieren ... Schon lange möchte ich meinen vegetarischen Freund Gérard Geiry und dessen Lebensgefährtin besuchen, die in einem abgelegenen Chalet wohnen. Gérard ist ein ehemaliger Bergführer aus Chamonix und ein alter Hanfkonsument. Er freut sich auf meinen Besuch.

Nach drei Tagen im Spital und einer Blutanalyse, die bestätigt, dass mein Blutzucker sich normalisiert hat, beschliesse ich, nach Chamonix zu fahren, und gehe über die Grenze nach Frankreich. Wie angeordnet, rufe ich zuvor Inspektor Theytuz an, um ihn über meine Reise zu informieren. Aber er ist abwesend.

Am nächsten Morgen, als ich mich von der Reise erhole, ruft Theytuz mich an und bittet mich, sofort in die Schweiz zurückzukommen, denn Fournaise habe in einem Artikel im *Nouvelliste* gelesen, dass ich mich in Frankreich aufhalte, und fühle sich verpflichtet, mich sofort in die Schweiz zurückbringen zu lassen.

Diese Aufforderung, die mir in meinem geschwächten Zustand kein bisschen Ruhe lässt, frustriert mich so stark, dass ich am Abend von alleine zurückkehre.

Theytuz sagt mir, dass ich zuvor beim Schweizer Grenzposten um einen Termin nachsuchen müsse, da dieser Posten nicht ständig besetzt sei! Nett und folgsam, nicht wahr? Schliesslich überquere ich um 19 Uhr die Grenze – ohne Pass, da der Beamte mir versichert, dass dieser für mich nicht mehr nötig sei! Am Abend fahre ich mit Sophie und Dorian in ein abgelegenes Chalet im Bagnes-Tal. Ich bin völlig erschöpft, kann aber endlich die lang ersehnte Ruhe geniessen!

Drei Tage später, als ich mühevoll einen kleinen Waldspaziergang in diesem Bergparadies unternehme, ruft Salomon Sophie an, die ihm antwortet, ich sei auf einem Spaziergang. Später muss der geplagte Kerl zu mir hinaufsteigen, um mir zu sagen, dass ich bei jedem meiner Spaziergänge ein Mobiltelefon mitzuführen habe. Man darf mich nicht aus den Augen verlieren …

Ich muss wieder zu Kräften kommen und Muskeln aufbauen, ich möchte mit Frau und Kind zusammen sein und Valchanvre beim Überleben helfen.

Diese 30 Tage vergehen viel zu schnell. Vor den Toren des Prison des Îles in Sion gebe ich ein letztes Interview für Radio und Fernsehen. Dann öffnen sich die Tore, und ich bin wieder im Gefängnis.

CARTOON DER WOCHE
VON GABRIEL GIGER
365

KAPITEL VII

Vollzug der 16 Monate ohne Bewährung

Wie vorgesehen, bringt man mich mit meinem Gepäck in die Strafvollzugsanstalt Crêtelongue. Ich komme sofort ins Krankenquartier, und meine Befürchtung, dass man mich diese Strafe nicht verbüssen lässt wie jedermann und für mich eine Sonderbehandlung vorgesehen hat, bewahrheitet sich ... Am Mittag bringt mir der Wärter meine Mahlzeit in einer Gamelle aus Aluminium. Etwas später werde ich in die geschlossene Abteilung gebracht. Nun bin ich allein in der Zelle und kann mich für mein erneutes Leben als Gefangener in den nächsten Monaten einrichten.

Wieder in Crêtelongue

Am nächsten Tag empfängt mich Monsieur Varan, der Direktor der Walliser Gefängnisse. Varan ist ein freundlicher, junger Mann, der mir als Erstes mitteilt, dass ich Glück habe, diese Strafe im Wallis absitzen zu dürfen. Anscheinend hatte man vorgehabt, mich ans andere Ende der Schweiz zu bringen ... Bin ich ihm deshalb zu Dank verpflichtet? Rantanplan, der Direktor von Crêtelongue, hatte mir vor meiner Ankunft gesagt, dass ich nicht in seine Institution komme, sondern in eine andere Schweizer Strafvollzugsanstalt ... Man fürchtet mich nämlich, vor allem, weil die Medien sich für mich interessieren...

Varan behauptet, jeden neuen Gefangenen persönlich zu empfangen. Kurz darauf vernehme ich, dass das nicht wahr ist, dass ihn die meisten Gefangenen gar nicht kennen und ihn nicht einmal auf schriftliche Anfrage treffen können.

Noch am gleichen Tag werde ich der Baumpflegegruppe zugeteilt und kümmere mich um die Pflege der Apfelbäume. Die Aufseher sind immer froh, wenn ein Häftling Landwirt ist und sich mit den Arbeiten auskennt, die auf einem Betrieb von 60 Hektar anfallen.

Crêtelongue hat sich kaum verändert. Wie früher sind etwa 30 Insassen auf den Feldern, im Sägewerk, in der Schreinerei zur Herstellung von Lattenkistchen, im Stall und im Innendienst (Küche, Wäscherei und Reinigung) beschäftigt.

Neu sind zwei Sozialarbeiterinnen, von der Verwaltung bezahlt und daher leider in ihrer Arbeit ziemlich eingeschränkt. Wären sie unabhängig, würden sie besseren Zugang zu den Gefangenen finden und auf weniger Misstrauen stossen.

Kochplatten sind jetzt verboten, man kann nicht mehr wie früher selbst kochen. Daher muss ich mich auf mein Keimgerät und stärkende Salate mit dem berühmten Alpen-Hanföl beschränken! Aber meine Lebensgefährtin bringt mir bei jedem Besuch frische Früchte und Gemüse.

Eine willkommene Neuerung sind die beiden Telefonkabinen, die unbeschränkt zur Verfügung stehen, obwohl die Gespräche von Rantanplan abgehört werden. Früher durfte man bloss eine Viertelstunde pro Woche telefonieren und musste für jedes Telefongespräch vorher eine schriftliche Erlaubnis einholen.

Überall, aussen wie innen, sind Überwachungskameras angebracht (Korridor, Speisesaal und Besucherraum).

Die Entlohnung von 2.50 bis 3.20 Franken pro Stunde ist gleich tief wie vor zwölf Jahren, obwohl Rantanplan eine Anpassung an die Lebenshaltungskosten versprochen hatte … In Frankreich erhalten die Gefangenen einen Lohn in der Höhe des Minimallohnes (SMIC), was dem Dreifachen unseres Lohns entspricht! Rantanplan und die Aufseher haben von dieser billigen Arbeit profitiert, indem sie die Leute manchmal am Samstag zu privaten Arbeiten heranzogen … 2010, nach einem von der

Wochenzeitschrift *Vigousse* aufgedeckten Skandal, wird EWK diesem Treiben ein Ende setzen.

Früher konnten die Insassen Überstunden zur Hälfte mit Freistunden kompensieren. Leider hat Varan dieses System abgeschafft, so dass die Motivation zu Überstunden in der Strafanstalt nicht hoch ist.

Ganz allgemein werden positive Urinproben, Flucht (obwohl von Gesetzes wegen nicht strafbar), Trunkenheit bei Rückkehr aus dem Freigang und andere kleine Delikte strenger bestraft als früher. Ausserdem darf heute kein Gefangener die Kühe zur Alpsömmerung begleiten. So ist das Gefängnis fast ständig belegt und das Regime insgesamt härter geworden. Hinzu kommt, dass es für die meisten Insassen schwieriger geworden ist, einen Freigang, die Verlegung in den offenen Vollzug oder die Halbgefangenschaft zu erreichen.

Bedingte Haftentlassungen werden jetzt meist abgelehnt, was früher sehr selten vorkam. Das Resultat sind vermehrte Depressionen und die zunehmende Abgabe «verschiedener Medikamente», die garantiert zur Abhängigkeit von chemischen Drogen führen. Dies alles führt zu einer verlängerten Vollzugsdauer und zusammen mit der damit einhergehenden Kostenexplosion zu einem erhöhten Rückfallrisiko, weil keine Wiedereingliederung stattfindet.

60 gestohlene Tage

Wir erinnern uns an den Medienrummel, den die Walliser «Justiz» im November 2001 inszeniert hatte, als ich in Untersuchungshaft kam. Da die Strafvollzugsbehörde fürchtete, die Strafkammer würde meine Freilassung befürworten, teilten sie mir mit, dass der Vollzug meiner 16-monatigen Strafe schon jetzt beginne. So ging ich davon aus, dass die Untersuchungshaft von den 16 Monaten abgezogen würde.

2001, als ich in Crêtelongue angekommen war, wollte mir Direktor Rantanplan den Strafvollzugsplan unterbreiten. Aufgrund des Treffens mit Oberhäuptling Varan, der das Problem lösen sollte, wies ich diesen Plan vorübergehend zurück. In der mehrstündigen Unterredung mit Varan, bei der auch Sophie anwesend war, um ihr die Lage klar zu machen, kam quasi nichts heraus. Das Dokument, das dem Prison des Îles unterbreitet worden war, wies angeblich einen Formfehler auf. Die Lage wurde immer undurchsichtiger; am Ende war der Nebel so dicht, dass ich aufgab. Die 60 Tage Untersuchungshaft wurden mir sozusagen gestohlen, weil man sie nicht von der Strafe von 16 Monaten abzog.

Begnadigungsgesuch beim Grossrat

Das Gesetz ermöglicht eine Begnadigung durch den kantonalen Grossrat, die ich jetzt in Angriff nehme. Allerdings habe ich angesichts der seit 160 Jahren bestehenden, quasi mafiösen Machtstrukturen im Kanton Wallis keine grosse Hoffnung. Mein Anwalt schreibt das Gesuch und stützt sich in seiner Argumentation hauptsächlich auf die aktuell laufende Änderung des Betäubungsmittelgesetzes. Ein solches Gesuch wird anscheinend zuerst vom Staatsrat beurteilt, der dann dem Grossrat seine Empfehlungen gibt. Somit hat die Begnadigungskommission faktisch keine eigenen Kompetenzen, denn der Grossrat folgt mehrheitlich in der immer gleichen unterwürfigen Weise den Anweisungen des Staatsrats. Was kann ein politischer Gefangener von seinen politischen Feinden erwarten? Der Staatsrat betont in seinem Bericht, dass er nie auf Verurteilungen im Zusammenhang mit dem Betäubungsmittelgesetz eingehe. Es scheint, dass es vorteilhafter ist, Delikte gegen Leib und Leben anderer, wegen Geld oder Sex begangen zu haben …

Am Abstimmungstag verteilt Sophie den Abgeordneten mutig ein Plädoyer, das ich selbst geschrieben habe und das auch als Antwort auf die ständigen Angriffe des publizistischen Platzhirsches *Le Nouvelliste* gedacht ist.

Mein Gesuch wird natürlich abgelehnt.

Le Nouvelliste wechselt die Farbe

In den letzten Jahren hat sich unsere regionale Tageszeitung um eine gewisse Objektivität in Sachen Hanf bemüht. So konnten verschiedene Meinungen zu diesem Thema seitens der Journalisten oder durch Leserbriefe an die Öffentlichkeit gelangen. Bei einem Gespräch sagte mir ein Redakteur des Blattes, dass man seit meiner Festnahme auf Druck von Staatsrat Fournaise völlig anders mit diesem Thema umgehe. Mehrere Journalisten seien beauftragt worden, gegen den Hanf zu schreiben. Der Hanf in allen seinen Aspekten solle so weit wie möglich schlechtgemacht werden. Es erschien eine Serie von lügnerischen, einseitigen und alles andere als objektiven Artikeln, in denen ich meist als gefährlicher Krimineller figurierte.

Am Ende ermutigen mich sogar die Gefängnisaufseher, von meinem Recht auf Gegendarstellung Gebrauch zu machen. Um der Sache eine andere Richtung zu geben, schreibe ich einige Seiten als Antwort auf die verschiedenen Angriffe. Nach wochenlangem Hin und Her ist der Chefredakteur bereit, einige Zeilen zu veröffentlichen, obwohl laut Gesetz einer Gegendarstellung ebenso viel Platz eingeräumt werden muss wie dem diffamierenden Artikel.

Meinem Artikel werden sämtliche Zähne gezogen. Da ich nicht auf diesen Kuhhandel eingehen will, reiche ich gegen den *Nouvelliste* Klage ein und mache beim Gericht und dem Schweizer Presserat mein Recht auf Gegendarstellung geltend – und werde abgewiesen.

Zwangsernährung: Uneinigkeit zwischen Justiz und medizinischer Ethik
Hört auf, euch an der Nase zu nehmen, das macht mir den Mund wässrig!
[franz. *se bouffer le nez* = «sich gegenseitig die Nase fressen».] © Ben, *Le Matin*, 26.10.2010

KAPITEL VIII

Gefängnisleben

Über 30 Jahre Repression – mit welchem Resultat?

Am 13. April 2001 hat Pascal Guex, ein Journalist des Nouvelliste, die Polizei und die Justiz wegen ihrer Milde angeklagt! Es ist also wichtig, diesem Don Quijote zu entgegnen, dass Jahrzehnte umfassender Repression, Tausende Verurteilungen, Hunderte Gymnasiasten, die ihrer Möglichkeit zum Studium beraubt wurden, und zahllose entlassene Lehrlinge nicht verhindern konnten, dass Hanf weiterhin konsumiert wird und beliebt ist, ganz im Gegenteil ... Die Wahrheit ist, dass eine permissive Politik wie in Holland dazu führt, dass die Jugendlichen weniger konsumieren als in repressiven Ländern wie beispielsweise Frankreich. Aus diesem Grund unterstützen das Bundesamt für Gesundheit und die Schweizerische Fachstelle für Alkohol- und Drogenprobleme SFA/ISPA (heute Sucht Schweiz) das Gesetz zur Entkriminalisierung von Cannabis, weil damit eine reelle Prävention möglich ist.

Die Auswirkungen der Repression sind in unserem Land gut sichtbar. Tatsächlich leben in der Westschweiz laut Bundesamt für Statistik proportional mehr Konsumenten als in der permissiveren Deutschschweiz. Selbst im Kanton Wallis kommt es laut Polizei im deutschsprachigen Oberwallis zu weniger Verhaftungen als im frankophonen Unterwallis (Inspektor Cina, *Nouvelliste* vom 26. März 2002). Tatsächlich ist das Oberwallis, welches kulturell unter dem Einfluss der Deutschschweiz steht, um einiges verständnisvoller, was sich auch in der regionalen Tageszeitung Walliser Bote niederschlägt.

Die hetzerischen Artikel der Klugscheisser Guex & Co. fachen das Interesse unserer Jugend für den Joint und die wachsende Nachfrage noch zusätzlich an! Im Jahr 2001 geniesst das Wallis einen zweifelhaften Ruhm; mit 2077 Anzeigen ist es der repressivste Kanton der Schweiz und übertrifft damit proportional sogar Frankreich.

Lügen haben kurze Beine

Gewisse Leitartikel sind buchstäblich haarsträubend – sie strotzen vor Lügen, Heuchelei, Desinformation und Boshaftigkeit ...

Muss ich noch einmal daran erinnern, dass die Hanfprohibition ihren Anfang in den 1940er-Jahren in den USA nahm, als es Henry Ford und den Landwirten gelang, den Anbau und die Ernte von Hanf zu mechanisieren? Mächtige Kreise in der Wirtschaft, die um ihre Einnahmen fürchteten, setzten eine Verteufelungskampagne in Gang. Es bildetet sich eine Interessengruppe aus der Pharma-, Erdöl-, Kunststoff-, Tabak- und Papierindustrie, die sich durch das einzigartige Potenzial dieser segensreichen Pflanze bedroht sah. Die grossen amerikanischen Tageszeitungen, die Tausende Hektar Wälder und die ganze Papierindustrie besassen, waren ebenfalls mit im Boot. Natürlich hatte die Interessengruppe Kongressabgeordnete und Senatoren auf ihrer Gehaltsliste. Da die Alkoholprohibition gescheitert war (gepanschter Alkohol, Bandenkriminalität, Gewalt, gleichbleibende Zahl von Leberzirrhosen), verwendete man den arbeitslos gewordenen Repressionsapparat der Alkoholprohibition für die neu entstandene Hanfprohibition. In den 1960er-Jahren schwappte die Hanfprohibitionswelle auch ins Wallis, und unsere Alten waren sehr erstaunt, als sie vernahmen, dass Hanf eine Droge sei.

Ist der Hanf gefährlich?

Beim Hanf gibt es keine letale Dosis (Menge, die notwendig ist, um eine bestimmte Anzahl Mäuse zu töten). Selbst für Salz, Kaffee, Tee, Alkohol oder Tabak gibt es eine tödliche Dosis! In Frankreich wurde eine Kommission von Wissenschaftlern damit beauftragt, eine Tabelle über die Gefährlichkeit legaler und illegaler Substanzen/Drogen aufzustellen. Cannabis kam in die Kategorie der am wenigsten schädlichen Drogen, zwischen Tee und Kaffee. An erster Stelle stehen Alkohol und Heroin.

Wie sagte es doch der französische Staatsanwalt Georges Apap? «Cannabis ist nicht verboten, weil es gefährlich ist; es ist gefährlich, weil es verboten ist!» Es entsteht keine körperliche Abhängigkeit; bloss 5 Prozent der Konsumenten geben an, eine leichte Abhängigkeit zu verspüren, ähnlich wie Fernsehen. Dennoch hat der Cannabisrausch offensichtlich auch gewisse Auswirkungen. Einzig Prävention, Offenheit und objektive Information können das Risiko für die Jugend einschränken.

Dr. Raphaël Carron aus Malévoz trifft gelegentlich auf Patienten, die zu den 5 Prozent Abhängigen gehören. Aber sein Bild (oder dasjenige der Reporterin) ist durch die zahlreichen Fälle verzerrt, die auf Alkohol zurückzuführen sind, vor allem aber durch die 95 Prozent der Hanfkonsumenten, die er nie zu Gesicht bekommen wird. Muss ich noch einmal daran erinnern, dass Alkohol und Tabak in der Schweiz jedes Jahr 10 000 Menschen töten? Im Wallis wird doppelt so viel Alkohol getrunken wie in Frankreich, obwohl dieses Land als problembehaftet gilt. Ein Drittel der Todesfälle unter den jungen Leuten ist direkt auf den Missbrauch dieser legalen Droge zurückzuführen. Dennoch wäre auch ein Verbot von Alkohol und Tabak keine Lösung. Es ist besser, damit zu leben und Schadensbegrenzung zu üben, indem man die Werbung und den Verkauf an Minderjährige verbietet. Ausserdem sollte der Zugang zu gesunden und billigen Getränken gefördert werden. Die stumpfsinnige und blinde Repression, mit der wir jeden Tag zu kämpfen haben, führt zu zahllosen Fehlern, Ungerechtigkeiten und Gefahren für die rund 25 000 mehr oder weniger regelmässigen Hanfkonsumenten unseres Kantons. Ausserdem weiss man längst aus Erfahrung, dass Repression nicht nur wirkungslos ist, sondern sogar den gegenteiligen Effekt hervorruft.

Ich bin Vater von drei Kindern und habe meinen Freizeitkonsum (guter Wein und Hanf) nie vor der Familie verborgen. Mein Sohn

John hat erst mit 21 Jahren seinen ersten Joint geraucht. Wenn er viel früher angefangen hätte, hätte ich das Gespräch gesucht, denn Repression zwingt unsere Kinder bloss zu Heimlichkeiten und Lügen.

Ist Rappaz ein Medienstar?

Pascal Guex beklagt sich über meine Medienpräsenz in der Schweiz und im Ausland. Er vergisst dabei jedoch, dass der eigentliche Star der Hanf ist. Ich selbst bin bloss ein idealistisch gesinnter Aktivist für eine gerechte Sache und eine bessere Welt. Deshalb zähle ich ihm einige meiner Kämpfe auf: an erster Stelle mein Engagement für den Zivildienst, damit Dienstverweigerer aus Gewissensgründen nicht mehr wie Kriminelle ins Gefängnis kommen. Dann kämpfte ich für erneuerbare Energien (Sonnen- und Windenergie) und gewann den Kampf gegen den Staatsrat, so dass ich auf meinem Hof das erste Windrad des Kantons aufstellen konnte. Ich war der Erste, der im Wallis biologische Landwirtschaft betrieb. Ich wurde jahrelang kritisiert und musste acht Jahre warten, bis sich andere Pioniere meinem Kampf für gesunde, chemiefreie Lebensmittel anschlossen. Als eingefleischter Gewerkschafter wirkte ich als erster Sekretär der Gewerkschaft der Früchte- und Gemüseproduzenten in Saxon, dann hatte ich die gleiche Position im Walliser Produzentenverband und am Schluss in der *Union des producteurs suisses,* der späteren Uniterre. Damals hiess der Sekretär dieser Vereinigung Fernand Cuche. Ich habe aktiv in den Komitees gegen die Fluorverschmutzung und das Hydro-Rhone-Projekt mitgearbeitet. Dazu kam die Aktion mit den Pfirsichen, die Besetzung der Schweinemastbetriebe und vieles mehr … Die meisten dieser Kämpfe waren siegreich und tragen heute Früchte. Im gleichen Geist wurde ich zum Schweizer Hanfpionier und Vizepräsidenten der Schweizer Hanfkoordination.

Meine politische Tätigkeit und meine Offenheit gegenüber den Medien zu diesem Thema machten mich zur Zielscheibe einer bestimmten Gerichtsbarkeit. Deshalb sehe ich mich definitionsgemäss eher als politischen Gefangenen und nicht als den millionenschweren Kriminellen, als den man mich darstellen will!

Meine Bekanntheit verdanke ich unter anderem auch Monsieur Guex, der sich nicht entblödete, ein ironisches Bulletin mit der Mitteilung, dass Rappaz dieses Jahr nicht an der Eröffnung der Angelsaison teilnehmen könne, zu veröffentlichen. Sein Vordenker Pelligrini setzt mit seinem Exklusivbericht über mein Retreat in Chamonix nach 72 Tagen Hungerstreik noch einen drauf. Na und?

Erwähnenswert ist auch, dass weder unsere Landwirte noch unsere Patienten, Ärzte oder unsere Deutschschweizer Kunden unter Anklage gestellt wurden. Sie wurden höchstens als Zeugen aufgeboten. Nur ich bin im Fadenkreuz!

Anekdoten aus dem Gefängnisleben

Tagesablauf

06.30 Uhr	Aufstehen
07.15 Uhr	Frühstück im Speisesaal mit Kaffee, Brot, Butter, Konfitüre
07.45 Uhr	Beginn der Arbeit
09.30 Uhr	15 Minuten Pause
11.45 Uhr	Mittagessen im Speisesaal
13.30 Uhr	Wiederaufnahme der Arbeit
15.30 Uhr	15 Minuten Pause
17.00 Uhr	Feierabend
17.15 Uhr	Zugang zum Fitnessstudio (einmal pro Woche, wenn alles gut geht), Fussball
17.30 Uhr	Abendessen (oder 18 Uhr für die Sportler)

Einmal pro Woche kommt der Arzt, wenn nötig. Ebenfalls einmal in der Woche besteht die Möglichkeit, an einem Deutsch-, Englisch- oder Französischkurs teilzunehmen. Diese Kurse werden von Ehrenamtlichen erteilt. Bravo und grossen Dank für ihren Einsatz! Jeder hat einen Schlüssel zu seiner Zelle. In der geschlossenen Abteilung wird man am Anfang abends um 20 Uhr eingeschlossen, man ist also in seiner Bewegungsfreiheit innerhalb des

Gefängnisses eingeschränkt und hat keinen Zugang zu den Duschen, Telefonkabinen oder zum Pingpong.

Am Wochenende kommen die Besucher, danach darf man im vergitterten Hof eine Stunde spazierengehen. Es ist möglich, ein DVD-Gerät, einen Fernseher, ein Radio mit CD-Player und einen Kühlschrank zu mieten.

Düstere Zukunftsaussichten

Die Strafanstalt von Crêtelongue wurde so konzipiert, dass die Gefangenen bei den landwirtschaftlichen Arbeiten im Freien mithelfen können, aber Direktor Varan vernachlässigt diesen Grundsatz und beantragt hohe Kredite für Werkstätten, in denen die Gefangenen unter der ständigen Aufsicht der Wärter und Kameras sind. Selbst das Gefängnispersonal wehrt sich gegen diese neuen Vorgaben und weigert sich bis heute, eine Wärteruniform zu tragen. Im Kurs für Gefängnisaufseher lehrt man sie, dass in der heutigen Schweizer Gefängnispolitik gerade eine solche Abgrenzung vermieden werden soll.

Zu meinem Bedauern muss ich feststellen, dass die Gefängnisordnung unter der Leitung von Varan (1998 bis 2007) spürbar strenger geworden ist.

Die Zensur

Überall wurden Kameras angebracht, im Innen- wie im Aussenbereich. Glücklicherweise ist die Überwachung der Zellen aufgrund der Menschenrechte untersagt. Eines Tages werde ich vom Direktor aufgeboten, der mir mitteilt, dass er einen Artikel aus einer französischen Hanfzeitschrift, den man mir zugesandt hatte, zensieren muss! Ein anderes Mal muss ich auf sein Geheiss einen Satz aus einem meiner Briefe streichen. Er will nicht, dass ich den Fall «Mabiche» erwähne, diesen armen Kerl, der aufgrund einer administrativen Massnahme seit 45 Jahren in den Kerkern dieses Ortes schmachtet.

Unsere Post wird geöffnet, wir müssen unsere Briefe offen verschicken ... Dass der Untersuchungsrichter in der U-Haft die

Briefe lesen will, ist noch nachvollziehbar, da der Inhalt möglicherweise etwas zur laufenden Untersuchung beiträgt. Aber im Strafvollzug? Einzig Geld oder gewisse Drogen rechtfertigen eine Kontrolle. Die Vorgehensweise im Inselspital Bern fand ich vorbildlich: Die Briefe wurden mir verschlossen übergeben, und ich musste sie in Anwesenheit des Wärters öffnen, damit dieser sah, was in dem Brief war. Dasselbe galt für den Versand, ich zeigte dem Wärter den geöffneten Briefumschlag, verklebte und übergab ihn. Dieses System bringt dem Gefangenen Verständnis entgegen und hat nichts mit Zensur zu tun, die das frustrierende Gefühl hinterlässt, dass die Direktion jedes Wort liest, das man geschrieben hat. Solche Massnahmen führen bloss dazu, dass es ausser der schnellen A-Post und der langsameren B-Post auch noch eine C-Post wie in Crêtelongue gibt, bei der Gefangene andere Möglichkeiten finden, ihre Briefe zu versenden.

Die Arrestzelle

Dieser Ort der Hoffnungslosigkeit und des menschlichen Leids wurde von Rantanplan im Jahr 1990 erbaut und hat den Zweck, die Gefangenen – in erster Linie Drogensüchtige in der Gewalt ihres Dämons –zu brechen. Während der sechs Monate, die ich in diesem Jahr an dem Ort verbrachte, kam es zu zehn Selbstmordversuchen, hauptsächlich durch Öffnen der Pulsadern. Mehrmals musste die Ambulanz ausgeblutete Menschen ins Spital von Sion bringen, wo man sie wieder auf die Beine brachte. In der Regel werden Gefangene, die in die Arrestzelle kommen, härter in ihrem Verhalten und krimineller als vorher. Soll das der Zweck der Übung sein? Wenn man bedenkt, dass die Gefangenschaft auch die soziale Wiedereingliederung fördern soll! Seit ihrem Bau in den 1940er-Jahren bis ins Jahr 1990 war die Vollzugsanstalt ohne Arrestzelle ausgekommen.

Alles in Rot

Ab dem Jahr 2000 werden die Grundsätze der Anstalt bezüglich der Kleidung nicht mehr beachtet. Früher galt es als Revolution, die Gefangenen ihre eigene Kleidung tragen zu lassen, weil sich damit ihre Stimmung besserte. Heute sind alle in knalliges Rot gekleidet, mit Ausnahme der Unterhosen und Socken ... Freizeit-, Arbeits- und Sportkleider tragen das Walliser Wappen mit der Aufschrift «Walliser Strafvollzugsanstalten». Die Strafvollzugskolonie ist begraben worden. Lediglich die Frottee- und Bettwäsche hat eine andere Farbe.

Das Fliehen

Früher kam es oft zu unerlaubtem Verlassen der Strafanstalt, denn laut Gesetz war es nicht strafbar und in dieser Hinsicht hatte die Schweiz eine Pionierfunktion. 1990 waren insgesamt 100 Häftlinge geflohen. In den Jahren 2010, 2011 und 2012 kein einziger, bis auf ein paar Gefangene, die nicht vom Freigang zurückkamen.

Ich erinnere mich an den Fall eines jungen Schaustellers, der seine Flucht dazu benutzte, am Genfer Stadtfest zu arbeiten und eines Abends wieder zurückkam. Er stand im Hof und rief nach dem diensthabenden Wärter, der ihn aber nicht erkannte und zurückrief: «Verlassen Sie diesen Ort, oder ich rufe die Polizei! » Erst als der Mann darauf bestand, merkte er, dass es sich um den Geflüchteten handelte.

Laut Schweizer Gesetz ist die Flucht nicht strafbar, aber ein zurückgekehrter Gefangener muss bei freiwilliger Rückkehr fünf Tage, bei unfreiwilliger Rückkehr acht Tage in die Arrestzelle ... Danach muss er mit Restriktionen bei den Besuchen, Freigängen, dem Übergang in die Halbgefangenschaft oder sogar einer verweigerten bedingten Entlassung rechnen.

Der Direktor der Waadtländer Gefängnisse sagte zu den Medien: «Das Schweizer System, in dem die Flucht nicht bestraft wird, muss aufrechterhalten werden, es ist ein Sicherheitsventil, das die Gewalt in den Gefängnissen dämpft.» Der Mehrheit der Gefangenen begnügt sich mit dem Wissen, dass sie flüchten könnten, um es dann doch nicht zu tun. So ist es! Auch wird dort heute jede Flucht zu einem Medienereignis, wo früher kein Hahn danach krähte. Die Ausländer verlassen die Schweiz definitiv. Die Schweizer Bürger kommen bald einmal in Begleitung der Polizei zurück. Genaugenommen kommen in Crêtelongue keine gefährlichen Gefangenen in den Strafvollzug; diese Personen sind eher in anderen Westschweizer Gefängnissen, die für solche Fälle eingerichtet sind, untergebracht. Der Erfolg von Crêtelongue besteht aber nicht in der Flucht, sondern in der Tatsache, dass man im Gefängnis bleiben will!

Die Wärter

In Crêtelongue ist eine neue Generation von Aufsehern am Werk. Diese Leute haben Kurse besucht, und man hat die Peitsche durch den Dialog und das Zuckerbrot ersetzt.

Es sind Leute, die solidarisch, sympathisch und verständnisvoll sind, die ihre Arbeit so gut wie möglich machen, sich eher wie Sozialarbeiter aufführen, die Leute nicht verurteilen und sich nicht überlegen fühlen.

Der Urlaub

Laut Reglement besteht die Möglichkeit zu einem Urlaub aus beruflichen, familiären oder gesundheitlichen Gründen. In meinem Fall hat Varan monatelang einen zweistündigen Urlaub verweigert, der es mir ermöglicht hätte, meinen Sohn Dorian auf dem Zivilstandsamt zu anerkennen. Weil angeblich kein Notfall vorlag, durfte ich auch nicht zu meinem Zahnarzt, obwohl dieser sich schriftlich ans Gefängnis gewandt hatte und der Gefängniszahnarzt seine Inkompetenz in Bezug auf die Behandlung meiner Zähne eingeräumt hatte. Zwei Tage vor meinem Übergang in die Halbgefangenschaft erlaubte mir Varan, zum Richter zu gehen, in Begleitung der Polizei und mit Handschellen. Dieses strafbare und grundlose Vorgehen wird systematisch bei Walliser Gefangenen angewandt, die sehr bekannt sind – beispielsweise beim Banker Jean Dorsaz. Hingegen erhalten unbekannte Ausländer problemlos eine Erlaubnis für Urlaub aus familiären oder beruflichen Gründen. Diese Ungleichbehandlung ist sehr erstaunlich und kann zu Gefühlen des Ärgers und des Aufruhrs führen.

Die medikamentöse Zwangsjacke

Die Zusammensetzung der Insassen in dieser Vollzugsanstalt widerspiegelt die Lage der Schweizer Gefängnisse hinsichtlich der Sucht: Ungefähr 70 Prozent wurden wegen ihrer Drogensucht verurteilt. Die Substanzen, von denen sie abhängig sind – Heroin, Alkohol, Kokain, Medikamente – stören ihr soziales und berufliches Leben und treiben sie in die Kleinkriminalität, vorwiegend Diebstahl und kleine Raubüberfälle. Anstelle einer medizinischen Behandlung werden sie verurteilt und ins Gefängnis geworfen. Die Illegalität der Substanzen, zu denen auch der Freizeithanf gehört, unterhält einen Schwarzmarkt mit Kleindealerei. Für solche Personen ist die Gefangenschaft noch grausamer als für die anderen: Sie müssen ständig Urinproben (UP) auf Drogen abgeben. Falls sie positiv sind, kommen sie in die Arrestzelle, wo sie für 23 von 24 Stunden völlig isoliert sind, beim ersten Mal fünf Tage, beim zweiten Mal acht Tage und noch mehr bei jedem weiteren Mal. Da der Direktion diese schweren Sanktionen nicht zu genügen scheinen, wird das Besuchsrecht für einige Zeit beschnitten, auch der Freigang; selbst das Recht auf Halbgefangenschaft oder bedingte Entlassung können verweigert werden.

Es ist kein Wunder, dass diese Kranken ausrasten und die Arbeit verweigern, dass es zu Depressionen, Flucht oder Selbstmord kommt. Es kommt auch vor, dass jemand Medikamente anhäuft, austauscht oder kauft, um alles auf einmal zu schlucken. Wenn der diensthabende Wärter den Selbstmordversuch bemerkt, kann er Erste Hilfe leisten oder die Ambulanz rufen. Zurück vom Spital, kommen diese Bedauernswerten sofort in die Arrestzelle …

Aber in den meisten Fällen werden sie mit der chemischen Zwangsjacke ruhiggestellt. Der Gefängnisarzt stellt ohne weiteres jedes nötige Rezept aus. So verteilen die Wärter wie legale Dealer morgens, mittags und abends alle möglichen Pillen, darunter viele Neuroleptika, Schlafmittel, Benzodiazepine, Morphium oder synthetisches Heroin, Methadon, Beruhigungsmittel und Antidepressiva. Die meisten dieser chemischen Produkte führen zu einer starken körperlichen Abhängigkeit und einer Anzahl schwerer

Nebenwirkungen auf psychischer (Psychose, Depression, Angst- und Verwirrungszustände, usw.) und körperlicher Ebene (Koma, Herzinfarkt, Angina pectoris, hoher Blutdruck, Anorexie, Amenorrhöe, Zirkulationsstörungen im Gehirn oder Thrombophlebitis...). Mit diesem menschlichen Elend fahren die Pharmamultis fette Gewinne ein, die das Gewissen in gut christlich-scheinheiligem Geist zum Schweigen bringen. Ich hoffe, dass dieser Aufschrei bis zum Bundesamt für Gesundheit durchdringt!

Einige Gefängnisdirektoren, darunter derjenige des Kantons St. Gallen, sind sich der Lage bewusst und haben den Mut, für die Freigabe von Cannabis in Gefängnissen einzutreten. Tatsächlich wäre therapeutischer Hanf für diese Kranken dank seiner beruhigenden, antidepressiven, schlaffördernden und appetitanregenden Wirkung eine grosse Hilfe. Die Abgabe von Cannabis könnte eine Vielzahl dieser teuren und gefährlichen Tabletten unnötig machen. Man kann diese hohen Beamten nur ermutigen, ihre Überzeugung weiterhin aufrechtzuerhalten – gegen einen Mainstream, der ausserstande ist, sich in Frage zu stellen und in seinen Gewohnheiten gefangen ist, umso mehr, als das Gefängnis ja nicht undurchlässig ist, im Gegenteil, man findet dort alle möglichen Substanzen! Die Realität des Gefängnislebens stellt sich ganz anders dar, und dies muss bekannt sein, wenn man über künftige Veränderungen nachdenken will.

Unerwartete Urinprobe

UP: Diese beiden Buchstaben befördern eine ständige Angst bei Gefangenen, die wegen Betäubungsmitteln verurteilt worden sind, zu denen auch der harmlose Hanf gehört. Die anderen Insassen, die wegen einer Bluttat, Geld- oder Sexualstraftaten sitzen, sind dieser ultimativen Schikane nicht ausgesetzt. Täglich sät Rantanplan Angst und Ungewissheit ... Wann? Wer? Wer ist der diensthabende Wärter, und an welchem Tag wird er mich zu einer UP holen? Ruhe vor diesen bangen Fragen hat man nur in der Hauptsaison der landwirtschaftlichen Arbeiten: Die Strafanstalt benötigt viele Hilfskräfte und wird nicht ausgerechnet in dieser Zeit die Arrestzellen füllen – daher werden keine Urinproben durchgeführt!

Einige Beispiele für Petitionen von Gefangenen

Wenn Sie im Gefängnis sitzen, werden Ihre Rechte mit jedem Tag kleiner. Am Anfang übergibt man Ihnen einen rosa Ordner mit dem Gefängnisreglement. Nachdem man alles durchgelesen hat, versteht man, dass man sich besser an die zugewiesene Arbeit hält, da sonst die Arrestzelle droht, die hier heuchlerisch als «Reflexionszelle» bezeichnet wird. Falls Sie ein Problem haben, wäre es dumm, den anderen Gefangenen die Schuld zu geben und zu streiten, denn diese erleben dieselbe Misere wie man selbst. Am 25. Juli 2013 lese ich in *20 minutes*: «Laut der Universität Genf rauchen 80 Prozent der Gefangenen Hanf. Die Aufseher sind der Ansicht, dass er sie beruhigt.»

Die Wärter können nichts dafür, sie machen ihre Arbeit sehr gut und sollen hier nicht angeprangert werden. Die Protestmöglichkeiten eines Gefangenen sind sehr eingeschränkt. Was können wir tun?

Die Petition der Muslime

Das Gefängnisreglement sieht vor, dass die Direktion entsprechend der Konfession eines jeden Gefangenen einen geistlichen Führer zulassen muss. Den Katholiken und Protestanten stehen Anstaltsgeistliche zur Verfügung. Für die Muslime ist niemand da. Deshalb nehme ich 2011 mit dem kantonal anerkannten Iman von Sion Kontakt auf. Der Iman dankt mir für die Hilfe und erklärt sich bereit, ins Gefängnis zu kommen. Die Petition steht und wird aus Solidarität von den meisten Gefangenen anderer Konfessionen unterschrieben. Die Vorsteherin des Sicherheitsdepartements, dem die Gefängnisse unterstellt sind, zeigt sich in einem Interview mit dem *Nouvelliste* offen und verständnisvoll. Alle sind erfreut. Es ist Anfang 2011.

Zwei Jahre später ist alles noch beim Alten, kein Iman darf die muslimischen Gefangenen besuchen. Da gibt es wohl nur zwei Erklärungen: Entweder ist EWK eine Lügnerin oder sie ist nicht imstande, sich durchzusetzen.

Petition für ein «rosa Zimmer» oder eine Liebeszelle

In den meisten Schweizer Strafvollzugsanstalten hat die Leitung, die sich des emotionalen Defizits der Gefangenen bewusst ist, eine spezielle, als «rosa Zimmer» bezeichnete Zelle eingerichtet. Dort können die Gefangenen am Wochenende ihre Partnerin in einem Raum mit Dusche, WC und Kochnische treffen. Früher konnten die Insassen der offenen Abteilung von Crêtelongue ihre Partnerinnen hin und wieder in ihrer eigenen Zelle empfangen. Wir beantragen eine dieser Zellen und fangen an zu träumen ... Die Behörden lehnen ab. Da waren unsere Grosseltern um einiges toleranter!

Gefängnisdemokratie und Petitionen

Auch das Gefängniswesen ist ein Teil der Schweizer Demokratie. Der Gefangene hat Pflichten, aber auch Rechte. Wo ein Problem auftaucht, gibt es auch eine Lösung. Viele Gefangenen sind wenig bewandert in Gemeinschaftskunde und wissen nicht, wie man kommuniziert und Forderungen stellt. Ich habe im Gefängnis unvergessliche Moment direkter Demokratie erlebt. Ich liebte diese Augenblicke einer echten «Landsgemeinde», der Urform der Schweizer Demokratie, die heute noch in zwei Kantonen in der Schweiz praktiziert wird und wo man durch Heben der Hand auf einem öffentlichen Platz abstimmt – eine Schule, in der man lernt, Stellung zu beziehen, den anderen zuzuhören und auch, dass Einheit Stärke bedeutet.

Nach der Diskussion über ein bestimmtes Problem und dessen Lösungsmöglichkeiten beschliessen wir, eine Petition einzureichen. Dabei handelt es sich um ein anerkanntes Recht und jeder darf sie unterzeichnen, auch Ausländer und Minderjährige. Dank meiner Erfahrung schreibe ich den Text der Petition und unterbreite ihn den anderen zur Zustimmung oder für Änderungen. Bei jeder Petition entschliessen sich ausnahmslos alle Gefangenen zur Unterschrift.

Nie habe ich in der sogenannt freien Welt ein so grosses Interesse erlebt, eine Forderung zu unterschreiben. Allein schon das Unterschreiben hat eine heilsame Wirkung. Kein Gefängnisreglement darf eine Petition verbieten. Sie ist sogar ein Sicherheitsventil, denn sie entspannt die Lage und kann individuelle, unkontrollierbare Akte der Gewalt verhindern. Die Petition ist auch ein Lehrstück in Demokratie und Bürgersinn. Doch die Leitung der Strafanstalt ist strenger geworden, und diese offene Tür wurde wieder zugeschlagen. Auf Betreiben meiner Mitgefangenen haben wir folgende Petition erstellt:

Wir, die Gefangenen der Strafvollzugsanstalt Crêtelongue, erklären, dass wir unnötig unter einem emotionalen Defizit zu leiden haben.

Wir verlangen, dass unseren natürlichen und menschlichen Bedürfnissen nach Zuneigung, Zärtlichkeit, Liebe und sexuellen Beziehungen Rechnung getragen wird. Wie in anderen Kantonen üblich, möchten wir auch hier über eine Liebeszelle verfügen, wo wir unsere Partnerin regelmässig während den Besuchszeiten empfangen dürfen.

Die Befriedigung dieses natürlichen Bedürfnisses umfasst mehr Vorteile als Nachteile:

- *Wir können unsere familiären und emotionalen Bindungen aufrechterhalten.*
- *Verminderung von Spannungen durch persönliche Entfaltung*
- *Vorbereitung auf ein Leben in Freiheit mit minimalen Problemen im gesellschaftlichen Leben*
- *Eine wesentliche Verminderung von Fluchten, Depressionen und Medikamentenabhängigkeit*
- *Die Sexualität ist Teil der spirituellen Verwirklichung.*

Aus diesen Gründen fordern wird, dass unser Vorschlag berücksichtigt und umgesetzt wird. Für die Gesellschaft bedeutet er einen Beitrag zur langfristigen Verbesserung einer Gefangenschaft.

Petition für das Essen

Früher wurde das Essen von den Gefangenen vor Ort in der Küche des Gefängnisses zubereitet. War man nicht zufrieden, konnte man mit den Köchen reden, die sich dann bemühten, es besser zu machen. Ein Gemüsegarten versorgte uns mit frischem Gemüse, und jeder Insasse hatte eine Kochplatte, um sich etwas zu kochen. Ich erinnere mich an die Fondues, zu denen wir den Wärter einluden, der abends Dienst hatte.

Heute ist der Gemüsegarten verschwunden, und das Essen wird im 20 Minuten entfernten Prison des Îles zubereitet. 1990 brauchte es bloss das Können von Félix, um unser tägliches Leben angenehmer zu gestalten.

Die Küche wird jeden Tag um 9.30 Uhr geschlossen und das Essen wird im Wasserbad gewärmt. Liest man unsere Petition, stellt man fest, dass unsere Forderungen konkret, einfach und durchaus umsetzbar sind.

Wir, die Gefangenen der Strafvollzugsanstalt Crêtelongue, von denen einige anstrengende Arbeiten im Aussenbereich verrichten, informieren Sie hiermit über die problematische Situation mit dem Essen, das uns vorgesetzt wird.

Am 19. Dezember 2010 haben wir bereits eine Petition an die Mitglieder des Grossrates gerichtet. Bis heute hat sich nichts geändert. Das Reglement der Walliser Gefängnisse sieht unter Artikel 49, Abs. 1 eine gesunde und ausreichende Ernährung vor.

Leider ist das Essen – obwohl ausreichend – nicht gesund. Die Menüs sind unausgewogen und sollten von einem Ernährungsspezialisten untersucht werden.

Einzig Brot, Kaffee, Eistee, Butter und Konfitüre sind in Ordnung. Im Weiteren stellen wir fest:

1. *Es gibt keine Vorspeise.*
2. *Man erhält nur einmal im Monat Suppe.*
3. *Es gibt kein Dessert, ausser einem Joghurt alle 50 Tage.*
4. *Es gibt nicht zu jeder Mahlzeit Salat, wir haben weder Essig noch Öl zur Verfügung.*
5. *Obwohl der Gutshof tonnenweise Äpfel und Birnen produziert, bekommen wir keine Früchte. In Crêtelongue könnten auch andere Früchte angebaut werden.*
6. *Es gibt nicht zu jeder Mahlzeit Gemüse, und häufig ist es verkocht.*
7. *Dreimal hintereinander Teigwaren ist ungesund.*

8. *Der Reis ist ungenügend gekocht.*
9. *Oft ist das Essen lauwarm und stammt aus tiefgekühlter Industrieproduktion.*

Obwohl die Strafanstalt grosse Mengen Kartoffeln anbaut, stehen sie nie auf dem Speiseplan. Die Gefängnisstrafe ist ein Freiheitsentzug und sollte nicht auch noch schlechte Ernährung mit sich bringen. Wir kennen die Lage in den Strafanstalten anderer Kantone, wo oft drei Menus auf den Tisch kommen. In Bezug auf die Ernährung rangiert Crêtelongue am unteren Ende und hat sich in den letzten Jahren noch verschlechtert. Vegetarier erhalten bloss Käse als Eiweissquelle. Es wurden sogar ein Keimgerät und Keimlinge konfisziert und so ein gesundes und vitaminreiches Nahrungsergänzungsmittel vorenthalten.

Die andauernd schlechte Lage wirkt sich negativ auf den Gemütszustand der Gefangenen aus. Häftlinge, die keinen Besuch erhalten, haben einen Nachteil gegenüber denjenigen, die von den Besuchern Lebensmittel bekommen.

Auch die Wärter leiden unter dieser unhaltbaren Situation. Früher hatten sie eine Kantine. Die Leitung ist insgesamt schlechter geworden.

Teilnahme an Blutspenden (2012)

Wir, die Gefangenen der Strafvollzugsanstalt Crêtelongue, verlangen, an Blutspendeaktionen teilnehmen zu dürfen. Einige von uns sind bereits regelmässige Spender. Unser Gefängnisarzt, Dr. Oggier, kennt die Krankenakten sämtlicher Insassen. Er könnte also entscheiden, wer als Spender in Frage kommt (oder nicht). Wir sehen diese Forderung als Antwort auf die Suche nach Blutspendern, welche die Walliser Spitäler in den letzten Tagen in den Medien veröffentlicht haben.

Diese Aktion wurde sogar von einigen Aufsehern unterschrieben. Es gab keine schriftliche Antwort, aber man gab uns zu verstehen, dass es trotz des dringenden Bedarfs an frischen Blut nicht möglich sei, vor Ort eine Blutspendenaktion durchzuführen. Sind 40 Spender keine genügende Zahl? Oder waren etwa Vorurteile und Tabus mit im Spiel?

Die Besucher

Gehen Sie einmal jemanden im Gefängnis besuchen! Schreiben Sie sich als Gefängnisbesucher ein. Dreiviertel der Gefangenen haben nie Besuch. Die Mehrheit meiner Mitgefangenen sind Ausländer! Unter den 36 Insassen sind 4 Walliser und 5 Schweizer.

Besuche sind gut fürs Gemüt! Jeder Insasse hat am Samstag und an den Sonn- und Feiertagen das Recht auf bis zu vier Besucher. Besuche müssen im Voraus bis Donnerstag um 12 Uhr telefonisch angemeldet werden. Ein Besuch morgens oder nachmittags dauert 90 Minuten. Die meisten Besucher kommen mit dem Auto, selten zu Fuss. Sie müssen mit ihren Geschenken und Lebensmitteln 50 Meter laufen. Zwei Wärter nehmen sie in Empfang und kümmern sich um die Pakete für die Gefangenen. Die Identität wird kontrolliert, sie müssen ihr Handy und ihr Geld in ein Schliessfach legen und bekommen den Schlüssel. Danach werden sie in den Besucherraum geführt, wo die Gefangenen warten. Der Besucherbereich besteht aus zwei Räumen, die wie ein Café eingerichtet sind. Die Wärter verlassen den Raum, seit einiger Zeit sind aber Überwachungskameras angebracht.

Kinder sind willkommen, für sie stehen Spiele und Spielsachen zur Verfügung, ein Pingpongtisch und ein Tischfussballspiel. Die Atmosphäre ist gemütlich. Es dürfen alkoholfreies Bier, Mineralwasser, Sirup, Orangensaft, Kaffee, Tee, Schokolade, Kekse, Bonbons und einige andere Süssigkeiten konsumiert werden. Die 90 Minuten verfliegen im Nu. Am Schluss nehmen die Besucher ihre Sachen und gehen wieder. Dann übergibt man uns die Mitbringsel, und es geht zurück in die Zelle.

Seit 1990 besucht uns eine Gruppe von Christen. Meine Arbeit als Gewerkschafter und die Gründung des Gefangenenvereins von Crêtelongue haben zu einigen Verbesserungen geführt. Die Christen kommen in Zehnergruppen und teilen unsere Mahlzeit (die Ärmsten!), danach essen wir ihre hausgemachten Kuchen mit gutem Kaffee. Dreimal im Jahr veranstalten sie ein Lotto mit Preisen. Dieses Spiel ist bei den Gefangenen sehr beliebt, zumindest bei denjenigen, welche die Zahlen kennen. Diese Besucher bringen einen Wind von Freiheit, Neues von der Aussenwelt, Hoffnung und Liebe. Was ihren Glauben betrifft, sind die Christen sehr diskret, sie stellen die Tat und die Gemeinschaft mit den Menschen vor Worte und Predigten. Unsere Gesellschaft verändert sich, und ich bemerke, dass unter den jungen Muslimen einige den Ramadan befolgen. Bei meiner Gefangenschaft im Jahr 2012 machten die Muslime bereits 25 Prozent der Insassen aus. Dazu kommen zwei erklärte Buddhisten. Bei den Messen des christlichen Gefängnisgeistlichen sind zehn Leute anwesend. Die anderen sind Nicht-Praktizierende oder Agnostiker.

Der Strafvollzugsplan

Früher übergab der Gefängnisdirektor schon in den ersten Tagen den «Vollzugsplan» und man wusste, woran man mit der Strafe war. Es war eine einfache Rechnung: Man musste bloss die Zeit der Untersuchungshaft von der Strafe abziehen. Aufgrund dieser beiden Faktoren konnte man sich die Meilensteine seiner Strafe ausrechnen – ein Drittel, die Hälfte, zwei Drittel –, was für die Lebensqualität und den Gemütszustand eines Gefangenen sehr wichtig ist. Das früher aufgestellte Schweizer System hat sich sehr gut bewährt. Nach einem Drittel der Strafe hat man das Recht auf den ersten Freigang von 24 Stunden. Nach zwei Monaten kommt ein weiterer Freigang von 24 Stunden, danach kommen jedes Mal 12 Stunden dazu, bis zu insgesamt 144 Stunden. Ab dem ersten Freigang und zwischen zwei Freigängen ist es theoretisch möglich, mehrstündige, bis zu 12-stündige Ausgänge zu bekommen, für die Arbeitssuche, Termine beim Arzt oder Zahnarzt, Beerdigung oder Hochzeit, Besuche von Familienmitgliedern, die nicht verschoben werden können, Kleiderkauf usw.

Die Gesellschaft straft durch Freiheitsentzug, aber sie muss sich auch um eine Wiedereingliederung ohne Rückfall bemühen. Nach der Verbüssung von zwei Drittel der Strafe kommt der bedingte Vollzug, den nur Personen antreten dürfen, die mindestens 1800 Franken auf ihrem Konto haben und über eine Arbeitsstelle verfügen. Man will ja nicht Diebe ohne Geld und

Arbeit auf die Gesellschaft loslassen ... Der bedingte Strafvollzug bedeutet Freiheit und die Möglichkeit, über die Grenze zu gehen. Im Fall einer neuen Verurteilung verfällt das letzte Drittel (wie bei einer Bewährungsstrafe) und wird der neuen Strafe angehängt. Die Bewährungsfrist wird auf mehrere Jahre festgelegt.

Hälfte der Gefangenschaft und Halbgefangenschaft

Nach Verbüssen der halben Strafe ist es möglich, tagsüber einer Arbeit ausserhalb des Gefängnisses nachzugehen und am Wochenende teilweise, später das ganze Wochenende frei zu haben. Dennoch muss man unter der Woche jeden Abend ins Gefängnis zurück und die Zeitvorgaben strikte einhalten. Viele finden keine Arbeitsstelle und bleiben in der Strafanstalt. Andere ziehen es vor, dort zu bleiben, weil sie befürchten, mit der neuen Regelung und der Einhaltung der Zeiten nicht zurechtzukommen.

Zwischen der Hälfte der Strafe und der bedingten Entlassung nach Verbüssung von zwei Dritteln der Strafe liegt die Halbgefangenschaft. Diese kann im letzten Drittel ausserhalb des Gefängnisses erfolgen, was heisst, dass man nicht mehr im Gefängnis übernachten muss. Dazu braucht es eine Arbeitsstelle und eine Wohnung. Während der ersten zwei Drittel der Halbgefangenschaft berechnet uns die Verwaltung 21 Franken Pensionskosten, auch wenn man seine Mahlzeiten nicht im Gefängnis einnimmt. Während dieses Zeitabschnitts wird der Lohn verwaltet, man wird mehr oder weniger streng überwacht und bekommt ein Taschengeld.

Wiedereingliederung in den Arbeitsmarkt

Die Arbeitssuche für die Zeit der Halbgefangenschaft nach Verbüssung der halben Strafe ist für die meisten Häftlinge ein Anlass zu stetiger Besorgnis. Viele bleiben Monate, manchmal Jahre hinter Gittern, weil sie keinen Job finden. Unsere Gesellschaft hätte einen grossen Gewinn, wenn sie Gefangenen Arbeit gäbe, denn so könnten diese ein «normales Leben» und ein gutes Gewissen wiedererlangen. Es kann jedem passieren, dass er einen

Fehler macht und ins Gefängnis kommt, aber es hat auch jeder das Recht auf eine zweite Chance.

Wenn Sie Arbeitgeber sind, möchte ich Sie bitten, eine gute Tat zu tun. Falls Sie wissen möchten, was Ihr potenzieller neuer Arbeitnehmer getan hat: Bitten Sie ihn, sein Urteil lesen zu dürfen, und Sie werden informiert sein. Dadurch entwickelt sich ein Vertrauensverhältnis zu diesem Arbeitnehmer, und Sie können das Geschwätz über ihn zum Schweigen bringen. Er wird es Ihnen durch Treue und Loyalität danken.

Die bedingte Haftentlassung

Wer die Halbgefangenschaft erfolgreich absolviert und zwei Drittel der Strafe verbüsst hat, kann vollständig freikommen, unter der Bedingung, dass keine illegale Tat begangen wird. Falls aufgrund eines weiteren Prozesses eine neue Strafe ausgesprochen wird, verfällt die bedingte Haftentlassung, und das letzte Drittel der Strafe wird der neuen Strafe angehängt. Anzumerken ist, dass die bedingte Haftentlassung nicht für den Rest des Lebens gilt. Sie ist zeitlich begrenzt und beläuft sich auf zwei bis drei Jahre nach Beginn der bedingten Entlassung.

KAPITEL IX

Die Saga von 2010

Hanf: Die Strafe des Jahrhunderts!

Die Anfänge liegen im Jahr 2006. In diesem Jahr lag ich aufgrund einer weiteren Festnahme und eines neuen Hungerstreiks in der Gefangenenabteilung des Inselspitals Bern. Nach 72 Tagen Fasten hatte Richter Dupuis befunden, dass es jetzt genug sei, und einen Hausarrest verfügt, der ohne Theater und Medienspektakel über die Bühne ging. Die Polizei kam täglich auf ihrer Patrouille vorbei, um nach mir zu sehen. Sie fuhren auf den Hofplatz und hupten ... Ich grüsste sie vom Fenster aus, und dann verzogen sie sich wieder.

Diese Regelung dauerte 37 Tage. Dann kam mein Prozess. Vorher bemühte sich mein Anwalt darum, dass die verschiedenen Gegenstände der Anklage zusammengelegt wurden, so wie es das Gesetz vorsieht. Die Richter müssen beim Prozess sämtliche bekannten Fakten beurteilen.

Vor meinen Prozess machten sich die Medien und der Staatsanwalt daran, die Sache hochzuschaukeln ... Mit Titeln wie «Rappaz riskiert 20 Jahre» wurde ich als Schwerkrimineller dargestellt! Die Staatsanwaltschaft beantragte 10 Jahre. Wie grosszügig – bloss 10 statt 20 Jahre!

Im Prozess werde ich von einer mir kaum bekannten Anwältin vertreten, welche die politische Bedeutung dieses Prozesses nicht erfasst. Die Walliser Unrechtsjustiz hatte nämlich ein Mittel gefunden, um meinen Anwalt unschädlich zu machen. Tatsächlich ist ein Kunde von Valchanvre ein Mündel meines Verteidigers. Das war ein willkommener Anlass, um ihn von meiner Verteidigung abzuhalten. Die Walliser Anwaltskammer war überaus schockiert über diese drakonische Massnahme.

Im meinem Heimatkanton benötigt ein Prozess nur wenige Stunden. In dieser kurzen Zeit ist es nicht möglich, meinen «Fall» in allen Aspekten zu beurteilen. Man muss zusammenfassen, sich aufs Wesentliche beschränken, Einzelheiten, Zeugen und den ganzen, wenn auch entscheidenden – Zusammenhang mit den Medien und der Politik unterschlagen. Vermutlich hätte dieser Prozess in einem anderen Kanton oder in Frankreich mehrere Tage, wenn nicht Wochen in Anspruch genommen.

Das Gericht von Martigny ist sich mit Richter Dupuis einig und geht auf sämtliche Anklagepunkte ein, die aus den Ermittlungen von 2006 hervorgehen ... Der Zweck dieses unrechtmässigen Vorgehens ist offensichtlich. Statt eines einzigen Prozesses will man mir zwei Prozesse machen!

Wie üblich wird mir das Urteil später per Post zugestellt. Keine Geschworenen, nur drei Richter haben das Urteil gefällt. Eine brutale, fast irreal hohe Strafe: 5 Jahre und 8 Monate! Für dieses Strafmass hätte ich jemanden töten können!

Ein zu 6 Jahren Verurteilter sagte mir einmal: «Bernard, ich habe getötet und verstehe, dass man mich zu 6 Jahren verurteilt hat; aber du, wegen Hanf – wie kannst du das ertragen?» Die Bedeutung seiner Worte ist mir erst später klargeworden. Es ist eine unverständliche und ungerechte Strafe. Ich werde zwar nie meinen Frieden mit dieser Strafe finden, aber ich kann sie verstehen, denn es handelt sich um einen verdeckten, politischen Prozess. Ich bin ein politischer Gefangener, der hauptsächlich wegen seiner öffentlichen und politischen Aktivität bestraft wurde.

Aufgebot ins Gefängnis

Man weiss, dass Justitia blind ist, aber sie ist auch noch langsam. So kommt nach dem erstinstanzlichen Prozess von Martigny die Rekursfrist. Zuerst kommt der Rekurs beim Kantonsgericht. Ich mache mir keine Illusionen. Diese Richter werden das Urteil ihrer Kollegen kaum widerrufen. Hingegen besteht Hoffnung in der nächsten Instanz, dem Bundesgericht. Hat mir dieser Gerichtshof nicht bereits 17-mal recht gegeben? ... Mein Kampf als Hanfpionier wurde schnell zu einem juristischen Kampf. Meines Wissens bin ich der einzige Walliser, der so oft vor dem höchsten Gericht gewonnen hat. Ist nicht allein schon die Tatsache abwegig, dass die Walliser Unrechtsjustiz 17-mal ausserhalb des Gesetzes stehen kann? Dies ist nur durch den politischen Aspekt zu erklären. Natürlich sind die Urteile des Bundesgerichts nicht unparteiisch. Sie hängen von der Zusammensetzung des Gerichts, den politischen Zugehörigkeiten der Richter und von den zurzeit vorherrschenden Tendenzen in der Bundespolitik ab. Die Bundesrichter werden von den Parteien ernannt. Wäre es nicht besser, sie würden vom Volk gewählt?

Als die Politiker den Hanfmarkt regulieren wollten, zeigte sich das Bundesgericht offen und liberal. Danach, als die Politiker die Farbe gewechselt hatten, war wieder Eiszeit.

Schliesslich werde ich aufgeboten, mich im März 2010 in der Strafanstalt einzufinden. Was tun? Fliehen? Nein! Ich will nicht als polizeilich Gesuchter leben! Ich will es auf mich nehmen und während meiner Gefangenschaft für die Sache kämpfen. Andererseits, wenn ich als freier Mann ins Gefängnis gehe, kommt dies einer Bejahung der Strafe gleich. Daher beschliesse ich, zuhause zu bleiben und dem Aufgebot nicht nachzukommen. In der Nähe meines Dorfes gibt es ein Städtchen namens Saillon. Oberhalb dieses mittelalterlichen Dorfes befindet sich eine weltbekannte lokale Sehenswürdigkeit, die *Vigne de la Paix:* drei Rebstöcke auf etwas mehr als einem Quadratmeter, der kleinste Rebberg der Welt, der im Guiness-Buch der Rekorde eingetragen ist. Dieser mythische Ort, der auch *La Vigne à Farinet*, der Rebberg Farinets, genannt wird, ist einen Besuch wert. Offiziell gehört er dem Dalai-Lama, der ihn von Abbé Pierre bekommen hat. Er wurde von zahllosen bekannten Persönlichkeiten besucht, und auf dem Weg dorthin sieht man eine Menge eingravierter oder geschriebener Gedenksprüche offenherziger, humorvoller und philosophischer Art über die Freiheit und den Tod. Tafeln erinnern an den Besuch bekannter Persönlichkeiten. Meine Tafel ist entfernt worden! Selbstzensur? Farinet, es ist an der Zeit, ihnen wieder einmal einen Kurs in F.R.E.I.H.E.I.T zu geben!

Obwohl der Prophet nichts gilt im Vaterland, wurde ich doch vom Verein der Freunde Farinets, die den Ort pflegen, eingeladen – anlässlich der 16 Monate ohne Bewährung, die ich für den Handel mit den Hanfkissen bekommen hatte … Ein anderes Mal wurde ich bei der Einführung unseres Hanfweins eingeladen.

Meine Beziehung zu Farinet liegt auf der Hand, seit das Westschweizer Fernsehen mein Porträt in einer Sendung mit dem Titel *Le Farinet de Saxon* (Der Farinet aus Saxon) ausgestrahlt hat. Eher gegen meinen Willen wurde ich zum einzigen lebenden Schweizer, der mit dem unbestrittenen Namenspatron des Ortes verglichen wird. Statt in die Strafanstalt gehe ich also in diesen Rebberg. Da ich befürchte, von der Polizei festgenommen zu werden, übernachte ich dort

Am nächsten Tag kommen die Journalisten. Einer von ihnen ruft die Polizei an, die sich aber weigert, auf mein Spiel einzugehen und Polizisten auszuschicken, um mich zu verhaften. Am übernächsten Tag arbeite ich wieder auf meinem Hof und bin mit dem Traktor auf dem Weg zu den Aprikosenbäumen. Plötzlich merke ich, dass mir drei Polizeifahrzeuge folgen … Ich gebe ihnen Zeichen zum Überholen, aber sie fahren weiterhin mit 25 km/h hinter mir her. Der Aufstieg ist lang … Als ich in der Nähe des Feldes ankomme, nimmt man mich korrekt und ohne Gewalt fest. Man kennt mich und weiss, dass ich gewaltfrei bin. Man steckt mich übers Wochenende ins Prison des Îles. Ich weiss, dass man mich am Montag zum Strafvollzug in die Strafanstalt von Crêtelongue überführen wird.

Erster Hungerstreik (2010)

In den letzten Monaten habe ich mich etwas gehen lassen und mehr gegessen als sonst. Es ist eine Art Reflex im Wissen darum, dass meine politische Tätigkeit zu einem Hungerstreik führen wird. Deshalb legte ich mir einige Reserven zu. Gleich nach der

Verhaftung im März 2010 weigere ich mich zu essen und trinke nur noch Wasser.

Jetzt sind die Würfel gefallen. Bisher endeten meine Hungerstreiks stets mit meiner Freilassung oder Hausarrest. Sieben Erfolge, warum nicht auch acht? Ich werde medizinisch überwacht, nur der Gefängnisarzt kann entscheiden, ob man mich in die Gefangenenabteilung des Spitals überführt. Das einzige Problem scheint mir, dass man weiss, wie lange ich fasten kann. Nach 50 Tagen will der Arzt das Risiko nicht mehr eingehen und lässt mich in die Gefangenenabteilung der Genfer Universitätsklinik bringen.

Boris, ein langjähriger Freund, mit dem ich das erste Sapinhaut-Festival veranstaltet habe, wohnt auf meinem Hof, dem Oasis. Er kennt sich sehr gut mit dem Internet aus und bringt meinen Fall ins Netz, mit durchschlagendem Erfolg in den Medien und der Öffentlichkeit. In wenigen Wochen bildet sich eine gewaltige Solidaritätswelle, 40 000 Leute werden zu meinen Freunden. Ein grosses Dankeschön an sie alle!

Ich erhalte Hunderte von Karten und Briefen. Ich beantworte jede einzelne Nachricht, es entstehen Brieffreundschaften. Boris macht hervorragende Arbeit und bemüht sich, jeden Tag über meine Lage zu informieren.

Aus Erfahrung weiss ich, dass nur der Vorsteher des Sicherheitsdepartements meine Strafe aufgrund gesundheitlicher Gründe aufheben kann. Es ist die erste Frau, die es in die Walliser Regierung geschafft hat und dieses Departement erhielt: Frau Esther Waeber-Kalbermatten. Ich bin betrübt, kann die Sache aber nicht ändern. Schliesslich wird mir nach einer intensiven Kampagne ein – sehr kleiner – Haftunterbruch von vierzehn Tagen gewährt! Auf meinem Hof sind Boris und andere Freunde. Wir freuen uns! Der Druck von Seiten der Medien steigt, und ich erkläre mich bereit zu einem Interview mit dem Schweizer Fernsehen.

Anscheinend ärgert sich EWK über diesen Auftritt und lässt mich am nächsten Tag ins Untersuchungsgefängnis von Sion bringen.

Zweiter Hungerstreik ... und Durststreik (2010)

Ich bin erstaunt, dass man mich nicht in die Strafanstalt bringt. Noch erstaunter bin ich, als ich feststelle, dass ich allein in einer Abteilung mit sieben leeren Zellen bin. Ich kann gut allein sein, rebelliere aber dagegen, dass man mir ein Telefon verweigert. Was kann ich mehr tun als fasten? Es gibt noch eine viel gefährlichere Aktion, die sehr schnell wirkt: der Durststreik. Es heisst, dass die Nierenschäden nach dem dritten Tag irreversibel seien!

In den ersten Stunden habe ich grossen Durst. Die Stimme wird zähflüssig. Zwischendurch schlafe ich ein wenig, die Zeit vergeht. Am nächsten Tag wird meine Zunge immer schwerer, sie liegt wie ein Stück Holz in meinem Mund. Nach dem Aufwachen habe ich anhaltende Kopfschmerzen. Die Urinausscheidung wird immer geringer. Ein Gefängnisgeistlicher kommt und versucht, mich zur Vernunft zu bringen. Am dritten Tag stellt ein Krankenpfleger einen tiefen Blutdruck fest, trockene Haut und allgemeine Dehydrierung. Das Durstgefühl bleibt, im Gegensatz zum Hunger. Gebet, Meditation und ein eiserner Wille helfen mir durchzuhalten.

Der Gefängnisdirektor, Monsieur Sévère (Herr Streng; der Name ist nicht erfunden!) besucht mich. Wir verhandeln. Meine Hauptforderung ist die Möglichkeit zur Benutzung meines Telefons. Schliesslich bekomme ich die Erlaubnis, während des täglichen Spaziergangs zu telefonieren. Nach diesem Kompromiss gehe ich sofort an den Wasserhahn. Nach einigen Litern fühle ich mich besser, bin aber fest entschlossen, mit dem Hungerstreik fortzufahren.

Es braucht noch viele Tage, bis ich zusammenbreche und der Arzt mich in die Gefangenenabteilung des Universitätsspitals Genf bringen lässt. Es entwickelt sich eine Kontroverse, die sich um zwei Fragen dreht: Zwangsernährung oder Sterbenlassen. Sämtliche Genfer Ärzte beziehen Stellung gegen die Zwangsernährung. Das Krisenkomitee unter EWK fasst mehrere Lösungen ins Auge, darunter diejenige, mich in ein geheimes Militärspital zu bringen und mich dort unter Zwang zu füttern!

Die regionalen Rechtsextremen unter Oskar Freysinger üben politischen Druck aus, dass man mich sterben lassen soll, die christliche und die radikale Partei schliessen sich an. Die Sozialisten stellen sich blind hinter ihre Staatsrätin. Die Grünen sind um keinen Deut besser und unterstützen ihre grosse Schwester, die Linke.

Glücklicherweise bleiben die Ärzte bei ihrer Entscheidung. Das zu Hilfe gerufene Bundesgericht entscheidet, dass der Leiter der Gefangenenabteilung, Dr. Hans Wolff, die Zwangsernährung einzuleiten habe, was dieser aus berufsethischen Gründen ablehnt. Man wolle mich nicht wie eine Stopfgans behandeln! Diese grausame Prozedur aus einer früheren Zeit ist in der Schweiz aus Tierschutzgründen verboten. Der Gipfel ist, dass man dies ernsthaft mit einem Menschen erwogen hat: mit mir!

Schon taucht die nächste Kontroverse auf: EWK bringt die Idee ins Spiel, meine Entscheidung zu respektieren und mich sterben zu lassen! Welche Heuchelei! Ich habe nie sterben wollen! Ein Mensch, der einen Hungerstreik macht, tut dies, weil er für etwas kämpft. Und nur als letzte Lösung akzeptiert er den Tod. Er nährt sich von der Hoffnung und sucht nicht den Tod.

Eines schönen Tages, während meines zweiten Hungerstreiks im Jahr 2010, ist die Gefangenenabteilung in grosser Aufregung: Die Departementsvorsteherin kommt zu Besuch. Wir verstehen uns gut, wir können offen miteinander reden. Es wird ihr bewusst, welch ungewöhnlich hohe Strafe ich einzig wegen Hanf bekommen habe …

Zurück in ihrem Hauptquartier, redet sie davon, mein Dossier erneut aufzugreifen und mithilfe meines Gnadengesuchs bei den Abgeordneten eine mildere, der Situation angemessene Strafe zu erwirken. Sofort «empören» sich gewisse Politiker, und EWK muss wieder einmal kuschen.

Dies ist der einzige Vorwurf, den ich ihr mache: Diese Politikerin ist unfähig, zu regieren und zu entscheiden! Sie lässt sich beeinflussen, hängt ihre Fahne nach dem aktuellen politischen Wind und will es allen recht machen …

So kann man nicht regieren. Regieren heisst, Entscheidungen zu treffen, wenn nötig schnell, und Enttäuschungen und Unbeliebtheit in Kauf zu nehmen.

Durch meine Affäre ist die Vorsteherin zu einer Marionette geworden, an der viele die Fäden ziehen. Dabei gibt es einen Gesetzesartikel für einen Fall wie den meinen. Es ist möglich, eine Strafe aus schwerwiegenden medizinischen Gründen zu unterbrechen. Diese Massnahme ist und bleibt die einzige rechtlich und ethisch korrekte Lösung bei einem Hungerstreik. Überdies gilt die Zeit der Strafunterbrechung, falls sie nicht mit besonderen Bedingungen einhergeht, nicht als absolvierter Strafvollzug …

Eines Tages kommt mein Gefängnisdirektor und sagt: «Machen Sie sich bereit, in zehn Minuten geht's los!» Ich frage mich, wohin man mich bringen will. Man bringt mich aufs Dach des Spitals zu einem Helikopter. Bald merke ich, dass man mich in die Gefangenenabteilung des Inselspitals Bern bringt. Da wird mir klar, dass die Berner sich bereit erklärt haben, mich vollzustopfen!

Vor Ort empfangen mich der Oberaufseher und seine Assistentin. Ich suche das Gespräch. Man bestätigt mir, dass die Zwangsernährung auf dem Programm steht. Sofort beginne ich wieder, mit Wort und Schrift zu kämpfen. Die Chefärztin ist eine offene und sympathische Frau mit indischen Wurzeln; sie versteht die Lage und dass die Genfer Ärzte die Zwangsernährung abgelehnt haben. Warum sollte Bern anders verfahren? Hier geht es um Menschenrechte und Berufsethik.

Ich informiere den Direktor des Inselspitals in einem eingeschriebenen Brief über die Vorgänge, die in dieser Gefangenenabteilung geschehen könnten. Draussen nimmt die Polemik an Fahrt auf. Nach zwei Tagen beschliessen die Berner, sich der Entscheidung der Genfer Ärzte und der FMH anzuschliessen. Gewonnen! Der Alptraum vom Stopfen ist endgültig vom Tisch; auch wenn das Berner Polizeireglement die Zwangsernährung erlaubt, darf sie nur unter ärztlicher Aufsicht durchgeführt werden …

Am sechzigsten Fastentag teilt mir mein Anwalt mit, dass Verhandlungen am Laufen seien. Die Möglichkeit einer zweiten

Strafunterbrechung werde aufgeworfen. Es geht um die Frage, ob ein Sicherheitsbeamter in meiner Wohnung im Oasis wohnen solle. Ich weigere mich.

Gleichzeitig vernehme ich, dass das Wallis eine elektronische Fussfessel für mich sucht. Aber die Behörden werden nicht fündig. Schliesslich erhalte ich die schriftliche Bestätigung meines baldigen Hausarrests und bin einverstanden, wieder zu essen. Im Oasis nehmen mich der Sicherheitschef der Aufseher von Crêtelongue, Monsieur Dorsat, der Direktor von Crêtelongue, Monsieur Egger, und mein Freund Boris in Empfang. Die beiden Sicherheitsbeamten bleiben draussen auf dem Hof. Ich bin zuhause, mit Boris. In der Umgebung wird die Strecke für meinen täglichen einstündigen Spaziergang mit Plastikbändern abgesteckt. Um den Hof herum stehen sich die Journalisten die Beine in den Bauch. Die öffentliche Strasse vor dem Hof ist abgesperrt.

In den Medien geht die Polemik weiter ... Am Ende muss der Gefängnisdirektor einen Fototermin mit dem berühmten Gefangenen organisieren, allerdings unter der Bedingung, dass ich den Mund halte!

Man redet von den hohen Kosten dieser Affäre, ein Sicherheitsbeamter kostet 100 Franken pro Stunde. Es wird beschlossen, die Überwachung mit einem einzigen Aufseher zu machen. Ich finde das Ganze überaus lächerlich, denn ich hatte schon Hausarrest ohne Überwachung, bei dem man auf Vertrauen gebaut hat. Ich bin durchaus in der Lage, eine Abmachung einzuhalten; um die hohen Kosten zu senken, hätte es genügt, täglich eine Polizeipatrouille auf ihrem Weg vorbeizuschicken, um sich von meiner Anwesenheit zu überzeugen. Später schickt mir EWK eine Rechnung über 44 000 Franken für Überwachungskosten, obwohl allgemein bekannt ist, dass der Staat mir bereits sämtlichen Besitz weggenommen hat. Da mein Anwalt weiss, dass die Haftkosten von Gesetzes wegen vom Staat übernommen werden müssen, legt er Rekurs gegen diese missbräuchliche Rechnung ein. Das Kantonsgericht gibt uns recht.

Einen Monat später bin ich einmal mehr in Crêtelongue. Hier ist es immerhin besser als im düsteren Untersuchungsgefängnis von Sion. Sofort beginne ich mit meinem dritten Hungerstreik des Jahres 2010.

Dritter und längster Hungerstreik (2010)

Nach 50 Tagen verlegt man mich wieder ins Genfer Spital. Jetzt bin ich bei meiner Rekord-Fastenzeit – 75 Tage – und fahre weiter bis zu 90 Tagen; ich spüre, dass es noch weiter gehen könnte. Mein Zustand wird kritisch, ich benötige einen Rollstuhl.

Das Medizinpersonal überzeugt mich, einige Vitamintabletten und Zucker einzunehmen. Für sie bedeutet dies nicht das Ende des Hungerstreiks und die Wiederaufnahme des Essens. Zum ersten Mal nach neun Hungerstreiks im Gefängnis nehme ich ihren Vorschlag an.

Ich merke schnell, dass der Zucker und die Vitamine mir bloss helfen, noch länger durchzuhalten. Am 95. Tag wird mir plötzlich trüb vor den Augen und ich kann nichts mehr sehen. Man untersucht mich und erhebt einen überraschenden Befund. Hinter der Hornhaut befindet sich normalerweise eine Fettschicht, die mein Körper, der zum Überleben auf sämtliche Ressourcen zurückgreifen muss, aufgebraucht hat. Später, als ich wieder esse, normalisiert sich meine Sehkraft.

Ich kann mühelos aus meinem Körper heraustreten und sehe die Aura der Leute. So sehe ich den mentalen Zustand eines jeden Besuchers. Es ist nicht mehr möglich, mich anzulügen, ich sehe es sofort. Ich denke langsam, dass diese «Gabe» mir in meinem vorigen Leben nützlich gewesen wäre … Andererseits ist es nicht so einfach, sich mit dem spirituellen Zustand aller möglichen Leute auseinandersetzen zu müssen …

Eines Tages holt mich der Aufseher für einen Besuch. Als ich ins Besuchszimmer trete, bin ich erstaunt über die ungewöhnlich leuchtende, starke und friedvolle Aura des Besuchers. Es ist ein tibetanisch-buddhistischer Lama mit seinem Sekretär und Übersetzer. Lama Rigdzin Namkha Gyatso Rinpoche ist eine reine Seele. Wir verstehen uns sofort. Er macht sich berechtigterweise Sorgen um meinen Zustand. Ein Buddhist respektiert alles Leben, auch das eigene. Ich erzähle ihm von meinem Kampf und entdecke sein feinfühliges, verständnisvolles und offenes Wesen. Später vernehme ich mit grosser Trauer, dass Hunderte von tibetischen Lamas sich im besetzten Tibet, aber auch in Indien und Nepal, selbst verbrannt haben. Es ist ein Akt der Hoffnungslosigkeit und ein Aufruf an die Welt, die einzige Möglichkeit, die diesen Buddhisten bleibt, um auf sich aufmerksam zu machen, ohne jemandem zu schaden. Sie werden nicht zu den Waffen greifen, Attentate verüben oder Sprenggürtel zur Explosion bringen. Die einzige Lösung, die sie gefunden haben, ist die Selbstverbrennung. Bevor man dieses Vorgehen kritisiert, sollte man sich bemühen, die Sache zu verstehen. Ich träume von einer Rückkehr des spirituellen Führers Dalai Lama ins Tibet. Eine Heimkehr, von Indien aus, zu Fuss in Begleitung von zahllosen Tibetern, weltbekannten Persönlichkeit und den Medien. Sollte er dieses Risiko eingehen? Hätte dieser gewaltfreie Marsch eine Chance, in die Hauptstadt Lhasa zu gelangen? Ich denke schon, denn die Chinesen könnten es sich nicht leisten, den Dalai Lama zu beseitigen, umso mehr, als er keine politischen Aufgaben mehr übernehmen will. Ein befriedetes Tibet mit seinem spirituellen Oberhaupt würde zahlreiche Touristen und ausländische Investoren anziehen und für alle Vorteile bringen.

Meine längste Fastenzeit dauert an … Ich überwinde die Hürde der 100 Tage und entdecke die stetige Urenergie, die in der Luft ist und die von den Indern «Prana» genannt wird. Man kann leben, ohne zu essen und zu trinken, aber ich kenne niemanden, der ohne Luft leben kann. Nach monatelangem Hungern entdeckt man, dass jeder Atemzug Kraft und Energie gibt. Diese Tatsache ist seit Urzeiten bekannt. Auch wenn die westliche Wissenschaft es noch nicht entdeckt hat, Prana existiert und ist Teil dieser einzigartigen Energie in unserem Universum. Von der Geburt bis zum Tod ernähren wir uns ständig auf unbewusste Weise von dieser Energie. Die Konzentration auf die Atmung ist eine Meditationstechnik, die zur Befreiung führt. Buddha hat sie vor seiner Erleuchtung während vieler Jahre ausgeübt.

Meine Tochter besucht mich ein letztes Mal mit ihrer Mutter. Ich sehe, wie sie Angst hat, dass ich sterbe, und verspreche ihr, dass ich lebend davonkommen werde. In der Zwischenzeit hat sich mein Anwalt an den Europäischen Gerichtshof für Menschenrechte gewandt. Einer der Richter dieses Gerichtshofs schreibt mir, dass es lange brauchen werde, bis man über meinen Fall entscheide. Er rät mir, in der Zwischenzeit wieder zu essen. Die Weihnachtszeit naht, und ich verspüre das Bedürfnis, allen Menschen, die mein Schicksal im Gefängnis mitverfolgt haben, ein Geschenk zu machen. Mein Gewissen gerät durcheinander. Noch nie habe ich einen Hungerstreik beendet, ohne freigelassen zu werden.

Schliesslich fasse ich den Entschluss, diesen dritten Hungerstreik nach 120 Tagen zu beenden und wieder zu essen, denn mein Ziel ist erreicht. Es ging mir darum, die Öffentlichkeit aufzurütteln und auf ein politisches Urteil ausserhalb der normalen Anwendung der Rechtsprechung aufmerksam zu machen. Es ging mir auch darum, dass die Öffentlichkeit sich der Hanfprohibition bewusst wird, die mehr Probleme mit sich bringt, als sie Lösungen bietet.

Dieses Ziel scheint mir erreicht zu sein. Ich kann daher meinen Akt des Widerstands und des Anprangerns beenden. Die Saga von 2010 ist zu Ende.

Laura, die unbekannte Hungerstreikende

2010, bei einem meiner Aufenthalte in der Gefangenenabteilung des Universitätsspitals Genf, fällt bei einem Spaziergang im Korridor eine bettlägerige Frau auf. Wir kommen ins Gespräch und ich vernehme zu meinem Erstaunen, dass diese Frau eine Gefangene im Hungerstreik ist! Dann erinnert mich ein Wärter an das formelle Verbot, mit anderen Patienten zu sprechen. Diese kurze Begegnung genügt allerdings, um zwischen uns einen sehr starken freundschaftlichen und geistigen Kontakt zu knüpfen. Die Behörden werden ihre Strafe aufheben. Sie ist also frei und wird mir eine unerschütterliche Solidarität und Unterstützung entgegenbringen. Wir schreiben uns, und sie wird mich sogar besuchen.

Laura ist wie ein Vogel, der es nicht erträgt, eingesperrt zu sein. Ihr Hungerstreik hat 119 Tage gedauert! Im Gegensatz zu meinen eigenen Prinzipien nimmt sie Zucker, Salz, Vitamine und andere Nahrungsergänzungsmittel, was den Tod ein wenig hinauszögert.

Ich werde diese Methode bei meinem dritten Hungerstreik des Jahres 2010 auch übernehmen, nachdem ich 90 Tage lang nur von Wasser und Urin gelebt habe. Im Gegensatz zu mir wollte Laura keine Aufmerksamkeit von den Medien. Die Waadtländer Gefängnisbehörden bewegen sich in unsicheren Gewässern. Sie mussten bereits mit dem skandalträchtigen Verbrennungstod von Skander Vogt klarkommen. Einige medienbekannte Fluchtversuche kamen noch dazu; deshalb wollten sie verhindern, dass noch eine weitere Affäre an den Tag kommt, dazu noch ein Tod durch Hungerstreik. Es war also ein weiser Entscheid, Lauras Strafe um anderthalb Jahre zu kürzen.

Im Jahr 2012 kommt Laura erneut ins Gefängnis und bleibt sich insofern treu, als sie wieder in einen Hungerstreik tritt. Ihre Anweisungen in Bezug auf ihren Zustand sind den meinen völlig entgegengesetzt; sie wünscht, im Fall von Bewusstlosigkeit oder Koma auf die Intensivstation zu kommen und mit Infusionen am Leben erhalten zu werden. Ich selbst habe bestimmt, dass nicht eingegriffen werden soll und dass man mich sterben lässt. Man kann sich über das Für und Wider eines öffentlich bekannten Hungerstreiks streiten. Ich bin weiterhin davon überzeugt, dass der Druck der Medien notwendig ist. In meinem Fall, der politisch ist, wurde eine Debatte über die Zwangsernährung angestossen, über die Strafunterbrechung, das «Verrecken lassen!» und die Frage, ob Hanf legal oder illegal ist.

Kurz vor Weihnachten 2010 hat mein Fall eine beispiellose Kontroverse ausgelöst, in der Politiker, Personen des öffentlichen Lebens und bekannte Persönlichkeiten offen Stellung beziehen. Welch ein Lärm um eine erste Strafunterbrechung von zehn Tagen!

2012 kommt Laura erneut ins Gefängnis von Blonay. Sie beginnt sofort mit einem neuen Hungerstreik. Nach 59 Tagen verliert sie das Bewusstsein und kommt auf die Intensivstation des Genfer Unispitals, danach wieder in die Gefängniszelle, wo sie den Streik weiterführt. Dann kommt sie wieder ins Spital, und nach 57 Tagen wird ihre Strafe erneut auf unbestimmte Zeit ausgesetzt. Sie verlangt eine elektronische Fessel, aber die Behörden wollen keinen Präzedenzfall schaffen.

So sehen wir hier zwei Westschweizer Kantone mit entgegengesetzten politischen Mehrheiten – die Waadt ist links, das Wallis rechts – und zwei unterschiedliche Arten des Umgangs mit Gefangenen im Hungerstreik. Zusammenfassend ist zu sagen, dass die Waadtländer Entscheidung eines demokratischen und zivilisierten Landes würdig ist. Das heisst, dass diese Art des Sterbens mit einer einfachen behördlichen Massnahme, die zudem noch vom Gesetz vorgesehen ist, vermieden werden kann.

Laura kommt also wieder frei, und ihre Strafe wird sicher für lange Zeit ausgesetzt. Sie wird jedoch noch viele Monate absitzen müssen, bevor sie die Hälfte der Strafe erreicht hat und damit die Möglichkeit einer Halbgefangenschaft.

Die Behörden befürchten, dass mein Fall dazu führen könnte, dass sich auch andere Gefangene zum Streik berufen fühlen. Dies hiesse jedoch, die Lage falsch einzuschätzen. Eigentlich verfügen nur politische Gefangene über die Fähigkeit und den Mut, notfalls für ihre Sache zu sterben. Doch politische Gefangene gab es in der Zeit von 1960 bis 1990 viele. Das waren die Dienstverweigerer aus Gewissensgründen, aufgrund ihrer Weigerung, Militärdienst zu leisten und das Töten zu erlernen. Sie hatten religiöse, philosophische, gewaltfreie und politische Gründe. Diese Gefangenen aus Gewissensgründen wurden zu Strafen von 6 Monaten bis zu einem Jahr ohne Bewährung verurteilt. Ihre Opfer und die vielen tausend Jahre Gefängnis, die sie abgesessen haben, führten nach Jahrzehnten endlich zur Einführung des Zivildienstes.

Statistisch dauert ein Hungerstreik in einem Schweizer Gefängnis im Mittel zehn Tage. Es gibt zahlreiche Versuche, aber nur wenige bringen genügend Entschlossenheit, Überzeugung, Mut und Durchhaltevermögen auf.

Laura, du bist wirklich ein besonderer Fall, und deine Walliser Wurzeln entzücken mich … Sind wir Walliser womöglich hartnäckiger als die anderen Schweizer?

Rappaz-Prozess: Der Staatsanwalt beantragt eine schwerere Strafe … © Casal, Le Nouvelliste, 10.05.2011

Die Frauen lieben Rappaz!
«Was ist dein Geheimnis?» – «Cannabis und Hungerstreik …»

KAPITEL X

2011
Gefangener und Wäschereiarbeiter

Anfang Januar 2011, nachdem ich nach dem langen Hungerstreik wieder zu Kräften gekommen bin, komme ich wieder in die Strafanstalt Crêtelongue. Nun beginnt ein Gefängnisjahr ohne Hungerstreik. Zuerst einmal muss ich meinen Ernährungs-Aufbauplan beenden. Anfangs hat mich der Arzt arbeitsunfähig geschrieben. Ich gehe jeden Tag ins Freie und laufe, es geht um den Wiederaufbau der Muskulatur. Nach und nach habe ich wieder Muskeln. Manchmal spiele ich Fussball, beschränke mich aber aufs Tor. Die Rolle des Torwarts bedeutet in Crêtelongue doch immerhin einen Aufstieg, nicht wahr?

Am Donnerstagabend, wenn Herr Comte, der stellvertretende Direktor, anwesend ist, spielen wir mit grossem Spass auf einem eigens dafür angelegten Platz Fussball. Oft spielt Comte mit. Die Gefangenen mögen ihn sehr, weil er uns nicht von oben herab behandelt. Er versteht es, eine Beziehung von Mensch zu Mensch aufzubauen, hört den Leuten zu, gibt sinnvolle und konkrete Ratschläge, ohne jedoch in seiner natürlichen Autorität eingeschränkt zu sein. Mit seiner Kompetenz und Erfahrung hätte dieser Vizedirektor die Stelle des Direktors einnehmen können, aber Monsieur Varan hat zwei seiner Freunde aus dem Militär auf die Stellen des Direktors von Crêtelongue und der Walliser Gefängnisse gesetzt. Vitamin B? Leider wahr! Nach einiger Zeit arbeite ich 50 Prozent, dann 100 Prozent. In Crêtelongue muss man in den ersten 14 Tagen in der Schreinerei bei den gerade anfallenden Arbeiten mithelfen. Es ist eine Beobachtungszeit. Danach übernimmt man Arbeit entsprechend seiner Fähigkeiten. Da ich ausgebildeter Obst- und Weinbauer bin, gehe ich davon aus, dass man mich auf den Feldern einsetzen wird. Irrtum, ich muss mich um die Wäsche kümmern. Es ist eine willkommene Gelegenheit, endlich zu lernen, wie man Wäsche wäscht, trocknet, zusammenfaltet und flickt. Ich vermute, dass die Direktion beschlossen hat, mich in der Wäscherei zu «verstecken», damit die Journalisten mich nicht auf dem Gelände fotografieren können.

Diese Tätigkeit gefällt mir trotzdem, denn ich arbeite allein und kann meinen Arbeitstag je nach Arbeitsanfall selbst organisieren. Ich habe einen Radio-CD-Player und einen Wasserkocher, in der Pause kommen François und andere Gefangene oft vorbei, um Kaffee zu trinken. Mein Lokal wird zu einer kleinen Kneipe ohne offiziellen Alkoholausschank und wird von der Direktion toleriert.

Bestätigung meiner Strafe durch das Kantonsgericht

Am 10. Mai 2011 hängt das Kantonsgericht noch 12 Monate Zusatzstrafe an das bereits bestehende Urteil. Als ich in die Strafanstalt Crêtelongue zurückkomme, bin ich auf bekanntem Terrain. Der Landwirtschaftsbetrieb scheint in der Zeit stehengeblieben zu sein. Das ökologische System der *Bisses*, der kleinen Kanäle in der Ebene, verschwindet langsam zugunsten teurer Dieselpumpen mit langen und dicken Bewässerungsrohren. Das frühere System der natürlichen Bewässerung mit dem Wasser der Rhone wird absichtlich aufgegeben für eine Technologie, die viel fossile Energie verbraucht, was ich sehr bedauerlich finde. Früher war ein einziger Gefangener – der *Bisses*-Wärter – für die Kanäle zuständig. Er fuhr mit dem Velo herum und bewässerte sämtliche Kulturen. Im Frühling kümmerte sich eine Gruppe von Gefangenen um die Reinigung der Bisses. Der Schlamm wurde mit der Schaufel ausgehoben. Der Betrieb umfasste zwei Hektar Reben in der Ebene und auf den Hügeln, die in der Talmitte vom alten Rhonegletscher geformt worden waren. Sie werden als erratische Blöcke bezeichnet. Die Gefangenen haben den Hügel in jahrzehntelanger Arbeit geformt, und die Trauben reifen um den ganzen Hügel herum. Die Reben auf der Ebene und die verschiedene Apfel- und Birnenbaumkulturen mussten Grosskulturen für Tierfutter und Futtermais weichen.

Früher war es üblich, zu den Mahlzeiten ein Glas Wein zu trinken. Heute gibt es bloss alkoholfreies Bier. Die Direktion beabsichtigt offenbar, die Verbindung mit der Vergangenheit, der Landwirtschaft und der Natur zu kappen. Der Rebhügel wurde an Private vermietet. Der Direktor hatte sogar einen Verweis erhalten, weil er versucht hat, ihn an Dritte zu verkaufen!

Der Gemüsegarten wurde ebenfalls aufgegeben, ein grosser Teil der Apfel- und Birnbäume sowie zwei Drittel der Reben. Ebenso vermeidet man es, neue Kulturen wie Tafeltrauben, Pfirsiche, Nektarinen, Aprikosen oder alternative Tierhaltung wie Bisons, Strausse oder Rehe einzuführen. So gibt es auf dem Landwirtschaftsbetrieb immer weniger Arbeit für die Insassen. Das ist schade, denn die Arbeit auf den Feldern, in natürlicher Umgebung und mit einem Gefühl von Freiheit, wird verschwinden und einem noch stärkeren Gefühl der Unfreiheit Platz machen. So verhöhnt man den Entscheid der ehemaligen Leitung, den Gefangenen aus der Zelle zu holen und in der Landwirtschaft arbeiten zu lassen.

Um ihre Glaubwürdigkeit zu stärken, hat EWK einen Auditor ernannt. Dieser wurde jedoch durch einen anderen – willfährigeren? – ersetzt. Es ging darum, die Abgeordneten dazu zu bringen, für das Budget zu stimmen. Leider wird die Arbeit des Auditors von allen Seiten in Frage gestellt. Es ist nun einmal nicht leicht zu verstehen, dass diese Studie ohne Rücksprache mit den hauptsächlich Interessierten – den Wärtern und den Gefangenen – durchgeführt wurde. Es sei denn, dass alles so manipuliert wurde, dass die Schlussfolgerungen aus dieser Studie zu einem von vorneherein festgelegten Ziel führen: die Strafkolonie Crêtelongue aufzugeben und in ein Hochsicherheitsgefängnis umzubauen.

Diese Neuregelung wird gezwungenermassen Konsequenzen haben. Um seine Schlussfolgerungen zu unterstreichen, weist der Auditor auf ein schwerwiegendes Sicherheitsproblem hin. Vor Ort stellt man jedoch fest, dass es dieses Problem gar nicht gibt. Tatsächlich kommen Fluchtversuche fast nie vor, und Gewalt unter den Gefangenen oder gegen Wärter kommt schlicht und einfach gar nie vor. Es gibt also kein Sicherheitsproblem. Das ist die Wahrheit!

Richtig ist, dass die Gebäude veraltet sind, dass die meisten Zellen nicht den Vorgaben der europäischen Menschenrechtskommission entsprechen, die eine Mindestfläche von 12 Quadratmeter pro Gefangenen vorsehen, und dass die meisten Gefangenenzellen in Crêtelongue bloss über 5,5 Quadratmeter verfügen. Es wäre naheliegend, Renovationsarbeiten durchzuführen, eine gute Isolierung und eine Zentralheizung einzubauen, die mit Holzabfällen aus der hauseigenen Holzverarbeitung betrieben wird. Die neue Strafkolonie könnte die Abfälle aus dem Kuhstall zu Biogas verarbeiten und Sonnenkollektoren anbringen. Doch aufgrund dieses unwahren Audits wird man ein Hochsicherheitsgefängnis mit Umfassungsmauern, Stacheldraht und bewaffneten Aufsehern hinstellen. Aber das Wallis verfügt bereits über eine Hochsicherheitsanlage: das Prison des Îles in Sion.

Wenn man harmlose Gefangene in solche Gefängnisse steckt, wird man das Gegenteil des Erwünschten erlangen. Man wird Gewalt und Verachtung für unsere Gesellschaft heranzüchten. Man wird auch zusätzliche Plätze schaffen, obwohl die Walliser Gefängnisse halb leer sind!

Was sich in Crêtelongue anbahnt, ist eine sehr schlechte Lösung. Aber das Bild ist nicht ganz düster. Mit der ständigen Anwesenheit einer Krankenschwester und dem regelmässigen Besuch des hervorragenden Gefängnisarztes Monsieur Oggier ist der medizinische Bereich gut abgedeckt. Dies ist notwendig, denn es sitzen immer mehr Süchtige ein, die unter ihrer Krankheit leiden. Ausserdem werden jetzt Kurse in Gewaltfreiheit angeboten und es besteht die Möglichkeit, Lesen und Schreiben sowie eine Fremdsprache zu erlernen.

Hoffen wir, dass in Zukunft jeder über einen Computer verfügt, denn dieser ist heutzutage notwendig, um in der Gesellschaft zu leben.

Die Gefangenschaft und das «Absitzen der Strafe» ist eine Sache; die andere ist, dass die Gesellschaft verpflichtet ist, die Rückkehr ins bürgerliche Leben zu gestalten und vorzubereiten. Die soziale und berufliche Wiedereingliederung ist eine der Hauptaufgaben des Gefängniswesens. Nur so können Rückfälle verhindert und der ständige Teufelskreis Gefängnis – Freiheit – Gefängnis unterbunden werden …

Eines schönen Tages erleben wir eine grosse Überraschung: Eine Wärterin wird eingestellt! Eine Frau in dieser Männerwelt ist erstaunlich, auch wenn die Gefangenen bereits die Anwesenheit einer herzlichen Sekretärin sowie diejenige von tüchtigen Sozialarbeiterinnen und Kursleiterinnen zu schätzen gelernt haben. Diese Wärterin wird von den Gefangenen schon nach kurzer Zeit respektiert und geschätzt. Die Anwesenheit einer Frau entspannt die Atmosphäre. Die Jungs sind weniger grob, freundlicher und entspannter. Allerdings hat man im breitbeinigen Wärtermilieu Mühe mit der Neuen. Nach der Probezeit wird sie nicht fest angestellt. Schade um diese positive Erfahrung! Hoffen wir auf eine Wiederholung.

«Haben sie dich erwischt?»
Bernard Rappaz: Es steht ihm frei, ins Gefängnis zu gehen ...
© Casal, *Le Nouvelliste,* 23.10.2009

KAPITEL XI

2012
Hier geht's zum Ausgang

In Crêtelongue bin ich ein «Vorzeige-Gefangener», der in jeder Hinsicht Anlass zu Zufriedenheit gibt, ebenso in meinem Verhalten gegenüber den anderen Gefangenen wie mit den Wärtern und bei der Arbeit. Ich habe nicht das geringste Problem mit den Anforderungen. Ausserdem halte ich meine Zelle in Ordnung. Streitigkeiten kommen im Gefängnis selten vor; man wird auch respektiert, wenn man gewaltfrei ist. Ich habe bald zwei Monate in der Einrichtung verbracht und zwei Drittel der Strafe, so dass ich Anrecht auf den ersten 24-stündigen Urlaub habe. Daher ist es sehr wichtig für mich, meinen Strafvollzugsplan zu sehen.

Da heute die Erfahrungen von früher und die damals aufgestellten Regeln keine Rolle mehr spielen, wird dieser Plan nicht wie damals schon am ersten Tag des Strafvollzugs übergeben. Es ist zwar immer noch ein Antrittsgespräch mit dem stellvertretenden Direktor vorgesehen, aber einige Gefangene müssen Wochen, wenn nicht Monate darauf warten! Ich hatte mein Gespräch schon ziemlich bald, im Januar. Bei dieser Gelegenheit frage ich nach dem Plan. Der Direktor antwortet, dass er mir diesen nicht geben könne und dass mein Anwalt eine schriftliche Anfrage machen müsse. Ich finde dieses Vorgehen skandalös, da die meisten Gefangenen keinen Anwalt haben und man diesen dafür bezahlen muss, dass er den Plan schickt. Die Honorare sind hoch, und die meisten müssen einen Monat lang arbeiten, um die beiden Anwaltsschreiben bezahlen zu können.

Ich halte mich an die unserem Berner Chef anscheinend so wichtige Prozedur und verfasse Ende Januar einen schriftlichen Antrag, um diesen hochgepriesenen Plan endlich zu erhalten. Da ich keine Antwort bekomme, übertrage ich diese Aufgabe im März meinem Verteidiger. Ende April schreibt ihm der Direktor, dass sie daran arbeiten, dass es kompliziert sei (sic!) und man sich noch gedulden müsse. Punkt.

Ich werde langsam ungeduldig. Im Laufe des Jahres 2012 werde ich endlich von der Sozialarbeiterin aufgeboten. Sie zeigt mir meinen Strafvollzugsplan. Früher genügte eine Seite – jetzt haben unsere Beamten die Sache verkompliziert. Über 12 Seiten wird mein Leben und mein Urteil inklusive viele Parameter wie Sport, Arbeit, Besuche, Gesundheitszustand usw. breitgeschlagen. Ich komme mir vor wie in einer dieser Diktaturen von früher, die – ob nun rechts oder links ausgerichtet – zahllose Dossiers über ihre Leute angelegt haben. Aber wenigstens liegt jetzt ein Strafvollzugsplan vor. Mit Erstaunen stelle ich fest, dass man «vergessen» hat, die 50 Tage Hausarrest abzuziehen. Dreizehn Tage im Jahr 2010 und 37 Tage im Jahr 2006. Diese Hausarreste waren der Kompromiss, den man ausgehandelt hatte, damit ich den Hungerstreik unterbreche und wieder esse.

Die Sozialarbeiterin, diese wackere Beamtin, meint, dass sie da nichts tun könne ... Ich schreibe also an die Vorsteherin des Departements, damit sie die Sache korrigiert. Sie antwortet, dass sie mit den 13 Tagen von 2010, die sie beschlossen hat, einverstanden ist, aber für die 37 Tage von 2006 nicht zuständig sei! Inkompetenz – das ist ihr eigentliches Problem.

Nun wende ich mich an den Präsidenten des Gerichtshofs von Martigny, denn es sind diese Richter, die es unterlassen haben, die 37 Tage von meiner Strafe abzuziehen. Er schickt einen Brief an das Kantonsgericht, der festhält, dass diese 37 Tage in der Tat abgezogen werden müssen ... Aber das Kantonsgericht lässt sich Zeit mit der Entscheidung. Bald bin ich in der kafkaesken Welt des Rechtswesens und des Strafvollzugs gefangen. Die Zeit drängt. Es geht darum, 37 Tage früher oder später Freigang zu erhalten. Was muss ich tun, damit es zu einer Entscheidung kommt? Ich stehe allein zwischen der Verwaltung von Crêtelongue, dem Anwalt, dem Rechtsdienst, dem Strafvollzugdienst, dem Strafvollzugsrichter und dem Kantonsgericht. Dieses schickt das Dossier an die Richter von Martigny zurück, die es ihnen sogleich wieder zurückschicken. Mein Anwalt greift ein. Am Ende wird beschlossen, dass die Entscheidung bei meinem Berufungsprozess gefällt werden soll. Bei dieser letzten Verurteilung wollte man mir noch 12 Monate zusätzlich zu den schon gewaltigen 68 Monaten, die ich zurzeit absitze, aufbrummen. Als ich diesen Beschiss bemerke, muss ich reagieren. Aber wie?

Ich habe mit meinem Anwalt geredet, Anfragen gestellt, an ihn geschrieben, ihn beauftragt. Was kann ich noch tun, das nicht als Verstoss gegen die Disziplin gewertet würde? Unter diesen Umständen sind ein Hunger- und Durststreik aus Protest die einzige Lösung, denn das Gefängnisreglement bestimmt, dass ein Streikender nicht bestraft werden darf und dass man ihn respektieren muss. So beschliesse ich, mit diesem Mittel zu protestieren. Diesmal wird es kein unbeschränkter Hungerstreik, bei dem ich mein Leben aufs Spiel setze. Nur ein zeitlich beschränkter Akt des Protests, denn man setzt sich einem sicheren Tod aus, wenn dem Körper mehr als ein paar Tage die Flüssigkeit entzogen wird. Alle setzen sich in Bewegung, und jeder behauptet, dass die andere Dienststelle zu entscheiden habe …

Schlussendlich entscheidet das Kantonsgericht, dass diese 37 Tage von meiner potenziellen zukünftigen 12-monatigen Strafe ohne Bewährung abzuziehen seien. Dies ist eine Niederlage, denn jetzt liegt der Ball beim Rekurs ans Bundesgericht und es bleibt zu wenig Zeit für diese 37 Tage. Nach vier Tagen beschliesse ich, wieder zu trinken, faste aber weiter.

So kann ich den Ort erst am 25. August statt wie vorgesehen am 20. Juli verlassen. Man lässt mich wissen, dass ich bei Erfolg am Bundesgericht immer noch eine Kompensation für die 37 Tage verlangen könne. Ich schmunzle und sehe bereits jahrelange Prozeduren vor mir … Wenn die Walliser Justiz soweit in die

Enge getrieben ist, dass sie mir recht geben muss, zieht sie es vor, die Akte zu vergessen und nichts mehr zu tun. Ich denke an meine Klage von 2006 in Bezug auf meine Haftbedingungen und den Rekurs von 2010 aufgrund einer wegen Hanftee positiven UP. Im Jahr 2013 steht die Antwort noch immer aus.

In der Zwischenzeit reiche ich jede Woche einen Antrag auf Freigang ein. Schlussendlich gewährt man mir nach zwei Dritteln der Strafe (ohne die 37 verlorenen Tage) die erste Genehmigung für einen Freigang. Unter diesen Umständen beende ich nach 27 Tagen meinen Hungerstreik aus Protest und esse nach und nach wieder – und habe Spass dabei. Alles scheint gut zu gehen. Ich organisiere meinen Ausgang, will vor allem meine Tochter, die Familie und einige Freunde sehen. Ich weiss schon im Voraus, dass 24 Stunden schnell vorbeigehen …

Es geht auch darum, diese Freigänge «erfolgreich» zu bewältigen, das heisst, «clean» und rechtzeitig zurückzukommen. Wenn man sich an diese Vorgaben hält und draussen eine Arbeit findet, darf einem der Weg in die Halbgefangenschaft nicht verwehrt werden.

Letzter öffentlicher Prozess

Ich bin immer noch in Crêtelongue und werde nach dem Rekurs im Juni 2012 zu meinem letzten öffentlichen Prozess beim Kantonsgericht in Sion aufgeboten.

Bevor die Polizei mich dorthin bringt, versuche ich, meine roten Kleider anzubehalten, da im Reglement nirgends steht, dass ich Zivilkleider tragen muss. Spannungen und Diskussionen mit den Wärtern! Schlussendlich akzeptiere ich meine Zivilkleidung. Es ist ja so, dass die Gefangenen immer ihre Sonntagskleider tragen. Dann werde ich von einer Polizeipatrouille abgeholt.

Als ich zurückkomme, vernehme ich, dass kurz nach meiner Abfahrt ein zweiter Polizeikonvoi gekommen sei, um mich abzuholen. Dieser offensichtliche Mangel an Koordination bei den Polizisten bringt mich zum Lachen.

Im Gerichtssaal von Sion überwacht mich ein Kommando von zehn Polizisten in Zivil und Uniformen aus der Nähe. Bin ich etwa gefährlich?

In Tat und Wahrheit zeigt sich wieder einmal, dass die Befürchtungen nur meine Beziehungen mit den zahlreich erschienenen Journalisten betreffen. Man hat Angst, dass ich mit ihnen spreche oder auf ihre Fragen antworte. Diese Reaktion ist typisch für die Behandlung von politischen Gefangenen in totalitären Staaten. Man will jeglichen Kontakt mit der Presse vermeiden. Nach einiger Zeit wird mir mitgeteilt, dass das Kantonsgericht das erstinstanzliche Urteil von 12 Monaten bestätigt hat.

Halbgefangenschaft – welche Gefängnisse?

Nach der halben Strafzeit habe ich das Recht auf die Halbgefangenschaft und verlasse am 25. August 2012 die Strafanstalt Crêtelongue für das Prison des Îles in Sion.

Mein Leben ändert sich grundlegend: jeden Morgen verlasse ich das Prison des Îles um 5 Uhr 45, um auf einem Bio-Bauernhof im Oberwallis zu arbeiten. Ich freue mich und bin glücklich, auch wenn ich gehofft hatte, im Gefängnis von Brig wohnen zu können, denn dies hätte mir einen langen Arbeitsweg erspart. So muss ein Gefangener, der im Conches-Tal arbeitet, vier Wegstunden in Kauf nehmen! Es wäre durchaus nötig, das Briger Gefängnis wieder zu öffnen, ebenso dasjenige von Martigny fürs Unterwallis.

In Sion sind die Bedingungen der Halbgefangenschaft viel strenger als beim Strafvollzug in Crêtelongue. In diesem Gefängnis ist Prävention grossgeschrieben, es verfügt über ein sehr strenges Reglement mit ständigen Kontrollen und täglichen Leibesvisitationen. Diese Vorgaben sind nicht für die Halbgefangenschaft geeignet, das geben sogar die Wärter zu. Im ersten Monat hat man 72 Stunden Freigang, im zweiten Monat 96 Stunden und dann immer mehr, bis man ab dem fünften Monat jedes Wochenende frei hat. Jeder darf seine Tage frei wählen.

Die Halbgefangenschaft besteht aus drei Teilen. In den ersten zwei Teilen muss man 21 Franken Pensionsgeld pro Tag entrichten.

Wenn man einen Antrag stellt, ist es möglich, für das letzte Drittel in ein neues Programm zu kommen: die externe Unterbringung. In diesem Fall behalten die Behörden den Lohn ein, die Rechnungen werden bezahlt, und der Rest ist Taschengeld. Dafür muss man nicht mehr hinter Gittern leben. Für die Unkosten werden 10 Franken pro Tag abgezogen. In Genf sind die Bedingungen ganz anders. Zum Beispiel stempeln die Gefangenen, wenn sie weggehen und zurückkommen. Die zeitlichen Vorgaben sind viel flexibler, das Wichtigste ist, dass jeder die vorgeschriebene Stundenzahl im Gefängnis verbringt. Weiterhin darf jeder sein Telefon behalten, Lebensmittel mitbringen, sogar ein paar Bier. Dieses System gewährleistet die stufenweise soziale und berufliche Wiedereingliederung des Gefangenen. Nach einigen Monaten werden die Nächte im Gefängnis zu einer Belastung. Man beginnt, sich auf die wahre Freiheit zu freuen.

Nachwort

Die Jahre im Gefängnis haben mich gelehrt, vom passiven Zuschauer zum aktiven Mitspieler zu werden. Der Aktive setzt sich in Bewegung, nimmt sein Leben in die Hand und wirkt auf die Gesellschaft ein. Ein Mensch, der sich befreit, bringt gleichzeitig Freiheit für alle und die ganze Welt, auch wenn es nur ein kleiner Baustein ist. Die Geschichte wird nicht erst Jahre nach den Ereignissen geschrieben. Sie wird jeden Tag geschrieben, und wir sind die Handelnden. Nichtstun bedeutet Kollaboration und Einverständnis mit der gegebenen Situation. Jeder hat seinen Platz in seinem Milieu, seiner Familie oder seinem Beruf und kann dazu beitragen, die Entwicklung zu positiven Zielen voranzutreiben. Jeder hat ein Gewissen, auf das er hören muss, um sein tieferes Wesen zufrieden zu stellen. Die Kinder mögen von uns in diese Welt gerufen werden, aber sie gehören uns nicht. Wir haben das grosse Glück, mit ihnen zusammen sein zu dürfen, sie zu lieben, ihnen zu helfen und ihre Fragen zu beantworten; doch nach einigen Jahren müssen die Kleinen das Nest verlassen und mit eigenen Flügeln fliegen.

Kämpft man allein, kann man nur wenig ausrichten … aber in der gemeinsamen Tat vervielfacht sich das Resultat. Gemeinsam sind wir stark. Unsere alte Demokratie ist mehr als 700 Jahre alt. Es ist an der Zeit, sie von alten Zöpfen zu befreien, zu stärken und noch weiter auszubauen. Minderheiten sollen ihren Platz haben, sogar mehr, als man ihnen meist zubilligen mag. Ich möchte nicht in einer Gesellschaft leben, in der alle gleich sind – im Gegenteil, Unterschiede sind bereichernd. Wenn die Leute eine andere Sprache sprechen, andere kulturelle Gepflogenheiten haben, ist diese Verschiedenheit eine Bereicherung, weil ich davon lernen kann.

Es geht darum, seine Sicht der Dinge zu erweitern und geistig offener zu sein. Deshalb ist es schön, Aussenseiter zu treffen, denn durch ihr Anderssein wird unsere Gesellschaft grösser und vielfältiger. Wir werden ständig manipuliert und getäuscht. Wir sollten uns vor der allgemeinen Heuchelei in Acht nehmen und die Manipulationen unserer Politiker und Massenmedien durchschauen.

Es ist immer noch besser, an den Abstimmungen teilzunehmen, als eine Diktatur ertragen zu müssen, in der wir nie nach unserer Meinung gefragt werden. Wenn wir nicht wählen, überlassen wir es anderen, an unserer Stelle zu wählen.

Aus der Vergangenheit sollte man seine Lehren ziehen, denn die Lektionen wiederholen sich ständig. Ich freue mich über alle, die sich aus ihrem bequemen Kokon herausbewegen, um für eine gerechte Sache zu kämpfen und einen Teil ihrer Zeit und ihres Geldes dafür hingeben.

Mit schlechten Erfahrungen kommt man im Leben schneller vorwärts als mit guten, denn diese lehren uns nichts wirklich Neues. Es ist eine grosse Kunst, aus schmerzvollen Erfahrungen zu lernen. Es geht darum, die Prinzipien des Judo auf widrige Umstände anzuwenden. Wir müssen wachsam sein und Personen, die zu viel Macht über ihre Mitmenschen haben, genau auf die Finger schauen. Ich träume gerne von einer gerechteren, toleranteren Welt, denn Utopie bedeutet Leben, Resignation bedeutet Tod. Die Fähigkeit zur Revolte muss gepflegt und gefördert werden. Es ist keine Frage des Alters. Es gibt Junge, die mit zwanzig älter sind als Achtzigjährige.

Die Natur ist ein ewiges, grosses Wunder und kann uns viel geben. Den blauen Planeten und die Vielfalt der Lebensformen zu retten ist eine Aufgabe, die unsere ganze Kraft verdient.

Den Hanf zu befreien, bedeutet auch, die Gesellschaft ein wenig zu befreien und vor allem gegen das Übel der harten Drogen anzugehen. Auch wenn das auf den ersten Blick widersprüchlich erscheinen mag, ist es trotzdem ein richtiger und nachhaltiger Weg. Valchanvre wurde von der staatlichen Repression zerstört.

Valnaturel AG in Saxon trägt die Flamme weiter und versucht, mit einem zukunftsträchtigen Produkt zu überleben: Isolation von Gebäuden mit pflanzlichen Materialien aus Hanf, Baumwolle und gebrauchten Kleidern. Zurzeit bin ich dort Geschäftsführer.

Danksagungen

Ich möchte ganz besonders den Personen, die mich unterstützt haben, danken; meinem Anwalt für seine Verfügbarkeit; den Kollegen von Valchanvre für ihre Entschlossenheit; der Schweizer Hanfkoordination und den Demonstranten für ihre Solidarität; allen, die sich die Mühe genommen haben, mir zu schreiben; den objektiven Journalisten für ihre Darstellung beider Seiten; allen Hanffreunden, die zu ihrem ethischen Recht und ihrem Konsum stehen, der niemandem etwas zuleide tun; den Politikern, die mit der Vogel-Strauss-Politik und der jahrzehntelangen Prohibition, die mehr Schaden angerichtet hat als der Hanf selbst, aufräumen wollen. Ich danke auch allen, die ich zu erwähnen vergessen habe. Jedem einzelnen wünsche ich Frieden, Kraft und Freude.

Besuchen Sie mich auf
http://www.facebook.com/rappaz.bernard
http://twitter.com/BernardRappaz